Migge • Handbuch Business-Coaching

Björn Migge

Handbuch
Business-Coaching

2. Auflage

Dr. Björn Migge studierte Medizin, soziale Verhaltenswissenschaften und Philosophie. Er hat in Zürich als Universitätsoberarzt und -dozent gearbeitet und gründete später das Weiterbildungsinstitut Dr.Migge-Seminare®, in dem 26 Psychologen, Trainer und Coaches tätig sind. Jährlich nehmen über 600 Teilnehmer an Coachingseminaren seines Teams teil. Migge ist Senior-Coach im Deutschen Bundesverband Coaching (DBVC) und Vorstandsmitglied im Deutschen Fachverband-Coaching (DFC).

Homepage: www.drmigge.de

Für Tine

Das Werk einschließlich aller seiner Teile ist urheberrechtlich geschützt.
Jede Verwertung ist ohne Zustimmung des Verlags unzulässig.
Das gilt insbesondere für Vervielfältigungen, Übersetzungen, Mikroverfilmungen und die Einspeicherung und Verarbeitung in elektronische Systeme.

Dieses Buch ist auch erhältlich als:
ISBN 978-3-407-36650-4 Print
ISBN 978-3-407-29541-5 E-Book (PDF)

2., aktualisierte und erweiterte Auflage 2017

© 2011 Beltz Verlag, Programm Training, Coaching und Beratung
in der Verlagsgruppe Beltz · Weinheim Basel
Werderstraße 10, 69469 Weinheim
Alle Rechte vorbehalten

Lektorat: Ingeborg Sachsenmeier
Umschlaggestaltung: Michael Matl
Umschlagillustration: © Frauke Ditting
Kapitelzeichnungen: Florian Mitgutsch, München

Herstellung: Michael Matl
Druck und Bindung: Gesamtherstellung: Beltz Bad Langensalza GmbH, Bad Langensalza
Printed in Germany

Weitere Informationen zu unseren Autoren und Titeln finden Sie unter: www.beltz.de

Inhaltsverzeichnis

Vorwort 7

Kapitel 1: Orientierung

Definition und Abgrenzung 10
Geschichte und Professionalisierung 17
Sprache, Wurzeln und Zweige 24
Wer coacht erfolgreich? 33
Nachfrage und Nutzen 38
Die Ausbildung zum Coach 43
Ethik des Coachings 47
Organisationswirklichkeit 51

Kapitel 2: Prozessgestaltung

Coaching Schritt für Schritt 62
Expertenberatung oder Prozessberatung? 66
Matching: Klient und Coach 69
Auftragsklärung und Vertragsgestaltung 71
Klärung der Ausgangssituation 77
Konkrete Zielbildung 82
Interventionsplanung und Interventionsphase 85
Praxistransfer und Rückkopplung 90
Evaluation und Qualitätssicherung 93

Kapitel 3: Interventionsverfahren und Methoden

Kritische Reflexion von Verfahren und Methoden 98
Lösungsorientierte Interventionen 105
Kognitiv-emotionale Interventionen 126
Imaginative und intuitive Interventionen 142
Handlungsorientierte und systemische Interventionen 185

Kapitel 4: Selbst- und Mitarbeiterführung

Mitarbeiterführung beginnt bei der Selbstführung 234
Was ist Führung? 236
Positives Leben 253
Werte 258
Glück 263
Spiritualität 268
Persönlichkeit 274
Charisma und Würde 280
Resilienz 285
Salutogenese 290
Burnout 293

Kapitel 5: Sinn im Business-Coaching

Sinnperspektiven in der Arbeitswelt 300
Sein oder Leisten? Ontological Coaching 326

Anhang

Ausblick 338
Literaturverzeichnis 339
Stichwortverzeichnis 343
Personenverzeichnis 348

Sprache: In diesem Buch wird meist die männliche Form verwendet, wenn es um Menschen geht. Gemeint sind jedoch sowohl weibliche als auch männliche Menschen! Wir nutzen für den Plural von Coach das Wort Coaches und für den Genitiv im Singular Coachs. Coachs als Plural ist aber ebenfalls gebräuchlich.
Die Gesprächspartner des Coachs nennen wir hier Klienten, um den nicht empfehlenswerten Begriff Coachee zu vermeiden.

Vorwort

Liebe Leserin, lieber Leser,

Coaching ist zu einer Schlüsselkompetenz in Wirtschaft und Verwaltung geworden. Viele Personalentwickler absolvieren Fortbildungen zum Coach. Sie möchten diese Beratungsform in ihren Unternehmen vertreten. Führungskräfte bilden sich im Coaching fort, um ihre Fähigkeiten der Selbstreflexion, Kommunikation und Leitung zu verbessern. Auch Trainer, Wirtschaftsberater, Psychologen und andere Fachleute nutzen heute ganz selbstverständlich Coachingkompetenzen. Auf die Bedürfnisse dieser Personen geht dieses Handbuch Business-Coaching ein.

> **Das erwartet Sie in diesem Handbuch**
>
> **Theorie und Überblick:** Sie lernen, was Coaching ist, wie man Coach wird, wie Verträge zustande kommen und wie der gesamte Prozess des Coachings strukturiert wird.
>
> **Interventionen für die Praxis:** Den größten Teil nimmt die Darstellung praktischer Interventionen ein. Sie lernen die Hintergründe der Methoden kennen und erfahren Schritt für Schritt, wie Sie diese »Tools« einsetzen. Dazu gibt es eine Menge an Beispielformulierungen und Praxisfragen sowie spezielle Themen aus dem Führungscoaching, die Sie direkt in der Praxis einsetzen können. Zahlreiche Übungen und kritische Hinweise regen Sie zur Reflexion und Diskussion an.

Wenn Sie bereits das viel umfangreichere »Handbuch Coaching und Beratung« gelesen haben: Sie können beide Bücher völlig unabhängig voneinander lesen, da sie unterschiedliche Themen des Coachings in den Blick nehmen und andere Interventionsverfahren darstellen. Es gibt kaum Überschneidungen. Allerdings werden wir Ihnen Querverweise aufzeigen.

Im vorliegenden »Handbuch Business-Coaching« liegt der Schwerpunkt auf Interventionen der lösungsorientierten Beratung, der handlungsorientierten Methoden und der Imagination im Coaching. Außerdem werden viele aktuelle Themen der Selbstführung und Sinnorientierung aufgegriffen, und ihre praktische Umsetzung im Coaching wird aufgezeigt. Wenn in beiden Büchern ähnliche Themen auftauchen, sind diese so verschieden dargestellt, dass sich die Bücher gegenseitig ergänzen und jedes die Fortsetzung des anderen ist.

> **Literaturtipps**
>
> Sie werden in diesem Buch Hinweise zum Nachlesen im »Handbuch Coaching und Beratung« finden. Außerdem gibt es am Ende der Kapitel jeweils Literaturtipps zur Vertiefung. Im kommentierten Literaturverzeichnis am Ende dieses Handbuchs finden Sie weitere Hinweise auf Standardbücher zum Thema.

Danke: Die Lektorin, Frau Ingeborg Sachsenmeier, hat das Buchprojekt mit dem Team des Beltz Verlags wieder unkompliziert, umsichtig, professionell und liebenswert gesteuert. Herrn Florian Mitgutsch danke ich für die anregenden Zeichnungen!

Das »Handbuch Business-Coaching«, welches Sie in den Händen halten, geht verstärkt auf das Coaching in Wirtschaft oder Verwaltung ein. Es richtet sich an (zukünftige) Business-Coaches, interessierte Personen, Führungspersonen und Chefs.

Sie werden jedoch sehen, dass auch »psychologisch orientierte« Personen und Teilnehmende aus Coachingausbildungen mit eher psychologischem Fokus es mit großem Gewinn lesen können, denn auch in der Wirtschaft arbeiten schließlich »ganze Menschen«. Ich denke, es wird auch bei Wirtschaftspsychologen und Psychotherapeuten auf Interesse stoßen, da sie in diesem Buch sehen können, wie ein Teil ihres Handwerkszeugs im Business-Coaching zur Anwendung kommt.

Wer sich besonders für Management- und Führungstechniken, Teamführung, Organisationsberatung oder sehr spezielle wichtige Coachingthemen interessiert – wie beispielsweise Begleitung einer Unternehmensnachfolge oder Ähnliches – wird in diesem Buch nicht fündig werden, da es auf allgemeine Methoden des Einzelcoachings fokussiert.

Die neue Auflage haben wir aktualisiert, um sie dem neuesten Stand des Coachings anzugleichen. Wir haben auch einige Ergänzungen vorgenommen und ein neues Kapitel zum Thema Sinn integriert.

Dennoch führt das Buch nur aus einem kleinen Blickwinkel ins Coaching ein. Denn die wichtige und spannende aktuelle Forschung zum Coaching findet hier keinen Platz im Buch, das einige Praxiszugänge erklärt. Ich hoffe, dass die Lesehinweise im Buch Sie zu vertiefter Lektüre in anderen Bereichen anregen.

Ich wünsche Ihnen viel Freude, viel Nachdenklichkeit, gute Hinweise für die Praxis und eine Menge neuer Ideen mit diesem Buch!

Björn Migge

Kapitel 1
Orientierung

Definition und Abgrenzung

> **Was ist Business-Coaching? Ein Definitionsversuch**
>
> Das Personalentwicklungsinstrument Business-Coaching ist die individuelle Beratung, Begleitung und Unterstützung von gesunden Personen mit Führungs- und Steuerungsfunktionen in Organisationen. Es ist auch die Beratung von Selbstständigen und Experten. Hierbei geht es um die auftrags- und zielgebundene Entfaltung individueller mentaler und sozialer Schlüsselkompetenzen und konkreter Strategien zur Erfolgsverbesserung.

Häufig genannte ergänzende Merkmale des Business-Coachings sind:

- Coaching ist ziel- und erfolgsorientiert.
- Coaching ist zeitlich begrenzt und freiwillig.
- Coaching ist auftragsgebunden und kontextbezogen.
- Coaching verwendet nur anerkannte psychologische Veränderungsmethoden.
- Coaching ist Prozessberatung (das Wort wird auf Seite 12 erklärt).
- Coaching wendet sich an Fach- und Führungspersonen, an Personen in Steuerungsfunktionen und an Selbstständige.
- Beim Coaching stehen Anliegen aus dem beruflichen Umfeld im Mittelpunkt.

Dieser Definitionsversuch und die genannten Merkmale können zur Diskussion anregen. Ein Organisationsberater wird Ihnen ein anderes Bild vom Coaching vermitteln als ein Soziologe oder eine Betriebswirtin. Die Sicht eines Psychotherapeuten wird wiederum andere Facetten herausstellen. Schlagworte wie »Beratung«, »Verbesserung« oder »Erfolg« können ganz unterschiedliche Bedeutungen und Weltbilder transportieren. Sie können zu einem Nicken oder zu einem Kopfschütteln führen.

Vor ähnlichen Herausforderungen stehen die Definitionsversuche unterschiedlichster Interessengruppen, Fachzeitschriften, Wissenschaftler, Autoren und Verbände: Sie alle sind bemüht, ihre Sicht des Coachings zu vertreten, und lassen dort ihre persönlichen Weltbilder mehr oder weniger bewusst einfließen. Dahinter stehen individuelle Interessen, Hoffnungen, Ängste, Märkte, Machtansprüche, Freuden, persönliche Vorlieben und Bedürfnisse.

Daher, liebe Leserin und lieber Leser, wird Ihnen niemand die Arbeit abnehmen können, sich selbst ein Bild zu machen (eine Einbildung zu schaffen) und dieses in den Fluss der Entwicklung zu geben: Denn was Coaching ist oder was es nicht ist, wird immer wieder (neu) diskutiert. Jetzt und sicher auch noch in vielen Jahren wird jeder mitdiskutieren können, der sich dazu berufen fühlt. Das ist verwirrend für jene, die endlich Klarheit haben möchten. Doch es ist auch bereichernd für alle, die an anderen Sichtweisen wachsen möchten. Ich kann Ihnen lediglich meine Sicht als Denkanstoß anbieten, damit Sie sich ein eigenes Urteil bilden können.

Neben den Definitionsversuchen, die Business-Coaching als Personalentwicklungsinstrument etablieren, gibt es auch noch die – vielleicht mächtigere – schillernde Seite des Coachings: Das Wort Coaching ist aufgeladen, es wirkt wie ein Kristallisationspunkt, wie ein Licht, unter dem sich viele Menschen zusammenfinden, die vom Thema der Selbst- und Mitarbeiterentwicklung begeistert sind. Coaching ist somit auch ein Faszinosum: Es geht um Selbstentwicklung, Selbsterkenntnis, um Erfolg (Erfolg wozu und wohin?), um gelungene Beziehungen und Kommunikation, um Entwicklung und Entfaltung, um neue, bessere Wege. Dieses Faszinosum macht die Popularität des Coachings aus. Das führt dazu, dass unverhältnismäßig mehr über Coaching berichtet wird, als es seiner momentanen volkswirtschaftlichen Bedeutung entspricht.

Coaching macht an! Dies führt dazu, dass viele Anbieter von Beratung oder Sinnfindung ihre Dienstleistungen mit dem Wort Coaching aufwerten: Es gibt Astrologie-Coaching, Eltern-Coaching, Gesundheits-Coaching und vieles andere mehr. Ich möchte all diese »Bindestrich-Coachings« gar nicht schlechtmachen! Denn viele meinen es gut und tun Gutes. Und: Wo früher selbstherrlich vom Berater angeordnet und empfohlen wurde, wird heute gefragt: »Was möchten Sie denn erreichen? Was löst das in Ihnen aus?« Die große Bindestrich-Branche nutzt bereits viele Kommunikationsmethoden des Coachings. Coaching ist auf dem Weg, eine kommunikative Schlüsselkompetenz zu werden.

In diesem Handbuch konzentrieren wir uns auf eine besondere Form des Bindestrich-Coachings: Es geht um die »Mutter« oder den »Vater« des Coachingbooms.

Coaching: Assoziationen und Wünsche

Folgende Assoziationen und Wünsche setzt das »Faszinosum Coaching« als Imagemetapher frei:

- Coaching macht erfolgreich.
- Coaching macht dynamisch.
- Coaching macht leistungsfähig.
- Coaching weckt Stärken.
- Coaching verschafft Vorteile.
- Coaching schafft Selbsterkenntnis.
- Coaching weckt Potenziale.
- Coaching vernetzt.
- Coaching macht glücklich.

Und mit einiger Selbstverständlichkeit behaupten die Vertreter dieser Branche, es handele sich um das »eigentliche Coaching«, um das Business-Coaching. Um dieses soll es in diesem Handbuch gehen, wenn wir von Coaching sprechen.

Coaching ist Prozessberatung

Coaching ist meist keine Expertenberatung! Der Coach gibt dem Klienten in der Regel keine konkreten Ratschläge oder Tipps. Stattdessen entwickelt der Klient – manchmal durch kluge Fragen und praktische Anregungen des Coachs unterstützt – eine andere Sicht auf Probleme und neue Zugangswege zu seinen Anliegen oder Zielen. Diese verbesserte Selbstreflexion führt zu einem Umdenken und zu neuen Handlungsstrategien. Außerdem erinnern Coaches daran, dass für manche Anliegen bereits eigene hilfreiche Strategien, Kompetenzen oder unterstützende Netzwerke vorliegen, die bisher zu wenig genutzt wurden oder in Vergessenheit gerieten. Im Coachingjargon sagt man: »Es werden Ressourcen aktiviert.«

Durch die Zusammenarbeit mit einem Coach soll der Klient seine eigenen Stärken und seine Fähigkeit zu Selbstführung entwickeln und verbessern, um eigene Ziele und Handlungsstrategien für seine Anliegen zu entwickeln. Dieser Entwicklungsprozess einer Führungsperson wird durch das Coaching begleitet. Das nennt man »Prozessberatung«. Da Coaching in der Regel auf Ressourcen, Potenziale und Ziele fokussiert, ist es besonders gut geeignet, befähigte Personen zu fördern. Coaching ist daher kein Reparaturwerkzeug, sondern ein Personalentwicklungsinstrument, das der Verbesserung persönlicher Kompetenzen dient.

Im Coaching werden ausschließlich anerkannte und wissenschaftlich überprüfbare Verfahren und Methoden eingesetzt. Diese stammen meist aus der Psychologie oder der psychologisch orientierten Managementlehre.

> **Unterschiede zwischen Prozessberatung und Expertenberatung**
>
> **Prozessberatung:** Der Coach steuert den Prozess. Der Klient wird ermächtigt und ermutigt, eigene Reflexionsergebnisse und Lösungen zu finden, eigene Strategien und Handlungen zu entwickeln. Der Coach ist hierbei entweder in einer »Hebammenfunktion« oder kundiger Wegbereiter und Wegbegleiter. Die Prozessberatung strebt eine Zusammenarbeit auf Augenhöhe an oder bedient sich zumindest dieser Leitmetapher.
>
> **Expertenberatung:** Der Berater verfügt über mehr Fach- und Feldwissen als der Klient und gibt dem Klienten in diesem Fall konkrete Hinweise, Ratschläge und Lösungskonzepte vor. Expertenberatung installiert ein Kompetenz- und Machtgefälle auf der Ebene des Anliegens.

Coaches mit Führungs- und Felderfahrung oder ehemalige Unternehmens- und Wirtschaftsberater werden wiederholt nach ihrem konkreten Rat gefragt. In manchen Fällen wäre es fahrlässig und starrsinnig, wenn der Coach dann seine eigene Sichtweise und seinen Rat zurückhielte oder in merkwürdige indirekte Fragen verpackte. In der Regel – so die mehrheitliche Meinung praktizierender Coaches – sollte jedoch der Klient eigene Sicht- und Handlungsweisen bilden, die zu ihm (und nicht zum Coach) passen. Daher sollte Business-Coaching in erster Linie Prozessberatung sein.

Abgrenzung und Überschneidungen

Bevor Coaching populär wurde, gab es bereits andere Beratungsformen, die zum Teil ein ähnliches theoretisches Fundament hatten, sich an ähnliche Nachfrager richteten und die ähnliche Interventionsverfahren nutzten. Die junge Beratungsform Coaching sah sich mit der Notwendigkeit konfrontiert, sich gegenüber den bereits bestehenden Beratungsformen positiv (Was können wir zusätzlich leisten?) oder auch negativ (Was möchten und können wir nicht leisten?) abzugrenzen.

Business-Coaching weist in seinen Wurzeln und Methoden zahlreiche Überschneidungen mit den Beratungsformen auf, die schon länger existieren: beispielsweise der Psychotherapie, der Managementberatung, der Organisationsberatung, der Seelsorge, der philosophischen Praxis und der Supervision.

Es liegt auf der Hand, dass viele unerfahrene Coaches zunächst die Kompetenzen aus ihrer eigenen Kinderstube auch im Coaching nutzen. Daher wird die Coachingdefinition eines Organisationsberaters so erscheinen, als handele es sich um eine Organisationsberatung, die um eine individuelle Beratungskomponente ergänzt ist. Die Coachingdefinition eines Psychotherapeuten wird Organisationsaspekte zunächst weniger berücksichtigen und die individuelle Entfaltung der Persönlichkeit mehr in den Blick rücken.

Doch die Nähe einzelner Beratungsformen ermöglicht es auch, über den Tellerrand zu schauen, um Gutes und Bewährtes von den Nachbarn zu borgen, die wissenschaftlich und praktisch weiter entwickelt sind als das junge Coaching. Doch auch das kann unterschiedlich gewertet werden: Menschen mit einem weiten Herzen werden für eine Weitherzigkeit plädieren; das passt zu ihrem Weltbild. Wer sein Weltbild jedoch als »klar und eng« konstruiert hat, wird eindeutigere Grenzziehungen zu den benachbarten Beratungsformen wünschen. Ein »ganz neuer Coach« wird überdies eher offene Grenzen befürworten, um ins Geschäft zu kommen. Wer hingegen schon lange in einer etablierten Nachbardisziplin unterwegs ist und hierfür einen mehrjährigen Ausbildungsweg auf sich genommen hatte, wird verwundert darüber sein, mit welcher Laxheit manche Coaches sich unterschiedlichster Sozialtechniken bedienen, die sie »unreflektiert und schlecht ausgebildet« an den Mann oder die Frau bringen. Dadurch werden sie nicht nur zu einem Ärgernis für die Berufsehre der Nachbardisziplinen, da sie den eigenen, hohen Professionsanspruch verletzen. Sie werden auch zu Konkurrenten um eine ähnliche Kundengruppe.

Abgrenzung zum Personal-Coaching

Im Business-Coaching sind die Anliegen (Themen zur Klärung, Reflexionsfragen, Herausforderungen, Ziele, Probleme) beruflich bedingt. Oft zahlt das Unternehmen und erwartet vom Coach eine Dienstleistung, die den Anforderungen des Klienten *und* des Unternehmens entspricht. Im Personal-Coaching sind die Anliegen vielfältig. Meist initiiert der Klient selbst das Coaching und zahlt auch selbst. Das Coaching orientiert sich in diesem Fall an den Erwartungen des Klienten. Dabei kann es durchaus um berufliche Themen gehen. Doch oft geht es auch um biografische Themen, um private Anliegen und Lebenszielplanungen.

Abgrenzung zur Psychotherapie

Die meisten Grenzsorgen gibt es, wenn der Nachbar »Psychotherapie« ins Spiel kommt. Daher möchte ich Ihnen einige Stichpunkte an die Hand geben, mit denen Sie beides klarer unterscheiden können.

Oft wird behauptet, Psychotherapie kümmere sich um Defizite, die Vergangenheit und Probleme, Coaching dagegen um Stärken, die Zukunft und Ziele. Bitte vergessen Sie solche stereotypen Unterscheidungsversuche. Denn in der Psychotherapie wird sehr viel über Stärken, Zukunft und Ziele gesprochen! Hier sollten schlechte Beispiele oder einzelne Vorgehensweisen aus der Vergangenheit nicht als Maßstab für das Ganze genommen werden.

> **Abgrenzung Psychotherapie und Coaching**
>
> **Psychotherapie** ist die Diagnose und Behandlung krankhafter psychischer Störungen oder Leiden. Es handelt sich in Deutschland um eine Kombination von Diagnostik, Heilbehandlung und Heilung, die nur von Personen ausgeübt werden darf, die hierzu staatlich ermächtigt sind (approbierte Psychologinnen oder Psychologen, psychologische Psychotherapeuten, Ärzte, Heilpraktiker für Psychotherapie).
>
> **Coaching** ist hingegen – angelehnt an das Verständnis des deutschen Psychotherapeutengesetzes, § 1 – eine psychosoziale Beratung außerhalb der Heilkunde. Die Klienten sind gesund und werden nicht »diagnostiziert«, »behandelt« oder »therapiert«. Für diese Form der Beratung außerhalb der Heilkunde ist keine staatliche Erlaubnis erforderlich. Gleiches gilt für andere Formen der *psychologisch orientierten Beratung* außerhalb der Heilkunde, wie Supervision, Mediation, Guidance, Counselling, Consulting.
>
> **Kurzform der Abgrenzung:** Psychotherapie ist die Behandlung krankhafter Störungen und Leiden. Business-Coaching ist die Beratung von gesunden Personen in (vorwiegend) beruflichen Anliegen.

Eine krankhafte Störung liegt nicht vor, wenn eine Führungsperson weint, wenn sie eine schwierige Kindheit hatte oder im Zusammenhang mit dem Auftrag über ihre Kindheit und daraus entstandene hinderliche oder förderliche Muster, Bilder, Gefühle, Lernerfahrungen sprechen möchte. Es ist auch nicht krankhaft, über Probleme oder Schwierigkeiten zu reden. Manche Business-Coaches umschiffen leider die als unsicher empfundenen »Psycho-Gewässer«, in dem sie ihre Klienten niemals über die Biografie reden lassen: »Das führt nur in Richtung Psychotherapie!« Andere Business-Coaches unterbrechen ihre Klienten, wenn diese über Sorgen, Eheprobleme oder die Beziehung zu den Eltern sprechen: »Entschuldigung, das führt uns von unserer Arbeitsvereinbarung ab und würde in den Kompetenzbereich einer Familien- oder Eheberatung oder gar einer Psychotherapie gehören.«

Es ist auch möglich, eine klare Grenze zu ziehen, indem bereits in der Vertragsvereinbarung aufgeführt wird, dass über keinerlei private, biografische oder emotionale Anliegen gesprochen werden darf, sondern ausschließlich über Themen, die das berufliche Fortkommen und die Ziele der Organisation betreffen. Hinter manchen dieser Grenzziehungsversuche steht möglicherweise (nicht bewusste) Angst und Inkompetenz aufseiten des Coachs. Mein folgender Vorschlag zur Verbesserung solcher Begegnungen zwischen Klient und Coach hat sich in anderen Beratungsformen schon lange bewährt.

Hilfreiche Kompetenzen zur Unterscheidung von Psychotherapie- und Coachinganliegen

- Coaches sollten eine Selbsterfahrung durchlaufen haben, um eigene (bisher oft unbewusste) Begrenzungen, Möglichkeiten und Muster kennenzulernen.
- Coaches sollten solide Grundkenntnisse der Psychotherapie erworben haben (zumindest: Erkennen psychischer Störungen).
- Coaches sollten Mitglied in einem multiprofessionellen Intervisions- und Austauschnetzwerk sein, zu dem unter anderem Coaches, Organisationsberater, Seelsorger, Psychotherapeuten gehören. So können sie sich in jedem »Grenzfall« gegenseitig beraten und kontinuierlich ihre Erfahrungen reflektieren.

Viele Klienten im Business-Coaching trinken regelmäßig Alkohol oder nehmen Tabletten ein, weil sie damit Symptome und Auswirkungen wie Leistungsdruck, Angst, Vereinsamung unterdrücken möchten. Andere Klienten fühlen sich an der Grenze eines Burnouts: leer, schlaflos, überlastet, gereizt, zynisch, müde und unmotiviert. In solchen Fällen bewegen sich die Klienten tatsächlich auf der Grenze von zwei Beratungsformen: Würden Sie die Praxis eines Psychotherapeuten aufsuchen, könnte dieser Arbeitsdiagnosen wie vermehrten Alkoholgebrauch, Angst, Burnout, Depression, Anpassungsstörung und dergleichen notieren und hiermit eine Psychotherapie vor Kostenerstattungsstellen rechtfertigen (es geht um die Verteilung von Geld). Ebenso könnten diese Klienten einen Coach aufsuchen, der diese Formen des Umgangs mit dem individuellen Leiden an einer Organisation (oder den eigenen Entscheidungen und Wertungen!) unter anderen Voraussetzungen betrachtet und den Klienten im Coaching befähigt, eigene Lösungsstrategien zu entwickeln und umzusetzen.

Auch Psychotherapeuten werden von Klienten aufgesucht, die nicht in das Schema der definierten psychischen Störungen passen: Berufliche und private Orientierungs- und Besinnungsphasen, Unzufriedenheit mit eigenen Lebenswegen und -konzepten, Lustlosigkeit, Mangel an Motivation, der Wunsch, einen Zwischenstopp einzulegen und eine Bilanz zu ziehen, Entscheidungsprobleme zwischen beruflichen oder privaten Herausforderungen. Diesen Menschen kann in einer Psychotherapie sehr gut geholfen werden. Doch eigentlich liegt bei ihnen keine definierte psychische

Störung vor. Vielleicht könnte ein Coaching ebenso helfen? In manchen Fällen wird die Therapie dann abgelehnt, in anderen Fällen erhalten diese Patienten eine Arbeitsdiagnose, wie »Depression« oder »Persönlichkeitsstörung«. Denn ohne eine solche Diagnose kann über die Krankenkassen nicht abgerechnet werden.

In der Praxis sind die Grenzen arg durchlässig. Offizielle Definitionen der Grenzziehung, wie beispielsweise die Definition psychischer Störungen oder die Abrechenbarkeit durch Krankenkassen, wandeln sich stetig. Es handelt sich nicht um feste Grenzen, sondern um gedankliche Begrenzungen, die eine Gesellschaft aufgrund ethischer, weltanschaulicher oder ökonomischer Voraussetzungen zieht.

Sicher gibt es Situationen, die derzeit als »eindeutig« wahrgenommen werden: Wenn bereits in der Auftragsklärung oder im weiteren Verlauf des Coachings deutlich wird, dass ein Klient an einer psychischen Störung leidet, oder wenn er besorgniserregende Symptome aufweist (wie beispielsweise schwere Depression, Suizidalität, Substanzmissbrauch) kann ein Coaching nicht begonnen oder fortgesetzt werden. In solchen Fällen ist unbedingt eine Psychotherapie erforderlich. Dies steht außer Frage.

Leider helfen keine »einfachen Regeln«, um im Vorfeld einfache Entscheidungen zu treffen. Ich rate allen Coaches dazu, sich umfassend zumindest im Erkennen psychischer Störungen fortzubilden, um die »Grenzziehung« bei jedem Klienten auf der Grundlage von Wissen und Kompetenz vornehmen zu können.

Im Business-Coaching sind die meisten Klienten gesund! Ausnahmen sollten wir erkennen, damit wir kompetenten Rat geben können. Doch wir sollten das Coaching auch nicht mit einem Schleier von Angst umgeben. Das träfe nicht die Wirklichkeit. Sie sieht nämlich so aus:

Die Wirklichkeit des Business-Coachings

Die Klienten sind meist kluge, liebenswerte, gesunde und erfolgreiche Persönlichkeiten. Mit ihnen zu arbeiten macht den meisten Coaches große Freude, und die Zusammenarbeit bereichert die Coaches ebenso wie die Klienten! Diese Wirklichkeit erlebe ich in über 90 Prozent der Fälle.

Geschichte und Professionalisierung

Coaching – vom Sport zum Instrument der Personalentwicklung

Sie kennen das Bild des amerikanischen Sportcoachs: Er trainiert seine Mannschaft, motiviert, schlichtet Streitigkeiten, macht Vorschriften zum Lebenswandel. Er steht vor der Herausforderung, seine Mannschaft erfolgreich zu machen, und gleichzeitig hat er einen sittlichen Bildungsauftrag (zumindest in den US-Spielfilmen, mit denen viele aufgewachsen sind): Er lehrt die Mitglieder seiner Mannschaft gute Umgangsformen, eine neue Art des kollegialen Denkens. Ebenso zeigt er ihnen, wie sie sportliche Motive, Fairness und Leistungswillen in das Alltagsleben und in ihre späteren Berufe transportieren können. Das ist ein schönes Bild. In Deutschland konnte es sich nicht so sehr entfalten wie in den USA. Bei uns haben die Volkssportarten, wie beispielsweise der Fußball, kein so edles Image, und der »Coach« blieb bisher eher der »Trainer«.

Doch in den USA wurde die Metapher von Leistungswillen, Teamgeist, Zielstrebigkeit, Erfolg, die im Bild des »Sportcoachs« enthalten war, nach und nach auch auf die Wirtschaft übertragen. Zunächst ging es im amerikanischen Business-Coaching um Motivation, um Formung, um Potenzialentwicklung von neuen Führungskräften. Coaching wurde als Führungsinstrument verstanden, mit dem Nachwuchskräfte geformt und erfolgreich gemacht werden können. Nach und nach nutzten auch höhere Führungskräfte Coaches.

Etwa 1980 schwappte eine Coachingwelle auf Deutschland über. Pioniere wie Dr. Wolfgang Looss förderten das Coaching durch erste Buch- und Zeitschriftenpublikationen. In Deutschland wurde Coaching nicht als Führungsinstrument verstanden, sondern zunächst als Beratungsangebot für das Topmanagement. Doch bereits 1990 gab es zahlreiche Publikationen, die sich an jüngere Führungskräfte wandten und auf Life-Balance, das private Umfeld und schließlich auch auf »alles Mögliche« bezogen. Seit ungefähr 2002 boomt der Begriff Coaching in Deutschland und ist zu einer Metapher für »positive Entwicklung« geworden.

Ab etwa 2000 nahm auch das Interesse der Unternehmen und der Personalentwickler am Coaching zu. Bereits zuvor wurde die Personalentwicklung immer wissenschaftlicher. Beispielsweise wurden Fragebögen entwickelt, um Qualifizierungs- oder Leistungsmerkmale von Führungspersonen exakter als bisher zu erfassen. Was vorher vermutet und diskutiert wurde, konnte nun bestätigt werden: Vielen Führungspersonen fehlten Kompetenzen bei »weichen Führungsfähigkeiten«, wie beispielsweise emotionale Intelligenz, Empathie, Kommunikation. Gleichzeitig wurde deutlich, dass diese Faktoren nicht nur wünschenswert sind, sondern auch erhebliche Auswirkungen auf den betriebswirtschaftlichen Erfolg haben können.

Wie sollten diese Kompetenzen vermittelt oder erworben werden? Die Personalabteilungen und das Management sahen sich nicht imstande, diese Schlüsselqualifikationen selbst zu vermitteln. Ihnen fehlte das neue Know-how. Insofern waren alle beteiligten Personengruppen froh, dass die Personalentwicklung sich als Koordinierungsstelle etablierte, die externe Spezialisten für die neuen, weichen Methoden bereitstellen konnte:

Warum Coaching sich rasch etablieren konnte

- Die unsichere (und oft undankbare) Position der Personalentwicklung wurde durch ihre Vermittlungskompetenz ins Coaching und durch das positive Image des Coachings aufgewertet. Das Feld der Personalentwicklung wurde hierdurch »faszinierender«.
- Die ehemaligen Trainer und Berater nannten sich nun Coaches, verknüpften ihre bisherigen Dienstleistungen mit dem Wort Coaching oder vermittelten vermehrt weiches Know-how. Hierdurch bekamen sie wieder deutlich mehr Aufträge.
- Die direkten Nutznießer, die Klienten, hatten neue Möglichkeiten, ihre individuelle Verzweiflung und ihr Leiden an der Organisation abfedern zu können: Man durfte dem Coach von unfähigen Chefs oder ungünstigen Arbeitsbedingungen erzählen und gleichzeitig Strategien entwickeln, mit diesen Rahmenbedingungen erfolgreicher umzugehen. Die Energie für das bisherige »Jammern« konnte in konstruktivere Kanäle umgeleitet werden (so zumindest die Theorie oder eine Deutungsmöglichkeit).
- Die Führungspersonen wurden entlastet. Sie konnten nun von ihren Mitarbeitern fordern, dass diese »weiche Kompetenzen« einsetzten, ohne mit der Peinlichkeit berührt zu werden, sie nicht selbst vermitteln oder vorleben zu können.

Das war um das Jahr 2000. In der kurzen Zeit seitdem hat sich bereits viel gewandelt. Mittlerweile haben sehr viele Personalentwickler und Führungspersonen selbst Coachingausbildungen oder andere »weiche Ausbildungen« durchlaufen. Coaching wird nun immer mehr zu einer Schlüsselkompetenz, die bald jede Führungsperson auf die eine oder andere Weise am eigenen Leibe erfahren hat.

Seit 2008 nimmt die Zahl von Anbietern für Fortbildungen zum Coach (Coachingausbildungen) rasant zu. Auch viele Fachhochschulen, Universitäten und IHK-Akademien bieten neuerdings Weiterbildungen zum Coach an. Die Spanne der Angebote ist groß: Eine IHK-Akademie bietet seit 2008 eine Ausbildung zum Business-Coach an, die circa 300 Trainingsstunden mit zwei bekannten Senior-Coaches umfasst. Eine andere IHK-Akademie bietet seit 2009 eine Fortbildung zum »Business-Coach IHK« an, in der die Teilnehmer in einem Schnelldurchlauf von 40 bis 50 Unterrichtsstunden ausgebildet werden. Die Lehrcoaches sind hier Verkaufsförderer einer Trainingsfirma. Die drei Buchstaben »IHK« galten früher als Garanten normierter Qualität. Nun stehen zwei identisch wohlklingende IHK-Titel nebeneinander, die sich dennoch grundlegend unterscheiden. Ähnlich verwirrend ist der ganze Dschungel an Fortbildungen zum Coach, denn hier kann leicht Geld verdient werden. Im Kapitel

»Ausbildung zum Coach« gehe ich darauf ein, auf welche Qualitätsmerkmale Interessenten achten sollten. So viel jedoch vorweg: In 40 bis 50 Stunden lässt sich Coaching nicht erlernen!

Von der individuellen Professionalisierung des Coachs zur Professionsbildung des Coachings

Seit 2004 schossen Coachingverbände wie Pilze aus dem Boden. Seitdem gibt es jedes Jahr mehr Anbieter für Fortbildungen zum Coach, mehr Coachingbücher, immer mehr Fachbeiträge in alten und neuen Fachmagazinen. Jeder, der in der Coachingbranche tätig ist, möchte sein Know-how ausbauen, besser werden, mit der rasanten Entwicklung mithalten. Dieses individuelle Bemühen nennt die Soziologie »individuelle Professionalisierung«. Daneben gibt es in der Branche ein Bestreben, aus der Tätigkeit des Coachings eine Profession zu machen. Klassische Professionen sind beispielsweise Arzt, Rechtsanwalt, Lehrer, Pfarrer. Diese Berufe weisen charakteristische Merkmale auf.

Soziologische Merkmale einer Profession

- Die Profession weist ein Leistungsmonopol auf. Nur sie darf bestimmte Leistungen erbringen.
- Die Profession weist einen verbindlichen Wissensbestand auf (body of knowledge to profess).
- Die Profession weist Zugangswege mit sehr hohen Hürden auf, die meist staatlich geregelt sind; beispielsweise ein Hochschulstudium.
- Die Profession stillt ein allgemein anerkanntes, sehr wesentliches oder existentielles gesellschaftliches Bedürfnis. Sie hat ein Mandat der Gesellschaft, diesen Auftrag (exklusiv) zu erfüllen.

Wenn eine Tätigkeit wie das Coaching sich auf den Weg macht, diese Merkmale zu erwerben, nennt man dies Professionsbildung. Aktuell ist die Tätigkeit Coaching noch sehr weit davon entfernt, eine Profession zu sein. Die klassischen Professionen brauchten Jahrhunderte, um sich zu etablieren. Zudem gibt es auch kulturelle Besonderheiten im deutschsprachigen Raum, die für die meisten Berufe und alle Professionen gelten: Hierzulande muss alles in anerkannten Institutionen vermittelt werden und gründlich gelernt sein. Garanten dieses Ausbildungs- und Qualitätsverständnisses waren bisher der Staat, die Länder, die Industrie- und Handelskammern (IHK) und andere »offizielle Stellen«.

In Nordamerika hat sich teilweise eine andere Kultur herausgebildet. Hier wurde weniger danach gefragt, welche legitimierten Stellen an der Ausbildung beteiligt waren. Es wird stärker als in Deutschland darauf geschaut, ob eine Person bestimmte

Kenntnisse und Fähigkeiten nachweisen kann. In den USA wird gefragt: »Was kannst du?« In Deutschland wird eher gefragt: »Wo hast du denn gelernt?«

Das Phänomen Coaching kommt aus den USA und trägt einige Züge amerikanischer Kultur. Das Image des Coachings lädt sich mit einer solchen Geschwindigkeit auf, dass bisherige Muster und Zeitvorstellungen klassischer europäischer Professionsbildung im Coaching neue Züge bekommen.

Seit 2006 treffen sich einige der etwa 30 deutschen Coachingvereine im »Roundtable der deutschen Coachingverbände«, um über einheitliche Standards und die Umsetzung einzelner Schritte auf dem Wege in eine Profession zu beraten.

Mitglieder im Roundtable der Coachingverbände (2017)

Dies sind die Coaching- oder Beratungsverbände, die sich etwa zweimal jährlich zum Erfahrungsaustausch treffen. Einige sind große Berufsverbände von Nicht-Coaches und Coaches. Die anderen Verbände sind reine Coachingvereine (Liste ohne Gewähr auf Vollständigkeit oder Richtigkeit).

- Austrian Coaching Council (ACC)
- Berufsverband Dt. Psychologinnen und Psychologen (BDP)
- Berufsverband für Trainer, Berater und Coaches e. V. (BDVT)
- Deutscher Bundesverband Coaching e. V. (DBVC)
- Deutscher Coaching Verband e. V. (DCV)
- Deutsche Gesellschaft für Coaching e. V. (DGfC)
- Deutsche Gesellschaft für Systemische Therapie, Beratung und Familientherapie (DGSF)
- Deutsche Gesellschaft für Supervision e. V. (DGSv)
- Deutscher Verband für Coaching und Training e. V. (dvct)
- European Association for Supervision and Coaching e. V. (EASC)
- European Mentoring & Coaching Council Deutschland e. V. (EMCC)
- International Coach Federation Deutschland e. V. (ICF)
- Qualitätsring Coaching und Beratung e. V. (QRC)
- Systemische Gesellschaft e. V. (SG)

Beantragte Aufnahme (teils seit 2013):
- Deutsche Coaching Gesellschaft (DCG)
- Deutscher Fachverband Coaching (DFC)
- Dt. Verband für NLP (DVNLP)
- und andere

Einige wichtige und große Coachingverbände werden seit 2013 nicht aufgenommen (closed job). Die Gründe hierfür wurden im Einzelnen nicht nach außen kommuniziert (Stand 2017).

Zu den Meinungsbildnern im Coaching gehören Folgende:

Coaches, Praktiker: Die meisten Coaches sind nicht in Verbänden organisiert und haben keine Freude an »Vereinsmeierei«. Zudem ist es sehr schwierig, auf den richtigen Verein zu setzen, da es hiervon eine große Zahl gibt. Manche Coaches warten weiterhin ab. Sollte sich einer der Verbände zukünftig als wirklich ausschlaggebender Berufsverband etablieren können, würden möglicherweise mehr Coaches in Verbände eintreten.

Verbände: Es gibt etwa 15 Verbände, die in der Fachpresse wiederholt auftauchen, Kongresse veranstalten und sich öffentlich an der Weiterentwicklung des Coachings beteiligen. In vielen Verbänden geben diejenigen den Ton an, die selbst Anbieter von Fortbildungen sind. Die Verbände dienen dann auch (wenn auch nicht nur) dazu, eigene Fortbildungen zu legitimieren und an zukünftige Mitglieder zu verkaufen.

Industrie und Organisationen: Die Nachfrager nach Business-Coaching wünschen sich einheitliche – leicht nachvollziehbare und verlässliche – Qualitätsmerkmale, anhand derer sie Coaches auswählen können. Bisher muss jedes Unternehmen in selbstgestrickten Auswahlverfahren einige wenige geeignete Bewerber aus der Flut von Angeboten auswählen. Die Coachingdefinition der Industrie weicht teilweise sehr von der Definition einzelner Verbände oder Buchautoren ab. So setzen einige Unternehmen gezielt »Coaches« für Einzel-Experten-Mentoring ein: Hier werden beispielsweise Key-Account-Manager von Personen begleitet, die selbst viele Jahre Berufserfahrung im Account-Mangement haben. Durch dieses Eins-zu-eins-Mentoring lässt sich der Kontakt zu Kunden deutlich verbessern, was sich deutlich auf Erfolg und Verkaufszahlen auswirkt. Dieses sehr effektive Personalentwicklungsinstrument wird – neben anderen – in der Industrie oft Coaching genannt. Früher nannte man dies Training, Expertenberatung oder Mentoring. Doch in der Industrie gibt es auch »normales Coaching« (welches der Definition von Coaches, Verbänden und Autoren entspricht). Jedoch ist das Coachingverständnis in der Industrie wesentlich stärker auf (wirtschaftlichen) Erfolg, Beratung durch Experten und messbare Ergebnisse fokussiert und weniger auf »menschliche Entfaltung«.

Es gibt in der Industrie zunehmend mehr »Gatekeeper«: Sie »lassen Coaches ins Unternehmen« und bestimmen, welche Personen in den Coachingpool des Unternehmens aufgenommen werden, wie Coaching im Unternehmen strukturiert wird, wie Matchingprozesse (welcher Klient, welches Anliegen passt zu welchem Coach aus dem Pool?) gesteuert werden. Diese Gatekeeper sitzen oft in den Personalabteilungen. Viele von ihnen haben selbst eine Coachausbildung absolviert.

Wissenschaft: Bisher gab es im Coaching eher »Ansichten« und »Meinungen«. Seit einigen Jahren gibt es vermehrt Lehrstühle für Beratungswissenschaften (inklusive Coaching), in denen empirisch überprüft wird, wovon bisher nur geredet wurde. Diese zunehmende »wissenschaftliche Fundierung« wird eine unverzichtbarere Säule der zukünftigen Profession Coaching sein. Die Wissenschaft beginnt bereits, einzelne Mythen des Coachings und damit verbundene alte Lehrsätze (Vorurteile) abzubauen, um den Blick immer präziser auf das zu lenken, was »wirklich wirkt« und darauf, »warum es wirkt«.

Ausbildungsanbieter: Neben einigen Anbietern, die seit vielen Jahren in der Ausbildung von Coaches etabliert sind, nennen immer mehr Weiterbildner ihre Angebote nun auch oder zusätzlich »Coachingausbildung«. Wobei der »Inhalt« meist derselbe geblieben ist. Beispielsweise heißen viele NLP-Practitioner-Ausbildungen nun zugleich »Systemische Coachausbildung«. Sie werden mit einem Doppelzertifikat aufgewertet. Auch die Fortbildungen der Deutschen Gesellschaft für Supervision (DGSv) schließen nun (bei gleichem Inhalt) mit »Supervisor und Coach (DGSv)« ab.

Fachpresse: Magazine und Zeitschriften zu Wirtschaft, Weiterbildung, Managementseminaren und Kommunikation berichten zunehmend über die Beratungsform Coaching und die »Coachingszene«. Bekannte Zeitschriften sind unter anderem: managerSeminare (www.managerseminare.de), wirtschaft & weiterbildung (www.wuw-magazin.de), Praxis Kommunikation. Angewandte Psychologie in Coaching, Training und Beratung (www.ks-magazin.de), die wissenschaftliche Fachzeitschrift Organisationsberatung-Supervision-Coaching (www.osc-digital.de) oder das Coaching-Magazin der Rauen GmbH (www.coaching-magazin.de).

Einflussreiche Einzelpersonen: Einige bekannte Personen können durch ihre Ansichten einen Teil der Definitionshoheit im Feld Coaching für sich beanspruchen. Eine Sonderstellung nimmt hier Christopher Rauen (Rauen GmbH) ein. Durch ein gutes Marketing, die Herausgabe von Coachingbüchern und zahlreiche Internetangebote (die die Suchmaschinen zum Stichwort Coaching füllen), durch sehr gute Vernetzung sowie durch das sehr ansprechende »Coaching-Magazin« kann er einen großen Teil des Informationsflusses und der Meinungsbildung innerhalb der Szene beeinflussen.

Institutionelle Coachinganbieter: Dies sind Coachingfirmen, die aus einem Stab von meist freien Mitarbeitern gut ausgebildete Coaches vermitteln. Mit ihrem Namen bürgen die Anbieter dafür, dass ihre Coaches erfahrene und gut ausgebildete Profis sind.

Zertifizierungsanbieter: Einige Prüffirmen, Verbände oder private Anbieter prüfen Coaches nach Kriterien, die von den Prüfern selbst festgelegt wurden. Solche Zertifizierungsprüfungen sind oft teuer. Die Prüfinstanzen können hiermit Geld verdienen; die Coaches können mit dem erworbenen Prüfsiegel werben.

Aus der Wirtschaft kam vereinzelt der Vorwurf, die Verbände hätten sich schon längst einigen sollen, um verbindliche Standards zu schaffen. Dabei wird übersehen, dass die Verbände miteinander konkurrieren und dass seit 2006 schon einige kurze gemeinsame Erklärungen der Verbände veröffentlicht wurden.

Außerdem haben einige der Business-Coaching-Verbände intern sehr elaborierte Standards entwickelt. Hier ist also bereits viel passiert und das Niveau ist sehr hoch. Die Landschaft ist allerdings – trotz der hohen Standards vieler Verbände – uneinheitlich und nicht einfach überschaubar.

Vonseiten der Verbände hört man die Argumentation, Wirtschaftsvertreter würden hin und wieder zwar schimpfen, sich aber noch zu wenig aktiv am Professionalisierungsprozess beteiligen. Statt Kritikern brauche man auch Personen, die kontinuierlich mitdiskutierten und sich mit ihrem Know-how einbrächten. Vonseiten der Wissenschaft kam der Vorwurf, die Praktiker würden sich kaum um eine wissenschaftliche Fundierung ihres Tuns bemühen. Insgesamt überwiegt jedoch eine konstruktive Diskussion.

Literaturtipps

Robert Wegener, Michael Loebbert, Agnès Fritze (Hrsg.): Coaching-Praxisfelder. Forschung und Dialog. Heidelberg: Springer, 2. Auflage 2016. Hier werden Erkenntnisse aus Wissenschaft und Praxis präsentiert und der Blick auch auf Anwendungsfelder jenseits von Führung und Sport gerichtet.

Robert Wegener, Michael Loebbert, Agnès Fritze (Hrsg.): Coaching und Gesellschaft. Forschung und Praxis im Dialog. Heidelberg: Springer 2016. Auch in diesem Buch haben die Herausgeber spannende Aspekte vereint, die aus verschiedenen theoretischen Blickwinkeln betrachtet werden.

Uwe Böning und Claudia Kegel: Ergebnisse der Coaching-Forschung. Aktuelle Studien – ausgewertet für die Coaching-Praxis. Heidelberg: Springer 2016. Die Autoren schaffen einen nutzbaren Brückenschlag von der Wissenschaft und deren Umsetzung in der Praxis. Wichtig für die Professionalisierung der Beratungsform.

Astrid Schreyögg (Hrsg.): Die Professionalisierung von Coaching. Ein Lesebuch für den Coach. Heidelberg: Springer 2015. Die Professionalisierung des Coachings wird hier auf breiter Basis diskutiert, mit vielen praktischen Hinweisen für praktizierende Coaches.

Sprache, Wurzeln und Zweige

Die Fachsprache des Coachings

In der Literatur und in den Fortbildungen zum Coach gibt es eine große Vielfalt an ähnlichen Begriffen, die Unterschiedliches meinen; oder an unterschiedlichen Begriffen, die Ähnliches meinen. Besonders für Anfänger ist es hilfreich, hier ein paar sprachliche Regeln aufzustellen, die bei der Bildung einer einheitlichen Fachterminologie helfen.

Klientin und Klient: Die Hauptperson im Coaching ist die Klientin oder der Klient. Andere Begriffsvorschläge waren: Mandant oder Kunde. Beides setzte sich nicht durch. Hartnäckig hält sich immer noch das Begriffspendant »Coachee«. Dieser ist aber unvorteilhaft: Wenn viel über Coaching geredet wird, ist immer erst mit einigen Sekunden Verzögerung klar, über wen gerade geredet wird: über den Coachee oder über den Coach? Zudem gibt es in dem ähnlich klingenden Wortpaar Trainer und Trainee ein Hierarchiegefälle: Der Trainee hat geringe Kompetenzen und lernt vom Trainer oder Ausbilder. Im Coaching – so die Theorie jedenfalls – versuchen wir, den Klienten mit seinen Kompetenzen in den Mittelpunkt zu stellen und, wo immer das möglich ist, eine Begegnung auf Augenhöhe zu erreichen. Daher sagen Sie bitte »Klient« und nicht »Coachee«.

Coacherin und Coach? Die Coaches, des Coachs? Hier gibt es noch keine Lösung. Das Wort Coach wird in seinem Genus (dem grammatischen Geschlecht) bisher eindeutig als maskulin empfunden. Darum gibt es nicht »die Coach«. In Texten finden wir häufig Klarstellungen durch Nebensatzeinschübe: »Der Coach, Frau Kerstin Mustermann, fragte den Klienten zunächst nach seinen Vorstellungen.« Als Plural finden wir parallel die »Coaches« und die »Coachs« (bisher ist beides richtig). Genitiv ist: des »Coachs«.

Formate – Verfahren – Methoden – Tools: In der Literatur lesen wir von Methoden, Schulen, Philosophien. Bereits 1997 war dem Supervisor Professor Dr. Ferdinand Buer aus Münster diese Begriffsvielfalt aufgefallen. Er schlug damals vor, eine klare Hierarchie von Begriffen einzuführen. Seine Vorschläge fanden erst ab April 2008 in der Coachingszene Gehör und werden nun mehr und mehr berücksichtigt. Die folgende Unterscheidung von Formaten, Verfahren, Methoden und Tools geht auf ihn zurück.

Beratungsformate oder -formen: Hierbei handelt es sich um etablierte Beratungs-»Disziplinen«, wie Supervision, Psychotherapie, Sozialberatung, Seelsorge, Coaching. Für diese Kategorie wurden bisher Oberbegriffe wie Disziplin, Feld, Art und dergleichen genutzt. Also: Coaching ist eine Beratungsform (oder ein Beratungsformat). Nachbarformate sind: Psychotherapie, Supervision und andere.

Verfahren: Hierbei handelt es sich um etablierte »Schulen« innerhalb von Formaten. So gibt es innerhalb des Formats Psychotherapie beispielsweise die Verfahren Verhaltenstherapie, tiefenpsychologisch fundierte Psychotherapie, klientenzentrierte Gesprächspsychotherapie, Hypnotherapie, systemische Psychotherapie, Psychodrama, Gestalttherapie und andere. Im Format Coaching werden auch die Verfahren Systemischer Ansatz und Psychodrama häufig genutzt. Wenn ein Verfahren noch nicht mit einem eigenen Lehrgebäude von Theorie und Praxis ausgestattet ist, steht es noch auf der Schwelle von einer Methode zu einem Verfahren. So war das NLP 1990 noch eine Methode. Die Vertreter der Methode haben mittlerweile weitergehende Überlegungen zur Reflexion ihrer Methode angestellt und entwickeln nach und nach ein Verfahren daraus (so sehen sie es).

Methode: Innerhalb einzelner Verfahren gibt es einzelne praxisorientierte Vorgehensweisen. So ist der »leere Stuhl« eine Methode aus der Gestalttherapie. Das »Tauschen und Doppeln« ist eine Methode aus dem Psychodrama, der »sokratische Dialog« (oder »… Disput«) ist eine Methode aus der kognitiven Verhaltenstherapie oder der philosophischen Beratung. Methoden sind in das Lehrgebäude ihres Verfahrens eingebunden. Wenn wir sie hieraus isolieren und ohne ihren Unter- und Überbau anwenden, fehlt ihnen das Herz. Ein solches Vorgehen wäre »technisch«. Es wäre nur eine Sozialtechnik, die in einem Kurzlehrgang erlernt werden könnte, in der Regel aber befremdlich auf Klienten wirkt, weil die Anwender die tiefere Bedeutung der Methode nicht reflektiert haben.

Tools, Techniken, Tipps und Kniffe: Wenn wir eine Methode anwenden und ihre tiefere Bedeutung (noch) nicht einordnen können, nutzen wir ein »Tool« oder eine »Technik«. Ein Tool ist auch eine Intervention, die unabhängig von der Reflexionsfolie eines Verfahrens entstanden ist. Wer lediglich Tools beherrscht, kann seine Klienten über eine gewisse Wegstrecke hilfreich begleiten. Doch früher oder später entsteht eine Schieflage.

Die Begriffshierarchie von Format > Verfahren > Methode > Tool können wir nicht auf jede Interaktion anwenden. Einige grundlegende Kenntnisse der Kommunikation zu berücksichtigen, Feld- und Führungserfahrung hier und da nutzen zu können, einen Kollegentipp zu berücksichtigen oder einige Kniffe parat zu haben, gehört zu den alltäglichen Schlüsselqualifikationen eines Coachs und muss nicht zwangsweise in dieses Modell gepresst werden.

Verfahrens- oder formatübergreifende Konstrukte und Ausnahmen: Im Beratungsformat Psychotherapie gibt es einzelne Erkrankungen oder Störungsgruppen; beispielsweise das schwere Psychotrauma. In den einzelnen Verfahren und auch verfahrensübergreifend haben sich Psychotherapeuten auf diese Störung spezialisiert. Hieraus entsteht nach und nach eine Spezialdisziplin »Psychotraumatologie« (und irgendwann ein Verfahren?). Darin werden Methoden aus der Hypnotherapie, der Verhaltenstherapie, der Tiefenpsychologie, dem Psychodrama und anderen genutzt. Alle diese Ausnahmen und Spezialgebilde zu kennen, würde für Anfänger zu weit führen. Wann immer Sie auf ein spezielles Konstrukt stoßen, das Sie nicht in das »hierarchische Modell« einordnen können, treffen Sie auf die Begrenzungen des Modells. Jedes Modell hat seine nützliche Seite der Vereinfachung von komplexer Realität und seine unbrauchbare Seite, wenn es die Realität durch seine Vereinfachung entstellt.

Ausbildung, Weiterbildung, Fortbildung: Coaching ist keine Profession, und es gibt daher keine »Ausbildung«, die von einer Kammer oder einer staatlichen Stelle anerkannt ist. Insofern ist es irreführend, wenn wir von Coachausbildungen oder einer Coachingausbildung sprechen oder schreiben. Der Begriff wird immer noch genutzt, da über 90 Prozent der weiterbildungsinteressierten Internetsucher in ihre Suchmaschine eingeben: »Coaching Ausbildung«. Wer als Anbieter auf diesem Markt unterwegs ist, muss sein Angebot daher »Ausbildung« nennen, um gefunden zu werden. In Wirklichkeit handelt es sich bei den Angeboten um »Weiterbildungen« (Abschluss: Coach) oder um »Fortbildungen« (Erwerb spezieller Kenntnisse auf dem Weg zum Coach oder von Zusatzkenntnissen für Personen, die bereits coachen). Ich gehe davon aus, dass der Begriff »Coachingausbildung« (Coachausbildung) sich noch viele Jahre halten wird. Bedenken Sie jedoch bitte, dass es sich bei diesem Bildungsangebot eigentlich um recht kurze Weiter- oder Fortbildungen handelt.

> **Beispiele für das hierarchische Sprachmodell im Coaching**
>
> **Beratungsformate oder Beratungsformen:** Supervision, Coaching, Psychotherapie, Seelsorge und andere.
>
> **Verfahren:** Verhaltenstherapie, tiefenpsychologisch fundierte Psychotherapie, Gesprächspsychotherapie, Hypnotherapie, Psychodrama, Gestalttherapie, systemische Psychotherapie.
>
> **Methoden und Tools:** Leerer Stuhl (aus der Gestalttherapie), Tauschen und Doppeln (aus dem Psychodrama), kognitives Umstrukturieren (aus der Verhaltenstherapie), Six-Step-Reframing (aus dem NLP), Installation eines sicheren Ortes (aus der Hypnotherapie, oft in der Psychotraumatologie genutzt), lösungsorientiertes telefonisches Erstinterview (aus der lösungsorientierten Beratung).

Wie Herkunft und Weltbild das Coachingverständnis formen

Interessierten Personen und Teilnehmern an Fortbildungen zum Coach fällt es anfangs schwer, sich im Dschungel von Schlüsselqualifikationen, Tipps, Regeln, Selbsterfahrung, Beratungsformen, Verfahren, Methoden und Tools zurechtzufinden. Jedes Verfahren nutzt ein eigenes Theoriegebäude, eine spezielle Fachsprache, eine eigene Metatheorie, bevorzugt ein bestimmtes Menschenbild und bezieht sich auf unterschiedliche Gründerpersönlichkeiten. Daher taucht immer wieder die Frage auf: »Wo auf dieser Landkarte befinden wir uns gerade?« Das Gebiet und seine Landkarte sind so riesig, dass wir ein ganzes Buch füllen müssten, um dies einigermaßen komplett zu beschreiben. Daher möchte ich Ihnen nur einen sehr, sehr knappen Überblick geben. Er ist stark vereinfacht und daher auch »falsch«.

Zunächst schauen wir uns zwei grundsätzliche Zugangswege an, die zukünftige Coaches oder interessierte Personen in das Format Coaching führen können. Wir nennen sie hier »Wurzeln«, doch wir könnten auch von Weltbildern, Mustern, Sozialisation oder Ähnlichem sprechen.

Wurzeln des Coachings

Business-Coaching als Baumstamm:
Es geht um individuelle psychische und mentale Prozesse an der Schnittstelle von Mensch und Organisation oder Person und Unternehmen. Je nach ihrer Wurzel werden die Akteure bestimmte Strömungen in diesem Wechselspiel stärker fokussieren oder gewichten.

Wurzel Wirtschaft, Managementlehre, Unternehmensberatung:
Klare Struktur, eindeutige Regelkreisläufe, lineare Abläufe, Effektivität und Effizienz, Wachstum (Geldzuwachs). Vorsicht bei: Emotionen, Bedürfnissen, Biografien, dem Unbewussten.

Wurzel Psychotherapie, Psychologie, Philosophie, Sozialwissenschaft:
Bedürfnisse, Motive, Emotionen, Biografien, Entfaltung, Spontaneität, nichtlineare Prozesse … Vorsicht bei: eindeutigen Regelkreisläufen und Ablaufschemata, bei »unpersönlich« erscheinenden Herangehensweisen, bei Erfolg und »Geld«.

Ein ehemaliger Unternehmensberater oder ein Ex-Manager werden einen anderen Blick auf das Coaching haben als ein Wirtschaftspsychologe oder ein ehemaliger Psychotherapeut. Doch alle diese Personengruppen sind aktuell als Coach oder als Coachausbilder tätig. Sie beziehen sich auf unterschiedlichste Menschenbilder, Grundwerte, Felderfahrungen, Metatheorien, Vorstellungen von gelungenen Gesprächen, Analysen, Abläufen und Interventionen. Keiner dieser Zugangswege ist besser oder schlechter, obwohl sich die Vertreter der unterschiedlichen Wurzeln manchmal polemisch begegnen: »Das sind Sozialromantiker«, sagt die eine Seite. »Die haben Angst vor sich selbst und ihren Emotionen; daher verstecken sie sich hinter Regelkreisläufen«, sagt die andere Seite.

Manche Unternehmensberater behaupten, sie müssten für das Coaching nur noch ein wenig praktische Psychologie erlernen. Das sei schnell gemacht. Daher seien sie die besseren Coaches. Denn die Psychologen könnten unmöglich in der gleichen Zeit komplexes Wissen zu Organisationen und zu Managementabläufen erwerben. Und: »Nur Psycho zieht nun einmal nicht in Wirtschaftskreisen.« Einiges spricht für diese Argumentation: Wirtschaftsvertreter fühlen sich in der Gegenwart von Coaches oft wohler, die »ihre Sprache« sprechen und einen ähnlichen Hintergrund haben. Zumal viele psychologisch interessierte Personen anfänglich mit einer mehr oder weniger starken Brille des Individualismus versehen sind, die es ihnen verwehrt, die Organisationswirklichkeit moderner Unternehmen zu begreifen.

Die Vertreter der anderen Wurzel kontern, indem sie aufzeigen, wohin die unreflektierte Sicht der Wirtschaft bisher geführt hat: 2009 brachen die Banken zusammen, Wirtschaftsethik funktioniert nur im sichtbaren selbstverantworteten Umfeld und verliert sich bereits jenseits des eigenen Horizonts, woraus internationale ethische Wirtschaftsgräueltaten resultieren, deren kleinste Wurzeln auch (jedoch schwer erkennbar und gut zu leugnen) im eigenen Verantwortungsbereich liegen. Oder: Die Zahl arbeitsbedingter psychischer Störungen wie Angst, Depression und dergleichen nehmen immer weiter zu. Sie werden jedoch weitgehend verleugnet. Daher brauche die Wirtschaft – besonders im Coaching – eine erweiterte Reflexionsfolie und nicht nur ihr eigenes Wertespiegelbild.

Natürlich: Ich habe Zerrbilder vorgestellt, indem ich einzelne Stimmen herausgegriffen habe. Vielleicht akzeptieren Sie – von welcher Wurzel Sie auch kommen mögen – folgende schlichte Hypothese: In ihrer Gesamtheit sind die unterschiedlichen Sichtweisen einander eine große Bereicherung!

Doch es lohnt sich im Einzelfall zu bedenken, dass jede Aussage, jede Herangehensweise aus einer bestimmten Wurzel gespeist ist und daher nicht für »das Ganze« stehen kann. Die Komfortzone für Coaches und für Klienten liegt immer nahe der eigenen Wurzel, der erworbenen Kompetenzen, bewährten Sichtweisen und der eigenen (selten bewussten) Ängste.

Didaktische und methodische Elemente in Fortbildungen zum Coach

Besonders Ausbildungskandidaten im Coaching fällt es schwer, zwischen folgenden didaktischen und methodischen Elementen zu unterscheiden und zu verstehen, in welcher Phase der Ausbildung sie sich gerade befinden. Erschwert wird dies dadurch, dass die Elemente in einer Fortbildung zum Coach immer wieder wechseln und auch ineinandergreifen. Neben den vier grundlegenden Elementen gibt es natürlich noch weitere Elemente oder Kompetenzen, die hier weggelassen wurden.

Vier Elemente einer Coachausbildung

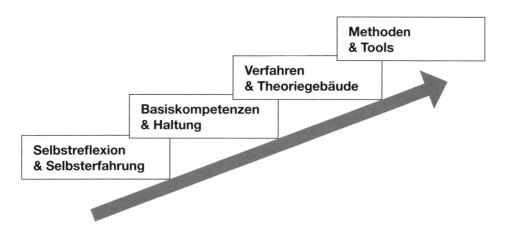

Diese vier Elemente sind folgendermaßen charakterisiert:

Training der Selbstreflexion und Selbsterfahrung: Hier geht es um das Erfahren und Verstehen eigener Bedürfnisse, Hoffnungen, Ängste, Muster des Denkens, Fühlens, Handelns und der Interaktion. Die meisten Muster werden aus frühen Beziehungs- und Systemerfahrungen generiert und auf aktuelle Situationen und Begegnungen übertragen. Ein Coach wird immer versucht sein, in seinen Klienten eigene Muster, Möglichkeiten und Begrenzungen stellvertretend zu erkennen (Projektion und Übertragung). Es nützt nichts, wenn diese Prozesse »an sich« bekannt sind. Nur die Erfahrung und das Erleben dieser Muster im Rahmen der Ausbildungsgruppe führen zu einem wirklichen Verstehen dieser Zusammenhänge. Dies ist manchmal unangenehm. Häufig lässt sich beobachten, dass immer dann, wenn die Einsicht kurz bevorsteht, die Absolventen in andere Didaktikelemente wechseln: Sie beginnen eine Metareflexion über die Kompetenz der Ausbildungsleiter, sie finden Gründe und Schuldige im Umfeld, sie wollen plötzlich Theorie verstehen.

Erwerb einer reflektierten und ethisch fundierten Haltung: Dies ist wohl mehr ein Wunsch oder ein Lernziel und weniger ein didaktisches Element. Trotzdem führt es in Ausbildungen oft zu Verwirrungen. Einerseits geht es um Schlüsselkompetenzen im Umgang miteinander: Wie kann ich wertschätzend, lobend, achtsam und partnerschaftlich sein? Wie kann ich den Prozess begleiten und nicht mit Rat und Inhalten führen? Wie kann ich mein Handeln durch »gute Werte« begründen? Und schließlich: Wie schaffe ich es, dass all das nicht nur aufgesetzte Sozialtechniken sind, sondern mir in Fleisch und Blut übergeht? Theoretisch und anhand konkreter Situationen muss auf diese Basisqualifikationen in der Fortbildung eingegangen werden. Das Erleben in der tatsächlichen Begegnung hat Vorrang. Wann immer sich hier eine Lernchance auftut, müssen »Theorie« oder »Übung« unterbrochen werden, um die Schlüsselkompetenz »Haltung« in ihrem tatsächlichen Erleben zu reflektieren.

Kenntnis mehrerer Verfahren: In theoretischen Einheiten werden einzelne Psychotherapie- oder Interventionsverfahren vorgestellt. Die Ausbildungskandidaten sollen die Theorie und Metatheorie, das Menschenbild, die Gründerperson, die Praxis (und ihre Begründung als Praxeologie) des Verfahrens kennenlernen. In den vorwiegend praxisorientierten Fortbildungen ist das nur ansatzweise möglich. Ein Vergleich: Eine Ausbildung zum psychologischen Psychotherapeuten umfasst beispielsweise drei bis vier Jahre Hochschulstudium und anschließend circa drei Jahre ganztägige Fortbildung an einem Spezialinstitut. Auf diese Weise werden Tausende Stunden Theorie und Praxis über etwa sechs Jahre vermittelt. Im Coaching hingegen haben wir meist nur 150 bis 300 Unterrichtsstunden in sechs bis 18 Monaten! Daher kann während der Präsenzphase nur ein mageres theoretisches Grundgerüst gelehrt werden. Die Kandidaten müssen zusätzlich viel lesen, wenn sie ein vertieftes Verständnis einzelner Verfahren erwerben möchten.

Beherrschen mehrerer Methoden und Tools: Einzelne Methoden werden vorgestellt und intensiv in Kleingruppen geübt und anschließend nochmals reflektiert. Diese Übungsphasen machen in den meisten Coachingausbildungen mehr als 60 bis 70 Prozent der Zeit aus. Doch die vorher genannten Elemente fließen hier immer wieder ein und werden in den Übungssequenzen bedeutsam.

Auf der folgenden Seite finden Sie eine Tabelle mit Verfahren, Gründerpersonen und Schlagworten. Ähnliche Übersichten sollten in einer Coachausbildung erarbeitet und vertieft werden.

Verfahren	Zweige, Abzweigungen, Folgeentwicklungen	Gründer und Vertreter	Schlagworte, Methoden
Psychodynamik (alle aus der Psychoanalyse abgezweigt)	Psychoanalyse, Individualpsychologie, analytische Psychologie, tiefenpsychologisch fundierte Psychotherapie, analytische Psychotherapie. Spezielle psychoanalytische Theoriegebäude: Selbstpsychologie, Objektbeziehungspsychologie, Intersubjektivismus und viele andere mehr	Sigmund Freud, Alfred Adler, Carl Gustav Jung, diverse andere	Unbewusstes, Widerstand, Übertragung, Gegenübertragung. Adler: Minderwertigkeitskomplex. Jung: Archetypen, Komplexe
Moderne Verhaltenstherapie	Konditionierungs- und Übungsmethoden sowie kognitive Verhaltenstherapie		Übende Methoden, kognitives Umstrukturieren, ABC-Methode, Disputation, sokratischer Dialog
Psychodrama	Familientherapie mit »Skulpturaufstellungen«, Familienstellen	Psychodrama: Jakob Levy Moreno, Zerka Moreno. Systemische Familientherapie: Virgina Satir »Familienstellen«: Bert Hellinger	Tauschen, Doppeln, Soziometrie, Aktionsmethoden, Bühne, Hilfs-Ich (Repräsentanten), Kreativität, Spontaneität, Rolle, Gruppenverfahren, Skulpturen, Aufstellungen
Gestalttherapie		Fritz und Laura Perls, Paul Goodmann, Hilarion Petzold	Gewahrsein, dialogisches Prinzip, Ganzheit, Feld, Prozess, leerer Stuhl
Hypnotherapie	Direktive und klassische Hypnose, moderne Hypnose oder Hypnotherapie	Eine Form der modernen Hypnotherapie: Dr. Milton Erickson	Rapport, Utilisation, Trance
Systemische Methoden	Systemische Gesprächs- und Analysetechniken; systemische Gruppensimulationsverfahren: Systemische Familientherapie, Aufstellungsverfahren, Systemische Strukturaufstellungen® (SySt)	Virginia Satir, SySt: M. Varga von Kibéd	
Klientenzentrierte Gesprächspsychotherapie	Non-direktive oder Personzentrierte Psychotherapie	Carl R. Rogers, Reinhard und Anne-Marie Tausch	Wertschätzung, Kongruenz, Empathie

Nun können Sie aktiv werden:

 Übung: Welche Verfahren kennen Sie?

Diese Tabelle kann weitaus komplexer gestaltet werden. Ergänzen Sie die Informationen in den Feldern und fügen Sie weitere Verfahren hinzu. Es gibt auch viele Querverbindungen.
Als Unterstützung für diese Übung empfehle ich Ihnen, das Buch »Grundkonzepte der Psychotherapie« von Jürgen Kriz durchzuarbeiten.

Literaturtipp

Jürgen Kriz: Grundkonzepte der Psychotherapie. Weinheim: Beltz, 7. Auflage 2014. Das Buch stellt einflussreiche Psychotherapieverfahren, ihre Konzepte und Gründerpersönlichkeiten übersichtlich vor.

Astrid Schreyögg und Christoph Schmidt-Lellek (Hrsg.): Die Professionalisierung von Coaching. Heidelberg: Springer 2015. Zahlreiche Autoren gehen auf verschiedenste Fragen zur Professionalisierung des Coachings ein. Ein vielschichtiger Überblick.

Wer coacht erfolgreich?

Hypothesen oder Mythen?

Manche der Hypothesen, die ich nun aufführe, müssen durch verlässliche Befragungen überprüft werden. Bisher handelt es sich eher um stichhaltige Mythen oder um hartnäckige Vorurteile im Coaching.

Erfolgreiche Coaches haben Feldkompetenz

Mit Feldkompetenz ist berufliche Erfahrung in dem Bereich gemeint, in dem Coaching nachgefragt wird. Der erfolgreiche Coach kennt die Rahmenbedingungen des Marktes sowie die Organisationsstruktur seiner Klienten und kann ihre berufliche Situation aufgrund eigener Erfahrung nachvollziehen. In vielen Fälle arbeiten Coaches in den Bereichen, deren »Stallgeruch« sie kennen: Ehemalige Banker arbeiten in Banken, ehemalige Elektroingenieure in der Elektroindustrie, Psychologen in psychosomatischen Kliniken oder »psychologischen Nischen«, gelernte Betriebswirte im Management.

Coaches und Kunden fühlen sich oft sicherer, wenn sie zusätzlich Fachthemen einbringen und als Fachleute reflektieren können. Drei Fachrichtungen dominieren in der Grundausbildung oder Vorbildung von Coaches:

- technische Berufserfahrung (meist Ingenieure mit vorwiegend fachlicher Führungserfahrung),
- betriebswirtschaftliche Berufserfahrung (beispielsweise BWL-Studium, Managementausbildung oder -tätigkeit) sowie
- psychologisches oder pädagogisches Studium (oft keine eigene Führungserfahrung in der Wirtschaft; jedoch in vielen Fällen umfassende Methoden- oder Therapieausbildung).

Aus diesen Bereichen rekrutieren sich die meisten Coaches mit Feldkompetenz. Coaches mit Feldkompetenz bringen sich zu einem größeren Teil als Expertenberater ein als Coaches, die keine Feldkompetenz aufweisen.

Erfolgreiche Coaches haben Führungserfahrung

Viele der Coaches, die in Fachzeitschriften inserieren, haben über mehrere Jahre hinweg in verantwortlicher oder in einer führenden Position gearbeitet. Zumindest stellen die Coaches dies in ihren Informationen und auf ihren Websites so dar. Was genau sie dabei unter einer Führungsposition verstehen, wird meist nicht näher definiert. Ohne Führungserfahrung jedoch hat ein Coach kaum eine Chance, im Management akzeptiert zu werden.

Personalentwickler und Coachingverbände sind sich darüber einig, dass Führungserfahrung für einen Coach im Management wichtig ist. Auch hierbei handelt es sich aber möglicherweise um einen Mythos oder ein Vorurteil, das sich hartnäckig gegen besseres Wissen zur Wehr setzt und das bisher noch nicht wissenschaftlich überprüft ist. Es gibt keine Studien, die belegen, dass Coaches mit Führungserfahrung bessere Coaches sind.

Welche Eigenschaften vereint ein erfolgreicher oder »guter« Business-Coach (ein »idealer Coach«) in sich?

Erfolgreiche Coaches sind lebenserfahren

Das ist bisher nicht überprüft. Was ist auch Lebenserfahrung? Gehören hierzu viele berufliche Positionen, Auslandskenntnisse, vielfältige Hobbys, eine Familie und Kinder, Höhen und Tiefen, Selbsterfahrung? Viele Klienten sagen, sie wünschen sich »einen Coach, der nicht jünger ist als sie selbst. Der Coach sollte auch Sicherheit ausstrahlen und Lebenserfahrung«. Es gab bisher den hilflosen Versuch, die Lebenserfahrung am Lebensalter festzumachen: Ein Coach sollte mindestens 26 Jahre alt sein. Einer jungen Ärztin oder Anwältin trauen wir zumindest zu, dass sie ihren »Job« nach den Regeln der Profession beherrscht. Wir gehen davon aus, dass sie ihre Tätigkeit sonst nicht ausüben dürfte; egal ob sie 25 oder 29 Jahre alt ist. Da wir im Coaching dieses Vertrauen in eine etablierte Profession noch nicht haben, drückt sich die Unsicherheit in der unklaren (aber gut nachvollziehbaren!) Forderung nach Lebenserfahrung und einem Mindestalter aus. Die Lebenserfahrung sowie die Fach- und Führungserfahrung fließen in einen Begriff ein, der in der Wirtschaft immer häufiger als Schlüsselqualifikation eines Coachs genannt wird: Seniorität.

Erfolgreiche Coaches haben psychologische Kompetenz

In Inseraten und Selbstdarstellungen geben die Coaches an, dass sie in mehreren Verfahren ausgebildet sind. Am häufigsten wird eine »Systemische Ausbildung« genannt. Dann folgen Angaben über Ausbildungen im lösungsorientierten Coaching, in Gestalttherapie, Psychodrama, Tiefenpsychologie sowie Angaben über die Ausbildung in weiteren Beratungsformen wie Supervision oder Mediation. »Viel hilft viel!«, denken die Inserenten?

Auch die Einkäufer von Coachingleistungen lassen sich durch die Ansammlung verschiedener Verfahren gelegentlich (oft aber auch nicht!) beeindrucken und verstehen diese Form von Eklektizismus als notwenige Vielfalt oder »Pluralität«.

Genauso geht es Ausbildungskandidaten, die eine Coachingausbildung anstreben. Neben dem aktuell beliebtesten »systemischen Verfahren« (worunter viele leider nur »Aufstellungen« verstehen) werden von den Ausbildungskandidaten Weiterbildungen bevorzugt, in denen mehrere Verfahrensansätze und Methoden gleichzeitig gelehrt werden. Noch gibt es im Coaching kein allgemein anerkanntes Ausbildungscurriculum, und die Disziplin leiht sich die erforderliche psychologische Veränderungskompetenz bei benachbarten, vorwiegend psychotherapeutisch orientierten Beratungsverfahren aus. Oder die Ausbildungen orientieren sich an Weiterbildungskonzepten der Wirtschaft oder einer eher sozialwissenschaftlich orientierten Gruppendynamik.

Von jedem Coach wird daneben zu Recht verlangt, dass er grundlegendes Wissen über die Erscheinungsbilder psychischer Störungen und ihrer Diagnostik hat, damit er Personen kompetent weitervermitteln kann, die eigentlich einer Psychotherapie bedürfen.

Was jeder Coach – auch noch – kennen und können sollte

- Coaches sind in psychologischen Fragen und Vorgehensweisen kompetent und beherrschen mindestens ein psychologisches Veränderungsverfahren (und haben Grundkenntnisse in weiteren).
- Coaches kennen die Grenzen zur Psychotherapie. Sie haben solides Grundwissen in Psychopathologie und Diagnostik.

In ihrer Öffentlichkeitsarbeit geben viele Coaches an, dass sie vorwiegend »systemisch« ausgebildet sind und nach diesem Verfahren vorgehen. In der Praxis sieht es so aus, dass die meisten Coaches Grundgedanken und Interventionen verschiedener psychotherapeutischer Verfahren nutzen und ebenso Methoden und Interventionen aus den Nachbarformaten einsetzen, beispielsweise aus der Supervision.

Erfolgreiche Coaches sind selbsterfahren

Mit dieser Selbsterfahrung sind nicht Berufsjahre oder Wüstenwanderungen gemeint, sondern die Auseinandersetzung mit eigenen Begrenzungen, Mustern, Emotionen, der eigenen Biografie, um Klienten vor den Projektionen mit ungeklärten Themen zu schützen.

Erfolgreiche Coaches beherrschen wichtige Kernkompetenzen

Die International Coach Federation (ICF) hat elf sogenannte Kernkompetenzen formuliert, die ein Coach sicher beherrschen sollte: Ethik, Kontrakt, Vertrauensbildung, zielfokussiertes Engagement, aktives Zuhören, wirkungsvolles Fragen, direkte Kommunikation, Förderung von Bewusstheit, Anleitung zu Handlungsentwürfen, realistische Planung initiieren, Fortschritt meistern und Verantwortung fördern. Ein Erfolgreicher Coach ist in diesen elf Kernkompetenzen sattelfest.

> **Kernkompetenzen eines Coachs**
>
> Die elf Basiskompetenzen eines Coachs, anhand der International Coach Federation (ICF):
> 1. Ethik und Professionsstandards
> 2. Kontrakt, Ziel, Arbeitsbündnis
> 3. Vertrauensbildung und Rapport
> 4. zielfokussiertes Engagement
> 5. aktives Zuhören
> 6. wirkungsvolles Fragen
> 7. direkte Kommunikation
> 8. Förderung von Bewusstheit
> 9. Anleitung zu Handlungsentwürfen
> 10. realistische Planung initiieren
> 11. Fortschritt meistern und Verantwortung fördern
>
> (Ausführlich erläutert in: Migge 2014, S. 79–119)

Erfolgreiche Coaches haben ein zweites Standbein

Die Pro-Coach-Association, die von Martina Schmidt-Tanger ins Leben gerufen wurde, verlangt von ihren Mitgliedern, dass sie wenigstens 50 Prozent ihres Lebensunterhaltes außerhalb des Coachings verdienen. Frau Schmidt-Tanger begründet dies damit, dass Coaches sonst erpressbar würden, da sie zur Sicherung ihres Lebensunterhaltes Aufträge annehmen müssten, die sie ethisch oder fachlich nicht vertreten könnten. Außerdem sollte eine Tätigkeit in führender Position oder in anderen Bereichen sicherstellen, dass Coaches den Kontakt zu anderen Lebensbereichen nicht verlieren.

Nach Einschätzung von Christopher Rauen[1] gibt es in Deutschland ungefähr 3.000 bis 4.000, vielleicht sogar 5.000 Führungskräftecoaches, die einen Teil ihres Einkommens durch Coaching bestreiten. Selten sind dies aber mehr als 30 bis 50 Prozent des Einkommens; eher sogar weniger als ein Drittel. Nach Befragungen von Jörg Middendorf[2] hat fast jeder erfolgreiche Business-Coach noch eine andere Tätigkeit: Die meisten Coaches geben an, gleichzeitig noch als Trainer, Ausbilder oder Berater (Personalentwicklung, Organisationsberatung) zu arbeiten. Zahlreiche Coaches geben an, dass sie neben ihrer freien Coachingtätigkeit mit reduzierter Stundenzahl in Festanstellungen tätig sind oder als freie Mitarbeiter in verschiedenen Bereichen arbeiten.

Wir haben erfahren, dass ein Coach neben seinem zweiten beruflichen Standbein – oft die Hauptquelle seines Einkommens! – unterschiedliche Grundqualifikationen mitbringen sollte, um in der Querschnitts- oder Schnittfelddisziplin des Coachings erfolgreich agieren zu können. Hierbei handelt es sich einerseits um überprüfbare Fakten, andererseits aber noch um »Coachingmythen«.

Wir sollten uns aber nicht täuschen: Viele wichtige Fähigkeiten, wichtiges Wissen oder Charaktereigenschaften sind in den Zutaten eines »guten« oder »erfolgreichen« Coachs nicht genannt, die einen erfolgreichen von einem nicht erfolgreichen Coach unterscheiden. Die genannten Qualifikationen finden in der Coachingbranche zwar einhellig Zustimmung, sind aber wissenschaftlich nicht bestätigt.

Teilweise widersprechen erste Erhebungen sogar den Mythen. So sind beispielsweise Coaches aus der »Wurzel Wirtschaft« (auch ohne akademisches psychologisches Know-how) scheinbar deutlich effektiver und effizienter als Coaches, die Diplom-Psychologen sind (kurze Erwähnung einer Studie, durch Prof. Dr. Heidi Möller, Hamburger Coaching-Tage 2016). Woran kann das wiederum liegen? Haben die Wirtschaft-Coaches mehr Felderfahrung, gehen sie zielstrebiger und weniger zaudernd vor? Hier müssen noch sehr viele spannende Fragen im Detail geklärt werden.

Innerhalb der Coachingszene gibt es darüber hinaus jene, die ihr Geld mit dieser Tätigkeit verdienen sowie jene, die Coaching eher als ein sinnerfüllendes Hobby begreifen. Die Definition für einen »guten« oder »erfolgreichen« Coach ist aus diesen beiden Perspektiven sehr unterschiedlich.

---

1 2008, Christopher Rauen betreibt zahlreiche Coaching-Internetportale, zum Beispiel www.coaching-report.de. Er ist auch der Herausgeber des »Handbuchs Coaching« im Hogrefe-Verlag.
2 Jörg Middendorf 2003 und Folgejahre, zu finden unter www.personal-balance.de.

Nachfrage und Nutzen

Nach Astrid Schreyögg (2008, S. 29) konzentriert sich Business-Coaching vorwiegend auf drei übergeordnete Themen:

- *Individuelle Themen:* verbesserte Selbstreflexion, Handlungskompetenz, Krisenbewältigung, Selbststeuerung, Problembewältigung, Zielverbesserung, Leistungsoptimierung, Karrieresteuerung.
- *Interaktive Themen:* Führungsverbesserung, Kommunikationsverbesserung, Beziehungsgestaltung, Netzwerkberatung.
- *Systembezogene Themen:* Das Zusammenspiel von Subsystemen im Unternehmen und von Subsystemen mit der Außenwelt. Hier wird insbesondere die Schnittstelle Mensch (Klient) – System reflektiert und verändert.

> **Literaturtipp**
>
> *Astrid Schreyögg:* Coaching für die neu ernannte Führungskraft. Wiesbaden: VS-Verlag für Sozialwissenschaften, 2008. Das Buch bietet eine gute theoretische Fundierung und zahlreiche Praxisfragen und Praxisbeispiele.

Nachfrage: Wofür wird Coaching in Anspruch genommen?

Es gibt nur wenige gesicherte Informationen über die Anlässe für Anfragen von Coaching aus Unternehmenssicht (aus der Perspektive der Nachfrager). Daneben gibt es viele Meinungen, Ideen, Eindrücke von Coachingverbänden, einzelnen Coaches und von verschiedenen Buchautoren. Sie alle greifen auf die üblichen »Mythen« zurück, die in der Coaching- und Personalentwicklungsszene weit verbreitet sind.

Ich gehe zunächst auf die Coachinganlässe ein, die wiederholt in Buch- und Verbandsveröffentlichungen genannt werden. Danach zeige ich auf, welche Coachinganlässe von Unternehmen in einer Studie des Consultingunternehmens Kienbaum in Zusammenarbeit mit dem Harvard Business Manager im Dezember 2007 genannt wurden.

Grundsätzlich kann man Coachinganlässe in zwei Kategorien einteilen:

- Zielberatung: Synonyme Begriffe sind in diesem Zusammenhang beispielsweise: Potenzialausschöpfung, Verbesserungswünsche, Optimierungsbestrebungen, Krisenprävention, förderungs- oder präventionsorientierte Beratung.
- Problemberatung: Krisenberatung, Reparaturberatung, Beratung als Feuerwehr, defizitorientierte Beratung.

Man kann diese Anlässe außerdem in individuelle Beratungsanlässe für eine einzelne Führungskraft und in kollektive Beratungsanlässe für Teams oder Gruppen unterteilen.

Häufig werden folgende Beratungsanlässe genannt:

- Steigerung von Innovationskraft und Kreativität (Ablegen von Blockaden und Innovationsbremsen)
- Karriereberatung und -förderung
- Verbesserung der Führungsfähigkeit
- Performance-Optimierung
- Verbesserung der Arbeitsqualität (Fehlerreduktion, Gewinnoptimierung)
- berufliche Sinnkrisen
- Zeitmanagementprobleme
- Burnout oder Jobstress
- Erweiterung von Managementkompetenzen
- Rollenberatung
- Probleme mit bestimmten Mitarbeitern
- Unfähigkeit, Beruf und Privatleben zu koordinieren
- Verbesserung der Lebenssituation
- Krisenberatung im persönlichen (privaten) Umfeld
- neue, ungewohnte Führungsaufgaben
- Mobbing
- Teamkonflikte
- Etablierung von Intervisions- oder Qualitätszirkeln
- Implementierung neuer Führungskonzepte
- Implementierung einer Coachingkultur
- Umstrukturierung (beispielsweise Fusion von Abteilungen oder Unternehmen)
- Vorbereitung wichtiger Entscheidungen oder Konflikte

Bei den meisten Coachinganlässen liege ein »mittlerer Leidensdruck« aufseiten der Klienten vor. Die Klienten wiesen dann ein moderates emotionales Engagement auf, das ihr Ziel oder Problem betrifft. Wenn ein solcher Leidensdruck nicht vorläge, reiche unter Umständen eine Schulungs- oder Trainingsmaßnahme aus.

Wenn der Leidensdruck zu groß ist, muss im Einzelfall überprüft werden, ob eine Psychotherapie besser geeignet sein mag. Auch solche Unterscheidungsversuche sind selbstverständlich schwierig. Schließlich sind sich viele Führungspersonen ihrer Qualifizierungsmängel nicht bewusst oder wollen sie nicht wahrhaben. Andere wiederum nehmen keinen Leidensdruck bewusst wahr, sondern verschieben das Leiden ins Körperliche und entwickeln beispielsweise psychosomatische Störungen; bis hin zu Herzinfarkten oder Magengeschwüren. Und es gibt auch Probleme mit enormem Leidensdruck, wie beispielsweise beim Mobbing, ohne dass in jedem Falle eine Psychotherapie erforderlich ist. Ein gutes Coaching oder eine rechtliche Beratung können viele Probleme im Zusammenhang mit einem Mobbingfall lösen.

Schließlich kann durch das Coaching auch eine Veränderung in der Unternehmenskultur bewirkt werden; in der individuellen Psychotherapie hingegen wird nur das Leiden einer Einzelperson an der Organisation behandelt: Eine »Sündenbockperson« wird aus dem System entfernt und als krank stigmatisiert und behandelt.

Die meisten Versuche, Coachingindikationen klar zu umschreiben, weisen solche oder ähnliche Ungereimtheiten auf. Daher betrachten Sie bitte die Liste der genannten Coachingindikationen eher als ein grobes Raster, mit dem »übliche Klischees« über Coachinganlässe kommuniziert werden. Es ist im Business-Coaching auch nicht hilfreich, wenn jeder Anlass psychodynamisch oder systemisch bis ins Detail hinterfragt wird. Auftraggeber (Unternehmen) und Klienten (Führungspersonen) wünschen dies meist auch gar nicht.

Das Beratungsunternehmen Kienbaum hat im Dezember 2007 zusammen mit dem Wirtschaftsmagazin Harvard Business Manager eine Befragung unter Personalmanagern und Führungspersonen durchgeführt, mit der untersucht werden sollte, welche Zielsetzung die befragten Personen mit Coaching verbinden und wie – nach ihrer Einschätzung – in ihren Unternehmen die Prozesse rund um das Coaching gestaltet sind. 201 deutsche Unternehmen haben sich an der Befragung beteiligt. Die Studie erschien im März 2008 in zwei Fachartikeln des Harvard Business Manager. Sie wird seitdem in Coachingpublikationen zitiert. Wir greifen nur einzelne Aspekte aus der Studie heraus:

Was denken Personalmanager und Führungspersonen über Coaching?

Welche Zielgruppe kann Business-Coaching in Anspruch nehmen?

Hinter der genannten Gruppe ist angegeben, wie viel Prozent der Antwortenden »trifft eher bis voll und ganz zu« ankreuzten.

- Führungskräfte des Topmanagements (85,64)
- Führungskräfte der oberen Führungsebene (84,44)
- Führungskräfte der mittleren Führungsebene (54,40)
- Führungskräfte ohne Führungserfahrung bei Antritt einer Führungsfunktion (45,85)
- Führungskräfte vor Antritt einer Führungsfunktion (44,27)
- Projektleiter (38,89)
- Führungskräfte der unteren Führungsebene (zum Beispiel Gruppenleiter) (26,11)
- Spezialisten ohne Führungserfahrung (13,33)

Zu welchem Anlass wird Coaching angeboten?

Hinter der genannten Gruppe ist angegeben, wie viel Prozent der Antwortenden »trifft eher bis voll und ganz zu« ankreuzten.

- Als Begleitung in schwierigen Führungs- und Managementsituationen (zum Beispiel Veränderungsprojekte, Fusionen) (65,66)
- Als Folge des Zielvereinbarungs- beziehungsweise Mitarbeitergesprächs (59,90)
- Als Bestandteil eines Management-Development-Programms (47,72)
- Als Folge einer Empfehlung aus einem Managementaudit (46,19)
- Bei Übernahme einer komplexen Projektleitungsfunktion (33,67)
- Zur Übernahme der ersten Führungsaufgabe (36)
- Im Rahmen eines Outplacements (25,39)
- Zur Unterstützung der beruflichen Neuorientierung (25,12)

Welche Ziele verfolgt das Unternehmen mit Coaching?

Hinter der genannten Gruppe ist angegeben, wie viel Prozent der Antwortenden »trifft eher bis voll und ganz zu« ankreuzten.

- Klärung und Lösung von aktuellen Management- und Führungsproblemen (81,46)
- Verbesserung der Selbstwahrnehmung oder des Selbstbildes der eigenen Person (77,28)
- Erhöhung der sozialen und emotionalen Kompetenz (75,41)
- Klärung und Strukturierung von Rolle und Aufgaben (67,41)
- Besserer Umgang mit Stress und Belastung (50,57)
- Begleitung bei grundlegenden Entscheidungsprozessen (50,56)
- Optimierung der Arbeitsorganisation und des persönlichen Zeitmanagements (48)
- Üben und Anwenden von Führungs- und Managementtechniken (37,43)
- Optimierung der Strategiekompetenz (33,90)
- Optimierung der Unternehmens- oder Unternehmensorganisations- und Prozessmanagementkompetenz (30,86)
- Besseres Verständnis für mikropolitische und informelle Zusammenhänge (20,12)
- Optimierung von Projektmanagementkompetenzen (14,20)
- Optimierung betriebswirtschaftlicher Kenntnisse (8,47)

Welche positiven Wirkungen kann Coaching entfalten?

Selbst 2017 sind wir in einer Entwicklungsphase, in der es mehr Hypothesen und Meinungen zum Nutzen des Coachings gibt als gesicherte Erkenntnisse, trotz einer seit wenigen Jahren zunehmenden Flut von Coachingstudien an Fachhochschulen und Hochschulen. Praktiker berichten durchweg davon, dass die meisten ihrer Klienten vom Coaching profitieren. Die vereinbarten Ziele werden meistens erreicht. In Befragungen und Untersuchungen geben – je nach Fragestellung, Art der Befragung und Klientel – 60 bis 90 Prozent der Klienten an, dass sie von einem Coachingprozess beruflich profitiert haben. Solche Angaben sind aber vorsichtig zu werten: Auch Patienten in psychosomatischen Kliniken geben ähnliche Werte an, wenn sie nach ihrer subjektiven Einschätzung gefragt werden. Untersucht man einzelne Merkmale bei Patienten jedoch vor und nach einem Klinikaufenthalt mit verlässlichen Frage-Untersuchungsinstrumenten, so liegt die Erfolgsquote meist deutlich niedriger. Es ist daher wünschenswert, dass die Erfolgsparameter zukünftig anhand von eindeutig beobachtbaren Kriterien bestimmt werden.

Die aktuelle Forschung ist hier »am Ball«. Wichtig wird es auch sein, mittel- und längerfristige Auswirkungen des Personalentwicklungsinstruments zu dokumentieren: Welchen Einfluss hat Coaching auf die Karriere von Klienten, auf den Krankenstand im Unternehmen, auf die Arbeitszufriedenheit in der Abteilung? Hier gibt es Hunderte von spannenden Fragen. Doch auch die bisherige Forschung gibt schon erste Hinweise auf einen Nutzen des Coachings. Bisher wird dies noch in Worten wie »Nutzen,« Abbau«, »Aufbau«, »vermehrt«, »besser«, »klarer« und dergleichen ausgedrückt:

Coachingeffekte

Die »ganz normalen Effekte des Coachings«, die sich mit einfachen Evaluationsmethoden nachweisen lassen, sind: Stressabbau, Perspektivwechsel, emotionale Entlastung, verbesserte Führungskompetenz, erhöhte Selbstreflexion und Kritikfähigkeit, klare Zielvorstellung, bessere Wahrnehmung der Mitarbeiter, Einstellungs- und Verhaltensänderungen.

Die Coachingeffekte werden, da sind sich alle Praktiker einig, deutlich positive Auswirkungen auf die Zufriedenheit der Klienten und auf ihre Arbeitseffektivität und -effizienz haben. Doch die Wirtschaft möchte noch härtere Fakten: Wie kann sich der Nutzen und Sinn des Personalentwicklungsinstruments Coaching in eindeutigen Zahlen als Return on Investment zeigen?

Vier Ebenen von Wirkfaktoren im Coachings

Dass Coaching wirkt, kann auf vier grundlegende Faktoren zurückgeführt werden:
- **Beziehung und Kontrakt:** Auftragsvereinbarung, Commitment, Wertschätzung, Empathie, Sympathie, Vertrauen, aktives und engagiertes Auftreten des Coachs, Interesse des Coachs, Engagement des Klienten, Lob, Anregung
- **Strategie und Methodik:** Konkretisierung, Ressourcenaktivierung, sinnvolle Methodenwahl, Ergebnisorientierung, kontinuierliche Evaluation: Methode, Ziel, Beziehung, Tempo sowie Tipps und Hilfestellungen
- **Kommunikation:** aktives Zuhören, klare Kommunikation, kompetentes Fragen (direkt, offen, zirkulär), Feedback, freundliche Konfrontation
- **Passender größerer Rahmen:** Das Coaching ist insbesondere dann erfolgreich, wenn die Zielerreichung durch die Organisation aktiv unterstützt und wertschätzend getragen wird.

Die Ausbildung zum Coach

Von 2004 bis 2016 haben wir Absolventinnen und Absolventen verschiedener Fortbildungsangebote befragt. Viele Interessenten für eine Fortbildung zum Coach gaben an, dass sie später gar nicht oder nur zum Teil als Coach arbeiten möchten. Je teurer eine Coachfortbildung ist, desto höher ist der Anteil derjenigen, die später zum Teil oder sogar hauptsächlich als Coach arbeiten möchten. Je teurer eine Coachfortbildung ist, desto höher ist auch der Anteil an Männern. Der Männeranteil kann nochmals erhöht werden, wenn das Wort »Selbsterfahrung« in der Ausschreibung nur dezent genutzt wird oder wenn die Fortbildung empfindlich gekürzt wird. Doch auch dann liegt der Männeranteil meist nur bei etwa 40 Prozent. Je teurer eine Fortbildung ist, desto höher ist der Anteil an Personen mit guten Grundqualifikationen: Führungserfahrung, Felderfahrung, Vorkenntnisse in Beratungsformaten. In den Coachfortbildungen mit einer Investition unter 4.000 Euro sinkt der Männeranteil stark. Hier haben wir manchmal 70 Prozent Frauen in der Fortbildung (oder sogar mehr). Außerdem ist das Spektrum der Berufe und der Vorkenntnisse viel bunter. Wer also eine »Kaderschmiede im Business« wünscht und einen hohen Männeranteil, der sollte nach besonders teuren Fortbildungen Ausschau halten, in denen das Wort Selbsterfahrung durch »Persönlichkeitsentwicklung« ersetzt wurde. Außerdem sollte die Fortbildungsdauer unter 200 Stunden liegen und eher sechs als zwölf oder 18 Monate betragen.

Etwa 90 Prozent der Teilnehmerinnen und Teilnehmer von Coachfortbildungen gaben zwei Jahre nach Abschluss an, dass sie beruflich und in ihrer persönlichen Entwicklung »sehr« von der Fortbildung profitiert haben und sich nochmals für die Fortbildung entscheiden würden. Die Hälfte der Teilnehmenden erklärte, dass die Fortbildung (und das entsprechende Zertifikat) für ihr berufliches Fortkommen oder eine berufliche Veränderung »wesentlich« hilfreich war. Ein Fünftel der Teilnehmenden führte an, dass sie in den zwei Jahren nach der Fortbildung »allein durch Coaching« Honorare eingenommen hatten, die der Höhe ihrer ursprünglichen Fortbildungsinvestition entsprachen. Die meisten gaben jedoch an, dass sie »noch nicht« so viel durch explizites Coaching verdient oder »es nicht versucht« hatten. Nur maximal fünf Prozent teilten mit, dass sie zwei Jahre nach Abschluss der Fortbildung »ausschließlich« oder »vorwiegend« vom Coaching leben und damit ihren Lebensunterhalt verdienen.

Im Jahr 2004 gab es etwa 150 Anbieter von Fortbildungen zum Coach. Im Jahr 2017 gibt es wohl über 500 Coachausbildungen in Deutschland. Bei vielen Angeboten ist nicht klar, welche Personen die Trainerinnen oder Trainer sind. Auch Volkshochschulen bieten mittlerweile Coachausbildungen an. Viele Trainer oder Ausbildungsanbieter haben erst wenige Jahre zuvor (einige erst im Vorjahr!) selbst ihre Fortbildung abgeschlossen. Trotzdem gründen sie Coachakademien, Fortbildungszentren und dergleichen. Diese Informationen sind den Interessenten jedoch nicht zugänglich. Sie sehen nur die schönen Flyer, die Versprechen, die »professionellen Internetseiten«, die Curricula (die manchmal von erfolgreich laufenden Ausbildungen abgeschrieben wurden).

Auch anerkannte Institutionen, wie vereinzelte Volkshochschulen oder Fortbildungsakademien der Industrie- und Handelskammern (es sind meist selbstständige GmbHs), sind – so meine persönliche Beobachtung und Wertung – keine Garanten für Qualität.

In diesem Kapitel werde ich Ihnen einige Kriterien vorstellen, die eine gute Fortbildung zum Coach erfüllen sollte. Im April 2008 haben die Coachverbände des Roundtable in Hannover über Minimalanforderungen diskutiert, die eine Fortbildung zum Coach (wie bereits erwähnt: meist »Coachausbildung« genannt) erfüllen sollte. Dies wurde jedoch nicht ratifiziert, da einige Verbände bis heute geringere Standards haben.

Qualitätsmerkmale einer Fortbildung zum Coach

Fortbildungsziel, Inhalte, Kompetenzen: Für die Fortbildung ist ein Fortbildungsziel definiert. Die Fortbildungsinhalte und zu erwerbenden Kompetenzen sind aufgeführt. Die didaktischen Methoden sind benannt.

Verbandsanerkennung: Das Logo eines Verbandes sollte in der Werbung für die Fort- oder Ausbildung nur genutzt werden, wenn diese Fortbildung (inklusive Lehrpersonen und Lehrinstitut) tatsächlich von diesem Verband geprüft, evaluiert und (erst) nach mehrmaliger erfolgreicher Durchführung anerkannt (oder »zertifiziert«) worden ist. Wenn die Lehrperson Mitglied eines Verbandes ist, sollte sie das Logo nicht irreführend im Zusammenhang mit der Ausbildung verwenden, wenn nicht die Ausbildung selbst »anerkannt« wurde.

Anzahl der Präsenzstunden: Eine Coachfortbildung mit dem Abschluss »Coach« umfasst *mindestens* 150 Präsenzzeitstunden (ausschließlich coachingrelevante Themen). Häusliche Lektüre, Haus- oder Masterarbeiten, Peergruppenarbeit und anderes sind extra zu erbringen und in dieser Zeitvorgabe nicht enthalten.

Mindestdauer der Gesamtfortbildung: Eine Coachfortbildung beansprucht bis 2009 in der Regel mehr als sechs Monate. 2017 sollte jede Coachfortbildung etwa zwölf bis 18 Monate umfassen, um Raum für Peergruppenarbeit, Lektüre und Reflexion zu gewähren.

Prozentsatz an Übungen: Die Coachfortbildung soll neben der Vermittlung von Theorie zu mindestens zwei Dritteln übungs- und handlungsorientierte Elemente beinhalten (Kleingruppenübungen).

Zusätzlicher Praxiserwerb: Mindestens zwei supervidierte vollständige Coachingprozesse sollten (zusätzlich zu den genannten Präsenzstunden) durchgeführt und dokumentiert werden.

Integrierte Selbsterfahrung oder Persönlichkeitsentwicklung: Selbsterfahrung und Selbstreflexion in der Rolle als Coach sind wesentliche Bestandteile einer Fortbildung zum Coach, da die »Begegnung« (Interaktion zwischen Coach und Klient) das wesentliche Veränderungselement ist. Aus diesem Grund ist der gut reflektierte Coach selbst das wesentlichste Veränderungsinstrument.

Skripte, Lektüre, Fachbücher: Eine Fortbildung zum Coach schließt die Lektüre geeigneter Fachliteratur ein. Die hierfür benötigte Arbeit wird jedoch zusätzlich zu den genannten 150 Stunden Minimalfortbildungszeit erbracht. Die Lektüre wird strukturiert (Leseempfehlungen) und in den Peergruppen diskutiert. In Lernerfolgstests wird der Erwerb der theoretischen Kenntnisse überprüft.

Peergruppenarbeit: Begleitende Peergruppenarbeit ist Bestandteil einer Fortbildung zum Coach. Die hier erbrachte Arbeit wird jedoch zusätzlich zu den genannten 150 Stunden Mindestfortbildungszeit geleistet. Das Weiterbildungsinstitut vermittelt und organisiert Peergruppen.

Lernzielkontrollen: Erstens: Das Erreichen der Lernziele wird kontinuierlich überprüft (Fragen, kurze schriftliche Tests, kollegiales Gespräch, Prüfungssimulationen, »Coachen vor allen« und anderes mehr). Zweitens: Zum Abschluss der Fortbildung findet eine praktische und schriftliche Prüfung statt.

Evaluation der Fortbildung: Durch Feedbackbögen und standardisierte Fragebögen (und längerfristiges Follow-up) wird die Qualität des Fortbildungsangebots kontinuierlich überprüft und verbessert. Erst nach mehrfachem Durchführen der Fortbildung kann eine sogenannte »Verbandsanerkennung« des Fortbildungsangebotes sinnvoll sein. Hierzu werden auch die Evaluation und die kontinuierliche Qualitätsverbesserung mit herangezogen.

Verantwortliche Lehrperson (Person, die die Fortbildung leitet und persönlich verantwortet): Die verantwortliche Lehrperson sollte zu mindestens 75 Prozent der Seminarzeit anwesend sein. Sie sollte möglichst folgende Kriterien erfüllen (Empfehlung für die Lehrperson oder Trainer/in – nicht für die Teilnehmenden):

- Ein abgeschlossenes Hochschulstudium, möglichst wissenschaftliche Erfahrungen.
- Mindestens fünf Jahre Berufserfahrung in leitender Tätigkeit.
- Mindestens fünf Jahre Coachingerfahrung.
- Kenntnis der wissenschaftlichen und populären Coachingliteratur (sowie Literatur zu Nachbardisziplinen wie beispielsweise Organisationssoziologie, Organisationspsychologie, Psychotherapie).
- Eigene Publikationen zum Thema Coaching (zum Beispiel Bücher, Fachartikel, Zeitschriftenartikel).
- Abgeschlossene eigene Coachingfortbildung (oder Äquivalent) von mindestens 150 Stunden.
- Gute(!) praktische und theoretische Kenntnisse von mindestens zwei Verfahren, wie zum Beispiel NLP, Tiefenpsychologie, Systemische Therapie, Psychodrama, TZI, TA oder Ähnliches (je Verfahren mindestens 150 Stunden Weiterbildung).
- Fundierte Kenntnis der Psychopathologie.
- Selbsterfahrung von mindestens 75 Stunden; zusätzlich zur eigenen Coachausbildung.
- Die ersten zwei selbst verantworteten Fortbildungen zum Coach müssen unter Supervisionsbegleitung gelaufen sein.
- Die Lehrperson ist in eine Intervisionsgruppe und einen anerkannten Verband eingebunden.

> **Inhalte einer Coachingausbildung:** wissenschaftlicher Bezug, Anthropologie und Ethik, Praxeologie inklusive Struktur- und Prozesskompetenz, psychologische, soziologische sowie Management- und Lebenswegthemen, unterschiedliche Interventionsmethoden, Berufsbildung und Positionierung, Vertiefungsfelder und Spezialthemen.
>
> **Information zur Fortbildung:** Die Fortbildung muss auf der Website des Weiterbildungsanbieters ausführlich beschrieben sein (Daten, Inhalte, Lern- und Kompetenzziele, eingesetzte und gelehrte Verfahren, Lektüre, Module, Orte, Preise, AGB, Vita und tatsächliche Qualifikation der Haupttrainer, Ethikverpflichtung, Verbandszugehörigkeit der Haupttrainer, …). Das Angebot muss ehrbar sein. Es ist nicht ehrbar, wenn der Anbieter mit Kompetenzen, Titeln, »Zertifizierungen« wirbt (oder billigend den Anschein erweckt), die nicht tatsächlich vorliegen.
>
> **Ethik:** Die Fortbildung muss an einen Ethikkodex gekoppelt sein. Alle Teilnehmenden kennen und akzeptieren diesen Ethikkodex bereits bei der Anmeldung zur Fortbildung. Die Professionsethik und ihre Reflexion sind integraler Bestandteil der Fortbildung.
>
> **Information über den weiteren Lernprozess:** Im Vergleich zu anderen Beratungsprofessionen ist eine Fortbildung von 150 Zeitstunden erschreckend kurz. Daher sollte jeder Fortbildungsanbieter darauf hinweisen, dass die Fortbildung zum Coach erst der Beginn eines längeren Lern- und Entwicklungsprozesses ist.
>
> **Realistische Einkommenserwartungen:** Der Fortbildungsanbieter weist darauf hin, dass der Abschluss einer Coachfortbildung in der Regel nicht mit guten Einkommenserwartungen verknüpft ist. Nur manche Teilnehmerinnen und Teilnehmer sind später als Coach erfolgreich.
>
> **Feedbacks von ehemaligen Teilnehmern:** Fortbildungsinteressierte können mit ehemaligen Teilnehmern telefonieren und sie nach ihren Erfahrungen befragen.

Manch eine Coachfortbildung weist ein sehr gutes Curriculum auf, in dem die Lernziele hochwertig und anschaulich beschrieben sind. Doch das alles nützt nichts, wenn die Lehrpersonen entweder fachlich oder in ihrer persönlichen Entwicklung wenig entwickelt sind.

Coachingverbände können eine Anlaufstelle sein, um sich über Coachausbildungen zu informieren. Allerdings »bewerben« die Verbände in der Regel nur Fortbildungen ihrer eigenen Mitglieder. Dies tun sie außerdem nur, wenn diese Mitglieder für die Fortbildungen, die sie anbieten, eine (meist teure) Anerkennung vom Verband beantragt haben. Wer diese Gebühr nicht zahlt, wird auch im eigenen Verband nicht anerkannt.

> **Literaturtipp**
>
> *Migge, Björn:* Handbuch Coaching und Beratung. Weinheim und Basel: Beltz, 3. Auflage 2014, S. 120–144. »Die Coachingausbildung«.

Ethik des Coachings

Seit etwa 2007 wird in der Coachingszene intensiv über Ethik diskutiert. Vorher war dieses Thema eher eine Randerscheinung in den Publikationen des Fachs.

> **Ethik im Coaching**
>
> Ethik (griechisch *éthos*) ist die Lehre vom moralisch richtigen und zugleich vernünftigen und glücklichen Leben. Es geht um zwei grundsätzliche Fragen:
>
> - Wie kann ich gut sein – im Sinne von anständig? An welchen Werten soll ich mein Denken und Handeln orientieren?
> - Wie kann ich gut leben – im Sinne eines verantwortungsvollen, erfüllten und sinnreichen Lebens?

Als philosophische Spezialdisziplin ist die Ethik in der praktischen Philosophie angesiedelt. Sie beschäftigt sich mit der theoretischen Reflexion von Handlungsgrundsätzen, Urteilen, Werten und Maßstäben der Lebensführung.

Das griechische Wort *éthos* weist zum einen den Bedeutungsinhalt der Tugend auf (dies ist »persönliche Exzellenz und Vorbildlichkeit«), zum anderen enthält das Wort die Bedeutung von guter Gewohnheit, von Brauch, Gepflogenheit und Sitte. Die Römer übersetzten diese Doppelbedeutung in das Wort *mos* (Plural: *mores*). Hieraus entstand das deutsche Wort Moral, das mit Wertüberzeugungen, eindeutigen Verhaltensnormen und Vorstellungen vom rechten oder falschen Handeln verknüpft ist.

Angewandte Ethik im Coaching

Neben der philosophischen Spezialdisziplin Ethik gibt es zahlreiche angewandte Ethiken; beispielsweise die Ethik in der Medizin, in der Psychotherapie und neuerdings auch die Ethik im Coaching. In der angewandten Ethik geht es bereits sehr praktisch zu. Im Dialog oder besser der öffentlichen und manchmal auch kontroversen Diskussion innerhalb des Fachkreises, werden konkrete Werte, Normen, Definitionen, Handlungsrichtlinien und Maßstäbe über richtiges Reden und Tun entwickelt. Hieran sollen sich die Vertreter einer Profession ausrichten. Eine angewandte Ethik ist ein Kennzeichen einer Profession. Wenn Coaching zukünftig eine Profession sein will, bedarf es daher einer konkreten Ethik.

Immer mehr Coachingverbände haben in den letzten Jahren Ethikkonzepte oder Ethikcodizes entwickelt. In diesen Entwürfen geht es nicht um die theoretische Reflexion des rechten Handelns, sondern um den Entwurf einer verbindlichen, fachgebundenen Sollensvorschrift oder Moral: Wie sollen wir auftreten, wie nennen wir uns, wie kommunizieren wir, wie gehen wir mit Klienten um, wie mit Kollegen?

Wie kann ich gut und sittlich sein?

Diese ethische Grundfrage beschäftigt sich einerseits mit Grundthemen des Menschseins. Es geht um Gerechtigkeit, Ausgleich, Gut, Böse, Sinn, Werte, Werteleugnung (Nihilismus), Beliebigkeit aller Werte und Normen (Relativismus und Wertekonstruktivismus), um aktive oder passive Schuld (Tat- und Unterlassungsschuld). Die klassischen mentalen Werkzeuge in der ethischen Diskussion waren früher das Gewissen und die Verantwortung (Mitwissen, lat. *conscientia*; oder Mitfühlen oder Mitleiden, griech. *sympatheia*; ähnlich auch das Hineinfühlen, Hineinleiden, griech. *empatheia*).

Die nordamerikanischen Prärieindianer hatten hierfür die passende Metapher: »In den Mokassins eines anderen stehen und gehen.« In die Schuhe des anderen hineinschlüpfen. Dies ist auch die Grundlage des Psychodramas, in dem »getauscht« wird. Die aktuelle Psychoanalyse spricht hier auch von Mentalisierung: Wenn wir verstehen und vorausschauen können, welche Gefühle und Gedanken wir in anderen mit unseren Gedanken, Handlungen und Gefühlen auslösen (und umgekehrt), entwickeln wir uns zu reifen Persönlichkeiten. Alle diese alten und neuen Entdeckungen der Wissenschaft fußen auf der sehr alten Erkenntnis über das Gewissen oder das *Mitwissen* und *Mitfühlen*.

Heute nutzen wir auch sozialpsychologische und biologische Beobachtungen, um ethische Diskussionen zu stützen. Es wird sogar danach gefragt, ob etwas gehirngerecht oder neurobiologisch »abgesichert« sei. Doch jeder einzelne Mensch steht vor der Frage, inwieweit er Verantwortung sehen will (oder nicht) und inwiefern er sich dieser Verantwortung stellt (oder nicht): Was machen wir mit dem Wissen und den Gefühlen anderer: Lassen wir uns davon leiten oder setzen wir doch immer nur wieder uns selbst als Maßstab für Werte und Ziele?

Ich empfehle Ihnen, dass Sie sich zwei konkrete Ethikkodizes anschauen, um zu sehen, mit welchen Ideen, Begriffen, Hinweisen und Regeln im Format Coaching aktuell operiert wird, wenn es um das Thema Ethik geht. Hierzu können Sie sich beispielsweise auf der Website des Deutschen Bundesverbandes Coaching (www.DBVC.de) oder des Deutschen Fachverbandes Coaching (www.dfc-verband.de) informieren. Die meisten Verbände haben ähnliche Kodizes entwickelt. Ein Ethikkodex im Coaching sollte zwei Voraussetzungen erfüllen (s. S. 50).

Übung: Handeln wir in der Wirtschaft gut?

Als Coach geraten Sie möglicherweise in ein Dilemma: Sie möchten Ihren Klienten dabei behilflich sein, erfolgreicher zu werden. Wie entscheiden Sie sich jedoch, wenn der angestrebte »Erfolg« auf eine Weise definiert ist, die Sie nicht teilen? Oder wenn er Auswirkungen hat, die Sie ablehnen? Bitte lesen Sie zunächst den folgenden Text durch. Am Ende kommen wir auf das Dilemma zurück und stellen Ihnen zwei konkrete Fragen.

In unserer komplexen Welt wird es zunehmend schwieriger, die Auswirkungen des eigenen Tuns oder Unterlassens wirklich zu verstehen (conscientia) und zu empfinden (sympatheia). Viele Personen in der Wirtschaft verhalten sich ethisch korrekt, wenn ihr direktes Blickfeld berücksichtigt wird.

> Hierzu ein Beispiel: Die Entscheidung, dass in Südamerika der Umsatz von Milchersatzprodukten jährlich um acht Prozent gesteigert werden soll, ist in der europäischen Zentrale eines Nahrungsmittelkonzerns sicher »ethisch korrekt«, solange die beteiligten Personen den Fokus des eigenen Tuns klein ansetzen oder sich ausschließlich auf ihre Rolle begrenzen: *»In meiner Rolle als Vertriebsstratege ist es nur meine Aufgabe, Absatzstrategien zu entwickeln, die den Zielen des Unternehmens dienen. Andere ›romantische‹ Überlegungen gehören nicht in diese Rolle«.*

Sobald jedoch die Folgen der Folgen erkannt, gewusst und gefühlt werden (conscientia, sympatheia), stehen wir vor der Frage, wer die Verantwortung übernimmt, wenn Kleinbauern hierdurch ihre Arbeit verlieren, Großgrundbesitzer reicher werden, die Kinder der Kleinbauern in der Folge gesundheitsschädlicher Arbeit zwischen chemisch verseuchten Pflanzen spielen, die Kinderprostitution sprunghaft zunimmt, viele Menschen verhungern, natürliche Ressourcen vernichtet werden. Dies ist das wirkliche Übel der globalen Moral oder Ethik: Kaum ein Mensch sieht, weiß und fühlt die Auswirkungen des eigenen Tuns und Unterlassens (oder wendet den Blick lieber davon ab). So verhält sich jeder angeblich ethisch korrekt und trotzdem werden Menschen, Tiere, Pflanzen und Welt vernichtet. Und niemand fühlt sich schuldig oder verantwortlich.

Diese Zusammenhänge sind für einen Business-Coach keine weltfremde »Sozialromantik«. Sie haben ganz praktische Brisanz, wenn Führungspersonen in der Wirtschaft durch Coaching erfolgreicher werden möchten. Um welche Art von Erfolg geht es hier?

Würden Sie zu dieser Frage folgende Sollensregeln einer Coachingethik akzeptieren – wenn auch in anderer Formulierung:

- *Erstens:* Ein Coach sollte kein Diener eines unreflektierten und wertefreien weltweiten Konsumismus sein.
- *Zweitens:* Doch gleichzeitig sollte er nicht als verkappter Umwelt- oder Menschenrechtsaktivist in der Wirtschaft auftreten.

Sowohl die Coachingbranche als auch jeder einzelne Coach müssen hier die Grundlagen ihres Handelns sehr klug überdenken und reflektieren. Bitte machen Sie sich Notizen. Diskutieren Sie dieses Thema mit anderen Kolleginnen und Kollegen und überprüfen Sie dabei auch konkrete Entscheidungen aus Ihrem beruflichen Alltag.

Ethikkodex im Coaching

- Der Kodex gibt Auskunft über die grundlegenden moralischen Voraussetzungen des professionellen Handels im Coaching. In diesem Teil wird auf grundlegende Werte und Leitideen verwiesen.
- Der Kodex liefert eine verbindliche Orientierung zur Reflexion spezieller Fragestellungen innerhalb des Beratungsformates. Dieser Teil enthält verbindliche Sollensregeln für konkrete Konstellationen, Voraussetzungen, Probleme und dergleichen.

Auf dem Weg zu einem Metaethikkodex

Ähnlich wie die zahlreichen Coachingverbände in Deutschland haben auch die europäischen psychologischen Gesellschaften unterschiedlichste Ethikkonzepte verfasst. In der European Federation of Psychologists' Associations (EFPA, www.efpa.eu) wurden diese Verbandsethiken in einem Metakodex zusammengefasst. Dieser gibt wieder, welche Ethikstichworte im Nachbarformat Psychologie und Psychotherapie international genutzt werden. Hier ein modifizierter Auszug:

Ethische Grundprinzipien

Verantwortlichkeit: Psychologen haben gegenüber den Klienten und der Gesellschaft eine hohe Verantwortlichkeit. Sie fügen niemals Schaden zu und übernehmen die volle Verantwortung für ihr Tun und Unterlassen. Sie stellen sicher, dass ihre Leistung und Profession nicht missbraucht werden.

Respekt: Psychologen respektieren die Rechte der Person, ihren unabänderlichen Wert und ihre Würde. Sie gewähren Vertraulichkeit, Selbstbestimmung, stützen Rechtsstaatlichkeit und schützen die Intimität ihrer Klienten.

Kompetenz: Psychologen gewähren fachliche und menschliche Kompetenz. Dies tun sie auf einem sehr hohen Standard. Sie kennen und respektieren die Begrenzungen des Fachs und ihre persönlichen Begrenzungen. Sie wenden nur Verfahren und Techniken an, für die sie qualifiziert und ausgebildet sind. Sie haben ein entwickeltes und gut reflektiertes ethisches Bewusstsein.

Integrität: Psychologen handeln rechtschaffen in der Wissenschaft, der Lehre und der Praxis innerhalb ihres Fachgebietes. Sie sind ehrlich, fair, respektvoll gegenüber anderen und ihren Kollegen.

Diese Prinzipien sind in den Publikationen der EFPA weiter ausgeführt. Es gibt auch sehr konkrete Regeln für den Umgang mit einzelnen Fragen, für die Kommunikation und den Umgang mit Beschwerden. Vieles lässt sich gut auf das Coaching übertragen.

Organisationswirklichkeit

Coaching vermittelt an der Schnittstelle von Mensch und Organisation

Die Coaches, die psychologisch-psychotherapeutisch sozialisiert wurden, betonen individuelle Aspekte. Die Coaches, die betriebswirtschaftlich sozialisiert wurden, betonen Aspekte der Organisation oder »Wirtschaftswirklichkeit«. Gutes Coaching ermöglicht einen Balanceakt, eine Vermittlung und einen Ausgleich zwischen diesen beiden Aspekten. Es ist nicht erforderlich, dass ein Coach Organisationswissenschaften studiert hat oder gleichzeitig als Organisationsberater tätig ist. Genauso unsinnig wäre es zu fordern, dass jeder Coach ein Psychotherapeut sein sollte. Trotzdem muss jeder Coach dieses breite Spektrum überblicken können.

> **Die Schnittstelle Person (Mensch) – Organisation**
>
> Im Business-Coaching wird es immer wieder um das Zusammenspiel persönlicher Ziele, Hoffnungen, Emotionen, Gedanken und Wege einerseits mit den Zielen, Wegen, der Kultur und den Strategien der Organisation andererseits gehen.
> Business-Coaching ist eine Schnittstellenberatung an den Berührungspunkten des Menschen (oder der Person) mit der Organisation.

Es gibt die wissenschaftlichen Spezialdisziplinen der Organisationspsychologie, Organisationssoziologie und der betriebswirtschaftlichen Organisationslehre. Im Laufe seiner Ausbildung sollte ein Coach grundlegende Bücher dieser Disziplinen gelesen haben. Vieles lässt sich aber nur durch Felderfahrung in der Praxis erlernen. In diesem Kapitel werden wir uns lediglich mit einigen Aspekten der Unternehmenskultur und den Spielregeln von Organisationen beschäftigen..

Wenn wir von außen auf ein Unternehmen schauen, sehen wir zunächst die bestimmenden Dienstleistungen oder Produkte des Unternehmens. Vielleicht kennen wir auch einige Kennzahlen zum Unternehmen oder herausragende Merkmale, wie beispielsweise: »Dieses Unternehmen ist ausgezeichnet als ein ›Best Place to Work‹.« oder »Dieses Unternehmen ist innovativ und hält die meisten deutschen Patente.«.

Branche, Dienstleistungen, Produkte und die besonderen Botschaften der PR-Abteilungen bestimmen nur einen Teil dessen, was die Identität eines Unternehmens wirklich ausmacht. Das »Gefühl« eines Unternehmens, das wir im Kontakt mit ihm oder als Mitarbeiter innerhalb des Unternehmens wahrnehmen, ist durch die spezielle Kultur des Unternehmens bestimmt. Die Kultur ist nicht identisch mit papiernen Leitbildern oder PR-Aussagen in Imagebroschüren.

> **Unternehmenskultur wird gelebt – nicht geschrieben**
>
> Die Kultur wird durch die Wirklichkeit des Miteinanders bestimmt: Wie reden Mitarbeiter miteinander, wie viel Aufmerksamkeit schenkt man sich, wie viel Anerkennung schenkt man sich, wie regt man sich gegenseitig an, wer darf wie mit wem reden, wie redet man mit Kunden, welches Bild von Kunden und der Welt pflegt und lebt ein Unternehmen, wer darf welche Macht ausüben und mit welchen Mitteln?

Die Interaktionspartner in diesem Netzwerk sind nicht nur Individuen, sondern auch Muster, Sub-Netzwerke, Ideenbildungen. Jede Organisation entwickelt eine Kultur, die sehr starken Einfluss auf die Menschen hat, die in ihr arbeiten. Viele Vorgaben, Regeln und Grundannahmen einer Kultur werden nicht mehr reflektiert. Für jedes Unternehmen ist es jedoch wesentlich, dass – besonders an den Kontaktstellen zur Außenwelt – Personen involviert sind, die die eigene Kultur reflektieren können und die verstehen, wie man mit Kontaktpersonen aus anderen Kulturen kommuniziert. Diese »interkulturelle« Kommunikation ist nicht nur in der Zusammenarbeit zwischen Menschen verschiedener Staaten, ethnischer Gruppen oder sozialer Schichten wesentlich, sondern bereits in der Kommunikation von einem Unternehmen zum anderen. Hier kann Coaching hervorragend eingesetzt werden, indem Klienten immer wieder »die Mokassins« anderer tragen und so verstehen lernen, wie Kommunikationspartner aus anderen Systemen denken, fühlen und handeln – auf der Grundlage ihrer anderen Unternehmenskultur.

Das 3-Ebenen-Modell der Organisationskultur von Ed Schein

In der praktischen Arbeit mit Organisationskulturen gab Edgar H. Schein (Ed Schein) ab 1985 wesentliche Impulse für die Organisationsberatung. Seine grundlegenden Ideen tauchen seitdem in veränderter Form in der Coaching- und Beratungsliteratur immer wieder auf. Besonders hilfreich sind hierfür drei Betrachtungsebenen auf die Unternehmenskultur, die Schein vorschlägt:

> **Das 3-Ebenen-Modell im Blick auf Organisationen**
> (nach Edgar H. Schein)
>
> Drei Ebenen erschließen wesentliche Aspekte der Organisationskultur:
> - Ebene 1: Unbewusste und bewusste Grundannahmen
> - Ebene 2: Bewusst vertretene Werte
> - Ebene 3: Erscheinungsbilder

Unbewusste und bewusste Grundannahmen: Hierbei handelt es sich um feststehende Grundüberzeugungen, Axiome, unbewusste Muster, Glaubenssätze, präferierte Metaprogramme, Meinungen, Gepflogenheiten, Silent Speech, Werte, Leitideen und anderes, die im Unternehmen nicht infrage gestellt werden, die stillschweigend im Unternehmensalltag und Miteinander vorausgesetzt werden oder die man innerhalb des Unternehmens für selbstverständlich hält.

Als Coach sind wir es gewohnt, hellhörig zu werden, wenn Klienten »feststehende Grundüberzeugungen« oder »Glaubenssätze« offen oder beiläufig äußern. Hierbei kann es sich um individuelle oder persönliche Überzeugungen handeln. Sobald jedoch eine größere Personengruppe im Unternehmen an denselben Grundüberzeugungen ausgerichtet ist, haben wir es mit einem bestimmenden Kulturmerkmal des Unternehmens zu tun – und nicht mit einem individuell entwickelten Glaubenssatz. Die kulturellen Muster führen zu Verhaltensregeln und werden als Interpretationsfolie genutzt.

> **Beispiele**
> Einige Beispiele für mögliche Glaubenssätze innerhalb von Kulturen sind: »Wir gehen wertschätzend miteinander um. Wir sind an Best Pratice und Leistung orientiert. Führungspersonen müssen hart sein. Wer andere verstehen will, ist Sozialromantiker und versteht nichts von Führung. Männer haben bei uns das Sagen, wenn es um die wesentlichen Fragen geht. Frauen haben ihre eigenen Wege, um Macht auszuüben.«

Bewusst vertretene Werte: In Leitbildern, Imageborschüren, auf Pressekonferenzen, in Unternehmensphilosophien, in Strategien, auf Vorstandsverlautbarungen wird rational erklärt, gerechtfertigt, verteidigt, warum und wie das Unternehmen handelt. Hier werden explizit Regeln für das Richtige und das Falsche aufgestellt.

Erscheinungsbilder: Auf dieser Ebene treffen wir die für jedermann sichtbaren Phänomene des Unternehmens: Wir sehen, wie sich das Unternehmen verhält, wie es agiert, wir sehen die Logos, die Slogans. Wir können das Organigramm untersuchen, die Größe der Büros, die Visitenkarten, Rituale, Parkplätze, vereinbarte Umgangsformen, Kleidervorschriften, offizielle Kommunikationswege, Arbeits- und Pausenzeiten. Als Außenbeobachter wissen wir zunächst nicht, wie diese Phänomene von den Mitarbeiterinnen und Mitarbeitern eines Unternehmens gewertet oder empfunden werden. Wir sehen lediglich das Phänomen. Außerdem wissen wir nichts über die Beweggründe, Motive oder die emotionalen und kognitiven Auswirkungen der Phänomene.

Jedes beobachtbare Phänomen ist nur eine Oberflächenerscheinung vieler verdeckter Phänomene sowie von Mikrophänomenen oder von Interaktionsmustern einzelner Phänomene. Würden wir als Coach oder Unternehmensberater unseren Blick nur auf diese einzelnen Phänomene fokussieren, ohne ihre menschlichen Ursachen oder ihre Verflechtungen zu verstehen, müssten wir immer wieder vom mangelnden Erfolg unserer Bemühungen enttäuscht werden. Denn dies hieße, komplexe Ursachen und Vernetzungen mit ihrem oberflächlichen Erscheinungsbild zu verwechseln.

Umsetzung im Coaching

Jedes Coachinganliegen unserer Klienten ist mit diesen drei Betrachtungsebenen verknüpft: Was sind die individuellen Glaubenssätze oder Grundüberzeugungen des Klienten, wie interagieren sie mit den Grundüberzeugungen des Unternehmens? Wo decken sich diese Überzeugungen, wo ergeben sich Konflikte daraus? In welchem Bezug steht das Coachinganliegen (oder der Klient) zu den bewusst vertretenen Unternehmenswerten und -regeln? Wie sind persönliche oder kulturelle Motive und Beweggründe mit den sichtbaren Phänomenen des Unternehmens verknüpft? Wo fördert oder sabotiert der Klient bestimmte Muster?

Viele dieser Fragen können sehr personalisiert gestellt werden und münden oft in recht einfache Fragen:

> **Beispiele**
> »Von wem wollen Sie weg, zu wem hin, wer soll dazukommen, wer soll gehen, was soll weniger werden oder verschwinden, was soll neu kommen oder mehr werden, was werfen Sie sich selbst vor, was werfen Sie anderen vor, was erwartet man von Ihnen, was erwarten Sie von anderen, wem gegenüber müssen oder wollen Sie loyal sein?«

Alle diese Fragen sind mit der Wirklichkeit einer Organisation verknüpft, wenn wir hinterfragen, welche Aspekte innerhalb der Organisation erschwert werden, welche gefördert, welche Interaktionen oder Auswirkungen daraus folgen. Den meisten Coaches sind solche Fragen sehr geläufig.

Der Blick auf die Schnittstelle von Mensch (Person) und Organisation führt uns zu einer überindividuellen Perspektive und ermöglicht den Blick auf die Geschichte der Organisation, auf Geschichten innerhalb der Organisation, auf Mythen, Rituale, Muster, Paradigmen und Routinen.

Führungscoaching ist auch Kulturcoaching

Kulturcoaching im mittleren Management

Im Coaching des mittleren Managements kann es zum einen darum gehen, den Klienten das Wechselspiel zwischen Unternehmen und Person bewusster zu machen. Hierdurch kann ein Teil des »Leidens an der Organisation« gemildert werden. Doch dies lässt sich auch positiv formulieren:

Beispiele
»Wie kann ich mich innerhalb dieser Kultur so entfalten, dass ich erfolgreich und zufrieden bin?« Eine andere Zielsetzung könnte sein: »Wie kann ich in meinem Zuständigkeitsbereich eine Kultur schaffen, die die Ziele des Unternehmens aufgreift, die sich mit den Bedürfnissen der Mitarbeiter deckt und gleichzeitig von der Gesamtkultur akzeptiert wird (ohne als Krankheitserreger ausgestoßen zu werden)?«

Kulturcoaching im oberen Management

Im Coaching mit höheren oder höchsten Führungspersonen kann es darum gehen, die Ebenen der Unternehmenskultur zu modifizieren, um andere Muster einzuführen. Ein Coach ist kein Unternehmensberater und Strategieexpert. Insofern kann die Aufgabe des Coachs nur sein, die – im Wesentlichen unbewussten – Prozesse der Unternehmenskultur mit dem Klienten zu reflektieren. Wenn ein neues Logo auf der »sichtbaren Ebene« eingeführt wird, müssen auch die beiden anderen Ebenen berücksichtigt werden.

Wenn ein neues Leitbild auf der Werteebene entwickelt wird, darf nicht die Macht vergessen werden, die die unbewussten Muster und Grundüberzeugungen haben, die bisher existierten. Wenn ein Kulturwandel funktionieren soll, muss dieser auf allen drei Ebenen in ganz unterschiedlicher Weise angegangen werden.

Im Rahmen eines solchen Prozesses kann ein Coach der Führungsperson zur Seite stehen. Der kulturelle Wandel kann nur geschehen, wenn die höchsten Führungspersonen im Unternehmen diesen auf allen drei Ebenen persönlich mittragen – auch auf der Ebene verinnerlichter und gelebter Grundannahmen und -überzeugungen. Insbesondere die wenig oder nur halb bewussten Grundannahmen der Führungspersonen und der Mitarbeiter sind schlecht planbar; mit dem Innenblick aus dem Unternehmen sogar oft nicht erkennbar. Daher kann die Unterstützung einer Person von außen sinnvoll sein, die sowohl (unbewusste) individuelle Prozesse thematisieren kann als auch bewusste organisationale Muster oder Phänomene zu reflektieren hilft.

Hochrangige Führungspersonen verdienen viel Geld und sind mit Insignien von Macht umgeben. Das lenkt jedoch den Blick davon ab, dass sie oft unter einem enormen Druck stehen. Im Alltag müssen sie meist reagieren und haben weder Muße noch Geduld für eine proaktive Konzentration auf komplexe Phänomene. Hierfür brauchen sie kompetente Sparringspartner. Außerdem ist die Stellung von Spitzenmanagern gefährdet. Sie müssen Erfolge vorweisen, manche wollen einfach nur »überleben«. Sicher gibt es auch hier und da Führungspersonen, die kulturelle Veränderungen einführen möchten, um ihren eigenen Glanz zu erhalten oder zu erhöhen. Eine Kulturveränderung jedoch sollte in erster Linie dem Unternehmen und der (globalen) Gesellschaft dienen (oder nicht?). Auch hier braucht es einen mutigen Begleiter von außen, der von der Schlüsselführungsperson nicht abhängig ist.

Übung: Darf ein Coach auch »Kulturphilosoph« sein?

In vielen Unternehmen und den größten Teilen unseres Kulturraums werden seit über viertausend Jahren androzentrische Werte gelebt. Erst seit wenigen Jahrzehnten dürfen Frauen wählen oder studieren. Für die heutige Generation scheint es so, als wären Mann und Frau fast gleichberechtigt. In Wahrheit jedoch ist die »typische« männliche Sichtweise, Denkart und Wesensart in fast allen Unternehmen präsent und kulturbestimmend. In manchen Organisationen finden wir sogar noch die Atmosphäre von Herrenclubs, Fußballumkleidekabinen oder Kasernenhöfen. Hier ist dringend eine »weibliche Sichtweise« erforderlich (besser noch: eine integrative Sichtweise), um kulturellen Wandel demokratisch und freiheitlich gestalten zu können. Vielleicht hängt von der Integration (nicht nur Addition!) weiblicher Elemente auch das Überleben unserer Gesamtkultur oder Art ab? Denn insbesondere der kriegerische, ausbeutende, »schlagfertige«, nach Macht und Geltung strebende Androzentrismus erschöpft zunehmend die weltweiten Ressourcen und ist ein Hauptmotor des globalen Konsumismus und Imperialismus.

Nach diesem sehr kurzen Ausflug in kulturphilosophische Spekulationen zurück zur Praxis des Coachings:

Untersuchen Sie in den Unternehmen, in denen Sie tätig sind oder waren, die Verteilung der Macht und die Spielregeln der Macht; ganz besonders unter dem Blickwinkel von »männlicher« oder »weiblicher« Macht und Ohnmacht.

Diskutieren Sie bitte auch diese Aussage in Ihrer Peergruppe: »Wenn ein Unternehmenskulturwandel großen Ausmaßes ansteht, sollten hierbei unbedingt Frauen und Männer in gleichem Maße beteiligt sein, die im Rahmen ihres Geschlechts nicht überemanzipiert, sondern integriert sind.«

Wo taucht »Organisationskultur« im normalen Business-Coaching auf?

Die Kenntnis kultureller und organisationaler Sichtweisen ist nicht nur im »Kulturcoaching« erforderlich, sondern auch in vielen normalen Coachingsituationen. Ich möchte Ihnen einige unterschiedliche Situationen vorstellen, die das verdeutlichen.

Begleitung einer Führungsperson, die das Unternehmen wechselt

Sobald ein Mitarbeiter aus einem Unternehmen in ein anderes wechselt, werden Fragen zur alten und neuen Unternehmenskultur wichtig. Viele Unternehmenswechsel sind Karrieresprünge. Eine Führungsperson mit guten Fachkenntnissen und Führungserfahrung aus der alten Organisation übernimmt eine herausfordernde Position in einem neuen Unternehmen. Das ist schwierig genug. Neben einem gezielten Coaching für neu ernannte Führungspersonen (darauf kommen wir später in einem Kapitel zum Führungscoaching noch zurück) ist meist auch eine Kulturberatung erforderlich, damit alte und neue kulturelle Muster entziffert werden können. Beispielsweise spielen folgende Fragen eine Rolle:

> **Beispiele**
>
> **Alte Organisations-Spielregeln und -Muster:** »Welche Spielregeln galten in meiner alten Organisation? Was wurde dort gedacht und gesagt? Wie sprach man dort über Führungspersonen? Welche Erwartungen wurden mir dort entgegengebracht? Wie wurden die Werte des Unternehmens kommuniziert? Wer waren die Drahtzieher dieser Kommunikation? Was waren die Kommunikationswege? Welche sichtbaren Zeichen hatten die Gedanken, Werte, Positionen? Welches Verhalten wurde belohnt, welches bestraft?«
>
> **Persönliche Spielregeln und Muster:** Diese Fragen zur ehemaligen Organisation können auch mit der eigenen Geschichte als Person verknüpft werden: »Welche Spielregeln kannte ich von zu Hause? Welche Regeln hätte mein Vater, hätte meine Mutter bejaht (Frage nach Loyalitäten)? Wann mache ich mir selbst Vorwürfe? Wann mache ich anderen Personen Vorwürfe? Was erwarte ich von mir, was von anderen?«
>
> **Neue Organisations-Spielregeln und Muster:** Nun beginnt die Analyse und Reflexion der geheimen und offenen Spielregeln in der neuen Organisation. »Was wird hier gedacht? Was zählt hier? Was ist hier zu erkennen? Welche Personen vertreten welche dieser Ebenen auf welche Weise? Welche Muster und Personen interagieren miteinander?«

Dies alles muss mit den persönlichen Karrierezielen und Werten des Klienten in Bezug gesetzt werden. Das ist eine herausfordernde Aufgabe für Coach und Klient im Führungscoaching.

Coaching als Begleitung von Unternehmensfusionen

Wenn Unternehmen verschmelzen, fusionieren oder »übernommen« werden, treten Kulturveränderungen auf. Ähnliche Prozesse finden wir auch, wenn innerhalb eines Unternehmens Abteilungen zusammengelegt werden oder wenn sich Linien- und Projektebenen berühren. Hier greifen wir überblicksartig nur den Sonderfall einer Fusion heraus. In der Regel muss sich dabei die kleinere Organisationseinheit der größeren oder mächtigeren unterordnen. Mächtiger ist eine Einheit auch, wenn sie die neuen Besitzer oder Machthaber repräsentiert. Oft gibt es zunächst Verhandlungen, in denen darum gerungen wird, ob die Kulturen friedlich kooperierend nebeneinanderstehen können oder ob sich eine neue Leitkultur herausbilden soll. Neben den offiziellen und oberflächlichen Verhandlungen gibt es eine breite Begleitkommunikation »unter dem Tisch« und auch von oben durch die Unternehmensleiter und ihre Ziele sowie ihre Werte- und Weltsicht. Viele solcher Wandlungsprozesse heißen heute »Change Management«.

Daher macht es durchaus Sinn, dass einzelne Hochschulen dazu übergehen, kombinierte Studiengänge in »Business-Coaching & Change Management« anzubieten (beispielsweise die Europäische Fernhochschule Hamburg, www.euro-fh.de).

Multinationale und multifunktionale Teams

In weltweit operierenden Unternehmen berühren sich zum einen die unterschiedlichen geografischen oder ethnischen Kulturen. Zum anderen haben die verschiedenen Unternehmensteile Subkulturen herausgebildet. Führende Mitarbeiter solcher Unternehmen müssen neben der eigenen organisationskulturellen Interpretationsfolie stets auch diejenigen der anderen Unternehmensteile und Personen berücksichtigen. Mit etwas Muße gelingt dies sicher. Doch die meisten Manager haben dafür keine Zeit.

Hier ist es sehr hilfreich, wenn ein Coach mit wenigen knappen Fragen dabei behilflich ist, solche Reflexionen aus einem klischeehaften Denken herauszuheben (»Die Franzosen sind halt so, die Polen halt so, die deutsche Entwicklungsabteilung halt so.« Eben nicht so!). Stattdessen kommt es darauf an, seine eigenen Grundlagen und Grundhaltungen zu reflektieren und auch die Perspektive wechseln zu können; als würde man »die Schuhe« der anderen tragen.

Coaching als Begleitung in Familienunternehmen mit einem Generationenwechsel

Viele Unternehmen sind von einer Gründerpersönlichkeit ins Leben gerufen worden. Nach deren Rücktritt übernahm vielleicht ein Familienzweig die weitere Leitung des Unternehmens. Solange eine starke familiäre Bindung zum Unternehmen vorliegt, fließt das Weltbild der Gründerfamilie in die Unternehmensentscheidungen mit ein. Oft steht hierbei nicht nur die Gewinnmaximierung im Vordergrund. Manche Unternehmensziele sind in dieser Leitungsphase nicht am Gewinn orientiert, sondern eher an der Durchsetzung persönlicher Werte, Ideale, Vorlieben. Im ganzen Unternehmen weht der Wind der Gründer- und Leiterfamilie. Sich gegen die Ideen und Werte dieser Familie zu stellen, bedeutet gleichzeitig, sich gegen das Unternehmen zu stellen. Persönliche Loyalität gegenüber der Gründerperson ist bedeutsam. Bereits der Wechsel von einer Generation zu nächsten geht mit wesentlichen kulturellen Veränderungen einher. Wenn es hierbei nicht gelingt, die Loyalitätsverpflichtung erkennbar auf die junge Generation zu übertragen, wird es Schwierigkeiten geben. Die Begleitung solcher Generationenwechsel durch Coaching ist sehr sinnvoll.

Ein weiterer einschneidender Schritt im Wandel des Unternehmens ist der Wechsel von einem Gründerunternehmen zu einem Unternehmen, das von einem Manager geleitet wird, der nicht zur Familie gehört. Hier kann es durchaus fließende Übergänge geben, indem beispielsweise das Unternehmen weiterhin von der Familie mitgeführt wird. Doch entscheidend ist dies: Zunehmend wird das Unternehmen von Angestellten geleitet. Denn gut bezahlte Manager sind gleichermaßen Angestellte. Gegenüber Teilen der Gründerfamilie, oft gegenüber Aktionären und anderen Personen und Institutionen, müssen sie nun ihre Entscheidungen auf der Basis rein ökonomischer (meist am Gewinn orientierter) Werte rechtfertigen. Es besteht nicht mehr die Möglichkeit, andere Werte und Ideale zu verwirklichen und hierfür größere finanzielle Risiken in Kauf zu nehmen.

Ein solcher Wechsel an der Unternehmensspitze führt fast immer zu einem grundlegenden Kulturwandel. Glaubenssätze, Erwartungen, Befürchtungen, Werte, Verlautbarungen, erkennbare Phänomene: Alles wandelt sich. Auch die Interaktion mit der Außenwelt, mit Kunden, Zulieferern und vielen anderen Partnern verändert sich grundlegend. Im Zentrum dieses Wandels stehen Menschen, im Business-Coaching meist Führungspersonen.

Die gewählten Beispiele mögen etwas verkürzt oder stereotyp dargestellt worden sein. Sicher erkennen Sie aber, dass die Kenntnis von Organisationskulturen im Business-Coaching sehr bedeutsam ist.

Literaturtipps

Edgar H. Schein: Organisationskultur. Bergisch Gladbach: EHP, 3. Auflage 2010. Ein Klassiker.

Edwin C. Nevis: Organisationsberatung. Bergisch Gladbach: EHP, 4. Auflage 2005. Ebenfalls ein Klassiker.

Roswita Königswieser und Martin Hillebrand: Einführung in die systemische Organisationsberatung. Heidelberg: Carl-Auer, 6. Auflage 2011. Sehr knapp und informativ.

Björn Migge: Personal- und Business-Coach – Verbundstudium (23 Lehreinheiten, Seminare, Peergruppenarbeit), Fernschulen und Hochschulen der Klett-Gruppe: ils.de, sgd.de, akademie-fuer-fernstudien.de, euro-fh.de. Weitere Informationen, Lehrtexte, Fallbeispiele, Übungen zu Themen wie Organisationsberatung, Ethik, Führungsberatung und andere.

Migge, Björn: Sinnorientiertes Coaching. Weinheim, Basel: Beltz 2016, S. 335 ff. »Sinn in der Arbeitswelt«.

Kapitel 2
Prozessgestaltung

Coaching Schritt für Schritt

Angehende Coaches erlernen zunächst »eine Haltung als Coach«. Hinzu kommen zahlreiche Tools. Nach mehreren Monaten Ausbildung sind viele von ihnen verwirrt, weil ein roter Faden fehlt: Wann genau mache ich was? Wie mache ich das? Die Wahrheit ist leider, dass ein großer Teil des Coachings weiterhin eine Begegnung zwischen zwei Menschen sein wird, in der Spontaneität und Intuition ihren Platz haben müssen. Vieles lässt sich nicht im Voraus planen, lässt sich nicht vorhersagen, wenn zwei Menschen mit Gedanken, Emotionen, inneren Bildern, Geschichten (Narrationen) und Handlungen interagieren. Es gibt in Wahrheit auch kein lineares Ablaufschema für einen idealen Coachingprozess, an das sich jeder Coach halten könnte. Viele Prozessschritte greifen ineinander, wiederholen sich, tauchen in veränderter Reihenfolge auf. Wenn wir Ihnen in diesem Kapitel also ein Ablaufschema vorstellen, machen Sie sich bitte bewusst, dass es lediglich ein Konstrukt ist; eine sehr starke Vereinfachung der Wirklichkeit.

Im Coaching – ebenso in der Psychotherapie – gibt es einfache Modelle, den Gesamtprozess in Arbeitsschritte einzuteilen. Die Schritte können beispielsweise folgendermaßen aussehen.

Prozessschritte des Coachings

Jedes Coaching kann in folgende Arbeitsschritte gegliedert werden.

Schritt 1: Matching: Welcher Klient (und welches Anliegen) passt zu welchem Coach?

Schritt 2: Ziel- und Auftragsklärung: Worum soll es gehen?

Schritt 3: Vertragsgestaltung: Wie soll die Zusammenarbeit strukturiert werden? Was soll sie kosten? Schritt 2 und 3 zusammengefasst kann man auch als Kontrakt bezeichnen.

Schritt 4: Klärung der Ausgangssituation: Die Hintergründe des Auftrags werden gehört, angeschaut, nachgestellt, empfunden, bedacht, analysiert. Störendes, Vorwürfe, Hoffnungen, Ziele, Ressourcen werden genau unter die Lupe genommen. Diesen Prozessschritt nennt man auch »die Landkarte erkunden«.

Schritt 5: Interventionsplanung: Welche Tools, Übungen, Veränderungen, Handlungen sollten eingesetzt werden, um möglichst zielführend – vor dem Hintergrund der »Landkarte« – zu den vereinbarten Veränderungszielen zu gelangen?

Schritt 6: Interventionsphase: Hier werden die einzelnen Arbeitsschritte durchgeführt. Dies ist die Phase, in der die meisten »Tools« zum Einsatz kommen.

Schritt 7: Rückkopplungsschleifen und Praxistransfer: Ergebnisse und Erkenntnisse oder neue Handlungsoptionen aus der Interventionsphase werden im »wahren Leben« des Klienten erprobt. Die Erfahrungen aus diesen Veränderungsproben werden erneut erkundet und führen zu veränderten Interventionen.

Schritt 8: Ende, Evaluation und Qualitätssicherung: Die Ergebnisse der gemeinsamen Arbeit sowie ihre Qualität werden ausgewertet. Der Coach nutzt diese Rückmeldungen, um seine Arbeit zukünftig zu verbessern.

Ein einfaches und sehr einprägsames Ablaufschema haben Christopher Rauen und Andreas Steinhübel entworfen. Sie unterteilen jedes Coaching in eine Vorphase, eine Hauptphase sowie eine Abschlussphase. In den einzelnen Phasen sind folgende Elemente enthalten:

- Vorphase: Wahrnehmung des Coachingbedarfs, Kontaktaufnahme und Vertragsabschluss.
- Hauptphase: Klärung der Ausgangssituation, Formulierung eines Ziels, Einsatz zieldienlicher Interventionen.
- Abschlussphase: Evaluation und formales Ende des Coachings.

Hierzu haben Sie das eingängige Akronym C-O-A-C-H entworfen:

C: Come together
O: Orientation
A: Analysis
C: Change
H: Harbour

Literaturtipp

Christopher Rauen: Coaching – Praxis der Personalpsychologie. Göttingen: Hogrefe, 3. Auflage 2014. Dieses Buch verschafft einen schnellen Überblick über das Thema.

Sie haben auf Seite 62 gelesen, dass solche vereinfachenden Modelle eine große Hilfe sein können. Gleichzeitig können sie niemals die Realität einer Interaktion wiedergeben. Wenn Sie beispielsweise davon ausgehen, dass ein »Tool« niemals zu einer Veränderung führen kann, sondern immer nur die Begegnung, in der der Coach selbst das »Tool« ist, wird es keine separate »Veränderungsphase« geben, da der gesamte Prozess ein Veränderungsprozess ist! Diese Sicht bedient zwar nicht den Wunsch nach linearen Strukturen oder einem verlässlichen roten Faden, entspricht aber eher der Realität. Denn bereits die erste Kontaktaufnahme ist eine wesentliche Intervention, bereits die Werbung oder Website des Coachs kann eine Intervention sein, jede Frage in der »Analysephase« ist eine Intervention. Auch die Haltung und das Vorbild eines Coachs können und sollten eine wesentliche Intervention sein.

Es gibt viele Coaches und viele Nachfrager, die sich ein technisches oder mechanisches Coaching wünschen. In dieser vereinfachten Sichtweise gibt es für jedes Anliegen ein passendes Tool, das entsprechend einem Manual durchzuführen ist. In einem solchen verflachten Bild des Coachings fehlt es fast immer an einer psychodynamischen Ausbildung der Coaches. Coachingbücher, in denen Coachingtools vorgestellt werden, verführen manche Anwender zu der Annahme, dass es im Coaching lediglich um Gesprächstechniken und Tools geht. Oft werden dann unkritisch oder blauäugig sogenannte Tools eingesetzt, von denen irgendjemand behauptet hat, sie seien besonders effektiv, systemisch, gehirngerecht oder wissenschaftlich fundiert. Wer keine solide psychologische Ausbildung absolviert hat, mag das glauben. Daher möchte ich sehr deutlich betonen: Die meisten sogenannten Coachingtools sind nur sinnvoll, wenn sie kritisch hinterfragt, passend und im Rahmen einer professionellen Beratungsbeziehung eingesetzt werden. Zu diesem Rahmen gehört auch, dass der Coach möglichst eine mehrjährige psychologisch orientierte wissenschaftlich-kritische Ausbildung absolviert hat und in erster Linie »sich selbst« als kluge und hilfreiche Person in einer professionellen Begegnung anbieten kann – und nicht nur seine Toolbox.

Prozessgestaltung aus der Sicht des Unternehmens

In vielen Unternehmen ist Coaching bereits als Instrument der Personalentwicklung etabliert. Hier liegen definierte und bewährte Strukturen vor. Wenn Sie als Coach mit einem solchen Unternehmen Kontakt aufnehmen, informieren Sie sich bitte gut über die Besonderheiten des Coachings in diesem Unternehmen. Gerade als Anfänger sind Sie gut beraten, wenn Sie sich in diese Strukturen einfügen können; natürlich unter Berücksichtigung Ihrer eigenen Vorstellungen und Prinzipien.

In einigen Unternehmen ist Coaching bisher noch nicht als Instrument in die bestehende Organisationsstruktur eingeführt. Wir stellen hier einige typische Fragen vor, die sich solche Unternehmen bei der Implementierung von Coaching stellen:

- Welche Coachingdefinition passt in unsere Unternehmenskultur?
- Kann Coaching als Top-down-Instrument eingeführt werden? Steht die Unternehmensleitung hinter der Coachingdefinition?
- Wer soll das Personalentwicklungsinstrument Coaching im Unternehmen gestalten, einführen, strukturieren, steuern, verwalten, …?
- Welche Anlässe führen zu einem Coaching?
- Welche Personengruppen haben Zugang zum Coaching?

- Wer initiiert Coaching?
- Welche Personen fungieren als Coach?
- Wird ein Coachingpool aufgebaut?
- Welchen Kostenstellen wird die Dienstleistung Coaching angerechnet (zentrale Stelle oder Abteilung des jeweiligen Klienten)?
- Wie sehen die Mikroprozesse der Entscheidungsfindung, Kommunikation, Vertragsverhandlung, Prozessbegleitung, Evaluation und dergleichen aus?

Viele größere Unternehmen haben sich diese Fragen bereits gestellt und Strukturen entwickelt, mit denen Coaching gesteuert wird. In vielen kleinen mittelständischen Unternehmen, Behörden und Verwaltungen gibt es diese Strukturen noch nicht. Hier kann ein Coach Hinweise geben, welche Schritte für das Implementieren des Coachings erforderlich sind.

Sowohl in großen als auch in kleinen Unternehmen wird immer wieder der Wunsch an den Coach herangetragen, dass er Expertenrat geben soll. Daher gehen wir auf den nächsten Seiten noch einmal auf die fließenden Grenzen zwischen Managementberatung (Expertenberatung), Coaching und Psychotherapie ein. Denn die Kenntnis dieser Grenzen beeinflusst auch die Prozessgestaltung im Coaching.

Expertenberatung oder Prozessberatung?

Coaching sollte weder Schattenmanagement oder Unternehmensberatung sein noch Psychotherapie. Manchmal sind die Grenzen fließend. Ein einfaches Orientierungsmodell erleichtert es dem Coach, im »erlaubten Bereich« zu bleiben.

Der Coach als Schattenmanager: Die Coachingdefinition und das Selbstbild des Coachs beeinflussen die Prozessgestaltung wesentlich. War der Coach früher ein gestandener Manager oder ist er hauptberuflich Unternehmensberater, wird er sich wohler fühlen, wenn er sachdienliche Ratschläge zur Führung oder Organisation geben darf. Er wird den Prozess vielleicht in eine Richtung steuern, die hier und da eine »Hilflosigkeit« des Klienten provoziert, in der dann der kluge Rat des Schattenmanagers gefragt ist.

Der Coach als Therapeut: War der Coach früher ein Psychotherapeut oder Psychologe, wird er sich vor »betriebswirtschaftlichen Ratschlägen« eher hüten, da ihm hier Felderfahrung fehlt. Stattdessen wird er den Prozess eher in eine Richtung lenken, die störende Emotionen, biografische Abgründe und dergleichen mit dem Ziel in Verbindung bringen. Hier kann er dann – beinahe psychotherapeutisch – helfen und sich kompetent zeigen.

In beiden Fällen könnten wir von einer Expertenberatung sprechen. Beim »Coach als Schattenmanager« ist dies offensichtlich. Doch auch der »Coach als Therapeut« wird zu einem Expertenberater, der verdeckt vorgeht, indem er den Prozess in eine Richtung lenkt, in der er Experte ist und der Klient sich hilflos erlebt. Zugegeben: Es handelt sich hier um zwei überzeichnete Klischees von Coaches. Zudem ist es manchmal auch sehr wichtig, einen guten Rat geben zu können und zu dürfen. Ebenso ist es bedeutsam, Probleme und störende Emotionen anzuschauen und nicht unter den Teppich zu kehren.

Coaching wird das eine Mal die Bewältigung von Managementaufgaben stärker in den Blick nehmen müssen, ein anderes Mal eher personenbezogene Aspekte. Dies sollte jedoch nie in die Extreme des Schattenmanagements oder der Therapie ausschlagen. Der Deutsche Bundesverband Coaching e. V. (DBVC) gibt in seiner Informationsschrift »Coaching als Profession« eine einfache Hilfestellung mit dem Konzept des Funktionspendels.

Funktionspendel des Coachings (nach: Ulrike Wolff und DBVC e. V.)

Therapeut	Beistand	Potenzialaktivierung	Experte	Schattenmanager
🚫		Klären Inspirieren Reflektieren Umsetzen Auswerten Realitätsabgleich		🚫
rot: hands off	orange	grün: hands on	orange	rot: hands off

> **Literaturtipp**
>
> Die Originalversion der hier abgebildeten Grafik finden Sie in Farbe in der Broschüre »Coaching als Profession« des Deutschen Bundesverbands Coaching e. V. (DBVC). Den ursprünglichen Entwurf von Dr. Ulrike Wolff finden Sie in ihrem Beitrag »Coaching im Umbruch«. In: Graf, Jürgen (Hrsg.): Seminare 2002. Das Jahrbuch der Management-Weiterbildung. Bonn: managerSeminare, S. 109–122, 13. Auflage 2002.

Der Coach bleibt im mittleren, »erlaubten« Bereich der Pendelbewegung

Der Coach sollte in der Lage sein, die Arbeit mit dem Klienten so zu gestalten, dass er sich weitgehend im grünen Bereich der Potenzial- und Ressourcenaktivierung bewegt. Dies ist der Bereich, in dem Coaching *Prozessberatung* ist. Jede Bewegung in den Bereich des Beistands oder des Experten sollte vom Coach gut reflektiert und auch für Kollegen in einer Intervisionsgruppe nachvollziehbar sein. Wenn vermehrt »Ausrutscher« in einen der Randbereiche auftreten, sollte der Coach mit kollegialem Beistand herausfinden, welche persönlichen Muster oder gar blinden Flecken dazu führen, dass er die Arbeit mit seinen Klienten wiederholt in den Bereich des Beistands oder des Experten lenkt. Ausrutscher in die Bereiche Therapie oder Schattenmanagement sollten im Coaching nicht vorkommen.

Selbstverständlich wird jeder Coach seine Schwerpunkte haben. Diese hängen mit seiner Berufs- und Felderfahrung zusammen. Wer früher Manager war, wird eher in den Bereichen nachgefragt, in denen Führungs- und Managementwissen vorausgesetzt wird. Es ist natürlich, wenn das Coaching dann zur Expertenseite des Managements tendiert. Wer hingegen gute therapeutische Qualifikationen hat, wird vermutlich mehr für Burnout, emotional belastende Entscheidungskonflikte oder persönliche Krisen von Führungspersonen nachgefragt. Auch hier ist es natürlich, wenn das Coaching sich ein wenig zur Therapeutenseite neigt.

Übung: Sind Sie lieber Beistand oder Experte?

In welcher Rolle fühlen Sie sich wohler: Experte oder gar Schattenmanager einerseits oder andererseits Beistand oder gar Therapeut? Wohin wird Ihr Pendel vermutlich eher ausschlagen? Geben Sie gerne Ratschläge? Wissen Sie oft, was für andere Menschen besser ist? Sprechen Sie gerne über Gefühle oder lieber über Aufgaben und Taten?

Matching: Klient und Coach

In der Coachingliteratur haben sich einige Metaphern für die Rolle des Coachs gebildet. Diese Metaphern erzeugen innere Bilder, die bei der eigenen Rollenausgestaltung hilfreich sind. Die Bilder geben jedoch auch Begrenzungen vor.

> **Übliche Selbstbildmetaphern von Coaches**
>
> Der Coach als **Sparringspartner:** In diesem Bild steckt eine aggressive Komponente. Sie passt zur Wurzel des Coachings, das aus dem Sport kommt. Der Boxer kann seine Fähigkeiten entwickeln, indem ihm sein Sparringspartner als aktives Gegenüber begegnet.
>
> Der Coach als **Clown:** Der Clown hebt sich über bestehende Regeln hinweg, kann neben etablierte Muster oder Regeln treten und diese frech oder humorvoll kommentieren. Der Clown kann gegenüber »großen Tieren« respektlos sein.
>
> Der Coach als **Bergführer:** Der Klient möchte einen Gipfel erklimmen. Der Bergführer weist ihm die verschiedenen Aufstiegsmöglichkeiten, weist auf Gefahren hin, rät zu Pausen, erkennt Frühzeichen für einen Wetterumschwung, lädt zum Verweilen ein, um den einen oder anderen Ausblick zu genießen.

Es gibt zahlreiche weitere Metaphern für Coaches. Manche sind nicht so bildgewaltig. Wenn Sie die Websites und Prospekte von Coaches anschauen, werden Sie weitere Metaphern erkennen, die etwas über das Selbstbild der Coaches aussagen:

- Gibt es Bilder von Gebäuden, schönen Landschaften oder von Menschen auf der Website?
- Wird Herzlichkeit oder Erfolg betont?
- Wird auf persönliche Entwicklung oder berufliche Spitzenleistung fokussiert?
- Ist die Website verspielt und bunt oder sachlich und schlicht in den Farben?
- Wendet man sich bei der Kontaktaufnahme an den Coach oder an sein Officeteam?
- Welche Kleidung trägt der Coach auf seinem Foto?

Es gibt weitere Merkmale, die das Selbstbild und die Identität eines Coachs bestimmen: Herkunft und soziale Statusmerkmale, Geschlecht, Alter, Bildungsniveau, Expertise, Spezialkenntnisse, Felderfahrung, Schwerpunkte, Berufserfahrung und anderes.

Durch die Darstellung dieser Botschaften, Symbole und Merkmale lädt der Coach seine »idealen Klienten« ein. Umgekehrt suchen Klienten oder Unternehmen anhand dieser Botschaften ihren »idealen Coach«. Wenn die Suchkriterien von Coach und Klient (oder Unternehmen) gut zueinanderpassen, sprechen wir von einem gelungenen Matching. Hierdurch kann es leichter werden, miteinander warm zu werden und eine gemeinsame Sprache zu sprechen. Es kann aber auch dazu führen, dass Coach und Klient sich gemeinsam innerhalb ihrer blinden Flecken und Begrenzungen bewegen, ohne dies zu bemerken: Wer sehr gut zueinanderpasst, bewegt sich in gleichen Assoziationskreisen und ähnlichen Wertevorstellungen. In einem solchen Fall empfinden Klient und Coach die Begegnung und gemeinsame Arbeit oft als gelungen und angenehm. Jedoch gelingt der »Blick über den Tellerrand« bei sehr gutem Matching seltener.

Übung: Wie sehen Sie sich als Coach?

Bitte umschreiben Sie Ihr Selbstbild als Coach: »Als Coach bin ich wie ein ..., wie eine ...« Welche Metapher geben Sie sich als Coach? Welche der bisher genannten Metaphern finden Sie ansprechend, abstoßend, ehrbar, welche albern, welche stark, welche schwach? Kennen Sie andere Coachingmetaphern?

Eine weitere Bedeutung des Begriffs »Matching« bezieht sich auf das bewusste Zusammenführen von Klient und Coach durch die Personalabteilung (oder den Coachingexperten) des Unternehmens. Hierbei schlägt der Coachingexperte einen Coach aus dem Pool vor, der ihm für den Klienten, das Anliegen und das Ziel des Coachings am besten geeignet erscheint. Siehe hierzu auch Seite 72.

Auftragsklärung und Vertragsgestaltung

Vom Kennenlernen bis zum Vertragsabschluss

Klient und Coach handeln den Vertrag aus

Zwei Verhandlungspartner: Im Top-Executive-Coaching oder auch im Personal-Coaching findet die Auftragsklärung in der Regel direkt zwischen Klient und Coach statt. Es ist keine Vermittlungs- oder Verhandlungsinstanz zwischen diese beiden Partner gestellt. Klient und Coach bestimmen allein, wann Coaching stattfindet, wie es stattfindet und nach welchen Kriterien der Erfolg gemessen wird.

Im Folgenden gehen wir auf die Besonderheiten ein, die Verhandlungen zwischen drei Parteien mit sich bringen.

Klient, Unternehmen und Coach handeln den Vertrag aus

Drei Verhandlungspartner: Seit 1995 haben immer mehr Personalentwickler und Personalfachleute erkannt, dass sie als Navigatoren oder Gatekeeper im »Coaching-Dschungel« gefragte Gesprächspartner in ihren Unternehmen sein können, wenn es darum geht, Coaching operationalisierbar und messbar zu gestalten. Prozesse und Qualität der Dienstleistung sowie der betriebliche Nutzen sollen nachvollziehbar werden. Seitdem bahnen Coachingbeauftragte in den Unternehmen das Coaching für ihre Mitarbeiter an. Sie legen in einem unternehmensinternen Coachingkonzept fest, welche Personen Coaching erhalten können und wie der Prozess von der Feststellung des Bedarfs bis zur Ergebnisevaluation gestaltet werden soll. Viele dieser Fachleute haben selbst eine Coachausbildung durchlaufen. Zum Aufgabengebiet der Coachingbeauftragten gehört es auch, ein gutes Matching herzustellen.

Übung: Ist Coaching in einem Unternehmen implementiert?

Bitte untersuchen Sie die Unternehmen, in denen Sie bereits als Mitarbeiter oder Coach tätig waren oder die Sie anderweitig gut kennen: Welche dieser Unternehmen haben bereits klare Coachingkonzepte entwickelt? Wie wird Coaching dort definiert, wie wird es kommuniziert? Wie wird Coaching dort strukturiert? Welche Abteilung oder Personengruppe befasst sich dort mit Coaching? Wie werden dort Coachingverträge ausgehandelt?

Matching: Passen Anliegen, Klient und Coach zueinander?

Hierzu erfragen Sie bei den potenziellen Klienten und deren direkten Vorgesetzten zunächst, welches Anliegen bearbeitet werden soll: Geht es um eine Managementberatung, um die Vorbereitung einer Präsentation, um ein Entscheidungsdilemma, ein drohendes Burnout, um vermeintliche Alkoholprobleme, um Mobbing, Eheprobleme, Führungsschwäche, Unzufriedenheit im Team? Für einige dieser Coachingthemen wird der Coachingbeauftragte spezialisierte Coaches kennen (beispielsweise aus dem eigenen Coachingpool). Doch auch die hierarchische Stellung, das Alter und andere Matchingkriterien müssen bedacht werden, wenn Klient und der »richtige Coach« zueinandergeführt werden.

Matching bezieht sich zunächst nur auf »oberflächliche« Kriterien, die eine gemeinsame Wirklichkeitswahrnehmung vor einem ähnlichen Erfahrungshintergrund und ähnlichen Wertesystemen bezeichnen. Mit dem Begriff Matching ist nicht eine vertrauensvolle, empathische, achtsame, wahrhaftige Begegnung gemeint. Ein Matching ohne diese zusätzlichen Bausteine einer hilfreichen Coachingbeziehung bleibt oft an der Oberfläche. Wenn jedoch diese zusätzlichen Bausteine hinzukommen, kann die Zusammenarbeit besonders wirkungsvoll sein.

Wie definieren Unternehmen, Klient und Coach das Coaching?

Klient, Auftraggeber und Coach werden sicher eine voneinander abweichende Coachingdefinition haben. In einem Klärungsgespräch sollten diese unterschiedlichen Vorstellungen unbedingt bereits im Vorfeld geklärt werden. Viele Klienten nehmen Coaching nicht als Entwicklungsmöglichkeit wahr, sondern als Strafe oder Degradierung. Manche Auftraggeber sehen Coaching als ausgelagerte oder delegierte Führungsdienstleistung oder als einfaches Verhaltenstraining an. Auch die Coaches haben unterschiedlichste Vorstellungen vom Coaching. Klient, Auftraggeber und Coach sollten sich daher auf eine Vorstellung einigen, die von allen drei Verhandlungspartnern getragen wird.

Auftragsklärung bei mehreren Verhandlungspartnern

Die meisten Coachingaufträge im Business-Coaching werden zwischen mehreren Parteien ausgehandelt. Und das bedeutet:

- Klient = »zu entwickelnde oder zu fördernde Person«
- Unternehmensvertreter = Auftraggeber, Personalentwickler oder Coachingbeauftragter des Unternehmens, aber auch direkte Vorgesetzte des Klienten
- Coach = Dienstleister

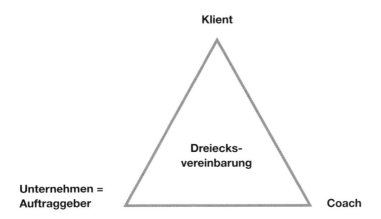

Aus diesem Grund spricht man auch von einer »Dreiecksvereinbarung«, die getroffen werden muss. Für die Verhandlung des Anliegens gilt es, einige Fragen zu beachten:

- Hat der Klient seinen Coachingbedarf selbst benannt?
- Trat er damit auf den Vorgesetzten und die Personalentwicklung zu?
- Sprach er zunächst nur mit der Personalentwicklung (nicht aber mit dem direkten Vorgesetzten)?
- Hat der Vorgesetzte den Coachingbedarf erkannt?
- Hat der Vorgesetzte das Coaching angeordnet?
- Welche Konsequenzen haben »Erfolg« oder »Scheitern« des Coachings?
- Sieht der Klient den Coachingbedarf in ähnlicher Weise?
- Hat die Personalentwicklung den Coachingbedarf in einem Gespräch mit dem Vorgesetzten entdeckt?
- Welches Interesse hat der Klient an dem Coaching? Was sind seine (vom Unternehmen unabhängigen) Wünsche oder Ziele im Coaching?
- Welches Interesse hat der direkte Vorgesetzte am Coaching?
- Welches Interesse hat das Unternehmen am Coaching?
- Wie steht der Coach zu den Interessen des Unternehmens, des Vorgesetzten, des Klienten?
- Welche Veränderungen sollen nach dem Coaching erkennbar sein? Woran soll der Erfolg des Coachings gemessen werden?
- Wie viel Zeit und Geld soll in das Coaching investiert werden?

Meist wird der Coach von der Personalentwicklung kontaktiert. Nachdem ungefähr klar ist, worum es im Coaching gehen könnte, sollte der Coach um ein Gespräch mit den beteiligten Personen bitten, in dem gemeinsam ähnliche und unterschiedliche Ziele für das Coaching diskutiert werden können. Hieraus wird dann in der Regel ein Kompromiss gefunden.

Der Weg zu diesem Kompromiss wird oft beeinflusst vom Selbstbild und dem vorherigen Beruf des Coachs. Ein ehemaliger Manager mag eher geneigt sein, die Interessen des direkten Vorgesetzten des Klienten oder die Interessen des Unternehmens zu berücksichtigen. Ein Coach, der früher Psychotherapeut war, wird möglicherweise die Interessen des Klienten einseitig in den Vordergrund stellen.

Besonders in der Phase der Auftragsklärung sollte der Coach sehr offen, sensibel und auch steuernd wirken, damit der Auftrag von allen Parteien verstanden und getragen wird. Oft stellt sich nämlich heraus, dass dem Coach Aufgaben übertragen werden sollen, die eher in die Führungsverantwortung des direkten Vorgesetzten gehören (jemanden zurechtweisen, jemanden erfolgreicher machen und anderes mehr). Der Coach muss die verschiedenen Wünsche oder Interessen – auch die zunächst unausgesprochenen oder unangenehmen – so herausarbeiten und verbinden können, dass ein klarer, realistischer Coachingauftrag dabei herauskommt, der von allen drei Parteien getragen wird.

Psychologischer Vertrag (psychologisches Arbeitsbündnis)

Zwischen den drei Vertragsparteien wird ein »offizieller« Dienstleistungsvertrag geschlossen, bevor es zum Coaching kommt. Doch bereits in der ersten Kontaktaufnahme und im Gespräch zur Auftragsklärung wird ein anderer Vertrag ausgehandelt, der für den Erfolg des Coachings von wesentlicher Bedeutung ist. Coaching beschäftigt sich nicht mit einem betriebswirtschaftlichen Prozess oder einer trivialen Maschine, die zu einem besseren Funktionieren gebracht werden muss. Im Coaching geht es darum, dass ein Mensch sich mit all seinen Gefühlen, Gedanken, inneren Bildern und Handlungen im Sinne eines Kompromissziels verändern kann. Das geht nur bis zu einem gewissen Grad. Und es kann nur funktionieren, wenn alle Parteien bereit sind, sich offen und vertrauensvoll zu begegnen.

> **Beispiel**
> **Aus der Perspektive des Klienten können dabei folgende Fragen auftreten:**
> »Vertraue ich meinem Vorgesetzten und meinem Personalentwickler? Meinen sie es gut mit mir?«
> Die Fragen gegenüber dem Coach werden sein: »Habe ich Vertrauen zu diesem Gesprächspartner? Meint er es gut mit mir? Weckt er Hoffnung und Zuversicht in mir? Will er mir Patentrezepte überstülpen oder wird er mich als ganzen Menschen wahrnehmen und sich für mich interessieren?«

Dies sind meist unbewusste Fragen. Der Coach sollte aber so sensibel sein und wissen, dass diese Fragen unwillkürlich auftauchen. Bewusst werden in der Regel meist nur Fragen zur Kompetenz, zur Strategie, zu Methoden und dergleichen gestellt.

Beispiel
Doch auch der Coach wird mit einer Menge von Fragen konfrontiert, die er bewusst reflektieren sollte:
»Traue ich mir zu, bei diesem Klienten hilfreich zu sein? Macht der Klient mich traurig, wütend, hochtrabend, mutig, neugierig, vorsichtig …? Welche Bilder weckt er in mir? An wen erinnert er mich?«
»Wie komme ich mit der hierarchischen Stellung des Klienten klar? Was sind meine Erfahrungen und Werte zu den Themen Macht, Einfluss, Erfolg, Reichtum?«
»Kann ich mich auf das Alter des Klienten einstellen? Was sind meine Erfahrungen, Werte, Hoffnungen, Befürchtungen, Anknüpfungspunkte mit den Themen Jugend, Reife, Alter?«
»Bin ich dem Geschlecht des Klienten gegenüber wirklich unvoreingenommen? Was ist meine Einstellung zu Frauen, zu Männern, welche Anknüpfungspunkte habe ich hier?«
»Habe ich Probleme mit dem Weltbild, den Werten und Zielen des Klienten? Welche Erfahrungen habe ich mit Wertesystemen, was sind meine Anknüpfungspunkte?«

In dieser Phase des gegenseitigen »Abklopfens« werden außerdem unbewusst Spielregeln vereinbart: Wer darf wann reden, wie schaut man sich an, wer darf wen unterbrechen, wie vorsichtig oder forsch darf man miteinander umgehen? Neben diesem eher unbewussten Aushandeln von Regeln sollte der Coach jedoch auch sehr offen nach Spielregeln und Erwartungen fragen: Welche Form des Umgangs wünscht sich der Klient, welche Form von Verbindlichkeit oder Lockerheit? Hieraus muss ein guter Kompromiss erarbeitet werden.

Diese Spielregeln können später im weiteren Arbeitsverlauf natürlich verändert werden.

Viele der erwähnten Fragen stellt sich ein Coach bereits während seiner Ausbildung im Übungscoaching. Doch die meisten dieser Fragen tauchen erst im Kontakt mit »echten« Klienten auf. Meist jedoch nicht bewusst, sondern auf Umwegen: In Emotionen, Bildern, viel zu schnell »geglückten« oder »verunglückten« Interaktionen, die der Coach alleine meist nicht hinterfragen kann.

Daher sollte jeder Coach Mitglied einer Intervisionsgruppe sein, um seine Bewusstheit durch die Rückmeldung von Kolleginnen und Kollegen kontinuierlich zu schulen. Diese erhöhte Sensibilität kann er dann seinen Klienten im Aushandeln des psychologischen Vertrags zur Verfügung stellen.

Dienstleistungsvertrag zwischen drei Vertragsparteien

Sehr hohe Führungspersonen suchen sich ihre Coaches selbst oder lassen sich von der Personalentwicklung lediglich Coaches empfehlen. Auch im Personal-Coaching nehmen die Klienten direkt Kontakt mit dem Coach auf.

In den meisten Unternehmen jedoch wird das Business-Coaching durch eine Vermittlungs- und Verhandlungsinstanz innerhalb des Unternehmens gesteuert. Häufig wird diese Aufgabe von der Personalentwicklung wahrgenommen. Zwischen Auftraggeber (Unternehmen), Klient (Mitarbeiter des Unternehmens) und Coach (externer Dienstleister) wird eine Dienstleistungsvereinbarung geschlossen. Dieser Vertrag sollte – neben Personen- und Firmendaten – folgende Punkte enthalten:

- Beteiligte Personen sind Klient – Coach – Unternehmensvertreter
- Die Art der Zusammenarbeit dieser drei Parteien
- Ausgangslage und eindeutige Zieldefinition des Coachings
- Woran wird der Erfolg des Coachings gemessen?
- Umfang, Zeitabstände, Dauer und Häufigkeit des Coachings
- Ort der Zusammenarbeit
- Analyse- und Interventionsmethoden
- Honorar, Spesen, Ausfallvergütung, Rechnungsstellung
- Aufzeichnungs- und Einsichtspflicht
- Geheimhaltungspflicht
- Berichtsvereinbarung
- Haftung
- Qualitätssicherung und Evaluation
- Kündigung, Beendigung
- Rechte und Pflichten der Vertragspartner

Die meisten Unternehmen haben für diese Zwecke einen Vertrag vorbereitet. Manche Unternehmen haben noch keinen Coachingvertrag.

> **Coachingvertrag** (von Björn Migge)
>
> Sie können sich gerne meinen Vertrag anschauen und ihn für Ihre eigenen Bedürfnisse modifizieren (http://www.drmigge.net/infos/Coaching-Vertrag-Migge.pdf). In diesem Vertrag definiere ich außerdem knapp den Begriff Coaching und erkläre mein übliches Vorgehen. Allerdings spreche ich in den meisten Fällen meine Coaching-Verträge mündlich und per Handschlag ab und nicht in dieser schriftlichen Form.

Klärung der Ausgangssituation

Die Ausgangssituation wird bereits im ersten Kontakt mit dem Auftraggeber (dem Unternehmen) oder dem Klienten angesprochen. Wenn der Klient selbst anruft, können bereits im ersten Telefonat wichtige Informationen ausgetauscht und erste Interventionen angeboten werden. Das ist im Personal-Coaching häufig der Fall. Im Business-Coaching hingegen sehen sich Klient und Coach oft erst, wenn bereits Vorverhandlungen zwischen Coach und Unternehmen stattgefunden haben. Die erste, oft nur fünf- bis zehnminütige, Klärung der Ausgangssituation kann folgendermaßen aussehen:

> **Beispiel**
>
> **Erstkontakt am Telefon oder im persönlichen Kurzgespräch:**
> »In diesem kurzen (kostenlosen) Erstkontakt möchte ich gerne verstehen, welcher Umstand dazu führt, dass Sie mit mir zusammenarbeiten möchten. Ich möchte auch gerne verstehen, was Sie erreichen möchten. Sie sollen ebenfalls die Gelegenheit haben, mir Fragen zu stellen. Da es sich um unser erstes Kennenlerngespräch (am Telefon) handelt, schlage ich vor, dass wir unsere Gesprächszeit auf höchstens zehn Minuten begrenzen. Im Anschluss können wir dann entscheiden, ob wir uns später zu längeren Gesprächen persönlich treffen möchten.
> *Erstens:* Welcher Umstand führt dazu, dass Sie mit mir zusammenarbeiten möchten? Können Sie mir das bitte in wenigen Worten knapp darstellen?
> *Zweitens:* Können Sie das bitte noch einmal in einem Satz zusammenfassen; so wie eine Schlagzeile in einer Zeitung oder wie eine Kapitelüberschrift in einem Buch?
> *Drittens:* Welches Ergebnis wünschen Sie sich für eine erfolgreiche Zusammenarbeit? Was genau möchten Sie danach anders machen oder verändern können?
> *Viertens:* Haben Sie bisher schon etwas unternommen oder versucht, um dieses Ziel zu erreichen?
> *Fünftens:* Welche Ihrer Fähigkeiten haben Sie dafür bisher gut einsetzen können? Gibt es aus anderen Lebensbereichen Fähigkeiten, die Sie in anderen Situationen bereits aktivieren konnten und die Sie auf dieses Ziel auch anwenden könnten?
> *Sechstens:* Wenn Sie diese Fähigkeiten – und andere, die Sie in unserer Arbeit noch entdecken oder entwickeln – einsetzen, um Ihr Ziel zu erreichen, wie genau soll dann die Situation (der Umstand) anders sein als bisher? Bitte

beschreiben Sie einmal diese bessere oder idealere Zukunft, die dann ganz normal sein soll.
Siebtens: Ich bitte Sie, in den nächsten Tagen – bis wir uns eventuell zu einem ersten Arbeitsgespräch treffen – genau darauf zu achten, welche Ihrer Fähigkeiten Sie bereits einsetzen oder wie sich die Ausgangssituation bis zu unserem ersten Treffen (wenn auch in kleinen Schritten) eventuell bereits verändert haben wird. Über diese ersten kleinen – aber wichtigen – Veränderungen sollten wir dann nämlich schon in der ersten Sitzung sprechen.
Achtens: Ich möchte Ihnen nun die Gelegenheit geben, mir einige Fragen zu stellen. Vielleicht interessiert Sie ja, wie wir zusammenarbeiten könnten, was die Zusammenarbeit kosten wird und anderes mehr. Welche Fragen haben Sie?
Neuntens: Wann möchten Sie gerne mit der Zusammenarbeit beginnen?«

In Coachingausbildungen kann dieser oder ein ähnlicher Fragenkatalog gut geübt werden. Diese Fragen dürfen natürlich nicht hölzern wirken oder an dem Klienten vorbeigehen. Es ist jedoch sehr wichtig, dass der Coach ein solches Fragenkonzept beherrscht. Denn manchmal klingelt das Telefon unvermittelt und ein potenzieller Klient möchte sich »nur mal so« erkundigen. Ohne einen klaren Fahrplan ist man plötzlich in ein einstündiges Telefon-Coaching verwickelt; das dann auch meist kostenlos ist. Daher ist es wichtig, im allerersten Kontakt am Telefon deutlich zu machen, dass diese erste telefonische Abklärung zeitlich sehr begrenzt ist. Dies kann meistens nur erreicht werden, wenn der Coach durch Fragen führt. Die Klienten erleben dies in der Regel als sehr angenehm.

Die Struktur der Fragen zielt schon auf den späteren Arbeitsstil hin. In dem Beispiel handelt es sich um Fragen, die zu einem lösungs- und ressourcenorientierten Coach passen. Bereits in diesen Fragen erlebt der Klient ein Beispiel der späteren Zusammenarbeit. Er kann sich auf seine Ressourcen konzentrieren, entwickelt ein Zielbild und wird durch »hypnotische Sprachmuster« dazu eingeladen, auf die Veränderungen zu achten, die sich bereits vor einem ersten »richtigen« Treffen einstellen werden. Dies nennt man in der lösungsorientierten Arbeit auf Englisch »presession change« (dt.: Veränderung vor der ersten Sitzung). Das kurze Telefonat oder persönliche Erstgespräch soll bereits Vertrauen und Hoffnung wecken.

Übung: Ihr telefonischer Erstkontakt

Stellen Sie sich vor, Ihr Telefon klingelt und ein Klient möchte Sie kennenlernen und sich über eine mögliche Zusammenarbeit mit Ihnen informieren. Mit welchen Fragen möchten Sie dieses Gespräch strukturieren? Entwerfen Sie bitte einen kurzen Fragenkatalog für dieses telefonische Erstinterview. Die Fragen sollen dem Klienten auch ermöglichen, Ihren Coachingstil ein wenig kennenzulernen.

In einem nächsten Schritt treffen Sie sich mit dem Klienten, um die Ausgangssituation differenzierter anzuschauen. In der stationären Psychotherapie werden den Patienten oft umfangreiche schriftliche Fragebögen ausgehändigt, in denen sie bereits vor dem ersten Gespräch ihre Biografie, die Berufs- und Sozialanamnese und die detaillierte Krankengeschichte aufschreiben. Auf diese Weise haben die Therapeuten bereits ein Set an Rahmendaten und können dann viel schneller in eine tiefenpsychologische, frei narrative, szenische oder verhaltenstherapeutische Klärung eintreten. Generell ist es auch im Business-Coaching möglich, dass Sie dem Klienten einen Fragebogen aushändigen, in dem einzelne Daten, Einstellungen, Meinungen und anderes abgefragt werden.

Meist erfolgt die Klärung der Ausgangssituation jedoch nur mündlich. Der Coach kann sich selbstverständlich Notizen machen. Es ist ein Zeichen der Wertschätzung, wenn man wesentliche Aussagen eines Klienten notiert. Es geht in diesem Gespräch nicht darum, dass der Coach möglichst viele Informationen erhält. Durch kluge Fragen kommt der Klient bei der Darstellung seiner Ausgangssituation meist schon zu wesentlichen Erkenntnissen und zu mehr Bewusstheit!

 Merke: Nicht der Coach soll lernen und verstehen – sondern der Klient!

Beispielsweise können die folgenden Fragen behilflich sein:

> **Beispiel**
>
> **Fragen, die zur Klärung der Ausgangssituation beitragen:**
> »Wie äußert sich das Anliegen (Problem, Ziel oder anderes)? Wer nimmt es wahr? Wer möchte daran etwas ändern? Wer »hat« das Problem? Wer möchte, dass es verschwindet? Wer fände es gut, wenn es mehr würde? Wie konnte diese Situation überhaupt entstehen? Wer hat dazu was beigetragen? Was ist bisher (von wem) schon versucht worden, um etwas zu ändern? Wer hat dies unterstützt, wer nicht? Gab es solche Probleme (Anliegen, Situationen) früher schon? Wie sind Sie früher damit umgegangen? Was hatte sich früher daraus ergeben? Was sagen andere, wie zum Beispiel Kollegen, Vorgesetzte, Familie, zur jetzigen Situation (dem Anliegen, dem Problem)? Was genau muss jetzt getan werden, damit sich etwas ändert? Von wem muss es getan werden?«

Für eine erste Annäherung an die Ausgangssituation hat jeder Coach sein eigenes System. Bei den Klienten wirbelt oft vieles durcheinander. Für sie ist es daher eine große Bereicherung, wenn sie ein System kennenlernen, in dem sie ihre Gefühle und Gedanken strukturieren können. Dazu müssen viele zunächst immer wieder angehalten werden, da sie darin keine Übung haben. Andere Klienten nehmen sehr klar einzelne Bereiche wahr (beispielsweise nur die Zahlen, Daten, Fakten oder nur die eigenen Gefühle), andere hingegen nicht.

Manche Coaches fragen: »Woher soll ich wissen, welche Fragen relevant sind? Wie soll ich meine Fragen strukturieren? Gibt es da Hilfestellungen?« Vielleicht ist es hilfreich, zunächst nur wenige Fragen anhand von Kategorien zu stellen. Einige Kategorien können aus den folgenden Konzepten abgeleitet werden.

> **Konzepte, die bei der Klärung der Ausgangssituation hilfreich sein können**
>
> **Ideen aus der Themenzentrierten Interaktion (TZI)**
> *Ich:* Fragen zur Ausgangssituation, die sich direkt auf die Person des Klienten beziehen: seine Gefühle, sein Denken, sein Handeln …
> *Wir:* Fragen zur Ausgangssituation, die sich auf die Organisation, das Unternehmen, das Team, die Familie beziehen: Was fühlen die anderen, was denken die anderen, wie handeln die anderen …?
> *Thema:* Fragen zur Ausgangssituation, die sich auf Zahlen, Daten, Fakten, Vorgaben beziehen.
>
> **Ideen aus der positiven Psychologie**
> *Kopf:* Welche Gedanken (Meinungen, Glaubenssätze, Erkenntnisse, Interpretationen …) hat der Klient in Bezug auf die Ausgangssituation?
> *Bauch:* Welche Emotionen hat der Klient? Auch: Welche Körperwahrnehmungen hat der Klient?
> *Füße:* Wie handelt der Klient? Was genau macht er?
>
> **Journalistische Fragen**
> Wer? Was? Wie? Wann? Wo? Wozu? Womit? Wofür? Wogegen? …
> Die Frage nach dem »Warum« ist hier auch spannend. Sie produziert jedoch sehr häufig Rationalisierungen. Hierbei handelt es sich um rechtfertigende und stark verkürzte Scheinbegründungen. Dies führt in vielen Fällen auf einen falschen Weg. (Vergleiche S. 128)
>
> **Szenische und bildliche Darstellung**
> An einem Flipchart, durch eine kleine Figurenaufstellung oder auf einem Zeitstrahl werden die beteiligten Personen, konkrete Situationen, wichtige Gedanken, Gefühle oder Ähnliches dargestellt.

In einem späteren Kapitel zu speziellen Interventionsmethoden stellen wir Ihnen außerdem ein Set von lösungsorientierten Fragen und andere Herangehensweisen vor, die dem Coach einen »roten Faden« bei seiner Fragengestaltung geben können. Die genannten beispielhaften Konzepte sollen nur eine erste Orientierung für Anfänger im Coaching sein. Sie werden nicht nacheinander bearbeitet, sondern fließen ineinander über. Ich selbst nenne es das »Erkunden der inneren Landkarte« eines Klienten. Auch in dieser Phase interveniert der Coach durch seine Fragen. Es geht also nicht nur um das Abfragen von Daten. Jedes Heben der Augenbraue, jede Paraphrasierung, jede fragende Sprechpause des Coachs sind Einladungen zum Weitersprechen oder manchmal auch Wertungen des Coachs. Wo Gefühle verschwiegen werden, wird sanft nach Gefühlen gefragt. Im »Handbuch Coaching und Beratung« können Sie mehr über diesen wichtigen Prozess des aktiven Zuhörens nachlesen.

Sehr wertvoll ist es, bereits in dieser Phase der Zusammenarbeit wesentliche mentale Strategien zur Bewusstheit zu stärken und immer wieder durch Nachfragen in Erinnerung zu rufen.

> **Mentale Strategien zur Stärkung der Bewusstheit**
>
> **Übernahme von Verantwortung für das eigene Leben:** Viele Klienten fühlen sich als Opfer von Umständen, anderen Menschen, Systemen, Eltern, ihren Gefühlen und Gedanken, ihren inneren Bildern. Sie führen unangenehme Situationen, Begegnungen, Verpflichtungen, innere Zustände und vieles andere auf andere Personen zurück. Hier ist es wichtig, immer wieder die Idee zu stärken, dass die Klienten selbst die Verantwortung für ihre Gefühle, Gedanken, inneren Bilder, Handlungen, Umstände übernehmen müssen. Das ist bei den meisten Klienten – wenn es konkret wird – sehr, sehr unbeliebt, und als Coach erntet man keine freudige Zustimmung. Egal, wie sanft und stetig man darauf hinweist.
>
> **Rücknahme von Projektionen und Übertragungen:** Die meisten Klienten entdecken das, was tief in ihnen selbst unangenehm, abgelehnt, angsterzeugend ist, in anderen Menschen. Sie zeigen mit dem Finger auf andere und mögen sich nicht der Aufgabe stellen, diese Gefühle, Vorstellungen oder Gedanken in sich selbst wahrzunehmen, anzunehmen und zu bearbeiten. Viele Wertungen und Deutungen entstehen durch eine »Verwechslung« von Personen, Beziehungen, Situationen aus der Kindheit – und deren emotionaler und gedanklicher Bewertung – mit neuen Wahrnehmungen, denen die alten Bewertungen oder Reaktionsmuster angeheftet werden.
>
> **Schärfung von Wahrnehmung, Gefühlen und Denken:** Viele Wahrnehmungen sind selektiv oder ungenau; viele angebliche Wahrnehmungen oder Gedanken sind nur Interpretationen. Vieles, was Menschen angeblich wissen, sind in Wahrheit nur Meinungen oder gar Mutmaßungen. Viele »Gefühle« sind oft nur Gedanken *über* angebliche Gefühle. Innere Bilder, Gedankenketten, Emotionen, Körpergefühle geraten oft in einem bunten Konglomerat zusammen. Die meisten Menschen nehmen aus einem solchen Konglomerat nur einen Bruchteil bewusst war.
>
> **Relativierung von Selbstvorwürfen:** Viele Klienten tragen Glaubenssätze, innere Sätze und Bilder mit sich, in denen sie sich selbst anklagen, entwerten oder in regressive Zustände versetzen (sich unreif und unbeholfen wahrnehmen und entsprechend handeln). Sobald ein solcher Satz direkt oder indirekt auftaucht, sollte dieser entmachtet werden. (Hinweis: Die Technik hierzu erlernen Sie später, s. S. 126f.)
>
> **Relativierung von Vorwürfen an andere:** Hierbei handelt es sich meist um Projektionen und Übertragungen (s. in diesem Kasten »Rücknahme von Projektionen und Übertragungen«).
>
> **Auflösung von Loyalitäten:** Viele Klienten haben in ihrer Kindheit Aufgaben und Verpflichtungen, Leitbilder, Selbstlimitierungen oder Grenzen angenommen, die aus erwachsener Sichtweise nicht realistisch und haltbar erscheinen. Da diese Loyalitäten mehr oder weniger unbewusst sind, benötigen die Klienten Hilfestellung, um sich hieraus zu lösen.

Auf einige dieser Strategien werden wir noch zurückkommen, wenn wir einzelne Interventionsmethoden darstellen.

Konkrete Zielbildung

Wenn ein Unternehmen Business-Coaching anfordert, liegt ihm nicht daran, bestimmte Mitarbeiter zu reifen oder weisen Persönlichkeiten zu formen. Stattdessen geht es um konkrete Wünsche oder »kleinere konkrete Ziele« des Unternehmens oder des Klienten. Diese Wünsche oder Zielvorstellungen sind eng mit der Rolle des Mitarbeiters und den Zielen des Unternehmens verknüpft und nicht mit dem »ganzen Menschen«, der ein Mitarbeiter auch ist. Coaching in der Wirtschaft ist daher meist auf vier bis zwölf Stunden begrenzt.

Manche Klienten sind überfordert, wenn sie nach ihren konkreten Zielen für das Coaching gefragt werden. Sie schildern dann manchmal Situationen, Probleme, Schwierigkeiten, Emotionen. Wenn dies der Fall ist, kann der Coach zunächst klärende Fragen anbieten, mit deren Hilfe der Klient sein Ziel schrittweise erkunden kann.

Die folgenden Erkundungsfragen zur Zielbildung sollen lediglich eine Anregung sein. Selbstverständlich können Sie die einzelnen Fragekategorien weiter ausbauen oder auch andere Kategorien erfinden.

> **Beispiele**
>
> **Szenisches Konkretisieren:** »Wenn es um ein allgemeines Problem oder eine Missempfindung geht, können Sie mir dann eine einzelne Situation nennen, in der dieses Problem aufgetreten ist oder Sie es besonders stark empfinden? Beschreiben Sie diese Situation bitte möglichst genau.«
>
> **Systemische Fragen:** »Welche Personen spielen dabei die Hauptrollen und welche Personen (zunächst noch unklare) Nebenrollen oder Hintergrundrollen? Was denken die einzelnen Personen übereinander, wie fühlen sie sich, was wünschen sie, nehmen sie an, vermuten sie? Wie sehen die anderen Personen die Situation? Was würden die Nebendarsteller oder Hintergrundpersonen (auch Ehepartner) dazu sagen?«
>
> **Quantitative Fragen:** »Was genau stört Sie? Was sollte verschwinden oder weniger werden? Was sollte sich einstellen oder mehr werden? Wie häufig sollte es eintreten? Wo sollte es eintreten? Wie sollte es eintreten? Wie stark empfinden Sie das Problem auf einer Skala von 1 bis 10? Gab es einen Skalenausschlag nach unten (eine spezielle Situation, in der das Problem weniger stark wahrgenommen wurde) oder nach oben?«

Fragen zur Trennung von Wahrnehmung und Interpretation: »Was nehmen Sie in der Situation genau wahr? Stellen Sie sich vor, Sie sehen die Szene wie ein unbeteiligter Zuschauer durch eine Glaswand oder Sie hören Sie wie in einem Hörspiel im Radio? Wer macht dann was in welcher Reihenfolge?« Hier müssen Sie bei jeder Interpretation intervenieren und zu der tatsächlichen Beobachtung zurückführen.

Biografische Fragen: »In welchen früheren beruflichen oder privaten Situationen traten ähnliche Szenen, Probleme, Empfindungen auf? Gab es ähnliche Szenen, Probleme, Situationen, Personenkonstellationen, Wertungen oder Ähnliches in Ihrer Kindheit? Wie sind Sie früher damit umgegangen?«

Lösungsorientierte Fragen: »Wenn das Problem verschwunden wäre durch etwas, das Sie selbst getan haben (wir müssen noch nicht wissen, was das ist!), wie würden Sie sich dann fühlen? Wie würden Sie denken und handeln? Welche Person würde es als Erste bemerken? Woran genau?«

Blick in eine selbst veränderte Zukunft: »Wie genau verändern sich Ihr eigenes Leben und das Ihrer Familie, Ihrer Bekannten, Ihrer Kollegen, wenn Sie das Ziel erreicht haben? Stellen Sie sich diese Veränderungen in allen Einzelheiten bildlich, szenisch, akustisch, emotional … vor (Anmerkung: Dies wird angeleitet). Ist das eine attraktive und erstrebenswerte Zukunft für Sie?«

Ressourcenfragen: »Welche Ihrer Fähigkeiten können Sie einsetzen, um kleinere oder größere Veränderungen herbeizuführen? Welche Fähigkeiten, Kompetenzen, Netzwerke oder Ähnliches haben Sie in früheren vergleichbaren Situationen eingesetzt?«

Ein umfangreiches Set anderer oder ergänzender Fragen zu Zielen, Problemen, Ressourcen und anderem finden Sie in Kapitel 3 des »Handbuchs Coaching und Beratung«.

Das Coachinggespräch, das sich durch diese und ähnliche Fragen ergibt, sollte immer wieder die »Strategien zur mentalen Stärkung der Bewusstheit« einbeziehen (s. S. 81). Durch stetiges, behutsames Nachfragen und durch Hinweise wird dem Klienten immer wieder aufgezeigt, dass es darum gehen sollte, dass er zum Akteur seines Lebens wird: Er selbst muss etwas verändern! Es kann niemals Ziel des Coachings sein, darüber zu lamentieren, dass sich andere Menschen oder Umstände ändern sollten.

Nachdem das mögliche Ziel erkundet ist, wird es nochmals geschärft. Viele Coaches und Führungspersonen kennen für diesen Prozessschritt das SMART-Modell. Sie können als Coach jedoch auch ein anderes Zielschärfungsmodell so einsetzen, wie Sie es kennen.

> ## SMART – ein Modell zur Zielschärfung
>
> **S – Selbst erreichbar und spezifisch:** »Bitte formulieren Sie das Ziel der gemeinsamen Arbeit so, dass die gewünschte Veränderung sich allein auf Sie selbst und Ihr Verhalten (Ihre Wahrnehmung, Ihre Emotionen oder Ähnliches) bezieht. Sie selbst müssen die Veränderung bewirken können. Danach beschreiben Sie das Ziel oder den Zielzustand bitte so konkret wie möglich: bildlich, akustisch, emotional, szenisch …«
>
> **M – Messbar:** »Bitte suchen Sie nach konkreten und nachvollziehbaren Beweisen, Messgrößen, Verhaltensweisen, mit deren Hilfe wir am Ende der gemeinsamen Arbeit überprüfen können, ob das Ziel wirklich erreicht wurde.«
>
> **A – Anziehend und attraktiv:** »Das Ziel, das Sie sich setzen, muss für Sie gedanklich und emotional anziehend und attraktiv sein. Lassen Sie uns dies überprüfen. In Ihrer Mimik, in Ihren Gedanken, in Ihrer Körperhaltung, in inneren Bildern, … muss erkennbar sein, dass Sie dieses Ziel erreichen möchten.«
>
> **R – Realistisch und vernünftig:** »Das Ziel sollte durch Sie selbst erreichbar sein. Es sollte für Sie auch realistisch, vernünftig, weise, ethisch vertretbar und umsetzbar sein. Ist es das?«
>
> **T – zeitlich gegliedert (Time phased):** »Wann genau und wo genau werden Sie das Ziel erreicht haben? Nennen Sie einen konkreten Termin. Welche Zwischenstufen und Zwischenschritte sollten wir einplanen, damit aus dem »Berg« kleine Hügel werden?«

Es ist gut, wenn das Ziel der Coachingarbeit zu Beginn auf diese Weise klar umrissen wird. Doch das formulierte Ziel sollte nicht zu starr werden. Denn während der gemeinsamen Arbeit tun sich immer wieder Nebengleise, kleine Abgründe, verdeckte Sehnsüchte, neue Blickwinkel und Ideen auf. Außerdem führt eine zunehmende Bewusstheit zwangsläufig dazu, dass sich Ziele wandeln. Dann ist immer wieder eine kleine Korrektur erforderlich. Wenn der Coachingauftrag anfangs mit dem Unternehmen abgestimmt wurde, ist es wichtig, dass das Ziel des Coachings sich während des Prozesses nicht grundlegend ändert. Wenn dies doch der Fall sein sollte, ist es ratsam, dass sich Klient, Unternehmensverteter und Coach nochmals zusammensetzen.

Interventionsplanung und Interventionsphase

In der Zielschärfung werden Zwischenschritte oder Zwischenziele deutlich, die der Klient erreichen möchte oder muss, um zu dem definierten Coachingziel zu gelangen. Jedes Zwischenziel kann andere Vorgehensweisen verlangen. So liegt die Idee nahe, dass ein linearer Maßnahmenplan erstellt werden kann, in dem lediglich einzelne Tools oder Interventionen nacheinander durchgeführt werden müssten, um das vereinbarte Coachingziel zu erreichen. Das ist jedoch fast nie so! Coaching ist nicht nur Handwerk – es ist auch Kunst. Vonseiten des Coachs erfordert dies eine gewisse Flexibilität, Mut, Vielfältigkeit und die Fähigkeit zur Intuition und Improvisation.

> **Beispiel**
> **Hierzu das Beispiel eines Controllingspezialisten:** Der junge Controllingspezialist eines großen Mittelstandsunternehmens wird in den Besprechungen mit der Geschäftsleitung und den Eigentümern regelmäßig »heruntergeputzt«. Er bereitet seine Zahlen und die PowerPoint-Präsentation jedes Mal exzellent vor. Zunächst muss er meist nur bei den »hohen Herren« sitzen und zuhören, wie diese diskutieren und sich auch etwas streiten. Meist wird er dann zu den Streitpunkten befragt und soll dazu stichhaltige Zahlen präsentieren. Dabei hacken dann beide Seiten auf ihm herum und lassen kein gutes Haar an ihm. Er hat bereits Angst vor diesen Besprechungen und der Blick in seinen Terminkalender verursacht starkes Herzklopfen und Beklemmungen, wenn er darin den Besprechungstermin auftauchen sieht.
> Nachdem ein externer Coach mit den Klienten gesprochen hat, befragt der Personalentwickler des Unternehmens den Coach: »Mit welchen Interventionen werden Sie unserem Mitarbeiter zu helfen versuchen? Warum denken Sie, dass diese Interventionen hilfreich sein könnten?«

In einer Versuchsanordnung haben wir diesen »Fall« mehrmals mit unterschiedlichen Coaches durchgeführt und nach ihren Interventionsideen gefragt. Die Antworten waren so vielfältig wie die Methodenkenntnisse der Coaches selbst. Manche Coaches redeten um den heißen Brei herum und erklärten, sie müssten zunächst die Biografie und die genauen Umstände mit dem Klienten klären und könnten danach erst Ideen entwickeln. Die eher kognitiv orientierten Coaches schlugen vor, sie würden zunächst hinderliche Glaubenssätze und Katastrophenfantasien mit dem Klienten erarbeiten. Systemisch oder psychodramatisch ausgebildete Coaches schlugen vor, die Szene auf dem Papier, mit Metaplankarten oder Figuren aufzustellen und zu erkunden. Andere schlugen vor, man müsse mit dem Klienten Körperarbeit machen: Er müsse lernen, sich in den Besprechungen aufrecht und selbstbewusst zu bewegen, um sich nicht als Blitzableiter oder Sündenbock anzubieten. Auch imaginative Methoden wurden vorgeschlagen.

Wie Sie sehen, hängt die Planung der Intervention zu einem großen Teil davon ab, wie der Coach ausgebildet wurde. Die meisten Coaches nutzen ihr Methodenrepertoire sowohl zur Analyse der Situation als auch zur Intervention. Das ist völlig legitim, solange dies dem Klienten hilft. Sobald Coach und Klient jedoch mit der Lieblingsmethode des Coachs in eine Sackgasse geraten, sollte der Coach in der Lage sein, auch andere Wege zu gehen. Er sollte durchaus den Mut haben, dies von Anfang an zu tun, wenn seine Intuition oder seine Erfahrung ihm anraten, dass dies vermutlich notwendig sein wird.

Auch hierzu gibt es keine Patentrezepte. Wenn ein Klient durch Gespräche, kluges Nachfragen, kognitive Arbeit augenscheinlich nicht weiterkommt (die Gründe hierfür klammern wir zunächst aus), kann es sehr hilfreich sein, die gleichen Themen oder Fragen mit handlungsorientierten Methoden zu bearbeiten: in einer kleinen Aufstellung, durch Arbeit mit dem leeren Stuhl oder dergleichen. Genauso könnte eine hypno-systemische oder imaginative Arbeit sehr sinnvoll sein, wo Reden und Denken auf Widerstände oder andere Schwierigkeiten stoßen.

Wenn alles schon gut bedacht, diskutiert, beschlossen und geplant ist – aber sich trotzdem nichts tut oder der Körper plötzlich ganz ungeahnte Reaktionen zeigt, sollten szenische oder imaginative Methoden eingesetzt werden, da diese die üblichen Bahnen verlassen und körperlichen oder unbewussten Lösungsstrategien die Fesseln abnehmen.

Vielfältig ausgebildete Coaches lassen ihre Methoden ineinanderfließen. Bei ihnen gibt es keine klare Trennung von kognitiver Arbeit in einer Stunde, Aktionsmethoden in der nächsten Stunde oder imaginativer Arbeit in der übernächsten Stunde. Aus dem Fluss des Gesprächs oder der gemeinsamen Interaktion – die auf das Ziel ausgerichtet sind – ergibt sich eine Mischung aus Reden, Nachdenken, Imaginieren, Probehandeln, Rollentausch, Denken, Reden, Aufschreiben und anderem mehr. Hier findet der Methodenwandel innerhalb einer einzigen Arbeitssitzung mehrfach statt. Bei Anfängern mag das hölzern und holprig geschehen, bei Könnern geschieht dies ganz beiläufig, und der Prozess wirkt runder. Dieses Spiel mit verschiedenen Ansätzen ist gut gelungen, wenn einem Klienten die verschiedenen Wechsel gar nicht mehr auffallen. Auf diese Weise geschieht außerdem ein wichtiger Wandel: Zuvor war es dem Coach (oft unbewusst) wichtig, die Arbeit so zu gestalten, dass er sich innerhalb seiner methodischen Komfortzone bewegen kann. Dabei liegt zu viel Augenmerk auf den Interessen des Coachs. Sobald die Arbeit jedoch mehr darauf fokussiert ist, welche Interventionen, Methoden, Vorgehensweisen der Klient braucht, verschiebt sich der Fokus mehr auf diese Hauptperson.

Das finden viele Coachinganfänger enttäuschend, viele Beratungsprofis auch. Denn zu Beginn hat niemand die Sicherheit, mehrere Methoden oder Verfahren locker oder gar spielerisch einzusetzen. Dazu gehören ein langer Ausbildungsweg und viel Übung. Die meisten Fortbildungen zum Coach bieten mittlerweile einen Mix aus Verfahren und Methoden an. Das wird beispielsweise durch den Zusatz »integrativ«, »integral« oder »methodenübergreifend« signalisiert. Dieser Ansatz ist wichtig. Die Ausbildungskandidaten werden auf diese Weise natürlich nicht innerhalb eines einzelnen Verfahrens sicher werden können. Das geht in circa 150 bis 200 Stunden Fortbildung nicht! Doch sie haben zumindest die Grundlagen verschiedener Arbeitsweisen kennengelernt. Das verschafft Überblick und eine Vorstellung davon, wie »integrative Coachingarbeit« später aussehen könnte. Sie können zunächst ihr Lieblingsverfahren wählen und sich in diesem und in den anderen Verfahren weiterbilden.

Im nächsten Kapitel werden Sie verschiedene Interventionsverfahren kennenlernen. Hierbei gibt es Ansätze, die für viele Leser zunächst ungewohnt sind, wie die handlungsorientierten Aktionsmethoden (Psychodrama, Aufstellung, szenisches Arbeiten) oder imaginativen Methoden (aus der Hypnotherapie). Es ist wichtig, auch diese sehr wirkungsvollen Verfahren zu kennen und hin und wieder einsetzen zu können! Doch der größte Teil des Business-Coachings besteht weiterhin aus guten, hilfreichen und herausfordernden Gesprächen! Wenn Ihnen, liebe Leserin, lieber Leser, die imaginativen oder handlungsorientierten Interventionen im Businesskontext zu befremdlich erscheinen, überspringen Sie diese Kapitel bitte zunächst. Denn mit den Interventionen aus der lösungsorientierten Beratung und der Arbeit mit Kognitionen haben Sie bereits einen soliden Grundstock, um über 90 Prozent der Coachingarbeit bewerkstelligen zu können.

Doch auch das »einfache Reden« hat seine Tücken, denn viele Anfänger im Coaching und auch viele Klienten sind der Überzeugung, dass sie bereits gut reden können, dass sie eine gute Kommunikationsausbildung haben und gut nachdenken können. Beim professionellen Gespräch liegt die Schwierigkeit zunächst darin, dass jedermann es mit dem alltäglichen Gespräch oder den »üblichen Gesprächstechniken aus den bekannten Trainings« verwechselt und sich hier – in seinem eigenen Rahmen – für kompetent hält.

Nun kommen wir zu der Frage, wie man den gesamten Coachingprozess aufteilen und strukturieren soll. Trotz all meiner bisher erwähnten Einwände und Bedenken gegen eine allzu starre oder »klare Interventionsplanung« schlage ich Ihnen vor, dass Sie als Coach für jeden Klienten zunächst eine individuelle Interventionsplanung erstellen. Bitte bleiben Sie aber offen für Veränderungen, Überraschungen, Spontaneität und zögern Sie bitte nicht, Ihren eigenen Plan radikal zu verändern, wenn Sie merken, dass er Sie und den Klienten in eine falsche Richtung führt. Die folgende Übersicht soll Ihnen dabei helfen, einen Plan zu erstellen.

Interventionsplanung

- Welche Zwischenziele müssen erreicht werden?
- Welche Methoden oder gar Tools können hierfür hilfreich sein?
- Wie könnten die Teilerfolge messbar gemacht werden?
- Welche Übungs- und Beobachtungshinweise (»Hausaufgaben«) könnten Sie dem Klienten in den einzelnen Arbeitsphasen mit auf den Weg geben?
- Erstellen Sie hierzu eine zeitliche Gliederung.
- Notieren Sie hilfreiche Buch- oder Querverweise.
- Stellen Sie sich vor, wie der Klient möglicherweise auf einzelne Interventionsschritte reagieren wird.
- Fragen Sie sich außerdem, warum Sie das annehmen.
- Überprüfen Sie, wer mehr Gewinn von den Interventionen hat: der Klient oder Sie?

Wenn Sie all das geplant und durchdacht haben, bleiben Sie dennoch flexibel und stellen Sie sich darauf ein, dass »das wahre Leben« all diese Planungen immer wieder über den Haufen wirft oder verändert. Wenn trotzdem alles genauso läuft, wie Sie es als Coach geplant haben, dann sind Sie entweder ein Genie oder Sie sind ein bisschen zwanghaft und führen Ihre Klienten an sehr kurzen Zügeln.

Viele Klienten schätzen es, wenn sie in die Interventionsplanung mit eingebunden werden. Sie sollten dabei nicht bestimmen, welches Verfahren oder welches Tool für welchen Zwischenschritt erforderlich ist. Dies würde die Klienten überfordern. Doch sie können meist selbst angeben, welche Themenbereiche einer Vertiefung bedürfen. Wenn Sie kreative Arbeit mögen und sich zutrauen, erstellen Sie mit Ihren Klienten einen Arbeits- oder Lösungsweg, in dem die Interventionsplanung enthalten ist.

In der folgenden Übersicht finden Sie Beispiele, wie Sie den Klienten auf kreative Weise in die Interventionsplanung mit einbeziehen können.

Lösungsweg aufstellen oder zeichnen

Aufstellung mit Figuren, Zeichnungen, Moderationskarten: Stellen Sie dem Klienten Bauklötze, Figuren, Metaplankarten oder anderes zur Verfügung. Startpunkt eines Weges ist die jetzige Situation, Zielpunkt ist das vereinbarte Coachingziel. Diese beiden Punkte einer Wanderschaft oder Reise sind durch einen gewundenen und verschlungenen Pfad verbunden. Die Kurven, Seitenwege, Abzweigungen und Flächen neben dem Pfad bekommen nun fantasievolle Namen, die der Klient selbst erarbeitet.

Beispiele: Tal der Wolken, Kurve des Schreckens, Wald der großen Männer, Dorf der Familienerinnerungen, Kirche der Kindheit, Brücke der Wagnis, Wiese der Liebe, See der Kräfte, Tunnel der Besorgnis, das Haus meiner Spiegelbilder …

Die einzelnen Stationen des Weges werden durch Figuren, Bausteine oder bemalte und beschriftete Metaplankarten symbolisiert. Viele Stationen und Orte sind Kraft- oder Ressourcenorte, andere sind Hindernisse, Probleme oder Herausforderungen, die auf dem Weg zur Lösung zu meistern sind. Dabei ist jede dieser Bezeichnungen eine metaphorische Umschreibung und Übertragung von einzelnen Erzählsträngen oder Informationen, die der Klient im Zielklärungsgespräch erwähnt hat. Der Coach hilft bei der Konstruktion, indem er in Erinnerung ruft, welche wörtlichen Aussagen oder Themen und Beziehungen der Klient in den Vorgesprächen genannt hat. (Ein Coach braucht ein sehr gutes Gedächtnis und muss sich kluge, oft wörtliche Kurzaufzeichnungen anfertigen!). Einzelne Stellen dieses Weges markieren wichtige Herausforderungen für Zwischenziele, andere weisen auf Themen hin, die während der gemeinsamen Arbeit behandelt werden müssen.

Aufstellung mit Moderationskarten: Zu diesem Lösungsweg können Sie sich auch zahlreiche Varianten ausdenken. Es ist möglich, nur Metaplankarten mit Schrift zu verwenden und diese auf dem Fußboden des Raumes zu verteilen. Dies macht der Klient, nicht der Coach. Dann kann der Klient diese Metaplankarten Schritt für Schritt in Begleitung entlanggehen und wird vom Coach interviewt, welche Körpergefühle, Emotionen, Gedanken, Werte, Hoffnungen, Personen und anderes am jeweiligen Ort wahrgenommen werden und welche Herausforderungen, Probleme, Kräfte oder anderes sich hieraus ergeben.

Flipchartzeichnung: Diese Wegplanung können Sie auch am Flipchart erarbeiten. Dann werden Weg, Orte, Personen(gruppen) und anderes lediglich gezeichnet.

Bitte merken Sie sich: Diese und jede Art der Interventionsplanung ist bereits Intervention.

Wenn Sie die Möglichkeit haben, vergleichen Sie bitte: »Handbuch Coaching und Beratung«, S. 57 ff.: »Prozessschritte des Coachings« sowie die Tabelle: »Dynamischer Lern- und Problemlösungsprozess« (S. 59 f.).

Praxistransfer und Rückkopplung

Nach meiner Erfahrung ist es sehr wichtig, dass Zwischenschritte und -ziele so formuliert und gestaltet werden, dass sie in der realen Welt des Klienten erprobt und getestet werden können. Die »reale Welt des Klienten« ist nicht der Ort und die Zeit des Coachings, sondern die vielen Stunden dazwischen: Bei der Arbeit, im Auto, in der Bahn, zu Hause. In dieser Welt müssen die Zwischenergebnisse erprobt werden.

Dabei ist zu bedenken, dass andere Menschen keine Objekte, Erfüllungsgehilfen oder »Versuchskaninchen« sind. So gibt es beispielsweise Coaches, die ihre Klienten in Fußgängerzonen oder an andere öffentliche Orte schicken, wo sie Passanten schockieren sollen. Durch diese Übungen, so die Annahme, würden die Klienten dann selbstbewusster werden. Dieses Übungssetting schließt die Idee ein, dass andere Menschen Objekte sind, die für das persönliche Vorankommen oder die Selbstwertsteigerung nach Belieben genutzt werden dürfen. Diese ethisch fragwürdige Sichtweise möchte ich nicht fördern.

Stattdessen sollten die Klienten offen und mutig mit den Menschen interagieren, mit denen sie auch sonst interagieren. Es sollte dabei nie das Ziel sein, andere Menschen zu schockieren, kleinzumachen, schlecht dastehen zu lassen, ihnen »eins auszuwischen« oder es ihnen »endlich einmal zu zeigen«. Stattdessen sollte bei jeder Übung zum Praxistransfer darauf geachtet werden, dass der Klient sich entfalten, mutiger sein, weiterdenken und -handeln kann. Es geht um ihn! Sicher wird dies in bestehenden Systemen zu Verwirrung führen oder auch einzelne Interaktionspartner betroffen machen. Doch das sollte nicht das Ziel sein.

> **Beispiel**
>
> **Beispiel für einen Praxistransfer oder eine Praxisübung:** Lassen Sie uns auf das Beispiel des Controllingspezialisten (s. S. 85) zurückkommen. Eine Teilformulierung seines Coachingzieles war unter anderem: »In drei Monaten werde ich mich nicht mehr als Zielscheibe oder Blitzableiter für die Konflikte meiner Chefs anbieten. Ungerechtfertigte Angriffe oder Vorhaltungen werde ich geschickt und mutig zurückweisen.«
>
> Dieses Ziel müsste sicher noch eindeutiger formuliert werden (SMART), gibt aber schon die Richtung an. Eine Zwischenintervention, die mit ihm im Coaching geübt wurde, war eine Veränderung der Körperpräsenz: Der Klient übte einen anderen Gang, ein anderes Timing, eine andere Körperhaltung und Sprechweise während der Präsentation. Er hat außerdem gelernt zu verstehen,

welche automatischen Gedanken und welche Emotionen in ihm auftreten, wenn »die ganze Sache losgeht«. Mit diesem geänderten Wissen und Können sowie der veränderten inneren und körperlichen Einstellung wollte er in die nächste Besprechung gehen und dort »live« beobachten und erproben, wie sich seine Wahrnehmung und das Verhalten seiner Interaktionspartner hierdurch verändern.

Nach der Besprechung schrieb er auf, welche Veränderungen er wahrgenommen hat. Auf einer Skala von 1 bis 10 (1 = Ursprungszustand, 10 = geplantes Ziel) schätzte er ein, inwieweit die wahrgenommenen Veränderungen bereits den ausgemalten oder erhofften Veränderungen zum Zwischenziel entsprachen. Ihm fielen auch ungewohnte und unerwartete Verhaltensweisen auf beiden Seiten auf. Durch die Intervention wurde er vom Opfer zum Akteur seines Lebens beziehungsweise dieser spezifischen Szene. Im späteren Coaching wurde dieser Praxistransfer ausgewertet. Es wurde geplant, was noch verändert oder bedacht werden muss.

Der Transfer der Coachingarbeit in den Alltag des Klienten

Ideen, Einsichten und Ergebnisse des Coachings müssen in den Alltag des Klienten integriert werden. Das gelingt meist recht einfach mit folgenden Instrumenten:

Kleine Praxisübungen als »Hausaufgaben«

Jede Coachingsitzung sollte mit der Einladung zu einem kleinen Praxistransfer enden. Nicht nur jedes Zwischenziel oder das vereinbarte Gesamtziel erfordern Praxistransfer, Überprüfung und Rückkopplungsschleifen. In der internen Fachsprache der Coaches werden die kleinen Praxis- oder Beobachtungsübungen oft »Hausaufgaben« genannt. Viele Klienten verbinden mit diesem Wort unangenehme Erinnerungen. Daher finden Sie bitte mit Ihrem Klienten ein Wort, dass für ihn positiver besetzt ist.

Im Kapitel zu den lösungsorientierten Interventionen werden Sie mehr zu den »Hausaufgaben« erfahren (s. S. 119).

Die vielen kleinen Veränderungen

Jede gute Coachingsitzung macht den Klienten nachdenklich, weckt innere Bilder, Körpererinnerungen, schließt neue Fragen auf. Mit diesem Gepäck verlässt der Klient seinen Coach nach jeder Sitzung. Das »Gepäck« führt zu Veränderungen im Alltagsleben des Klienten. Nicht nur die offiziellen Hausaufgaben müssen daher in der folgenden Sitzung ausgewertet und besprochen werden, sondern auch die vielen kleinen oder großen Veränderungen, die sich »beiläufig« einstellten: Verhält sich der Klient anders? Was ging ihm zwischenzeitlich alles durch den Kopf? Haben sich andere Menschen ihm gegenüber anders verhalten? Wie haben der Partner oder die Partnerin reagiert? Welche Beziehungen haben sich auf welche Weise verändert? Hierbei geht es nicht nur um grundlegende, sondern unbedingt auch um »kleine Veränderungen«.

Kleine Rückkopplungsschleifen

In jeder Coachingsitzung muss überprüft werden, ob sich Coach und Klient noch gemeinsam auf dem Weg zum Ziel befinden. Oft lädt der Coach dazu ein, *seinen* Weg zu *seiner* Vorstellung vom Ziel des Klienten zu gehen. Oder der Coach lädt dazu ein, den Weg mit anderer Tiefe oder emotionaler Intensität zu gehen als sich der Klient dies wünscht.

Das kann in bestimmten Situationen wichtig und hilfreich sein. In anderen Situationen oder zu einem falschen Zeitpunkt kann dies dazu führen, dass der Klient sich unverstanden, über- oder unterfordert fühlt. Daher ist es wichtig, dass der Coach sich – insbesondere bei »ungewöhnlichen Verfahren« wie Hypno-Coaching oder Aktionsmethoden – immer wieder beim Klienten vergewissert, ob beide noch die richtige Spur verfolgen, ob der Klient noch dabei, ob die Art der Arbeit im Moment »so okay« ist. Ich frage oft: »Sind wir noch auf dem richtigen Weg? oder: Ist das noch Ihr Weg? oder: Geht das so?« Die genaue Formulierung ist nicht entscheidend. Sie hängt auch davon ab, worüber und wie Klient und Coach vorher gesprochen haben und wie deren Interaktion aussieht. Blicke und Mimik können das Gleiche fragen.

Evaluation und Qualitätssicherung

Das Coaching bewerten

War das Coaching »gut«? Hatte es positive Effekte? Hat es gehalten, was versprochen wurde? Diese und ähnliche Fragen soll die Evaluation auf möglichst objektive Weise klären. Das kann durch gezielte Gespräche, Fragen oder Fragebögen geschehen.

Evaluation im Gespräch

In der vorletzten oder letzten Coachingsitzung sollte ein ausführliches Gespräch eingeplant werden, in dem Klient und Coach besprechen und konkretisieren, auf welche Weise und in welchem Ausmaß die vereinbarten Zwischenziele und das Gesamtziel tatsächlich erreicht wurden. Dabei ist es hilfreich, den »Grad der Zielerreichung« zu skalieren, beispielsweise auf einer gedanklichen Skala von 1 bis 10.

Wenn das Coaching von mehreren Parteien vereinbart wurde, nämlich Klient, Unternehmensvertreter, Coach, sollte zum Ende ebenfalls ein Gespräch mit allen drei Partnern stattfinden, um zu besprechen, im welchem Ausmaß das vereinbarte Ziel erreicht wurde. Oft ergeben sich aus diesem Gespräch auch Ansätze zu weiteren Entwicklungsschritten, Schulungsmaßnahmen oder dergleichen.

Evaluation mit Fragebögen

Viele Unternehmen und Coaches bitten die Klienten nach dem Coaching, einen Fragebogen auszufüllen. Hierin können unter anderem Fragekategorien enthalten sein, die Rückmeldung zu folgenden Themen geben sollen:

- Daten zu Personen, Zeiten, Gesamtdauer, Ort
- Art des Anliegens; Grad der Zielerreichung
- Kompetenzprofil des Coachs; Vorgehen des Coachs (Transparenz, Ethik, Rapport, Humor, Tiefe, Verfahren, Methoden, Tools, …)
- Verbesserung von Fähigkeiten des Klienten

Mehrere Fragen sollten so gestellt werden, dass der Klient einen freien Text formulieren kann. Zu anderen Themen werden Aussagen vorgestellt, die er auf einer Skala von 1 bis 10 bewertet, indem er angibt, inwieweit der Inhalt der Aussage zutrifft (1 =

nicht zutreffend, 10 = vollkommen zutreffend). Hier Beispiele für mögliche Fragen oder Aussagen, die auf einer Skala von 1 bis 10 zu bewerten sind:

Mögliche Fragen zur Evaluation des Coachings

Bitte bewerten Sie folgende Fragen zunächst auf einer Skala von 1 bis 10. (1 = nicht zutreffend; 10 = vollkommen zutreffend).

Beschreiben Sie dann in einem nächsten Schritt, wie Sie zu dieser Einschätzung oder Bewertung gelangt sind. Bitte beziehen Sie sich dabei möglichst auf konkrete Situationen oder Dialoge innerhalb des Coachings.

nicht zutreffend — vollkommen zutreffend

- Ich konnte dem Coach vertrauen.
- Mit der Hilfe des Coachs konnte ich das Ziel formulieren.
- Das formulierte Ziel habe ich erreicht.
- Ich habe Klarheit über meine Ziele gewonnen.
- Meine Ressourcen und Hindernisse sind mir klarer geworden.
- Die erforderlichen Veränderungsschritte sind mir jetzt deutlich.
- Ich kann besser zwischen meinen Glaubenssätzen und Delegationen unterscheiden.
- Ich kann jetzt besser Kontakt zu anderen Personen aufnehmen.
- Ich traue mich jetzt besser, andere zu kritisieren.
- Ich bin weniger gespannt und nervös.
- Ich sehe zuversichtlicher in die Zukunft.
- Ich kann meine Gedanken besser ordnen.
- Ich habe mich von dem Coach verstanden gefühlt.
- Ich wurde angehalten, auch meine Probleme und Ziele verständlich darzulegen.
- Der Coach hat gemerkt, was in mir vorging.
- Gefühle und Gedanken über wichtige Personen in meinem Leben wurden besprochen.
- Der Coach konfrontierte mich mit meinen Widersprüchen.
- Reden und Verhalten des Coachs stimmten überein.
- Zu Beginn der gemeinsamen Arbeit wurden die Regeln und Bedingungen der Arbeit geklärt.
- Der Coach war immer ganz bei der Sache.
- Wichtige Zwischenschritte haben wir nicht nur besprochen, sondern auch geübt und durch Handlungen erarbeitet.
- Ich bin angehalten worden, »realistische Hausaufgaben« und Live-Übungen zu absolvieren, die die Arbeit aus dem Coaching in die reale Situation transferieren sollten. Dies war für mich hilfreich.
- Die Arbeit war vielfältig. Neben Reden und Denken haben wir auch mit anderen Verfahren oder Methoden gearbeitet.

- Der Coach hat mir geholfen, mich mit meinen Gefühlen zu beschäftigen.
- Der Coach hat mit mir neue Verhaltensweisen und Denkmuster entworfen.
- Verhaltensweisen und Denkmuster wurden auf ihre Auswirkung hin geprüft.
- Ich fühlte mich bei meiner Entscheidungsfindung gestützt.
- Der Coach schien mich zu mögen und hat mich gestützt.
- Ich fühle mich jetzt körperlich und seelisch entspannter und wacher.
- Ich habe jetzt mehr Vertrauen zu mir.
- Der Coach ging nachvollziehbar und strukturiert vor.
- Ich habe den Coach als kompetent wahrgenommen.
- Die gemeinsame Arbeit war relevant für mein Anliegen.
- Das Tempo des Coachs war genau richtig.
- Der Coach war zu langsam.
- Der Coach war zu schnell

Selbstverständlich werden nicht alle diese Fragen gestellt. Jedes Unternehmen und jeder Coach formuliert eigene Fragen, die ihm für die Evaluation wichtig erscheinen.

Bitte bedenken Sie, dass es sich bei solchen Fragebögen nicht um wissenschaftliche Instrumente handelt. Die Antworten hängen von vielen Faktoren ab, die vonseiten des Unternehmens und des Coachs sehr kritisch bedacht werden müssen.

Kontinuierliche Qualitätsverbesserung des Coachs

Wesentliche Instrumente der Qualitätsverbesserung eines Coachs sind der ehrliche Austausch mit Kollegen sowie eine kontinuierliche Fort- und Weiterbildung.

Qualitätssicherung in einem Intervisionskreis oder in einer Supervision

Jeder Coach sollte Mitglied in einem Intervisionskreis sein und hier von seinen »Heldentaten«, dem »Alltagsgeschäft« und seinem »Versagen« in strukturierter Weise berichten können. Durch die kritischen Nachfragen und die Rückmeldungen seiner Kolleginnen und Kollegen sollte er die Möglichkeit haben, sich kontinuierlich zu hinterfragen und eigene Muster, Möglichkeiten, Beschränkungen immer wieder neu kennenzulernen. Wichtig ist, dass hierbei konkrete »Fälle« in ihrem gesamten systemischen Kontext besprochen oder auch szenisch erarbeitet werden. Die meisten Coachingausbildungen zeigen den zukünftigen Coaches bereits (oder sollten dies unbedingt tun!), wie sie Intervisionsgruppen durchführen und anleiten können.

Jeder Coach sollte darüber hinaus auch die Chance einer Einzelsupervision nutzen, indem er sowohl schwierige, normale und auch besonders gelungene Coachingprozesse mit einem neutralen Supervisor bespricht. Auf diese Weise kann ihm deutlich werden, mit welchen unbewussten Grundannahmen, Mustern, Fähigkeiten und Einschränkungen er wiederholt arbeitet.

Kontinuierliche Weiterbildung

Jeder Coach sollte regelmäßig als Lernender Fortbildungen absolvieren. Einige Coachingverbände empfehlen ein Fortbildungspensum von wenigstens 30 bis 50 Stunden pro Jahr.

> **Qualitätsdimensionen im Coaching: Drei Säulen**
>
> **Strukturqualität:** Die Kompetenz des Coachs, Setting, Rahmen, Ort, Büro- oder Praxisräume, Internetseite des Coachs, ethische Fundierung und anderes.
>
> **Prozessqualität:** Alle Schritte und Teilschritte des Coachings wie Kontrakt, Ablauf, eingesetzte Verfahren, Methoden, Tools, die Interaktion der beteiligten Partner, die Vorgehensweise des Coachs und anderes.
>
> **Ergebnisqualität:** Ausmaß der Zielerreichung, des erweiterten Handlungsspielraums, der eingesparten Kosten, der neuen Möglichkeiten, der Zufriedenheit, des generierten Erfolgs für den Klienten oder anderes.

Das Modell stammt ursprünglich aus der Pflegewissenschaft und wurde durch Tatjana Heß und Wolfgang L. Roth auf das Coaching übertragen.

> **Literaturtipp**
>
> *Tatjana Heß und Wolfgang L. Roth:* Professionelles Coaching. Eine Expertenbefragung zur Qualitätseinschätzung und -entwicklung. Heidelberg: Asanger. 2001.
> Dieses Buch ist als wissenschaftliche Arbeit verfasst. Doch auch viele populäre Coachingbücher beziehen sich auf die Aussagen und Konzepte der Autoren.

In den Fragebögen zur Coachingevaluation tauchen in der Regel Fragen zu allen drei Qualitätsdimensionen auf. Coaching ist erst »rund«, wenn alle drei Säulen stabil sind. Vertiefende Erklärungen und Hinweise zum Modell der Qualitätsdimensionen finden Sie im Coachinglexikon von Christopher Rauen unter dem Stichwort »Qualitätskriterien«: www.coaching-lexikon.de.

Anhand der Stichworte, die dort aufgeführt werden, können Sie weitere maßgeschneiderte Fragen generieren, die Sie in Ihren Fragebogen zur Qualitätssicherung aufnehmen möchten.

Kapitel 3
Interventionsverfahren und Methoden

Kritische Reflexion von Verfahren und Methoden

In einer Coachingausbildung wurde scherzhaft von Peter-Christian Patzelt die Idee formuliert, eine neue Coachingmethode als »Coaching-Placebo plus – mit 30 Prozent mehr unwirksamen Wirkstoffen« zu bezeichnen. Was hier als Scherz gemeint war, wirft eine wichtige Frage auf: Was wirkt eigentlich im Coaching? Ist vieles oder gar alles nur Placebo? Die gleiche Frage stellt sich ebenso in der Psychotherapie oder anderen etablierten Interaktionsformen.

Anfangs hatte ich darauf hingewiesen, dass die Interaktion, Begegnung oder »Beziehung« ein wesentlicher Wirkfaktor ist. Etwas genauer – und doch genauso erklärungsbedürftig – ist der Begriff des »intersubjektiven Feldes«. Hiermit ist die sehr komplexe und einzigartige Mikro- und Makrointeraktion zwischen einem bestimmten Klienten und einem bestimmten Coach gemeint. Es entsteht ein Spiel bewusster und unbewusster Prozesse, die miteinander in Bezug stehen. Wir kennen einige Mechanismen, die unsere Lernchancen in der Begegnung verringern, wenn wir sie nicht erkennen und integrierend nutzen:

- *Projektion:* Innere Anteile, Schatten, abgelehnte Bilder, Ängste, Gedanken und vieles andere werden im anderen erkannt; jedoch nicht im eigenen Inneren. Die andere Person oder die gemeinsamen Themen und Interaktionen dienen als Spiegel für unsere Schatten.
- *Übertragung:* Wir »verwechseln« die andere Person oder Geschehnisse aus dem intersubjektiven Feld mit früheren Erfahrungen, Ängsten, Vorlieben, Abneigungen, Personen. Wir aktivieren in uns einen »alten Film«, statt das Einzigartige und Neue wirklich wahrzunehmen.
- *Kollusion:* Unbemerkt vom kritischen Beobachter unseres Ichs suchen wir nach gemeinsamen Wegen, die uns davon abhalten, uns unseren Ängsten und Schatten zu stellen. So einigen sich Klient und Coach auf Themen und Handlungen, die im gegenseitigen, unbewussten Einvernehmen als »nicht zu heiß« erscheinen. Der Fachbegriff für diese unbewusste gemeinsame Abwehr unliebsamer Themen in Form einer »Teamarbeit« ist »Kollusion«.

Übung: Tiefenpsychologische Abwehrmuster des Coachs

Nicht nur der Klient hat seine tiefenpsychologischen »Abwehrstrategien« oder seinen unbewussten »Widerstand«. Auch der Coach folgt unbewussten Mustern, die dazu führen, dass er bestimmte Seiten in der Begegnung mit dem Klienten überbetont und andere wiederum ausblendet. Daher ist es wichtig, dass der Coach sich immer wieder in der Reflexion mit einem kritischen Beobachter oder einer Supervisionsperson diesen unbewussten Mustern stellt.
Bitte erarbeiten Sie zusammen mit einem »neutralen Prozessbeobachter« zu jeder Coachingbegegnung – beispielsweise in einer Fortbildung zum Coach – Ihre Projektionen, Übertragungen (oder Gegenübertragungen) und Elemente der Kollusion.

Neben den bekannten Abwehrstrategien Projektion, Übertragung und Kollusion gibt es weitere unbewusste Prozesse, die dazu führen, dass ein Coach seine Arbeit auf »seine Weise« gestaltet, Vorlieben für bestimmte Verfahren entwickelt und seine Klienten für bestimmte Sichtweisen »gewinnen« möchte. Es ist wichtig, dass ein Coach während seiner Ausbildung einige dieser unbewussten Prinzipien kennenlernt, um seine spätere Tätigkeit verantwortungsvoll reflektieren zu können.

Wir gestalten unsere Begegnung größtenteils unbewusst: Eine Mischung der oben genannten Phänomene trägt dazu bei, dass Klient oder Coach eine besondere Art von Interaktion und Rollenverteilung inszenieren. Innerhalb der entstehenden Szene sind einige Lernmöglichkeiten gegeben – andere werden jedoch ausgeschlossen. Der Coach sollte seine »Lieblingsinszenierungen« kennen und mithilfe eines Supervisors nach und nach sein Repertoire und seine Spontaneität erweitern. Er sollte auch die Inszenierungsangebote des Klienten erkennen können, um diese später für dessen Wachstum nutzbar machen zu können.

Übung: Wozu laden Sie als Coach ein?

Wenn wir Wortprotokolle oder gar Videoaufzeichnungen von Coachingsitzungen auswerten, können wir erkennen, dass manche Coaches immer wieder dazu einladen »nachzudenken«, andere regen eher dazu an »nachzufühlen«, andere fordern zur »Vorsicht« auf, wieder andere zum »Angriff«. Manche Coaches machen klare Vorgaben, andere geben ausschließlich Anregungen. Einige fordern indirekt zum »Durchhalten« auf, andere eher zum »Trennen« von Beziehungen. – Jeder Coach sollte erkennen, wozu er immer wieder einlädt. Diese Einladungen beginnen bereits mit den Werbetexten auf der Homepage, mit den Fragen im telefonischen Erstkontakt, mit der Klärung der Ausgangssituation, mit der Gestaltung des Beratungsraums und vielem anderen mehr.
Zu welchen Inszenierungen, Blickwinkeln, Möglichkeiten, Vorlieben, Meinungen, Beschränkungen und so weiter laden Sie als Coach Ihre Klienten immer wieder ein?

Leider nützt es wenig, solche Phänomene theoretisch verstanden zu haben. Sie sind wie wunderschöne und manchmal auch störende Kletterpflanzen, die immer und überall ranken – ob wir sie nun gießen oder nicht. Daher tauchen sie auch bei gut ausgebildeten Beratern und Therapeuten immer wieder auf. Wir müssen uns diesen Phänomenen im Einzelfall stellen. Kluge Kollegen aus einer Intervisionsgruppe können uns dabei helfen.

Das wirkungsvollste Verfahren: Die Frage, welche Interventionsform am besten wirkt, finde ich müßig. Es gibt Therapeuten und Berater, die meinen, dass nur Reden und Denken der Königsweg sei, denn nur hierdurch könne das Ich wirklich gestärkt werden. Andere behaupten, dass körperorientierte oder imaginative Verfahren der Königsweg seien, da sie eher auf den ganzen Menschen eingehen und nicht nur das Oberflächenphänomen rationaler Konstruktionen bearbeiten. Ich halte nichts von einer »reinen Lehre« oder dem Anhaften an einer einzigen Methode mit ihrem Theoriegebäude, Menschenbild und all ihren Vorannahmen und Handlungsanweisungen. Vielmehr glaube ich, dass alle diese Ansätze wertvoll sind und flexibel genutzt werden können. Möglicherweise liegt der beste Weg darin, Gedanken, Vorstellungen und Handlungsweisen der verschiedenen Verfahren zu integrieren. Doch dies ist auch nur eine Meinung.

Übung: Auf welche Methoden steht der Coach?

Welche Verfahren finden Sie spannend oder faszinierend? Welche eher langweilig oder gar suspekt? Gibt es Personen oder Kollegen, deren Verfahren, Methoden, Stil Sie bewundernswert finden? Gibt es andere, deren Eigenarten oder Vorgehensweise Sie irritierend (oder gar unsinnig, nervig, blöd, gefährlich) finden? Kennen Sie die genannten Verfahren aus eigener intensiver Ausbildung und Erfahrung oder eher »nebenbei«? Konkretisieren Sie die Wahrnehmungen, die zu Ihren Urteilen führten (konkrete Geschehnisse, reine Beobachtungen – ohne Wertung)? Kennen Sie Ihre Träume? Wiederholen sich merkwürdige oder kreisende Gedanken in Ihrem Bewusstsein? Stören Sie Gedanken? Stören Sie innere Bilder? Nehmen Sie unklare oder störende Körperempfindungen wahr?

Effekthascherei und Gedankenarmut: Im Coaching, der populären Selbsthilfeszene und anderswo im Beratungsumfeld gibt es eine Reihe von sogenannten Tools, denen eine große Wirkung zugeschrieben wird. Manchmal schreibt der eine Autor das vom anderen ab. Viele dieser Tools finde ich persönlich sehr oberflächlich, einige sogar dumm, wenn sie unabhängig von einer Theorie oder Anwendungswissenschaft als »reine Technik« daherkommen. Außerdem habe ich bei vielen dieser Tools niemals eine langfristige Wirkung beobachten können, wenn sie von Laien eingesetzt wurden, die keine Selbsterfahrung und Ausbildung durchlaufen haben. Gelegentlich waren die Klienten oder Probanden zwar für einen kurzen Moment begeistert – fast so, als wollten Sie dem »Zauberlehrling« einen Erfolg gönnen oder sich selbst einreden, dass ein langfristiges Problem in einer kurzen, einmaligen Intervention weggezaubert worden wäre.

Sieht man diese Probanden dann einige Stunden oder Tage später, hat sich der Alltag bei ihnen wieder eingestellt. Trotzdem gibt es in der Coaching- und der populären Beratungsliteratur viele Bücher und Artikel, die voller Versprechen, Behauptungen und Wirkzusagen sind, die einer kritischen Überprüfung leider nicht standhalten. Es ist erschreckend, wie viele kluge Menschen vor dieser ernüchternden Tatsache die Augen verschließen. Ich möchte Sie anregen, Ihre Kritikfähigkeit wachzuhalten oder zu entwickeln. Dann können Sie nach und nach erkennen, dass vieles nur heiße Luft ist und wir lieber kleine, stetige Brötchen backen sollten, als auf einen großen Wurf zu setzen oder darauf, dass unseren Klienten mit einer einmaligen Intervention innere Kronleuchter aufgehen.

Sozialpsychologische Effekte, die Erfolge vortäuschen: Eine Quelle häufiger Missverständnisse sind Mechanismen, die in der Sozialpsychologie seit Langem bekannt sind. Sie täuschen uns eine »Wirkung« vor und lösen Begeisterung in uns aus – oft aufseiten des Klienten *und* des Coachs. Wenn wir diese Mechanismen berücksichtigen, können wir erkennen, dass viele scheinbare Erfolge nur kurzfristige »Psycho-Effekte« sind.

Barnum-Effekt, die Illusion von Evidenz: Ungewohnte Übungen, Gedankenspiele, Gruppenphänomene, Trancephänomene können zu ungewohnten, manchmal auch starken affektiven und körperlichen Reaktionen führen. Sie zeigen auf, dass die Probanden gewohnte Denk- oder Handlungsbahnen verlassen haben. Viele Coaches, Therapeuten oder Gruppenleiter stimulieren oder pointieren solche Reaktionen. Da unsere Aufmerksamkeit und Wahrnehmung so konstruiert ist, dass wir allen auffälligen und besonderen Phänomenen, die uns emotional bewegen, einen hohen Wahrheitsgehalt zuschreiben, entsteht zunächst die vorsprachliche Gewissheit, dass etwas Wahres und Bedeutsames geschehen ist. Diese subjektive Wahrheitsbewertung wird auch Evidenzillusion genannt. Die Meinung, dass etwas Bedeutsames und Wahres geschehen ist, wird dadurch verstärkt, dass in der Phase der emotionalen oder affektiven Erregung und Verwirrung das kritische Denken erschwert ist. Zudem sind alle Menschen in dieser Phase sehr empfänglich für kognitive Erklärungsmodelle, die von außen gegeben werden. Da einige Coaches, Berater, Gruppenleiter (beispielsweise Aufstellungsleiter) von ihrem eigenen Theoriegebäude überzeugt sind, sehen sie in der affektiven Reaktion ihrer Klienten eine Bestätigung ihrer Theorie und ihrer Handlungsweise. Dies spiegeln sie den Klienten gestisch, mimisch oder auch mit Erklärungen und Anweisungen dann wider. So verstärkt sich die Evidenzillusion und kann für einige Zeit den Klienten und anwesende Personen einnehmen.

Der Barnum-Effekt ist besonders machtvoll, wenn die genannten Phänomene vor »Zeugen« stattfinden; wie in einer Ausbildungs- oder Therapiegruppe. Wenn sich ein System oder eine Gruppe auf eine bestimmte Theorie oder Ideologie einigt, treten diese Prozesse vermehrt und verstärkt auf. Daher »schwören« beispielsweise viele Anhänger bestimmter Aufstellungsformen insbesondere auf ihre Form der Aufstellungsarbeit.

Aus diesem Grund dürfen wir als Coach niemals davon ausgehen, dass eine starke affektive Erregung oder Verwirrung unserer Klienten eine besondere Bestätigung für unsere Lieblingsintervention oder unser Theoriegebäude ist. Es gibt eine Reihe weiterer Mechanismen, die uns täuschen können: Rollenerwartungen, gelenkte Aufmerksamkeitsfokussierung, Suggestion, einseitige Vorinformationen, gedankliche oder ideologische Einengung. Diese Mechanismen sollten durch eine solide psychologische Ausbildung und durch eine stetige kritische Reflexion in neutraler Supervision immer wieder bedacht werden.

Körperliche Sensationen, Emotionen, starke Affekte, Fantasien, neue Ideen, stürmische Gedanken und andere Phänomene im Coaching sind wichtige Hinweise und spannende Phänomene im intersubjektiven Feld (im Begegnungsfeld von Klient und Coach). Mit ihnen wird weitergearbeitet, da sie auf Zusammenhänge hinweisen und den Blickwinkel verschieben können. Sie müssen nach und nach integriert werden, damit die Klienten zu mehr Bewusstheit, Selbstverantwortung und Handlungskompetenz gelangen. Sie sind aber weder *die* Lösung, noch *die* Wahrheit, noch *der* Beweis – wofür auch immer.

Der Barnum-Effekt

Der Barnum-Effekt beschreibt in der Sozialpsychologie eine Täuschung durch persönliche Beweisführung oder gedanklich-emotionale Prüfung (Validierung). Der Begriff bezeichnet die Neigung von Menschen, vage und allgemeingültige Aussagen zu Erlebnissen oder über die eigene Person als zutreffende Beschreibung oder als kognitives Modell zu akzeptieren.

Der Begriff wurde nach dem Zirkusgründer Phineas Taylor Barnum benannt, der ein riesiges Kuriositätenkabinett im American Museum unterhielt, welches jedem Geschmack etwas bieten sollte (»a little something for everyone«). Barnum-Aussagen erscheinen als besonders valide, wenn sie in Gruppen getroffen werden, die vorher etwas Bewegendes erlebt haben. Angesprochene Personen oder auch die gesamte Gruppe erhalten so den Eindruck, dass die Bewertung, Beschreibung oder Erklärung erlebter Phänomene »wahr« ist.

Regen Sie zum Nachdenken an!

Inszenieren Sie keine Erleuchtungen. Bitte berücksichtigen Sie diese Hinweise bei den folgenden Interventionsverfahren oder Methoden. Vielleicht hilft Ihnen die Vorstellung, dass wir als Coaches keine Kronleuchter anschalten sollten. Die Klienten sollen uns nicht loben: *»Durch Sie ging mir ein strahlendes Licht auf! Es war eine Erleuchtung! Nun haben Sie mir meinen Weg zur Lösung aufgezeigt! Danke, danke, danke ...«*
Seien Sie als Coach zufrieden, wenn Sie dabei behilflich sind, bescheidene innere Lichter zu entzünden. Oder in einer anderen Metapher ausgedrückt: Besser kleine Brötchen backen!

Jedes Verfahren, jede Methode und jedes Tool ist immer in eine tragfähige Arbeitsbeziehung, einen vertrauensvollen Entwicklungsprozess zwischen Klient und Coach eingebettet. Die spezifische »Methode« wird nur dann angewandt, wenn sie innerhalb dieses Prozesses zum richtigen Zeitpunkt gut geeignet ist, um die Integration einzelner gerade anstehender Fragen, Themen, Gedanken oder Bilder am besten zu ermöglichen. Hierfür gibt es kein Patentrezept. Daher kann es auch kein Manual geben, das vorschreibt, bei welchem Anliegen und an welchem Punkt ein bestimmtes Verfahren oder eine bestimmte Methode am sinnvollsten ist.

Warnung: Alle aufgezeigten Interventionen in diesem Handbuch sollten so angewandt werden, wie dies für das nichttherapeutische Format Coaching angemessen ist. Die Interventionen dürfen nur von Personen eingesetzt werden, die eine umfassende praktische und theoretische Fortbildung zum Coach absolviert haben und über Wirkungen, Nebenwirkungen und Sonderfälle der Verfahren und Interventionen gut unterrichtet sind. Dieses Buch kann gut ausgebildeten Praktikern Anregungen geben. Die Lektüre des Buches allein befähigt jedoch in keiner Weise, die aufgeführten Interventionen fachgerecht und verantwortungsvoll einsetzen zu können oder zu dürfen.
In einem therapeutischen Umfeld (und das ist kein Coaching) dürfen die Interventionen nur von Personen angewendet werden, die eine staatliche Berechtigung zur Ausübung der Heilkunde haben!

Strategie und Taktik des Intervenierens

Sie haben bereits kennengelernt, dass Coaching in verschiedene Prozessphasen eingeteilt werden kann (s. S. 62). In der Theorie reihen sich diese Phasen zeitlich linear aneinander. Wir erwähnten bereits, dass die Praxis komplexer ist.

Ähnlich wie die Prozessphasen des Coachings haben die verschiedenen Verfahren in der Psychotherapie Bezeichnungen für einzelne Arbeitsphasen entwickelt. In der Psychoanalyse spricht man zu Beginn der Therapie davon, dass ein »tragfähiges Arbeitsbündnis« entwickelt werden muss, im Neurolinguistischen Programmieren (NLP) wird vom Herstellen eines »guten Rapports« gesprochen und in der lösungsorientierten Beratung vom »Synchronisieren«.

Neben all diesen Einteilungsprinzipien, die in ihrer jeweiligen Fachsprache etwas anders klingen, möchte ich Ihnen noch eine andere Strukturierungshilfe mit auf den Weg geben. Sie orientiert sich weniger an der zeitlichen Abfolge einzelner Phasen, sondern eher an der »Stoßrichtung« oder Ebene der Intervention. Diese Ebenen tauchen immer gleichzeitig in unterschiedlicher Ausprägung auf. Einmal steht die eine im Vordergrund, ein anderes Mal die andere.

> **Interventionsebenen**
>
> Jede Intervention im Coaching bewegt sich auf mehreren Ebenen. In Lehrbüchern zu Coachingtools entsteht möglicherweise der Eindruck, es würde hauptsächlich um die Interventionsebene der Tools gehen. Der Coach muss jedoch Interaktionen auf weiteren Ebenen steuern. Jede Coachingsequenz kann auch danach untersucht werden, welche Ebene der Coach anspricht.
>
> **Begegnung – intersubjektive Ebene:** Empathie, Echtheit, Ehrlichkeit, Vertrauen, Verständnis, Humor, Mut, Akzeptanz, Zutrauen, Hoffnung …
>
> **Tool – taktische Ebene:** Kleine Interventionen, Tools, Methoden, Tricks, um Veränderungen zu erzeugen.
>
> **Kompass – strategische Ebene:** »Worauf zielen wir? Auf Lösung, Heilung, Erlösung, besseres Funktionieren, Reparieren? Wohin soll die gemeinsame Arbeit führen? Sind wir noch auf dem richtigen Weg dorthin?«
>
> **Kontrakt – Mandatsebene:** Handelt der Coach mit der Zustimmung und im Auftrag des Klienten? Übernehmen beide Parteien die Verantwortung, die anfangs vereinbart wurde? Soll der Coach Probleme »wegmachen« oder soll er den Klienten befähigen, eigene Lösungen zu finden?
>
> **Verankerung – paradigmatische Ebene:** Auf welche Weise ist das Handeln beider Partner in Ideologien, Ethikkonzepten, gedanklichen Vorannahmen, kulturellen Forderungen, Metatheorien und anderem verankert oder diesen verpflichtet?

Die Praxis des Coachings bewegt sich immer mehrdimensional auf diesen Ebenen. Es lohnt sich, den Prozess anhand dieses Ordnungsschemas regelmäßig zu analysieren und kritisch zu hinterfragen.

Ich werde Ihnen im Folgenden einige Interventionsansätze vorstellen. Sicher gibt es noch viele andere, die weder hier noch im »Handbuch Coaching und Beratung« Erwähnung fanden oder lediglich knapp vorgestellt wurden. Natürlich sind auch die nicht erwähnten Verfahren wertvoll.

Damit Sie weitere Zugangswege des Coachings und Interventionsmethoden kennenlernen können, verweise ich Sie auf Bücher anderer Autoren. Von sogenannten Toolsammlungen halte ich eigentlich nicht viel. Doch wenn Ihnen bestimmte Tools darin gefallen, lohnt es sich zu überlegen, aus welchem Verfahren sie abgeleitet sind. Vielleicht möchten Sie dies dann näher kennenlernen?

Lösungsorientierte Interventionen

Die lösungsorientierte Beratung hat ihre Wurzeln in der systemischen Therapie. Daher gibt es Ähnlichkeiten in der sprachlichen Gestaltung der Coachingbeziehung.

Lösungsorientierte Fragen zur Auftrags- und Zielklärung: Im Kapitel »Konkrete Zielbildung« (s. S. 82) haben Sie bereits zahlreiche lösungsorientierte Fragen kennengelernt, mit denen das Gespräch zwischen Klient und Coach sinnvoll strukturiert werden kann und mit denen die Auftragsklärung und konkrete Zielklärung durchgeführt wird. Auch das telefonische Erstinterview im Kapitel »Klärung der Ausgangssituation« (s. S. 77) ist Ihnen bereits bekannt. Es enthält lösungs- und ressourcenorientierte Fragen. An dieser Stelle werden wir diese wichtigen Werkzeuge nicht wiederholen. Bitte schauen Sie noch einmal in die betreffenden Kapitel.

Systemische Fragen in der lösungsorientierten Beratung: Die lösungsorientierte Beratung hat viele Methoden der systemischen Therapie und Beratung integriert. Daher werden wir in diesem Kapitel ebenso systemische Gesprächsinterventionen vorstellen. Sie gehören untrennbar auch zur Lösungsorientierung. Szenische und systemische Aufstellungen jedoch werden wir in einem späteren Kapitel vorstellen.

Theoretische Wurzeln der Lösungsorientierung

Die lösungsorientierte Psychotherapie und Beratung ging aus der systemischen und humanistischen Psychotherapie hervor. Zur Theorie dieser Verfahren gehört zum einen, dass ein Problem oder Symptom lediglich eine Erscheinungsform eines größeren Gesamtzusammenhangs darstellt. Zum anderen gehen diese Verfahren davon aus, dass jedes Problem bereits der Versuch einer Lösung, Wandlung oder Kompensation ist. Denn die Wahrnehmung eines Problems schließt ein, dass es ein Wissen darüber gibt, wie das zugehörige Nicht-Problem (das Ziel) aussehen soll. Die Wahrnehmung der Ist-Soll-Differenz wird von den meisten Menschen als Problem bezeichnet.

Besonders die bisherigen Lösungsversuche und die dazu eingesetzten Kräfte und Fähigkeiten werden in den humanistischen und systemischen Verfahren betrachtet. Ihre Auswirkungen im Gesamtsystem sollen verstanden werden. Außerdem gehen diese Verfahren davon aus, dass jeder Mensch in der Lage ist, die Wirklichkeit seiner Systeme aktiv durch sein Denken, Fühlen und Handeln zu beeinflussen; beispielsweise dadurch, dass er den äußeren und inneren Begebenheiten Bedeutungen und

Wertungen gibt. Hinzu kommt, dass die meisten Probleme eine gewisse Kompetenz und Energie benötigen, um erschaffen und aufrechterhalten zu werden.

Diese Grundeinsichten wurden in der systemischen Literatur in programmatischen Schlagworten zusammengefasst.

> **Grundeinsichten systemischer Therapie**
>
> **Lösungsorientierung:** Systemische Therapie fokussiert stark auf mögliche Lösungen und Lösungsversuche.
>
> **Ressourcenorientierung:** Systemische Therapie fokussiert auf Fähigkeiten und Kompetenzen (mit denen Probleme oder Lösungen geschaffen werden).
>
> **Konstruktivismus:** Systemische Therapie geht davon aus, dass Menschen ihre Lebensumstände, Probleme oder Lösungen auf kreative Weise initiieren, erschaffen und erhalten. (Wobei diese Idee nicht so weit geht, Menschen auch für den Teil des Schicksals »verantwortlich« zu machen, den Individuen nicht selbst mitgestalten können.)

Den wesentlichen Impuls zur Entwicklung der lösungsorientierten Beratung gab Steve de Shazer. Seine Ideen werden in Deutschland mit leichten Veränderungen angewandt. Im Business-Coaching scheint der Blick auf Ziele und Lösungen besonders attraktiv zu sein.

Steve de Shazer: Der Begründer der lösungsorientierten Psychotherapie und -beratung, Steve de Shazer, legte 1968 sein Konzept für eine Kurzzeitpsychotherapie vor. Er lehnte eine intensivere Betrachtung von Problemen sowie das Forschen nach früheren Ursachen und Zusammenhängen strikt ab. In seiner Form der Kurzzeittherapie wurde sehr konsequent auf Ressourcen und Lösungen fokussiert. Vor dem kulturellen Hintergrund der USA war dies umsetzbar. Deutschsprachige Fachleute und Klienten empfanden es jedoch als störend, nicht zunächst das Problem zu würdigen und zumindest kurz anzuschauen. Hierzulande erinnerte diese Weigerung an naives »positives Denken«, das Problemen ausweicht. Daher werden die Ideen de Shazers im deutschsprachigen Raum meist etwas moderater angewandt.

Würdigung des Problems: Hierzulande wird das Problem kurz besprochen und auf diese Weise gewürdigt, sofern der Klient seinen Veränderungswunsch zunächst in ein Problem kleidet. Denn im Problem und im Leiden liegt auch eine Kraftquelle, und es soll nicht der Eindruck entstehen, man würde die Abgründe des Lebens oder Schmerzliches im Leben als wichtige Lern- und Wachstumsquellen ausschließen wollen. Auch in späteren Phasen einer Therapie oder Beratung kann auf diese (oder andere) Abgründe geschaut werden, um sie als Quelle des Wachstums nutzen zu können. Wo dies rigide verweigert oder »übersehen« wird, liegt möglicherweise eine Angst des Therapeuten oder Beraters vor eigenen Abgründen oder nicht integrierten Schatten vor.

Im Coaching bewährt es sich – aus praktischen Erwägungen –, den Fokus größtenteils auf Ziele und Kompetenzen zu richten. Doch in der Psychotherapie mehren sich die Stimmen, die darauf hinweisen, dass ein ausschließlicher Blick auf Lösungen – also weg von Defiziten und Abgründen – der Wirklichkeit menschlichen Erlebens nicht gerecht würde und zu einem falschen Bedienen des Machbarkeits-, Erfolgs- und Jugendkultes werden könnte. Am weisesten wird es sein, den ganzen Menschen im Blick zu haben: seine Defizite, sein Leid zum einen sowie seine Stärken und Möglichkeiten zum anderen. Dann läuft man nicht Gefahr, einer gerade attraktiven Ideologie nachzueifern, und hat stattdessen den tatsächlichen Menschen im Blick.

Es ist ein großer Verdienst von Dr. Gunther Schmidt, einem Freund des verstorbenen de Shazer, sowie von der verstorbenen europäischen Pionierin der systemischen Familien- und Paartherapie, Dr. Rosemarie Welter-Enderlin, dass beide diese moderatere Form der lösungsorientierten Therapie im deutschsprachigen Europa initiiert haben. Welter-Enderlins Gedanken hierzu gaben auch wesentliche Impulse zur Entwicklung des Resilienzgedankens. Denn hierin ist die Integration von Abgründen, Ressourcen und Zielen unabdingbar. Darauf kommen wir am Ende des Handbuches noch zurück (s. S. 285 ff.).

»Lösung« und Coaching passen gut zueinander: Im Business-Coaching eignet sich der lösungsorientierte systemische Ansatz besonders gut. Denn sowohl im Coaching als auch im lösungsorientierten Ansatz wird bereits in der Auftragsklärung auf Ziele und möglichst »schnelle Erfolge« fokussiert. In beiden Ansätzen ist eine grundlegende Ursachenforschung oder die Heranbildung einer integrierten Persönlichkeit nicht das vertraglich vereinbarte Ziel. Außerdem sind viele Interventionen der lösungsorientierten Beratung recht pragmatisch, leicht umsetzbar und für Klienten in der Wirtschaft weniger fremd als beispielsweise imaginative oder szenische Arbeitsformen. Daher gehören die Grundgedanken und einzelne »Tools« aus diesem Verfahren in den Kopf und die Hände eines jeden Business-Coachs.

Phasen der lösungsorientierten Beratung

Die lösungsorientierte Beratung kann in einzelne Phasen gegliedert werden. Hierbei handelt es sich um geistige Ordnungsprinzipien, die ein wenig Überblick verschaffen sollen. Selbstverständlich verläuft die tatsächliche Arbeit nie nach einem starren oder linearen Schema. Die einzelnen Phasen sind Ihnen, wenn auch unter anderer Bezeichnung, bereits aus dem Kapitel »Praxistransfer und Rückkopplung« (s. S. 90 ff.) über die Prozessgestaltung des Coachings bekannt.

> **Die Phasen oder Grundelemente der lösungsorientierten Beratung**
>
> Jedes lösungsorientierte Coaching erfogt in folgenden Schritten oder Phasen:
> - Synchronisation
> - Lösungsvision
> - Lösungsverschreibung
> - Lösungsevaluation

Im folgenden Text erklären wir jede Phase genauer. In den folgenden Kapiteln gehen wir darauf ein, welche sprachlichen Mittel und Interventionen in den einzelnen Phasen eingesetzt werden können.

Synchronisation: Das Wort »Synchronisation« bedeutet übersetzt »zeitlicher Gleichlauf«. Doch im übertragenen Sinne ist damit gemeint, sich aufeinander einzustimmen, Vertrauen zu entwickeln, einen gemeinsamen Weg zu gehen und eine tragfähige professionelle Arbeitsbeziehung zu entwickeln, in der einerseits der offizielle Rahmen festgelegt ist und andererseits auch die »Chemie stimmt«.

Zur Synchronisation gehört, dass der Klient sich verstanden fühlt sowie Respekt und Wertschätzung erfährt. Damit es jedoch nicht eine nur »nette Beziehung« wird, gehören weitere Qualitäten zu diesem professionellen Arbeitsbündnis: Zum einen kann der Klient in der Zusammenarbeit Hoffnung entwickeln und Zutrauen in seine Fähigkeiten. Zum anderen sollte die Arbeitsbeziehung so tragfähig sein, dass hilfreiche Provokationen, kleine unterschwellige »Streitereien«, Übertragungsphänomene oder kleine Risse im Geflecht der Begegnung nicht gleich zu einer Auflösung der Beziehung führen, sondern verstanden und integriert werden können.

Die Fähigkeiten, die ein Coach benötigt, um eine solche Arbeitsbeziehung professionell gestalten zu können, werden nicht allein in »technischen Trainings« erworben. Es genügt nicht, sich einige kluge Fragen zu merken oder die Technik des »Mirrorings« zu trainieren, mithilfe derer der Coach den Klienten »nachmacht«, um ihm zu signalisieren, dass er ihn versteht. Vielmehr sollte es darum gehen, dass der Coach sich selbst mit all seinen Wegen, Visionen, Hoffnungen, Ressourcen, Abgründen, Gedanken, Bildern und Inszenierungen sehr gut kennt.

> **Mirroring (dt.: Spiegelung)**
>
> Diese Technik wird beispielsweise in Theaterausbildungen genutzt. Hierbei stehen sich zwei Personen gegenüber oder nebeneinander. Die eine Person führt Bewegungen aus, die die andere »spiegelbildlich« exakt nachahmt. Im Neurolinguistischen Programmieren (NLP) bezeichnet das Wort eine Technik, mit der der Coach zum Beispiel Gestik, Mimik, Körperhaltung, Tempo des Klienten »spiegelt«. Hierdurch – so sagt man im NLP – erhalte der Klient den Eindruck eines »ähnlichen Gegenübers« oder eines Coachs, der auf körperlicher Ebene signalisiert, dass er mit dem Erleben des Klienten »mitgeht«.

> Verwandt ist der Begriff mit »Pacing«, der auch ein Mirroring des Denkens oder Sprechens mit einschließt. Hierbei nutzt der Coach zusätzlich ähnliche »Metaprogramme« und bezieht sich verbal auf ähnliche »Sinneskanäle« wie der Klient: Wenn der Klient beispielsweise kleinschrittige Gedanken äußert, wird der Coach hierauf kleinschrittig eingehen – und nicht auf einen »großen gedanklichen Entwurf«. Wenn der Klient »rot sieht«, wird der Coach im Sinneskanal »Sehen« antworten und nicht von »klingenden Alarmglocken« sprechen.

Viele Teilnehmer von Coachingausbildungen meinen zu Beginn ihrer Tätigkeit, dass sie selbst sich sehr gut kennen und dass Phänomene wie Projektion, Übertragung, Verleugnung und vieles andere ausschließlich andere Menschen betreffen; jedenfalls nicht sie selbst. Erst im Laufe einer Selbsterfahrung wird ihnen klar, dass sie sich etwas vorgemacht haben. Es ist unabdingbar, dass ein Coach unbewusste Schatten – zumindest soweit sie die Rolle als Coach betreffen – gesehen, angenommen, verstanden und integriert hat. Dies führt zu einer vertieften Selbstannahme und einem gereiften Selbstverständnis, welche die Voraussetzungen für die Grundfähigkeiten sind, die im Arbeitsschritt der Synchronisation benötigt werden: Empathie und Wertschätzung für den Klienten, Reife und Echtheit der eigenen Person. Dies muss in seinen Grundzügen nicht nur verstanden, sondern am eigenen Leibe erfahren und durchlebt werden; in den Rollen als Coach, als neutraler Beobachter, als Klient.

Lösungsvision: Nachdem der Klient die Möglichkeit hatte, sein Problem angemessen darzustellen, geht die lösungsorientierte Arbeit konsequent dazu über, eine Lösung, ein Ziel oder eine »bessere Welt« zu entwerfen, die der Klient statt des Problems bedenken, erfühlen, sehen, anstreben möchte. Für manche Klienten ist dies ziemlich ungewohnt. Sie haben sich allzu sehr daran gewöhnt zu klagen, das Problem in all seiner Tiefe zu ergründen, Vorwürfe zu erheben, biografische Erklärungsmodelle zu entwickeln, solidarische Jammergruppen zu installieren, sich zu bemitleiden. Das mag sich übertrieben anhören, doch tatsächlich haben viele Klienten hierin eine große Meisterschaft erlangt. Es ist für sie unter Umständen ein mühsamer und schwieriger Prozess, sich schrittweise daran zu gewöhnen, dass sie »Ressourcen« haben und Lösungen entwerfen können. Oft findet man dies bei eher passiven Klienten, bei Klienten mit (manchmal noch nicht erkannter) depressiver Grundstimmung oder bei Menschen, die sich selbst in einer Opferposition wahrnehmen.

Andersherum gibt es Klienten, die leichtfertig oder gar ungestüm wunderbare Visionen, Ziele und Lösungen entwerfen und sich sofort und mit großer Leichtigkeit darauf einlassen. Dabei sparen sie eigene Schatten und Abgründe jedoch gänzlich aus. Manche dieser Personen sind »Luftikusse« (sie zeigen hysterisch-histrionische Charakterzüge) oder »Hochstapler« – nicht im Sinne von Betrügern, sondern eher als narzisstisch orientierte Menschen mit überhöhten Erfolgs- und Leistungszielen sowie großartigem Selbstbild.

Natürlich gibt es auch die Mehrheit der »normalen Klienten«, die weder in das eine noch das andere Stereotyp passen.

Wenn wir als Coach die Entwicklung von Visionen begleiten, werden uns gute Kenntnisse in psychodynamischen Imaginationsmethoden eine große Hilfestellung geben können. Denn erst hierdurch wird die innere Dynamik von Visionen, Zielen, Bildern verständlich, und der Coach entwickelt Demut, Bescheidenheit und professionelle Achtsamkeit im Umgang mit den inneren Bildern der Klienten.

> **Literaturtipp**
>
> *Hanscarl Leuner und Eberhard Wilke:* Katathym-imaginative Psychotherapie KiP. Stuttgart: Thieme, 7. Auflage 2011. Dieses Buch vom Begründer der Methode (Leuner) geht differenziert auf die Entfaltung innerer Bilder ein sowie auf die verbale Begleitung dieser Bilder. Manche tiefenpsychologischen Interpretationen jedoch sind zum Teil einer alten Triebtheorie angelehnt und wirken für Nichtpsychoanalytiker etwas befremdlich. Wer dies »übersehen« kann, wird ein hervorragendes Lehrbuch zum »Visualisieren« entdecken.

Lösungsverschreibung: Sobald eine anziehende und klare Vision einer Lösung entworfen ist, sollte diese schrittweise real werden. Bereits die Fokussierung auf Lösungen, Ziele und Ressourcen verändert »wie von selbst« viele Handlungsweisen und Begegnungen des Klienten. Denn der Einstellungswechsel führt zwangsläufig zu einer Veränderung von Interaktionen im »realen Leben«. Darüber hinaus entwickeln Klient und Coach in der Phase der Lösungsverschreibung bewusste und überprüfbare Handlungsschritte, mit denen der Entwurf der Lösung in die Realität übertragen wird.

Lösungsevaluation: Die einzelnen Handlungsschritte werden bereits im »realen Leben« (beispielsweise einer Testsituation) und später auch in den Coachingsitzungen überprüft, um festzustellen, wie nahe sie der anvisierten Vorstellung gekommen sind. Im Kapitel über die Prozessgestaltung im Coaching sprachen wir in einem ähnlichen Zusammenhang von Zwischenzielen und dem Gesamtziel. Gegen Ende der gemeinsamen Arbeit wird überprüft, in welchem Maße das Ziel oder die Lösung erreicht wurde.

Lösungsorientierte und systemische Sprache

In diesem Kapitel werde ich Ihnen nur eine kleine Auswahl an sprachlichen Methoden darstellen, die in der Psychotherapie und im Coaching entwickelt worden sind. Weitere Hinweise finden Sie im »Handbuch Coaching und Beratung« in den Kapiteln: »Praktische Kommunikation für Coaches« (S. 169 ff.), »Umdeutung« (S. 352 ff.) und »Systemische Fragen in der Konfliktarbeit« (S. 700 ff.).

Die Veränderung vor der ersten Sitzung

Bereits im telefonischen Vorgespräch laden wir den Klienten zu der Vorstellung ein, dass sich zwischen dem Telefonat und dem ersten Treffen Veränderungen einstellen werden. Hierbei handelt es sich nicht um das Phänomen, das viele Personen vom Zahnarztbesuch her kennen: Nachdem man sich als »Schmerzpatient« einen Extratermin ergattert hat, fährt man zum Zahnarzt. Auf der Fahrt bereits lässt der Schmerz nach und man fragt sich, ob man es nicht übertrieben hat mit dem eiligen Termin. In diesem Fall wird der Schmerz lediglich ausgeblendet oder das Gewissen fordert zu Bescheidenheit auf: »*Nimm dich nicht so wichtig. Wie konntest du dich nur vordrängeln!*« Dieser Mechanismus funktioniert auch andersherum: vor dem Termin wird der Schmerz immer schlimmer. Vielleicht, um eine bessere Rechtfertigung vor dem eigenen Gewissen (dem Über-Ich) für das »Vordrängeln« zu entwickeln.

Die Veränderung vor der ersten Sitzung im Coaching (engl.: presession change) hat in der Regel andere Gründe. Im Telefonat gibt der Coach dem Klienten bereits die Beobachtungsaufgabe, auf kleinere Veränderungen in Richtung Ziel zu achten. Die hierdurch induzierte Aufmerksamkeitsfokussierung auf Lösungen (statt auf das Symptom oder Problem) führt bereits zu einer Kette kleinerer Lösungsveränderungen (s. »Telefonisches Erst- oder Vorgespräch«, S. 77 f.).

Wahre Komplimente an den Klienten gehören zu den wirkungsvollsten Coachinginterventionen

Um den Klienten auf seine Ressourcen aufmerksam zu machen, könnten wir sagen: »Es gibt doch bereits vieles, das Sie gut machen!« Solch eine pauschale Aussage kann kaum jemand ernst nehmen. Wenn der Klient jedoch gerade etwas »gut gemacht« hat, ohne es selbst zu bemerken, kann er mit einem Lob ganz anders umgehen. Lob und Komplimente wirken dann am stärksten, wenn sie konkret und zeitnah erfolgen. Sie richten den Blick des Klienten auf seine Ressourcen. Daher darf nie mit Komplimenten zum rechten Zeitpunkt gespart werden.

Manche Klienten nehmen Komplimente nur zurückhaltend entgegen. Das liegt nicht nur an Bescheidenheit, sondern auch daran, dass Komplimente und Lob in der Wirtschaft gelegentlich als technische Mittel der Führung eingesetzt werden: Ein Mitarbeiter erhält seine Ration an Aufmerksamkeit oder soll zu noch besseren Leistungen angespornt werden.

Die schönsten Komplimente sind die »wahren Komplimente«, die wirklich so gemeint sind, wie sie gesagt werden. Hierbei sollen sowohl Gehorsam und Pflichterfüllung lobend kommentiert werden als auch neue Strategien, Experimente, Neuentwicklungen und anderes.

Beispiel

Ein Beispiel zur Verdeutlichung: Wenn ein schüchterner Klient den Coach kritisiert, sollte dies Anlass für ein Kompliment sein: »Ich danke Ihnen für Ihre Anregung und Kritik. Sie haben Recht, dass ich an der Stelle etwas unklar geblieben bin. Ich bin froh, dass Sie mich hier korrigiert haben. In dem Zusammenhang möchte ich bemerken, dass es sicher auch mutig von Ihnen war, mich in dem Punkt zurechtzuweisen. Letztes Mal hatten wir noch darüber gesprochen, dass Sie im Umgang mit Respektspersonen eher schüchtern sind und sich schlecht abgrenzen können. Sie sagten, dass Sie sich dann Kritik immer verkneifen. Und heute muss ich sagen, dass mich Ihre Kritik wirklich getroffen hat – im guten Sinne. Meine Hochachtung.«

Zudem können wir Respekt und Hochachtung vor den Lebens- und Arbeitsleistungen unserer Klienten zum Ausdruck bringen. In vielen Fällen bemerkt der Coach nur die »Leistungen«, die sein eigenes Welt- und Wertesystem berühren. Wenn er alleinstehend ist, fällt ihm vielleicht gar nicht auf, dass es *lobenswert* ist, beruflich erfolgreich und gleichzeitig eine liebevolle Mutter oder ein liebevoller Vater zu sein. Wer seine eigenen Wurzeln im psychosozialen Bereich hat, bemerkt vielleicht nicht, wie *lobenswert* es ist, als »kleiner« Selbstständiger ein Unternehmen aufgebaut zu haben oder dass der Klient in seiner Rolle als Führungsperson herausragende Leistungen erbracht hat.

Meist werden wir nur von den Menschen ehrlich gelobt, die nicht (unbewusst) mit uns konkurrieren und die nicht neidisch auf uns sind. Neid ist ein Wesenszug unserer Gesellschaft – wenn auch einer, der sehr gut verleugnet wird. Daher verlangt es eine gewisse innere Ausgeglichenheit und Unabhängigkeit vom Coach, damit er verschiedensten Klienten »wahre Komplimente« machen kann.

Übung: Loben Sie Ihre Klienten oft genug?

Da wahre Komplimente zu den besten Interventionen im Coaching gehören, sollte jeder Coach reflektieren können, warum und wann er sich ein Lob verkneift. Manche gute Erklärung hierzu stellt sich im Nachhinein vielleicht als eine Rationalisierung heraus. Möglicherweise hat der Coach das Loben nur vergessen oder er verkneift es sich, weil er Glaubenssätze gebildet hat oder Erlebnisse in seiner Kindheit hatte, die ihm das Loben erschweren?
Bitte reflektieren Sie Ihre Praxis des Lobens: Lassen Sie sich Ihre bisherigen Klienten (auch Übungsklienten) durch den Kopf gehen, ebenso Personen aus Ihrem beruflichen Umfeld, und überprüfen Sie bitte, in welchen Situationen Sie sich ein Lob verkniffen haben. Anschließend versuchen Sie mit einem kritischen Kollegen oder in einer Supervision herauszuarbeiten, was Ihnen das Loben erleichtert und was Ihnen das Loben erschwert.

*Das gezielte Wiederholen von Aussagen regt Klienten
zum vertieften Nachdenken an*

In der Kommunikationstechnik »Paraphrasieren« werden kurze bedeutsame Elemente aus den Äußerungen des Klienten wiederholt. Oft ist dies der letzte Satz des Klienten, häufig auch nur das letzte Wort.

> **Beispiel**
> Wenn der Klient beispielsweise sagt: »… mich hat die Reaktion meines Vorgesetzten nicht wirklich beunruhigt …«, dann könnte die Paraphrasierung des Coachs lauten: »Nicht wirklich …?« oder »Nicht beunruhigt …?« oder »Ihres Vorgesetzen …?«

Durch diese Technik wird einerseits Interesse an den Äußerungen des Klienten signalisiert. Andererseits wird der Klient eingeladen, bestimmte Aspekte seiner Ausführung näher zu betrachten oder als Frage zu verstehen.

*Wertschätzende Zusammenfassungen stärken den Klienten und
stellen seine Kompetenzen in den Vordergrund*

Die meisten Coaches machen sich während des Gesprächs Notizen und Stichworte. Dabei ist es wichtig, möglichst genau die Worte oder Schlüsselsätze zu notieren, die der Klient sagt. Das Gespräch kann sehr gut strukturiert werden, wenn der Coach hin und wieder zu kleinen Reflexionspausen einlädt und dem Klienten mitteilt, was er (der Coach) bisher verstanden hat.

> **Beispiel**
> Der Coach kann zum Beispiel sagen: »Ich möchte gerne noch einmal zusammenfassen, was ich bisher verstanden habe und was Sie mir eben geschildert haben …«

In dieser Zusammenfassung geht der Coach auf wesentliche Aussagen und Zusammenhänge ein. Dabei soll durchaus auch gelobt werden! In dieser Phase sollten keine Interpretationen oder Deutungen eingeflochten werden. Nachdem der Coach die kurze Zusammenfassung von ein oder zwei Minuten (nur selten länger) gegeben hat, wird der Klient gefragt, ob der Coach alles richtig verstanden hat und ob dem Klienten beim Zuhören ergänzende Hinweise eingefallen sind.

> **Beispiele**
> »Ich könnte mir vorstellen, dass Sie auf diese Leistung auch stolz sind …«
> »Kann es sein, dass Sie dabei auch ein bisschen Wehmut verspürt haben?«
> »Ich frage mich, ob Sie wegen dieser Veränderung verärgert waren.«

Klienten empfinden es zum einen meist als große Wertschätzung, wenn der Coach so aufmerksam zugehört (und treffend notiert) hat, dass er die Kernpunkte der Gedanken und Aussagen des Klienten wiedergeben kann. Dies wird durch eingestreute Komplimente sehr verstärkt, die beiläufig vom Klienten geäußerte Ressourcen, Leistungen und Werke positiv erwähnen. Zum anderen ermöglicht dies dem Klienten, seine Gedanken noch einmal zu hören und zu reflektieren. Oft ergeben sich daraus weiterführende Ideen.

Zirkuläre Fragen – der Blick durch die Augen der anderen

Wer in die Schuhe der anderen schlüpft, die Welt durch die Augen der anderen sieht (auch sich!), die Gedanken der anderen denkt, die Gefühle der anderen fühlt, die Werte und Beweggründe der anderen versteht, der gewinnt ein völlig neues Verständnis für seinen eigenen Beitrag innerhalb seines Lebensumfelds. Die meisten Menschen sind daran gewöhnt, unentwegt um ihre eigenen Gedanken, Bedürfnisse, Interpretationen, Wertungen und Beweggründe zu kreisen. Viele steigen nur hypothetisch in die Schuhe der anderen, wenn es gilt, unangenehme Konsequenzen vorherzusehen: »Würden andere über mich lachen, mich bestrafen, mich verurteilen, wenn ich …?«

Durch sogenannte zirkuläre Fragen erweitern wir diesen Blick durch die Augen der anderen auf »alle möglichen Aspekte« des Problems, der Interaktion, der Lösung. Mögliche zirkuläre Fragen könnten sein:

> **Beispiele**
> »Mit welchen Worten würde Ihr Vorgesetzter Sie charakterisieren?«
>
> »Angenommen, ich würde Ihre Frau fragen, warum Sie sich in dieser Situation so verhalten, was würde sie mir antworten?«
>
> »Wenn ich Ihre Mitarbeiterin fragen würde, was sie dachte, was Sie in diesem Moment gefühlt haben, was würde sie sagen?«
>
> »Welche – vielleicht auch geheimen – Gedanken gingen Ihren Kindern durch den Kopf, als Sie sich entschlossen hatten, diese Stellung anzunehmen?«

Zunächst sollten solche Fragen dicht am Gesprächsverlauf bleiben und nicht auf allzu hypothetische oder zukünftige Möglichkeiten gerichtet sein. Also bitte nicht: »Was würde Ihre Frau fühlen, wenn Sie plötzlich Millionär würden?« Denn das Ziel zirkulärer Fragen ist zunächst, dass der Klient sich über seine eigenen Erwartungen und inneren Vorstellungen klarer wird und nicht über die anderer Menschen innerhalb seines Systems.

Es gehört zu den Grundfertigkeiten eines jeden Coachs, seine Klienten auf vielfältige Weise dazu einzuladen, in die Schuhe relevanter anderer zu schlüpfen.

Problemkompetenz: Wie macht man das Problem?

Die meisten Klienten nehmen zunächst an, dass sie ein Problem haben (»Ich habe ...«), dass es ein Teil ihrer Identität ist (»Ich bin ...«) oder dass sie ein Opfer von Umständen sind. Der Gedanke scheint zunächst fremd, dass jedermann seine Probleme auf kompetente Weise auch selbst konstruiert und hierfür sehr zielstrebig und konsequent vorgehen muss. Außerdem müssen Probleme mit einem gewissen Energieeinsatz aufrechterhalten werden. Steve de Shazer fragte seine Klienten: »*How do you do the problem?*«

Klienten, die ihr Problem als große Last mit sich herum- oder als Leidenssymbol vor sich hertragen oder die sich mit ihrem Problem identifizieren oder gar zu einer Opferidentität gelangt sind (»Ich bin ein Mobbingopfer.«), reagieren verstört auf die Frage, was ihre Identität jenseits des Problems sei. Denn um das Problem ranken sich so viele Gedanken, dass diese dann mit der eigenen Identität gleichgesetzt werden. Sie weisen zunächst die Idee weit von sich, dass sie nicht Opfer, sondern auch kompetenter Akteur ihres Problems sind.

In der Praxis kann man sich als Coach der Problemkompetenz folgendermaßen nähern:

> **Beispiel**
> »Wenn ich dieses Problem ebenfalls haben möchte oder bekommen sollte, wie genau muss ich dann denken, wie genau fühlen, mit wem wie reden, wie blicken, wie muss ich meinen Körper bewegen, wie muss ich meinen Tag einteilen, was muss ich wann zu wem sagen ...?«

All diese Fragen stellen Sie als Coach natürlich nacheinander. Wenn es um Verkörperungen geht, steht der Coach zusammen mit seinem Klienten auf und lässt sich konkret zeigen, wie er stehen und gehen muss, wie er blicken muss. Es ist bedeutsam, hierbei wirklich zu handeln und nicht nur zu reden. Der Klient hilft dem Coach dabei (korrigiert ihn und fasst ihn auch an), um dem Coach zu ermöglichen, eine vergleichbare Kompetenz in der Problementfaltung zu erlangen.

Auf diese Weise erfährt der Klient, durch welche selbst steuerbaren Aktionen, Interaktionen, Inszenierungen oder anderes er an der Entstehung und Aufrechterhaltung des Problems mitwirkt oder sogar Regisseur und Akteur gleichermaßen ist. Die Idee des Konstruktivismus wird in diesem Arbeitsschritt von der Theorie in die Praxis übertragen.

> **Konstruktivismus**
>
> Der Konstruktivismus postuliert, dass menschliches Erleben durch sinnesphysiologische, neuronale, kognitive, emotionale und soziale Prozesse individuell beeinflusst und gebildet wird. Demnach resultieren aus Gedanken, Sinneseindrücken und dergleichen keine identischen »Erlebnisse« bei verschiedenen Menschen, sondern jeder Mensch erschafft sich individuelle Bedeutungen oder sein individuelles Erleben selbst. Die Kernthese des Konstruktivismus besagt, dass jeder Mensch sich gedanklich und emotional eine individuelle innere Repräsentation der Welt erschafft, ein inneres Bild der Welt. Dieses innere Bild ist die Grundlage für das eigene Erleben und Handeln in der Welt. Im Umkehrschluss bedeutet dies, dass jeder Mensch auch die Fähigkeit hat, seine innere Repräsentation zu verändern und Umstände, Beziehungen, Erlebnisse, Sinneseindrücke oder Ähnliches auf andere oder neue Weise zu werten, zu deuten oder zu »sehen«.
>
> Coaching wäre demnach eine Unterstützung bei der De- oder Rekonstruktion der bisherigen Repräsentation, mit dem Ziel, äußere und innere Zustände anders zu werten, anders zu deuten, um hierdurch zu anderen Handlungen gelangen zu können.

Lösungs-Talk statt Problem-Talk

Klienten, die große Kompetenzen darin entwickelt haben, ihre Probleme zu umkreisen und in den Blick zu nehmen, sprechen auch vorwiegend über ihre Probleme. Ohne Hilfe von außen sind sie in ihrem »Problem-Talk« (dt.: reden und erzählen über das Problem) gefangen. In der lösungsorientierten Beratung gibt es eine Reihe von Denkrichtungen, die den Klienten angeboten werden, um schrittweisen einen »Lösungs-Talk« zu entwickeln:

Kleine Schritte in Richtung zur Lösung in den Blick nehmen: Bereits im telefonischen Erstkontakt oder Vorgespräch wird der Klient dazu angeregt, kleine Veränderungen wahrzunehmen. Viele Klienten würdigen die kleinen Schritte in Richtung der Lösung nicht und blenden daher aus, dass sie bereits auf dem Weg zu ihrem Ziel sind. Die Klienten werden immer wieder dazu angeregt, darauf zu achten, welche kleinen oder großen Schritte es bereits gab: Vor dem ersten Treffen, zwischen den Treffen, an jedem Tag der Woche, in jeder Stunde ...

Die Ausnahmen und Unterschiede in den Blick nehmen: Manche Klienten meinen, dass sie »nie dieses oder jenes geschafft haben«, dass sie »immer erfolglos sind«, »stets Opfer von Mobbing werden«. In all diesen Aussagen wird die falsche Behauptung aufgestellt, dass es niemals Ausnahmen gab. Das ist fast immer falsch! Daher regen wir den Klienten gezielt zur Suche nach Ausnahmen an: »Wann haben Sie es geschafft, worin, wann, wie, wo waren Sie erfolgreich, wo wurden Sie nie Mobbingopfer?« Die Ausnahmen werden sehr genau unter die Lupe genommen: Was war anders? Was war weniger oder mehr? Welche Personen waren dabei oder nicht dabei?

Hypothetische (imaginative und zauberhafte) Lösungen in den Blick nehmen: Viele Coaches und Klienten kennen die »Wunder- oder Zauberfrage« von Steve de Shazer, in der der Klient »so tut, als ob« und davon ausgeht, dass das Problem nicht mehr da wäre, es wie durch ein Wunder gelöst wäre. Diese »einfache« Technik regt den Klienten dazu an, sich auf seine Vision zu konzentrieren. Hierzu gehört die wesentliche Fähigkeit, gedankliche So-tun-als-ob-Vorstellungen auf positive und realistische Veränderungsziele zu richten. Viele Klienten haben bisher nur gelernt, ihre So-tun-als-ob-Vorstellungen auf negative Vorwegnahmen oder gar Katastrophenfantasien zu lenken oder aber auf fantastische, nicht realisierbare Tagtraumvorstellungen.

Umwandlung von Bedeutungen (Reframing): Jedes Problem hat viele Seiten. Solange nur auf die Seite des Problems geschaut wird, kann der Klient mögliche positive Aspekte des Problems (seiner Deutung einer Wahrnehmung) nicht schätzen. Im Gespräch werden auch zahlreiche andere Facetten des Problems sowie ihre positiven Auswirkungen in den Blick genommen.

Ganz anders handeln: Wenn etwas nicht funktioniert, versuchen viele Klienten, ihre bisher nicht erfolgreiche Lösungsstrategie verstärkt und vermehrt anzuwenden. Hierdurch verstärkt sich der Eindruck, das Problem sei trotz größter Anstrengung nicht lösbar. Manche Klienten brauchen bei der Entwicklung »ganz anderer« Strategien oder Handlungen kreative Unterstützung des Coachs. Auch bei den vielen Umsetzungsproben von Zwischenzielen des Coachings kann es dazu kommen, dass angedachte Strategien nicht funktionieren. Dann müssen sie verändert oder durch »ganz andere« ersetzt werden. Auf diese Weise wird das Leben zu einem spannenden Experimentierfeld und es wird deutlich, dass Erfolg und Lösung nicht nur durch Nachdenken und Planen zu erreichen sind, sondern immer wieder durch Probieren, Versuchen, anders Versuchen …

Verantwortung übernehmen: Ein guter Trick, sich vor Veränderungen zu schützen und im Problem-Talk zu bleiben, ist es, wenn man sich als Opfer wahrnimmt und so tut, als wären andere und bestimmte Umstände an der Entwicklung des eigenen Lebens oder gar an den eigenen Gefühlen schuld. Dies drückt sich meistens auch in der Sprache aus. Klienten reden von »man« und von anderen. Im Coaching werden sie angeregt, bei sich selbst zu bleiben. Der Coach kann dann beispielsweise sagen:

> **Beispiel**
> »Wie denken Sie darüber, was fühlen Sie, was ist Ihr Anteil, was genau machen Sie in der Situation, was könnten Sie anders machen?«

In den Äußerungen des Klienten sollte nicht nur das Wort »ich« auftauchen, es sollte auch wirklich um den Klienten gehen und um seine Verantwortung für sein Denken, Fühlen, Handeln, Deuten in dieser Welt.

Wahrnehmungen von Interpretationen trennen: In den Problem-Talk ist in der Regel eine Kette von Interpretationen und Urteilen eingeflochten. Statt etwas wahrzunehmen, sehen die Klienten ihre Welt durch ihre Problem-Brille und nehmen nicht mehr Ereignisse wahr, sondern vorwiegend Interpretationen, Urteile und Bedeutungen von Wahrnehmungen. Daher muss der Problem-Klient immer wieder dazu angeregt werden, konkrete (auch kleine) Wahrnehmungen zu machen. Statt Richter der Wahrnehmungen zu sein, muss er wieder zum Beobachter werden.

Die Metaperspektive einnehmen: Während der gemeinsamen Arbeit lohnt sich der Blick von »ganz woanders«. Beispielsweise können Sie sagen:

> **Beispiel**
> »Nehmen wir einmal an, Sie würden nun auf die Gedanken, die Szene, die Gefühle und all das andere, das Sie soeben erarbeitet haben, von einem höheren Ort aus schauen – quasi von einem Berg herunter oder aus einem Hubschrauber oder einer anderen erhöhten Position – was würden Sie dann beobachten und wahrnehmen?«

Diese Intervention kann im Gespräch stattfinden. Oft ist es aber besser, diese besondere Position auch räumlich zu verankern, indem der Klient zu einem anderen Stuhl geht (dem »Überblicksstuhl«) oder an eine besondere Stelle des Raums. Auch in imaginativen Methoden gibt es diese Metaperspektive. Ebenso im Psychodrama, wo der Klient ebenfalls hin und wieder aus der Szene herausgenommen wird, um »von außen« aus einer distanzierteren Perspektive einzelne Aspekte wahrzunehmen: als weiserer Beobachter des eigenen Systems und Beobachter seiner selbst. Dieser Wechsel zu einer Metaperspektive taucht in allen systemischen und humanistischen Verfahren auf.

Wie haben Sie das nur geschafft?

Wenn ein Klient unter einem Problem oder unter einer Situation leidet, lohnt es sich, nach den bisherigen Bewältigungs- oder Copingstrategien zu fragen und diese zu würdigen: Welche hilfreichen Einstellungen hat der Klient entwickelt, wie hat er über sich gedacht, welche hilfreichen Personen oder Institutionen hat er mit eingebunden, welche Rituale oder stärkenden Verhaltensweisen hat er entwickelt …? Im »Handbuch Coaching und Beratung« wird ab Seite 438 auf Copingmuster und bewährte Copingstrategien eingegangen.

Zum einen soll der Klient durch unsere Frage analysieren können, mithilfe welcher Kompetenzen und Ressourcen er bisher Widerstand leistete, sich über Wasser hielt oder durchhielt. Zum anderen kann dies ein Anlass für den Coach sein, den Klienten zu loben.

Wofür ist das eigentlich gut?

Wir regen den Klienten an, seine Handlungen und Gedanken beobachtend (nicht interpretierend) wahrzunehmen. Bei vielen Handlungen ist dem Klienten überhaupt nicht klar, warum er sie ausführt. Nachdem die Handlungen beobachtet wurden, wird nach den Erklärungen gefragt, die der Klient für sein Handeln hat. Er wird verwundert sein (in vielen Fällen der Coach genauso!), seine eigenen Rechtfertigungen und Begründungen zu erfahren.

Lösungsorientierte Methoden für die Praxis

In den lösungsorientierten Beratungsansatz sind eine Reihe von Interventionen eingeflossen, die in anderen systemischen Ansätzen oder in der humanistischen Psychotherapie oder Verhaltenstherapie entwickelt worden sind.

Praxisübungen im Alltag sichern den Coachingerfolg

Alle folgenden Interventionen können dem Klienten als Beobachtungs- oder Übungsaufgaben mitgegeben werden. Selbstverständlich nutzt der Coach nicht den Begriff »Hausaufgabe«, da manche Klienten dieses Wort mit unangenehmen Erinnerungen verknüpfen. Die Bezeichnung »Übungsaufgabe« eignet sich vielleicht besser.

Die meisten Veränderungen ereignen sich zwischen den Coachingsitzungen. Daher wird der Klient angeregt, die Übungen, Einstellungsänderungen oder Ideen aus der Coachingsitzung im realen Leben zu erproben, zu vertiefen, zu erforschen. In der folgenden Sitzung werden die Ergebnisse und Gedanken hierzu ausgewertet und ausgebaut.

Skalieren: Der Übergang von einem Problem zum Ziel oder von einer Krankheit zur Gesundheit taucht in der Realität des Lebens selten als Entweder-oder auf. Die meisten Ziele werden durch eine innere und äußere Entwicklung erreicht, durch einen Weg, der beschritten wird. Die meisten Klienten haben ein inneres Gefühl, eine Vorstellung oder Ahnung davon, an welcher Stelle des Weges sie sich befinden: Ganz am Anfang, in der Mitte, dicht am Ziel. Diese innere Vorstellung wird in der lösungsorientierten Beratung immer wieder erfragt:

> **Beispiel**
> »Bitte stellen Sie sich eine Skala von eins bis zehn vor. Eins ist der Anfang des Weges und zehn ist das Ziel. Wo auf dieser Skala befinden Sie sich gerade?«

Diese Skala kann auch im Raum verankert werden, indem Metaplankarten mit Zahlen von 1 bis 10 auf den Boden gelegt werden oder ein Klebeband mit einer Skalierung auf den Boden geklebt wird. Skalen können ebenfalls auf ein Flipchart oder ein Blatt Papier gezeichnet werden. Man kann den Klienten ebenso bitten, seine Einschätzung zu verkörpern, indem er beispielsweise seine Finger nutzt, um die betreffende Zahl zu zeigen. Oder er kann verschiedene Körperhaltungen zu 1 bis 10 einnehmen und körperlich erspüren, wie (und wo) er gerade steht.

Wenn das innere oder äußere Bild einer Skala in die gemeinsame Arbeit eingeführt ist, kann es im Laufe des Coachings immer wieder herangezogen werden. Einige Beispiele für das Skalieren, die im Laufe des Coachingprozesses genutzt werden können, lauten folgendermaßen:

Beispiele

»Nachdem Sie nun diese Einsicht erarbeitet haben, wo genau auf Ihrer Skala stehen Sie jetzt?«

»Was müsste passieren, damit Sie noch einen halbe Zahl weiter vorne stehen könnten (oder: um aus einer Vier eine Viereinhalb zu machen)?«

»Welche Auswirkungen hätte es in Ihrer Familie, wenn Sie nun von sechs auf sieben gelangen würden?«

»Einmal angenommen, wie würden von drei auf acht gelangen – ohne jetzt schon zu wissen, wie das geschehen könnte – was würde sich dann für Sie geändert haben?«

»Woran würden Sie erkennen, dass Sie von fünf auf sieben gelangt sind?«

»Bei welcher Zahl würde sich bei Ihnen das Gefühl einstellen, dass Sie mit dem Grad der Zielerreichung zufrieden sind?«

»Wenn Sie auf sieben ankämen, wie würden Sie dann anders mit Ihren Mitarbeitern umgehen?«

»Bei welcher Zahl oder welchem Schritt auf dieser Skala vermuten Sie die größten Schwierigkeiten?«

»Sie haben mir berichtet, dass Sie verschiedene Gefühle in dieser Situation wahrgenommen haben. Bitte zeichnen Sie für jedes dieser Gefühle eine kleine Skala und geben Sie auf jeder Skala mit einem Kreuz an, wie stark das jeweilige Gefühl in dem Moment war.«

»Wie müssen Sie sich verhalten, um von sieben wieder auf drei zurückzukommen: Was müssen Sie tun, was denken, wie fühlen …?«

»Bitte machen Sie sich ein Formular für solche Skalen und nehmen Sie das Formular während des Tages mit. Immer, wenn diese Situation eintritt, notieren Sie bitte, wie stark die verschiedenen Gefühle (oder: Handlungsimpulse, Gedanken, …) im jeweiligen Moment ausgeprägt sind. Notieren Sie bitte jeweils die Uhrzeit sowie Informationen zur Situation und zu den anwesenden Personen.«

Paradox handeln – Verordnen von Problemen und Problemverschlimmerungen: In der Logotherapie oder Existenzanalyse Viktor Frankls wird die paradoxe Intervention (auch paradoxe Intention) ebenfalls genutzt. Auch lösungsorientierte Berater arbeiten damit. Der Klient wird dazu angeregt, sein Problem oder seine Leideswahrnehmung gezielt hervorzurufen oder auch zu verschlimmern. Im nächsten Schritt wird mit dem Klienten erarbeitet, welche inneren und äußeren Veränderungen im Denken, Fühlen und Handeln er vornehmen musste, um das Problem zu verstärken.

Verordnen von Veränderungen: In der Coachingsitzung wird erarbeitet, auf welche Weise der Klient in bestimmten Situationen »ganz anders« handeln könnte. Für einen bestimmten Zeitraum wird »verordnet«, dass er dieses neue Verhalten konsequent ausprobiert und darauf achtet, welche Veränderungen sich dabei einstellen. Dies könnte der Coach folgendermaßen formulieren:

> **Beispiel**
> »Ich möchte Sie bitten, dass Sie in der kommenden Woche Ihrem Chef jedes Mal fest in die Augen schauen, wenn er Sie kritisiert. Bisher hatten Sie immer auf den Boden geschaut, wenn er das tat. Jetzt schauen Sie ihm bitte direkt in die Augen. In unserer nächsten Sitzung werden wir besprechen, welche Auswirkungen diese Verhaltensänderung hatte.«

Kleinste Veränderungen wahrnehmen: Viele Menschen beachten nur die großen Veränderungen oder setzen sich große Ziele. Das tun besonders die »großen Tiere« in der Wirtschaft und jene, die ihnen nacheifern. Dabei gerät aus dem Blick, dass die meisten großen Veränderungen durch eine Kette von kleinen Ereignissen und Veränderungen vorbereitet wurden. mit dieser Intervention werden die Klienten dazu angeregt, auf alle(!) Veränderungen zu achten.

Wenn der Klient zur nächsten Sitzung erscheint, wird die häufigste Frage des Coachs sein: »Was hat sich verändert?« Bitte fragen Sie nicht: »Wie geht es Ihnen heute?« Anfangs antworten manche Klienten auf die Veränderungsfrage: »Eigentlich nichts.« Oder: »Nichts Besonderes.« Sie gehen noch davon aus, dass sich etwas Großes ereignet haben muss, damit es der Beachtung oder Erwähnung wert ist. In solchen Fällen fragt der Coach nach und taucht gemeinsam mit dem Klienten in die Fülle kleiner und kleinster Veränderungen ein, um diese zu beachten und wertzuschätzen. Dies verhindert, dass Klienten wiederholt an zu groß angesetzten Vorstellungen scheitern. Stattdessen verstehen sie, dass sie auf dem richtigen Weg zum Ziel sind, indem sie die vielen kleinen Erfolge auf dem Weg würdigen und auch feiern.

Beobachtungsprotokolle: Diese Methode wird auch in der Verhaltenstherapie sehr ausgiebig genutzt. Sie erarbeiten mit dem Klienten, welche Ereignisse er in seinem realen Leben beobachten und dokumentieren soll. In der Regel führen wir unsere negativen Gefühle oder auch Misserfolge auf die »Schuld« von anderen zurück. Im gleichen Maße neigen wir dazu, unsere guten Gefühle und unsere Erfolge eher uns selbst zuzuschreiben (wobei wir den Beitrag oder die Hilfe anderer viel zu oft ausblenden). In beiden Fällen stellen wir eine Kausalität her: Das eine folgt aus dem anderen.

In der Beobachtungsaufgabe für die Klienten soll nun von der Suche nach Kausalitäten und auch von Wertungen weitgehend abgesehen werden. Stattdessen werden die Klienten gebeten, möglichst wertfrei lediglich zu beobachten. Hierbei können durchaus Gleichzeitigkeiten (Koinzidenzen) erkannt und protokolliert werden, die etwas anderes sind als Kausalitäten.

Beobachtungsprotokoll

Datum: .... Uhrzeit: ....

Ort: ....

Anwesende: ....

....

....

Rahmen/Situation: ....

....

....

Interaktionen (wer machte was?): ....

....

....

....

Meine Gedanken (oder Gefühle): ....

....

....

Ausprägung auf der Skala von 1 bis 10:

1 2 3 4 5 6 7 8 9 10

Auf der Skala von 1 bis 10 skalieren Sie bitte, wie intensiv, ergreifend, störend, »laut« und so weiter Sie ihre eigenen Gedanken oder Emotionen in der Interaktion wahrgenommen haben.

Hinweis: Wenn es im Beobachtungsprotokoll um eine körperliche Reaktion wie Schwitzen oder Rotwerden geht, wird die Ausprägung dieses Merkmals skaliert. In der vorausgehenden Coachingsitzung wird festgelegt, was genau protokolliert und skaliert werden soll.

Je nach Anliegen und Ziel des Protokolls kann die Anweisung beispielsweise lauten:

> **Beispiele**
> »Immer wenn Sie während des Arbeitstags wütend werden, füllen Sie bitte das Protokoll aus.«
>
> »Immer wenn sich der störende Gedanke einstellt, füllen Sie bitte das Protokoll aus.«
>
> »Immer wenn Sie die besagte Handlung ausführen, füllen Sie bitte das Protokoll aus.«

Auf diese Weise wird der Klient zu einem empirischen Forscher und kann später Häufigkeiten, Ausprägungen, Koinzidenzen (Gleichzeitigkeit von Ereignissen), Rahmen, Umstände und anderes erforschen, die mit Merkmalen zusammenhängen, die er beobachten wollte.

Vorhersagen: Der Klient wird gebeten, während seines Alltags zu versuchen, das »Erscheinen« relevanter Gefühle, Gedanken oder Handlungen vorherzusagen. Er wird gebeten, auf Hinweise zu achten, die ihm deren Erscheinen bereits im Voraus ankündigen. Von diesen frühesten Momenten aus kann er später eine Kette von äußeren und inneren Ereignissen nachvollziehen lernen, die regelmäßig zur »vollen Ausprägung« des Merkmals führt. Im Coaching wird dann erarbeitet, wie man vom frühesten Moment der Wahrnehmung an das bisher übliche Muster verlässt und stattdessen andere Wege beschreitet. Auf diese Weise erarbeitet der Klient sich ein »Frühwarnsystem« und »macht etwas anderes«, wenn die Warnung erfolgt. Der Coach kann dies folgendermaßen anleiten:

> **Beispiel**
> »Welche Veränderung hat Ihnen angezeigt, dass das Problem gleich auftreten wird? Welche Sinneswahrnehmung machte diese Veränderung als Erste deutlich? Welcher innere Gedanke (oder: Emotion, Körpergefühl, Veränderung der Atmung, Haltung, Blick) hat Ihnen als Erstes deutlich gemacht, dass die Veränderung gleich bewusst wird? Auf welche Weise reagierten Sie dann in der Regel? Welche Alternativen können Sie sich denken, um in diesem frühesten Moment der Veränderungswahrnehmung anders zu handeln?«

Das Interview ohne Antwort: Manche Klienten antworten auf Fragen mit Phrasen oder Gedanken, die sie bisher immer als Antwort auf diese Fragen genutzt haben. Manche Klienten verschweigen zudem peinliche oder schambesetzte Inhalte, die sie dem Coach nicht mitteilen möchten. In diesen Fällen – und auch als Musterunterbrechung in allen anderen Fällen – bietet sich das Interview ohne Antwort an. Hier redet nur der Coach und der Klient darf und soll schweigen. Er soll auch nicht mit dem Kopf schütteln oder nicken oder andere typische nonverbale Antwortgesten machen. Lediglich sein unwillkürlicher Gesichtsausdruck, die Art seiner Atmung, seine Körperhaltung, die Feuchtigkeit seiner Augen und Ähnliches darf »sprechen«. Nachdem dies geklärt und auf spielerische Weise kurz trainiert wurde, startet der Coach das Interview.

Die Vorgehensweise im Interview ohne Antwort schaut folgendermaßen aus:

Beispiele

»Bitte denken Sie an das, was Sie gerne ändern möchten. Wir haben bereits darüber gesprochen und Sie haben sich ein Ziel gesetzt. Sie dürfen aber auch gerne an das denken, worüber wir in diesem Zusammenhang noch nicht gesprochen haben oder was Ihnen nun noch spontan zu Ihrem Veränderungswunsch einfällt. Nun achten Sie bitte auf Ihr inneres Barometer oder Ihr inneres Bild von einer Skala: Wie nahe sind Sie dem Ziel oder dem gewünschten Zustand auf der Skala von 1 bis 10?

Lassen Sie sich bitte genügend Zeit, den folgenden Fragen nachzugehen. Sie dürfen dafür gerne die Augen schließen, um das Gesagte näher zu ergründen. Wie wäre es, wenn Sie das Ziel bereits erreicht hätten? Auf welche Weise wären Sie dann anders, wie würde sich Ihr Umfeld verändern, wie würden die anderen Menschen mit Ihnen umgehen? Lassen Sie sich bitte ausreichend Zeit, diesen Gedanken oder Bildern nachzugehen.«

»Nun möchte ich Sie zu einem anderen inneren Blick einladen. Bitte denken Sie an das, was Sie bisher daran hinderte, Ihr Ziel zu erreichen. Auch dafür lassen Sie sich bitte Zeit.«

Wenn erkennbar ist, dass der Klient Hindernisse identifiziert hat, fahren Sie fort: »Ich nehme an, Sie haben zumindest ein Hindernis wahrnehmen können. Daher möchte ich Sie einladen, nun weiter fortzufahren: Denken Sie bitte an eine Person, die in der Lage ist, Ihnen zu helfen. Eine Person, die Ihnen dabei beistehen kann, das Hindernis zu überwinden.«

Wenn erkennbar ist, dass eine Person in den Fokus gerückt ist: »Vielleicht kennen Sie diese Person aus Ihrem bisherigen beruflichen Umfeld, vielleicht auch aus einem anderen Zusammenhang. In dieser Arbeit ist nur wichtig, dass diese Person jetzt in Ihren Gedanken vorstellbar und gegenwärtig ist.
Schauen Sie diese Person im Inneren an. Nehmen Sie Blickkontakt auf, dann Kontakt auf anderen Ebenen, vielleicht mit Gefühlen oder inneren Gesten. Wenn Sie mögen, reden Sie auch innerlich mit dieser Person.«

Bitte lassen Sie dem Klienten Zeit und achten Sie auf Veränderungen. Auch körperliche Veränderungen sind bedeutsam und werden kommentiert. Beispielsweise: »Ich sehe, dass Ihre Augen feucht werden. Gehen Sie dem ruhig nach, wenn es in diesem Kontakt bedeutsam ist, einfach nachspüren ...«

»Vielleicht gibt es nicht nur die Person, mit der Sie Kontakt aufgenommen haben, sondern außerdem einen inneren Teil in Ihnen selbst, der auch hilfreich sein kann. Seien Sie einfach neugierig und nehmen Sie wahr, wie dieser Teil sich Ihnen zeigt: als Symbol, Farbe, Gefühl oder auch anders.«

Wenn erkennbar ist, dass eine innere Wahrnehmung auftauchte, wird der Klient gebeten, Kontakt mit dem inneren Teil aufzunehmen und danach zu fragen, ob dieser Teil dabei behilflich sein möchte, die Situation zu lösen. Der Klient wird gebeten, Kontakt zu halten zu seinem inneren Teil, zu seinen Ressourcen und sich vorzustellen, auf welche Weise Antworten, Gedanken oder Bilder ihm dabei helfen werden, sein Ziel zu erreichen.

Diese Interviewtechnik verlangt Grundkenntnisse aus der Arbeit mit Imaginationen. Sie erfahren mehr hierzu im Kapitel »Imaginative Interventionen« (s. S. 142).

Briefe schreiben: Der Klient wird gebeten, Briefe zu schreiben, die er niemals absendet. Diese Briefe können an sein vergangenes Selbst gerichtet sein, an sein zukünftiges Selbst, an verstorbene Bezugspersonen, an lebende Bezugspersonen und andere mehr. In diesen Briefen kann der Klient seine Sicht der Dinge darlegen, seine Gefühle zeigen, seine neuen Pläne darstellen, seine Sicht der erarbeiteten Zukunft, seine Trauer, seine Hoffnungen, seine Anklagen und vieles andere.

Der Verfasser der Briefe kann jedoch auch das zukünftige Selbst sein: Das Ziel ist bereits erreicht und nun teilt das zukünftige Selbst dem jetzigen Selbst mit, auf welche Weise es das Ziel erreicht hat und gibt Hinweise, was das jetzige Selbst verändern muss.

Der Verfasser der Briefe kann ebenso das innere weisere Selbst sein, das von seiner Sicht auf die Beziehungen, Gedanken, Gefühle, Hoffnungen und vieles andere berichtet. Das weisere Selbst kann auch Rat erteilen.

Literaturtipp

Günter G. Bamberger: Lösungsorientierte Beratung. Weinheim und Basel: Beltz, 5. Auflage 2015. Dies halte ich für das gelungenste Buch zum Thema. Es enthält Theorie, viele Praxisbeispiele und viele kurze Dialogbeispiele.

Weitere Hinweise finden Sie im kommentierten Literaturverzeichnis am Ende dieses Buches.

Kognitiv-emotionale Interventionen

Dieses Handbuch soll »für sich stehen« und nicht nur eine Erweiterung des »Handbuchs Coaching und Beratung« sein. Dort wurden das kognitive Umstrukturieren aus der Verhaltenstherapie sowie die Arbeit mit Glaubenssätzen, Reframing und Metaprogrammen aus dem NLP umfassend dargestellt (s. Verweis am Kapitelende). Im vorliegenden Buch werden diese Themen nicht wiederholt. Ich möchte die »kognitive Arbeit« dennoch in diesem Handbuch ebenfalls erwähnen und kurz darauf eingehen. Denn diejenigen, die nur das vorliegende Buch lesen, sollen zumindest das erweiterte ABC-Modell und eine Reihe von kognitiven Fragetechniken anwenden können. Daher stellen wir diese Interventionen praxisrelevant und knapp dar und ergänzen diese durch einige neue oder ungewöhnliche Ideen. Beispielsweise stellen wir Ihnen am Kapitelende alte indische »Mentaltechniken« vor, die im Business-Coaching angewendet werden können.

Kognitive Interventionsmethoden haben Ihre Wurzeln in der modernen kognitiven Verhaltenstherapie

Die kognitiv-emotionale Arbeit hat sich aus der Verhaltenstherapie entwickelt: Die Verhaltenstherapie begann ihre Karriere vor etwa 100 Jahren, ohne »Gedanken« und »Emotionen« ernsthaft in den Blick zu nehmen. Zunächst wurde nur berücksichtigt, wie Ratten oder Menschen sich verhalten, wie sie handeln, wenn sie bestimmten Reizen ausgesetzt werden. Die Forschung konzentrierte sich zu dieser Zeit auf Reize und Verhaltensantworten (Stimulus und Response). Was »dazwischen« lag, nämlich ein zunächst unbekannter Arbeitsschritt im Gehirn, im Inneren, in den Gedanken oder gar Gefühlen, das schien so vage und wissenschaftlich unbegreiflich, dass es als »Blackbox« ausgespart wurde.

In den konkurrierenden Nachbardisziplinen wie der Psychoanalyse jedoch wurde genau diese Blackbox intensiv erforscht und diskutiert. Zudem entwickelte die allgemeine Psychologie Einsichten und Instrumente, mit denen einzelne Variablen des Denkens auch wissenschaftlich erfasst werden konnten. Hiermit wurden sie zu »Verhalten«. So ging die Verhaltenstherapie dazu über, die Gedanken ebenfalls zu berücksichtigen. Daraus entstand in den 70er-Jahren des letzten Jahrhunderts die »kognitive Verhaltenstherapie«. Auch dieses Modell hatte Konkurrenz. Die humanistischen Verfahren (systemische Psychotherapie, Gestalttherapie, Psychodrama, Hypnotherapie und viele andere) arbeiteten bereits erfolgreich mit Gefühlen und Emotionen oder gar dem Körper. So begann auch die Verhaltenstherapie damit, diese wichtigen Bereiche zu integrieren. Daher spricht man heute besser von »kognitiv-emotionaler Therapie«.

Mittlerweile wenden Verhaltenstherapeuten ganz selbstverständlich auch tiefenpsychologische Modelle an, machen zum Beispiel kleine Aufstellungen, arbeiten mit einem »leeren Stuhl« oder lassen ihre Klienten Imaginationsübungen durchführen. Sicher haben die anderen Verfahren in ähnlicher Weise von der Verhaltenstherapie und ihren jeweiligen anderen Konkurrenten gelernt und ihre Sichtweise enorm erweitert.

Wenn wir in diesem Kapitel einige Modelle aus der kognitiven Verhaltenstherapie vorstellen, berücksichtigen Sie bitte, dass dieses Verfahren mittlerweile in der Praxis (gelegentlich noch nicht in den theoretischen Hochburgen) zu einem integrativen Ansatz gelangt ist und sich nicht durch die kleinen dargestellten Werkzeuge charakterisieren lässt. Doch die »kleinen Werkzeuge« in diesem Kapitel sind im Coaching sehr hilfreich. Daher stellen wir Sie vor.

Kognitiv-emotionale Klärungsfragen

»Ich-bin-Sätze« in Gedanken, Emotionen und Taten übersetzen

Die meisten Menschen identifizieren sich mit ihrem Denken, Fühlen, Handeln und den »Umständen«, in denen sie leben: Sie pflegen die Illusion, dass sie ihr Denken, Fühlen oder ihre Umstände *sind*. Damit verschleiern sie, dass hinter jedem Sein meist eine Tat steht, zu der sich ein Mensch bewusst entschließen (oder sie auch verweigern) kann. Die Identifikation drückt sich sprachlich in »Ich-bin-Sätzen« aus:

> **Beispiele**
>
> »Ich *bin* halt nicht so ehrgeizig.«
>
> »Ich *bin* wütend auf meinen Chef.«
>
> »Ich *bin* ein vorsichtiger Mensch.«
>
> »Ich *bin* nun einmal Kind meiner Eltern.«
>
> »Ich *bin* halt so!«

Hinter jeder dieser Identifikationen, die auch sprachliche Oberflächenphänomene darstellen, steckt eine Reihe von Auslassungen, Emotionen, Ängsten, Hoffnungen, biografischen Erfahrungen, Verdrehungen und vieles mehr. Auf freundliche, doch konsequente Weise hinterfragt der Coach jedes »bin« (jedes Sein). Dies kann mit einfachen W-Fragen wie in einem Interview geschehen. Als Coach können Sie auch direkt nach Hoffnungen, Befürchtungen und anderen Hintergründen fragen. Es geht dabei nicht um den Erkenntnisgewinn des Coachs, sondern ausschließlich darum, dass wir dem Klienten einen Weg aus seinem »Bin-Nebel« aufzeigen. Wir bieten mit einfachen Fragen eine Schulung des bewussten Denkens an. Solche W-Fragen oder Fragen nach den Hintergründen sind beispielsweise:

> **Beispiele**
>
> **Klient:** »Ich bin halt so ehrgeizig.«
> **Coach:** »Was möchten Sie damit gerne erreichen? Wer soll das merken? In welchen Bereichen sind Sie ehrgeizig, in welchen nicht? Wie unterscheiden sich dann Ihre Handlungen? Was genau tun Sie, wenn Sie ehrgeizig sind? Wie fühlen Sie sich, wenn Sie das nicht tun können? Seit wann tun Sie das? Auf welche Weise waren Sie früher (als Kind) ehrgeizig? Wer in Ihrer Familie war noch so? Welche Folgen hätte es für Sie (Ihre Gefühle, Ihre Gedanken), wenn Sie sich dazu entschließen würden, nicht mehr ehrgeizig zu handeln? Welche Handlungsalternativen haben Sie? Welches Signal oder welcher Hinweis (Trigger) löst in Ihnen das ehrgeizige Handeln aus? …«
>
> **Klient:** »Ich bin wütend auf meinen Chef!«
> **Coach:** »Was genau denken Sie über ihn, wenn Sie wütend sind? Habe ich Sie da richtig verstanden, dass diese Gedanken dazu führen, dass Sie dann wütend sind? Was ist eigentlich Wut für Sie, was fühlen Sie dabei und was geht dabei in Ihnen vor? Was muss der Chef machen, damit Sie diesen inneren Zustand hervorrufen können? Gibt es andere Menschen, die dasselbe machen – ohne dass Sie dann auf diese Weise innerlich reagieren? …«
>
> **Klient:** »Ich bin ein vorsichtiger Mensch.«
> **Coach:** »Was könnte passieren, wenn Sie nicht vorsichtig wären? Was haben Sie da vor Augen? Was befürchten Sie, könnte eintreten, wenn Sie nicht vorsichtig wären? Auf welche Weise sind Sie vorsichtig? Was genau müssen Sie dann tun? Woran erkennen Sie, dass eine Situation sich anbahnt, in der Sie sich zu diesem Handeln entschließen? …«

Die zwei Seiten der Warum-Frage

Die Warum-Frage unter den W-Fragen ist zweischneidig. Sie kann einerseits zu Rationalisierungen einladen, mit denen der Klient sich und dem Coach versucht vorzumachen, dass er so und nicht anders *sein* muss(!). Andererseits eröffnet die Frage nach dem Warum auch einen Weg, das eigene »Gewordensein« zu verstehen und annehmen zu können.

Als Coach sollten Sie mit den anderen W-Fragen erst den Boden für diese integrative Wirkung des Warums bereiten. Ein Klient, der seine Nebel etwas beiseitegeschoben hat, ist hierfür empfänglicher. Klienten, die noch in ihrem Nebel herumstochern, neigen eher dazu, auf Warum-Fragen mit Rationalisierungen zu reagieren.

Übung: Vom Sein zum Tun!

Identifizieren Sie in Gesprächen mit Klienten oder Übungspartnern jeden »Ich-bin-Satz« und helfen Sie behutsam bei der Übersetzung in Emotionen, Gedanken und Hintergründe. Das Ziel sollte sein, dass der Klient Verantwortung für sein inneres und äußeres Tun übernimmt und hiermit zum Akteur seiner selbst wird. Denn mit der Gesamtheit unserer inneren und äußeren Taten (also auch der Gedanken) bauen wir uns ein Bild unserer Identität auf.

Angedeutete kognitiv-emotionale Kausalketten

In den Äußerungen der Klienten wird der Zusammenhang von Umständen, Emotionen und Gedanken sehr oft vage gehalten oder nur angedeutet. Dies ist nicht so, weil die Klienten den Coaches etwas verheimlichen wollen oder weil sie Zusammenhänge verschleiern möchten. In der Regel fehlten bisher die Muße oder die Übung, um Gedanken und Emotionen zu ordnen. Es folgen nun zwei Beispiele, auf welche Weise Klienten kognitiv-emotionale Kausalketten andeuten und wie ein Coach diese Andeutungen nochmals hervorheben kann:

Beispiele

Klient: »In unserer Abteilung ist es zurzeit schrecklich. Da muss jeder um seinen Arbeitsplatz fürchten. Von den Vorgesetzten ist da nur wenig zu erwarten ...«
Coach: »Verstehe ich Sie richtig, dass Ihnen in Ihrer Abteilung zurzeit einiges missfällt und dass Ihnen das Verhalten Ihrer Vorgesetzten momentan ebenfalls nicht gefällt, weil Sie von dort wenig Unterstützung bekommen? Deshalb haben Sie Angst, Ihren Arbeitsplatz zu verlieren?«

Diese Fragen bitte einzeln stellen, wenn der Klient einer solchen langen Kette von Fragen nicht gut folgen kann.

Beispiele

Klient: »Ich gebe mir alle Mühe, meine Mitarbeiter gerecht zu führen. Aber momentan sind alle, wirklich alle, so sehr gereizt. Damit komme ich nur schlecht klar. Genau genommen bin ich auch ziemlich ratlos ...«
Coach: »Verstehe ich Sie richtig, dass Sie sich ziemlich ratlos fühlen, weil Ihre Mitarbeiter ausnahmslos gereizt sind?«

Mit der Einleitung »Verstehe ich Sie richtig ...« erreichen wir im Coaching mehreres: Wir verweisen darauf, dass es um ein tieferes Verständnis geht, und wir spiegeln zurück, was wir bisher verstanden haben. Mit den Worten »*dadurch*« oder »*weil*« konstruiert der Coach eine Kausalkette, die er aus der Aussage des Klienten herausgehört hat. Die Nachfrage des Coachs führt dazu, dass der Klient die Situation und seine emotionale und kognitive Bewertung nochmals reflektiert. Es ist wichtig, die Gedanken und Emotionen zunächst herauszuarbeiten und dem Klienten dabei behilflich zu sein, sie zu benennen.

Diese einfache Form des Nachfragens bereitet den Boden für das ABC-Modell, das ich auf Seite 131 f. vorstellen werde. Im Kapitel zur lösungsorientierten Beratung habe ich ausführlicher beschrieben, warum die Zusammenfassung von Aussagen des Klienten zu einem wesentlichen Werkzeug im Coaching gehört.

Übung: Gedankliche Kausalketten erfragen

Fassen Sie kurze Passagen von Schilderungen des Klienten zusammen und formulieren Sie darin die vom Klienten angedeuteten Kausalketten. Beispielsweise mit folgenden Sätzen: »Verstehe ich Sie richtig, dass Sie …, und dies führt dazu, dass Sie …?« Oder: »Habe ich Sie da richtig verstanden, dass Sie …, weil Sie …?«

Was verstehen Sie eigentlich unter …?

Im Coaching, in der Psychotherapie und im Alltag nutzen wir eine unübersehbare Fülle von Begriffen. Jeder Mensch versteht unter diesen Begriffen etwas anderes. Genauso ist es mit Worten wie »Denken«, »Fühlen«, »Handeln«, »Emotion« und »Angst«. Wenn der Coach mit einem Klienten arbeitet und der Klient oder er ein und dasselbe Wort benutzen, dann verstehen beide jeweils etwas ganz anderes darunter, wecken ganz unterschiedliche innere Bilder, Körperregungen und Gedanken in sich. Es ist eine Illusion, davon auszugehen, dass eine umfassende Definition dazu führt, dass zwei Menschen dasselbe unter einem Begriff verstehen können.

Viele Fachleute erklären ihren Klienten oder Patienten, was es mit »Emotionen« oder anderen Phänomenen auf sich hat. Die Klienten sollen dann die Definition der Fachperson übernehmen. Der klügere Weg könnte es jedoch sein, dass der Coach seinen Klienten fragt.

Beispiel

»Sagen Sie, wir haben eben über Ihre Angst gesprochen. Dabei weiß ich aber gar nicht genau, was Sie darunter verstehen. Was macht dieses Wort für Sie aus? Woher kennen Sie diese Empfindung? Wann tauchte sie das erste Mal in Ihrem Leben auf? Wie unterscheiden Sie Angst von Furcht oder Unwohlsein? Welche Gedanken gehen Ihnen dann durch den Kopf? Wie handeln Sie normalerweise, wenn dieses Gefühl sich einstellt? Wie können Sie es verstärken (oder abmildern)? Welche Situationen machen dieses Gefühl stärker, welche schwächer? Wie reagieren Sie mit Ihrem Körper, wenn Sie dieses Gefühl wahrnehmen? …«

Auf diese Weise machen wir als Coach den Klienten zum Experten für sein Gefühl und helfen ihm, dabei seine Emotionen differenzierter zu verstehen. Das ist wertvoller, als dem Klienten unsere Fachdefinition von Angst überzustülpen.

Nun kann es natürlich sein, dass manche Definition in den Augen eines Fachmanns eher falsch oder auch schädlich ist. Dies kann in weiteren Arbeitsschritten zusätzlich erarbeitet werden. Meist haben die Klienten genügend Kompetenz, dies mithilfe des Coachs selbst ins Lot zu bringen. Hierzu fragt der Coach beispielsweise nach Ausnahmen, nach Menschen, die anders mit diesem Gefühl umgehen. Eine Reihe von hilfreichen lösungsorientierten und systemischen Fragen für diesen Prozess finden Sie im Kapitel »Lösungsorientierte Interventionen« (s. S. 105 ff.).

Übung: Wortbedeutungen erfragen

Jeder Mensch erlebt »Wut« auf seine eigene Weise: Der Körper reagiert, es tauchen innere Bilder auf, alte Glaubenssätze werden aktiviert, unbewusste Erinnerungen an frühe Beziehungserfahrungen werden wach, beispielhafte Erlebnisse (Szenen) werden gedanklich ins Spiel gebracht ... Auch andere Worte, wie beispielsweise »Macht« lösen ähnliche komplexe Assoziationen und Vorgänge aus. Das meiste davon ist uns in dem Moment, in dem das Wort als Ausgangspunkt dieser Verkettungen auftaucht, nicht bewusst.
Bitte erarbeiten Sie mit Ihren Klienten deren Erleben (die Tiefendimensionen ihrer Definitionen) zu Schlüsselbegriffen ihrer Anliegen. Solche Schlüsselbegriffe, die die Klienten in ihren Erzählungen meist selbst ins Spiel bringen, können sein: Angst, Loyalität, Wut, Erwartungen, Gerechtigkeit, Stellung, Macht, Ansehen, Liebe ...

Das ABC-Modell

> »Nicht die Dinge beunruhigen die Menschen, sondern ihre Meinungen über die Dinge.« Epiktet, stoischer Philosoph (50–120 n. Chr.)

Viele Klienten schildern im Zusammenhang mit ihrem Problem einen äußeren Umstand oder eine Situation, die als Ursache des Problems wahrgenommen wird. In der Schilderung ist fast immer auch eine »Reaktion« enthalten, die der Klient infolge des Problemumstands zeigt:

Beispiel
»Wenn ich das Wort Meeting schon höre (Ursache), dann wird mir total langweilig (Reaktion).«

Hierin ist eine Kausalkette enthalten, ähnlich wie in dem Modell von Stimulus (Meeting) und Response (Langeweile). Was in dieser Aussage jedoch zunächst nicht benannt wird, sind die komplexen inneren Vorgänge, die das Wort Meeting tatsächlich hervorgerufen hat. Es ist zum Teil das, was früher als Blackbox bezeichnet wurde. Man kann es auch als Lücke oder Verbindungsglied zwischen Stimulus und Response bezeichnen. Mit den folgenden Fragen können wir erforschen, welche Prozesse innerhalb der »Lücke« wirken.

> **Beispiel**
> »Welche inneren Bilder tauchten auf? Mit welchen Menschen wird dies in Verbindung gebracht? Welche bisherigen Erfahrungen werden erinnert? Welche Erwartungen an sich und an andere sind hiermit verknüpft? Welche inneren Leit-, Skript- oder Glaubenssätze werden hierdurch aktiviert? Welche Emotionen werden geweckt?«

All dies führt anscheinend zu einer ablehnenden Bewertung. Sie könnte sich vielfältig äußern. Beispielsweise in Wut, Angst oder dergleichen. Warum wählte die Klientin als Response oder Reaktion auf ihre innere Bewertung die »Langeweile«?

Albert Ellis fasste diesen Zusammenhang zwischen Stimulus, Bindeglied und Response bereits ab 1950 in seinem Modell der Rational-Emotiven-Therapie (RET) zusammen und entwickelte sein berühmtes ABC-Modell. In diesem Modell ist A der auslösende Umstand, B das zunächst unbewusste innere Bewertungssystem und C die resultierende Konsequenz oder Reaktion.

Intervention: Erweitertes ABC-Modell

In diesem erweiterten ABC-Modell habe ich einige Erweiterungen oder Veränderungen vorgenommen, die im Coaching hilfreich sind: Trennen von Wahrnehmung und Interpretation, innere Landkarte, Ausnahmen, Modelle, Bilder, Gewinne, Preise und einiges mehr. Diese Erweiterungen entstammen nicht dem Originalmodell, lassen sich aber sehr gut mit dem ABC-Modell kombinieren.

A: Activating event (auslösende Situation): Hier soll der Klient beschreiben, welche Situation seiner Reaktion vorausging. In diesem Prozessschritt ist es bedeutsam, dass der Klient lernt, die auslösende Situation möglichst genau zu beschreiben, indem er Abläufe, beobachtbare Einzelheiten, konkrete Beispiele und anderes berichtet.
Trennen von Wahrnehmung und Wertung: »Einmal angenommen, jemand anders würde diese Szene durch ein dickes Glas beobachten oder auf dem Monitor einer Videoüberwachung als neutraler Beobachter verfolgen, was würde dieser neutrale Beobachter sehen, Schritt für Schritt?«
Dieses Trennen von Wahrnehmung und Interpretation fällt vielen Klienten außerordentlich schwer. Daher ist es wichtig, dass der Coach immer wieder Hilfestellung gibt.

C: Consequences (Reaktion, Response, Konsequenzen): In der Regel stellen Klienten nach der auslösenden Situation zunächst ihre Reaktion dar. In diesem Arbeitsschritt wird herausgearbeitet, worin die Reaktion genau bestand: Emotionen, Handlungen, Gedanken, Körperreaktionen, Beziehungen, Gespräche, Blicke und vieles mehr. Der Coach hilft, die komplexe Reaktionsweise aufzuschlüsseln.

B: Beliefs (Gedanken und Bewertungen): Zwischen A und C klafft eine Lücke. Trotzdem erscheint vielen Klienten die Verbindung von A zu C logisch. In diesem Arbeitsschritt nun wird die Lücke geschlossen, indem erfragt wird, welche inneren Bewertungen und Abläufe eigentlich von A zu C führten. Heute muss man den Begriff »Beliefs« jedoch erweitern. Denn bevor sich klar formulierbare Gedanken einstellen, laufen zahlreiche innere Prozesse ab: Es tauchen Bilder auf und andere, eher primärprozesshafte oder präverbale innere Erlebnisstrukturen. Statt »B = Beliefs« könnte man daher auch setzen: »B = Bilder, Intuitionen, Symbole und Gedanken«.

Hier kann eine sehr komplexe »innere Landkarte« erarbeitet werden, die in letzter Konsequenz zu einer von vielen möglichen Sichtweisen und Bewertungen führt, die der Klient gewählt hat. Die innere Landkarte erkunden: »*Lassen Sie uns erkunden, welche Prozesse die Situation A in Ihnen auslöst.*« Diese Prozesse bilden ein assoziatives Netz, das aussieht wie eine Landkarte mit vielen Hauptstraßen und Querverbindungen. Mögliche Ortschaften, Gebiete, Landschaften darin können sein: Personen aus der Vergangenheit, Glaubenssätze und die Geschichte des Klienten, Körpererinnerungen, Traumerinnerungen, Gerüche, Körpergefühle, Veränderung der Atmung oder des Muskeltonus, Erwartungen, Hoffnungen, Ängste, innere Urbilder, konkrete Bilder und anderes mehr. Sie können dieses Modell jedoch auch weniger komplex gestalten und zunächst nur innere Bilder und innere Sätze erfragen, die durch A ausgelöst werden.

D: Disput (Disputation, Diskussion): In diesem Arbeitsschritt werden die Erlebnisinhalte aus B sowie die getroffene Bewertung diskutiert. Hierzu eignen sich beispielsweise folgende Fragen:

- *Ausnahmen:* »Gibt es Situationen (andere Menschen, andere Umstände), die Sie zu einer ganz anderen Bewertung veranlassen (die die innere Landkarte ganz anders zusammensetzt) und dadurch zu einer ganz anderen oder auch nur etwas anderen Reaktion führt?«
- *Modelle:* »Gibt es Menschen oder Vorbilder, von denen Ihnen bekannt ist, dass diese ganz anders mit der Situation A umgehen würden, bei denen im Inneren ganz andere Prozesse ablaufen würden (welche?) und die daher auch ganz andere Reaktionen zeigen würden? Worin sehen Sie (im Detail!) die Unterschiede der inneren Abläufe dieser Personen zu den Abläufen bei Ihnen?«
- *Bilder:* »Welche inneren Bilder entstehen in Ihnen noch bevor Gedanken oder Wertungen auftauchen, wenn die Situation A (ausformulieren) eintritt? Welche inneren Bilder entstehen in Ihnen, wenn eine Ausnahmesituation auftritt, die auch ein A enthält – aber zu einem ganz anderen C führt? Welcher innere Schritt müsste getan werden, um auch in normalen A-Situationen solch ein Ausnahme-Situations-Bild in Ihnen entstehen zu lassen?« Diese Frage kann imaginativ erarbeitet werden.
- *Gewinne:* »Dass Sie sich bisher dazu entschlossen haben, aus der Situation (A) und Ihren inneren Vorgängen (B) diese Bewertung zu bilden und diese Reaktion (C) zu entfalten, hat sicher in mancher Hinsicht Vorteile. Bitte lassen Sie uns sammeln, welche positiven Auswirkungen, Vorteile, Gewinne und guten Folgen Ihre bisherige Bewertung und Reaktion aufweist.«
- *Preis:* »Ihre Abfolge von A-B-C (konkret benennen) hat sicher auch zur Folge, dass Sie sich damit etwas verschließen, etwas unwahrscheinlich machen, sodass einiges schwieriger oder sogar unmöglich wird. Lassen Sie uns einmal diesen Preis unter die Lupe nehmen, den Sie dadurch zahlen.«
- *Wenn alles so bleibt:* »Einmal angenommen, Sie würden weiterhin so entscheiden wie bisher (Kette A-B-C), wie würde sich dann die Beziehung zu Person X (oder Ihre Situation in Abteilung Y oder anderes) weiterentwickeln, wie würde dann Ihre Zukunft aus-

> sehen und welche langfristigen Folgen würden sich daraus für Ihr Leben ergeben? Ist das eine gute oder angenehme Vorstellung?« Diese Fragen können ebenso imaginativ oder psychodramatisch erarbeitet werden.
> - *Wenn Sie es verändern würden:* »Einmal angenommen, Sie würden sich zukünftig anders entscheiden (A-B-C), wie würde sich dann die Beziehung zu Person X (oder die relevante Begegnung oder …) weiterentwickeln, wie würde sich dann Ihre Zukunft gestalten?« Diese Fragen können ebenfalls imaginativ oder psychodramatisch erarbeitet werden.
>
> **Z: Ziel:** In diesem Schritt wird mit dem Klienten Folgendes erarbeitet:
> - *A bewusst wählen:* In welche Situationen möchte der Klient sich zukünftig begeben?
> - *B bewusst wählen:* Welche inneren Bilder, Gedanken, Wertungen, Körperwahrnehmungen möchte der Klient zukünftig für sein bisheriges A wählen (und sich erarbeiten)?
> - *C bewusst wählen:* Welche endgültigen Reaktionen, Gefühle, Gedanken und Konsequenzen möchte der Klient zukünftig für das bisherige A wählen?
>
> **F: Folgen, Umsetzung, Maßnahmenplan:** Damit der Klient sein Ziel erreichen kann, muss er einiges verlernen und anderes neu lernen, er muss Kompetenzen erwerben, üben, trainieren, sich Hilfe holen, Wissen erwerben … In diesem Arbeitsschritt entwirft der Klient mithilfe des Coachs einen Maßnahmenplan und kann diesen und den vorher durchgeführten Schritt Z anhand eines Zielmodells aus dem Coaching (beispielsweise SMART, s. S. 84) konkretisieren.

Neben dem ABC-Modell wird in der kognitiven Verhaltenstherapie eine Reihe weiterer Methoden eingesetzt. Bewährt haben sich in diesem Verfahren auch Hausaufgaben, Beobachtungsprotokoll, ebenso Vorbereitungs- oder Klärungsfragebögen zu einzelnen Sitzungen oder Nachbearbeitungsbögen, in denen der Klient die Erfahrungen einer Sitzung aufarbeitet. Wir sind darauf im Kapitel zur lösungsorientierten Beratung bereits eingegangen.

Das orientalische Konzept der »Mentale«

Gedanken sowie neuerdings Gedanken *und* Emotionen können mit Gesprächstechniken – und dadurch meist mit bewussten Gedanken – bearbeitet werden.

Manchmal ist es jedoch wirkungsvoller, sich den Gedanken *und* Emotionen mit kreativen Methoden, handlungsorientierten Methoden, Imaginationen oder Körperverfahren zu nähern, weil es hierdurch erleichtert wird, im Erleben präsent zu sein – und nicht nur über das Erleben zu rationalisieren. Das ist selbst im Coaching nichts Neues. Hier einige Bespiele, in denen »Denkmuster« mit kreativen oder handlungsorientierten Methoden untersucht werden:

- Die Aufstellungsmethode »Tetralemma« von Matthias Varga von Kibéd (in: Varga von Kibéd und Sparrer: Ganz im Gegenteil, 2016) ist von einem alten indischen

Modell abgeleitet. Hierin werden logische und gedankliche Ambivalenzstrukturen räumlich bearbeitet. Im Psychodrama heißt die sehr ähnliche Technik »Diamant der Amibivalenz«. Die verschiedenen Denkpositionen werden durch verschiedene Personen »gespielt«. In der Arbeit mit einem Einzelklienten kann dieser für jede Denkposition einen anderen Platz einnehmen.
- Durch Aufstellungsarbeit und Gesang kann im »gesungenen Glaubenssatz« (s. »Handlungsorientierte und systemische Interventionen«, S. 224 ff.) ein Glaubenssatz als Chorerlebnis verändert und dekonstruiert werden.
- Auch das ABC-Modell kann als Aufstellung durchgeführt werden, indem einzelne Arbeitsschritte durch Metaplankarten auf dem Boden verankert werden. Die Arbeit mit Symbolen oder Metaplankarten wird im Kapitel »Handlungsorientierte und systemische Interventionen« ab Seite 185 näher erklärt.
- Das Modell der logischen Ebenen von Robert Dilts (s. »Handbuch Coaching und Beratung«, S. 299, 482) ist eine kognitiv-emotionale Aufstellungsarbeit.

Diese Liste kann fortgeführt werden. Besonders in den humanistischen Verfahren, in der Gestaltungstherapie (dies ist der neuere Begriff für »Kunsttherapie«) sowie in der Musiktherapie und ähnlichen Verfahren wird an komplexen Gefühls- und Gedankenkonstrukten mit nonverbalen, symbolischen und körperlichen Methoden gearbeitet. Es gibt zudem Verfahren, in denen die Arbeit mit dem Körper im Vordergrund steht. Alle diese Ansätze sind sehr wertvoll. Im Folgenden werden wir uns jedoch mit speziellen »Mentaltechniken« (Gedankenarbeit) beschäftigen, die vor langer Zeit in Indien entwickelt wurden.

Die Beschäftigung mit Gedanken *und* Gefühlen ist den Schriftstellern seit Jahrhunderten vertraut gewesen. Erst in der Neuzeit wurde dies auch in der abendländischen Wissenschaft systematisiert. In Indien (sicher auch anderswo) gibt es bereits seit Jahrtausenden ausgeklügelte introspektive Modelle, die darauf abzielen, Gedanken, Emotionen und Handlungen bewusst zu machen und gezielt zu steuern. Diese Techniken wurden einerseits in der orientalischen Philosophie, andererseits in der religiösen Praxis angewandt. Sie fanden bereits in der buddhistischen Psychologie einen systematischen Niederschlag, der der emotional-kognitiven Verhaltenstherapie modernster Art sehr ähnlich ist. Heute finden viele dieser alten Einsichten in anderem Gewand Einzug in die Praxis der abendländischen Psychotherapie und Beratung. Ähnliche Techniken wurden übrigens auch – in aller Abgeschiedenheit – in christlichen Klöstern entwickelt.

Ich möchte Ihnen im Folgenden einige alte indische Gedankentechniken vorstellen, die Bestandteil einer Meditation sein können. Sie werden sehen, dass diese Techniken – beinahe ohne Veränderung – auch der modernen kognitiven Verhaltenstherapie in der Verknüpfung mit der modernen Hypnotherapie entstammen könnten.

Das indische Konzept des »Mentals«

Unter einem »Mental« verstanden indische Weisheitslehrer die Gesamtheit persönlicher und kollektiver Gedanken, Bilder, Emotionen, »Archetypen« (wie C. G. Jung gesagt hätte), Handlungsoptionen, Neigungen und Abneigungen. Ein Mental ist somit nicht nur ein Gedanke, sondern auch das damit assoziierte Bild, die damit verbundene Emotion, der damit einhergehende Handlungsimpuls. Es ist ein komplexes Konstrukt, das einen »Gedanken« als Oberflächenerscheinung haben kann oder eine Emotion. Das ist davon abhängig, worauf das Bewusstsein gerade fokussiert.

In einer Psychotherapie oder einer Beratungsform, die hieran anknüpft, kann es unter anderem darum gehen, die Identifikation mit Mentalen zu lösen: »Ich bin nicht die Gesamtheit meiner Mentale, ich kann wählen, welche Mentale mich treffen, welche haften, welche wirken sollen und welche nicht.« Dahinter steht auch die Idee, dass man Mentale *nicht hat*, dass man nicht die Gesamtheit »eigener« Mentale *ist*, sondern dass Mentale Ereignisse sind, die man beobachten kann. Mentale treten als inneres Ereignisgeflecht auf, sie *sind* aber nicht die Identität eines Menschen.

Übung: Bin ich mein Gedanke – oder ereignet er sich nur?

Bitte diskutieren Sie mit Kollegen diese Behauptungen: Ich bin nicht mein Gedanke. Ich bin nicht mein Gefühl. Ich bin nicht meine Geschichte. Ich bin nicht diese Situation. Meine Gedanken, meine Gefühle, meine Geschichte und meine Situation ereignen sich nur. Ich muss mich damit nicht identifizieren.

Auf die weiter gehende Frage, nämlich wer wir jenseits unserer Gedanken, Emotionen (oder Mentale) sind, gehen wir an dieser Stelle nicht ein.

Verweis: Der Zusammenhang von Mentalen und der subjektiven Gewissheit von Identität ähnelt dem Zusammenhang von Rollen und Identität. Siehe hierzu die Intervention »Rollen ablegen« von Roberto Assagioli im Kapitel »Handlungsorientierte und systemische Interventionen« (s. S. 194). Die folgenden Interventionen zu »Gedanken« sind gleichfalls Imaginationsmethoden, die ebenso ins Kapitel »Imaginative Interventionen« eingeordnet werden könnten. Das folgende »Gedankenatom« kann außerdem als Ergänzung zum sozialen Atom oder kulturellen Rollen-Atom des Psychodramas durchgeführt werden (s. S. 196).

Intervention: Das Gedankenatom (oder Mentalatom)

Mit dieser Imaginationstechnik soll ein Klient lernen, sich Gedanken oder Emotionen (oder Mentale) bewusst zu machen und sie aus einer Beobachterperspektive wahrzunehmen, statt sich mit ihnen zu identifizieren. In einem nächsten Schritt kann er sie bewusst annehmen oder abweisen.

> Im Laufe der Imagination wird es um Folgendes gehen: Der Klient soll bildlich und emotional die Gedanken wahrnehmen können, die dicht an seinem Selbst sind und seine Identität ausmachen: Aus diesen setzt sich der Kern zusammen. Er wird auch dazu eingeladen, zu unterscheiden, welche Gedanken er bei sich behalten möchte, weil sie »zu ihm passen« und welche Gedanken er wegschieben möchte, weil sie »nicht zu ihm passen« oder störend sind. In der Imagination darf er sie wegschieben.
>
> Nachdem einige Zeit mit dem Gedankenatomkern gearbeitet wurde, wird nun der Fokus auf die Gedankenatomhülle in weiter Entfernung gelenkt. Auch hier werden die Gedanken und Glaubenssätze identifiziert und visuell-emotional verdeutlicht. In einem weiteren Schritt wird nun über die Gedankenatomhülle hinausgeschaut, um wahrzunehmen, welche anderen Gedankenatome und interatomaren Strukturen in der Nähe sind. Hierbei wird deutlich gemacht, dass von anderen Gedankenatomen fortgeschobene Gedanken (Elektronen, Photonen, Wellen oder subatomare Strukturen) umherfliegen und in das eigene Gedankenatom eintreten wollen. Der Klient wird dazu angeregt, dies zu erkennen und bewusst zu entscheiden, welche Gedanken oder Elemente (Mentale) ihm willkommen und hilfreich sind (diese lässt er eintreten) und welche störend oder belastend sind. Diese wehrt er bereits an der Atomhülle oder weit davor ab.
>
> Diese Trancetechnik hilft dem Klienten folgende Einsichten und Kompetenzen zu erwerben: Er kann Gedanken und ihren Abstand zu seinem Selbst identifizieren. Er kann Gedanken visualisieren und emotional werten (beispielsweise farblich oder figürlich unterscheiden und als angenehm oder unangenehm einstufen). Er kann wählen, welche Gedanken er bei sich behalten möchte und welche er aus seinem Atom entlässt. Er kann fremde Gedanken, die von außen in seine Sphäre eindringen möchten, frühzeitig identifizieren und abwehren. Diese Imagination stärkt die Vorstellung, dass der Klient selbstverantwortlich bestimmen kann, welche Gedanken er dicht bei seinem Selbst trägt, um sich daraus eine »Identität« zu bilden.

Beispielsweise wird das Gedankenatom folgendermaßen angeleitet:

Beispiel

Coach: »Bitte stellen Sie sich vor, dass Sie selbst tief in sich ruhen; wie der Kern eines Atoms steht das, was Sie selbst ausmacht, in der Mitte. Die wahren Größenverhältnisse von Atomen machen sich viele Menschen kaum bewusst. Wenn der Atomkern so groß wäre wie eine Apfelsine, dann würden die Elektronen in Tausenden Kilometern Entfernung um ihn kreisen und wären auch mit einem Mikroskop kaum sichtbar. Was wir für feste Materie halten, ist in Wirklichkeit nur Raum.
In diesem gedachten Zentrum des Atoms, in dem Sie selbst stünden, ist außerdem keine unteilbare Ruhe. Es ist ein Fließen und Schwingen von Energien. Stellen Sie sich einmal vor, jeder Gedanke oder jede innere Regung in Ihnen ist ein Kernbestandteil, vielleicht ein Neutron oder Elektron oder eines jener subatomaren Teilchen, aus denen wiederum die Protonen und Neutronen aufgebaut sind. Und dies alles fließt, schwingt, pulsiert innerhalb des Kerns. Einige dieser Schwingungen sind Gedanken oder Emotionen, andere sind Bilder

oder Körpererinnerungen. – Schauen Sie mit Ihrem inneren Auge ruhig genauer hin, um einzelne Mentale, die innerhalb des Kerns sind, ganz nahe bei dem Selbst, genauer wahrzunehmen. Denn wenn man auf diese Weise genau hinsieht, nimmt man wahr, dass einige dieser Teile angenehm leuchten und guttun, andere kaum leuchten oder wiederum andere von einer Art Nebel oder grauem Überzug umgeben sind. Manche Teile sind vielleicht warm, andere kühl oder unangenehm, andere hat man gerne nahe beim Selbst, also dicht am Kern, wiederum andere hätte man vielleicht gerne viel weiter weg. Seien Sie einfach neugierig, auf welche Weise Sie einzelne Teile, die wir vorhin als Gedanken oder innere Regungen bezeichnet haben, sehen und wahrnehmen, welche Gedanken dicht bei Ihnen sind und welche Farbe und Qualität sie haben …«

Wie man diesen Text mit Trancetechniken weiter ausbaut, erfahren Sie im Kapitel »Imaginative und intuitive Interventionen« (s. S. 142 ff.).

Auch die folgende Intervention ist eine Imagination, die entsprechend den Hinweisen ab Seite 142 aufgebaut werden sollte.

> **Intervention: Die Gedankenfabrik**
>
> Der Klient kann sich vorstellen, auf einer Anhöhe zu stehen und weit ins Tal zu schauen, in dem eine Gedanken- oder Mentalfabrik liegt, die ihn und andere Menschen beliefert. Bisher hat er eine besondere Art von Mentalen bestellt und angenommen. Auf Straßen im Tal oder auf anderen Transportwegen werden diese Mentale angeliefert. Viele dieser Wege kann er von seiner Anhöhe aus sehen. Auch die besondere Art der Ware kann er von dort oben aus erkennen. Während die Transportmittel zu ihm unterwegs sind, kann er sie noch umleiten, wieder abbestellen oder auch kurz vor der Anlieferung die Annahme verweigern. Er kann auch veränderte Straßenschilder aufstellen und die Ware an sich vorbeifahren lassen, die er nicht mehr haben möchte.
> Während er nur noch annimmt, was ihm wirklich guttut, bemerkt er Veränderungen an sich …

Die nächste Intervention geht dem Ursprung oder der Quelle von Emotionen nach. In der modernen Verhaltenstherapie spricht man in diesem Zusammenhang von einer Emotionsbrücke oder Affektbrücke: Die Emotion verweist auf die damit zusammenhängenden Gedanken, Erfahrungen, Umstände und Erlebnisse, die zum Teil wenig bewusst oder gar unbewusst sind. In der Verhaltenstherapie wird die Brücke genutzt, um die damit verknüpften Aspekte zu erforschen und zu verändern. In alten indischen Imaginationstechniken oder auch in der moderneren westlichen katathym-imaginativen Psychotherapie (KiP) nach Hanscarl Leuner kann die Emotion ebenfalls als Ausgangspunkt genutzt werden, der man bildlich folgt, um zu ihren Ursprüngen und Hintergründen zu gelangen. Diese Intervention sollte ebenfalls entsprechend den Hinweisen ab Seite 142 aufgebaut werden.

> **Intervention: Emotionssurfen oder dem Bachlauf folgen**
>
> Wenn der Klient eine unklare, störende oder plötzlich auftauchende Emotion verspürt, kann er eingeladen werden, sie bis an ihre Quelle oder ihren Ursprung zurückzuverfolgen. Hierzu können beispielsweise folgende zwei Varianten angeboten werden:
> - Surfen: Der Klient kann sich vorstellen, dass die Emotion eine Welle oder Brandung ist. Als sehr gekonnter Surfer (der nicht untergehen kann!) springt er auf die Welle und surft bis zu ihren Ursprüngen zurück. Dabei bleibt er in einer dissoziierten Beobachterposition. Dieser imaginative Umgang mit dem Meer sollte jedoch nur von Personen begleitet werden, die eine umfassende Ausbildung in imaginativen Verfahren absolviert haben. Denn wenn der Surfer doch einmal in den Wellen versinkt, tauchen manchmal beängstigende Meeresbewohner auf. Von fortgeschrittenen Beratern oder Therapeuten kann dies sehr gut begleitet werden. Doch Anfängern fehlt in diesen Situationen oft die Kompetenz, die Arbeit hier konstruktiv fortzuführen.
> - Quelle: Der Klient kann sich als Spaziergänger oder Wanderer imaginieren, der die Emotion als ein fließendes Gewässer (einen Bachlauf oder einen Fluss) sieht. An diesem Gewässer wandert er als Beobachter stromaufwärts bis zur Quelle.

Diese Imagination könnte folgendermaßen vom Coach eingeleitet oder begleitet werden:

> **Beispiel**
>
> **Dem Bachlauf bis zur Quelle folgen:** »Sie haben mir in der letzten Sitzung von dem unbestimmten Gefühl der Enge und der Anspannung berichtet, das Sie wahrnehmen, wenn Ihr Chef Sie in Marketingsitzungen anschaut. Da Sie sonst ein gutes und lockeres Verhältnis zu Ihrem Chef haben, wie Sie sagten, können Sie sich das nicht erklären. Ich möchte Sie in dieser Sitzung einladen, dass wir dieses Gefühl und die Anspannung nutzen, um sie mit einer bildlichen Methode näher zu erforschen, damit Sie besser verstehen können, was diese Gefühle auslöst … Wenn Sie mögen, schließen Sie dafür bitte die Augen und versuchen Sie, sich noch einmal an die Szene zu erinnern, die dieses Gefühl bei Ihnen ausgelöst hat … Nun bitte ich Sie, dass Sie sich mehr und mehr auf das Gefühl konzentrieren, das dabei entsteht. Die Szene selbst ist nicht mehr bedeutsam. Bitte nehmen Sie nur noch das Gefühl wahr … Vielleicht mögen Sie sich nun vorstellen, dass Sie sich von diesem Gefühl auf eine Wiese leiten lassen … Einfach wahrnehmen, wie diese Wiese in Ihrer inneren Vorstellung aussieht. Jeder Mensch stellt sich dabei eine andere Wiese vor … Bemerken Sie ganz einfach, was es dort zu sehen oder wahrzunehmen gibt …«

Wenn der Klient genügend Zeit hatte, diese Wiese innerlich zu entfalten, wird er gefragt, was er auf der Wiese wahrnimmt, was er dort sieht, riecht, fühlt. Manche Klienten nehmen große Wiesen wahr. Ein Klient, der zuvor ein Gefühl der Enge als Ausgangspunkt beschrieb, nimmt möglicherweise eine kleinere Wiese wahr, die Begrenzungen durch Zäune, Gebirge, einen Wald oder dergleichen aufweist. Der Klient wird auch nach den Gefühlen gefragt, die diese Elemente seines inneren Bildes in ihm auslösen. Manchmal ist der Klient nicht alleine auf der Weise. Es kann sein, dass ein Tier oder etwas anderes auftaucht.

Alle diese Elemente sind unbewusste Symbolgestalten, die in der Regel nur gedeutet werden können, wenn der Coach eine solide tiefenpsychologische Ausbildung absolviert hat. Doch zu diesem Zeitpunkt ist eine Deutung nicht erforderlich. Der Coach sollte mit dem Klienten in und bei der Imagination des Klienten bleiben und diese nicht umgestalten, verfremden, lösen, in seinem Sinne verändern oder dergleichen. Die Imagination kann nun weitergeführt werden:

Beispiel
»Bitte schauen Sie sich auf dieser Wiese weiter um und suchen Sie nach einem Bachlauf oder einen fließenden Gewässer oder einem Hinweis darauf, wo ein solches Gewässer in dieser Landschaft zu finden ist. Verlassen Sie sich dabei auf Ihr inneres Gespür …«
(Wenn der Klient einen Bachlauf oder Ähnliches entdeckt hat, wird er zunächst eingeladen, diesen zu beschreiben.)
»Ich bitte Sie, dass Sie nun in Ihrem eigenen Tempo eine Reise antreten, eine Reise entlang des Bachlaufs, zu seinem Ursprung oder seiner Quelle. Lassen Sie sich bitte genau die Zeit, die Sie benötigen, um all das wahrzunehmen, was auf dieser Reise wahrzunehmen ist: verschiedene Landschaften, Pflanzen, Untergründe, Begegnungen … was auch immer es zu entdecken gibt auf dem Weg zurück zu den Ursprüngen dieses Baches, der bis zur Wiese geflossen ist …«
(Während der Klient die Augen weiterhin geschlossen hat und den Bachlauf stromaufwärts geht, wandert, eilt, reist, fliegt … wird er eingeladen, seine Wahrnehmungen dieser Reise zu berichten. Der Coach fragt nach sinnlich konkreten Eindrücken, nach Gefühlen und Gedanken, die dabei auftauchen. In der Regel führt diese Reise bis zu einer Quelle oder einem Ursprung.)

Nach der Trance, meist erst in folgenden Sitzungen, werden die Bilder, Szenen und Emotionen der Trance behutsam wieder aufgegriffen und mit Mitteln der Trancedeutung erarbeitet. Wie dies geht, beschreibe ich im nächsten Kapitel. In der Regel erkennen die Klienten, dass die inneren Bilder frühere Lern- oder Beziehungserfahrungen symbolisieren, die mit den aktuellen Emotionen oder Affekten verknüpft sind und diese – wie aus einer Quelle – immer wieder speisen. Dies kann in weiteren Schritten durch kognitive Veränderungsarbeit, durch Imaginationsmethoden oder durch szenische Arbeit so modifiziert werden, dass die aktuelle Situation (beispielsweise die Marketingbesprechung mit dem Chef) hierdurch nicht mehr oder zumindest anders beeinflusst wird.

In der folgenden Intervention lernt der Klient wiederum, dass er von zahlreichen Gedanken, Emotionen (oder Mentalen) umgeben ist und diese an sich vorbeiziehen lassen kann.

Intervention: Der Gedankenfluss

Der Coach kann eine Imaginationsübung mit dem Klienten durchführen oder ihm die Anleitung zu dieser Übung geben, damit der Klient sie als Entspannungs- oder Meditationsübung durchführen kann:
Der Klient stellt sich als Stein oder ein anderes Gebilde mitten in einem Fluss vor. Von stromaufwärts kommen kleinere Strudel, Blätter, schwimmende Insekten und allerlei kleinere Gegenstände auf ihn zugeschwommen. Da er ein fester Stein ist, wird ihn hiervon nichts verletzen können. In den Turbulenzen, die er innerhalb des Flusses verursacht, bleiben nun einzelne Wasserstrudel, Gegenstände und dergleichen eine Zeitlang »haften«. Sie alle symbolisieren Gedanken oder Mentale. Die Menge an haftenden Elementen ist die Gesamtheit seiner nahen und ferneren Gedanken. Sie bilden seine Identität. Die Elemente oder Gedanken, die auf ihn zuschwimmen und bei ihm haften bleiben möchten, sind Gedanken aus dem kollektiven Unbewussten (so hätte C. G. Jung es bezeichnet) oder aus der Gesamtheit der Mentale. Der Stein im Strom kann nun lernen zu wählen, welche Elemente er an sich heranlässt und näher fokussiert und welche er einfach vorbeiströmen lässt, ohne seine Aufmerksamkeit näher auf sie zu richten oder an ihnen zu haften. Er kann auch wählen, welche Elemente er bei sich behalten möchte und welche nicht.
In einem weiteren Schritt kann der Klient überlegen, was ihn vom strömenden Wasser unterscheidet und warum er die Identität als Stein (oder eines anderen Gegenstands im Wasser) aufrechterhalten möchte.

Im Coaching reicht es uns, wenn die Klienten auf spielerische Weise erlernen, dass sie Gedanken beobachten und vorbeiziehen lassen können – ohne sich mit ihnen identifizieren zu müssen.

Literaturtipp

Rolf Winiarski: KVT in Beratung und Kurztherapie. Mit Online-Materialien. Weinheim und Basel: Beltz 2012.
In diesem Buch finden Sie Denkansätze aus der Verhaltenstherapie, viele Modelle, Praxisbeispiele und Dialoge. Auch einige Ansätze aus dem NLP sind eingeflochten. Rolf Winiarski beschreibt jedoch nicht Mentale und Imaginationstechniken, wie sie in diesem Kapitel erwähnt werden.

Björn Migge: Schema-Coaching. Weinheim und Basel: Beltz 2013. Dieses Buch behandelt die Integration kognitiver Modelle, die Arbeit mit Emotionen sowie innere und äußere Aufstellungen und Imaginationsarbeit.

 Verweis: Im »Handbuch Coaching und Beratung« finden Sie folgende Themen ausführlicher behandelt: Glaubenssätze, RET, ABC, Metaprogramme, Reframing (S. 342 ff. sowie im Kapitel »Ziel hinter dem Ziel oder Probleme hinter dem zuerst genannten Problem«, S. 264 ff.).

Imaginative und intuitive Interventionen

Im »Handbuch Coaching und Beratung« finden Sie eine mehrseitige Einführung in die Arbeit mit Tranceelementen. Ich erhielt Briefe von Coaches und Lesern, die darum baten, dieses Kapitel mit Beispielen und praktischen Anregungen zu versehen oder die Arbeit mit hypnotherapeutischen Methoden in einem weiteren Buch ausführlicher zu behandeln. Mittlerweile ist das Hypno-Coaching auch im Business-Coaching gut etabliert und wird von vielen Klienten sogar nachgefragt. Sie sind in der Regel sehr begeistert von dem Verfahren und erleben es als sehr wertvolle Ergänzung zum »üblichen Reden«. Daher nehme ich in dieses Handbuch ein größeres Kapitel zur Arbeit mit Imaginationen und Trance auf, um einen ersten Einblick in die Praxis des Verfahrens zu ermöglichen.

Ich bin bereits darauf eingegangen, dass es keine isolierten Gedanken, Körperempfindungen oder Emotionen gibt. Diese Konstrukte treten immer in einem inneren Ereignisfeld auf, in dem sie zueinander in dynamischer Beziehung stehen. Das Ereignisfeld ist nicht statisch, sondern in ständiger Bewegung, unaufhörlich im Fluss. Wir können einzelne Elemente aus diesem Ereignisfeld in den Fokus unserer Aufmerksamkeit rücken und hierdurch bewusst wahrnehmen:

- Gedanken: beispielsweise Aussagen, Fragen, Leitsätze, innere Dialoge, Glaubenssätze …
- Emotionen: Grundemotionen wie: Freude, Angst, Traurigkeit, Wut sowie »emotionale Wertungen«, wie beispielsweise: gut, schlecht, anziehend, abstoßend, gefährlich, ungefährlich.
- Bilder: Menschen, Tiere, Symbole, Farben, Formen, Orte und anderes mehr.
- Sinnes- und Körperwahrnehmungen: Repräsentationen des Sehens, Hörens, Riechens, Schmeckens, Stellungssinns, Schmerzes …
- Intuition: Ein komplexes Zusammenspiel der genannten Elemente, das sich aber nicht vollständig im Bewusstsein fassen lässt, Synästhesien (das Zusammenfließen verschiedener Sinneskanäle), Vorahnungen, nichtsprachliche Pläne und vieles andere.

Unsere höheren, integrierenden Ich-Funktionen – unser bewusstes und »beobachtendes« Denken oder die Instanz des bewussten Ichs – können immer nur Aspekte des Ereignisfelds bewusst »wahrnehmen«. Wollten wir ein Bild gebrauchen: Das Ich schwimmt wie eine Insel auf dem Magma halbbewusster und unbewusster innerer Ereignisse, Bilder, Emotionen, Wahrnehmungen, von denen es nur einen kleinen

Teil ins Bewusstsein eintreten sieht. Dies ist auch gut so, weil wir ansonsten von der Fülle unbewussten Materials überschwemmt würden oder unser Ich darin versinken würde.

Gutes oder böses Unbewusstes?

In modernen Imaginationsverfahren geht man davon aus, dass das Unbewusste eine Fülle kreativer Elemente enthält, die unser Ich sowie unser Bewusstsein darin unterstützen, ein erfülltes und integriertes Leben zu führen. Gleichwohl ist das Unbewusste nicht der Sitz ausschließlicher Weisheit, da einzelne Elemente in ihm auch aus dem Bewusstsein verdrängt worden sind. Hierbei kann es sich um abgelehnte oder Angst erregende Vorstellungen handeln, um verstörende Erinnerungen, um abgelehnte und nicht integrierte Emotionen wie Wut, Trauer, Scham und vieles andere. Somit sind »die Botschaften des Unbewussten« durchaus kritisch aufzunehmen. Es steckt darin viel Schönes, Kreatives, doch auch vieles, das noch nicht gereinigt, geordnet, verstanden oder integriert ist. Es ist daher naiv, das Unbewusste unkritisch als ausschließlich klug und weise darzustellen. Ebenso ist es falsch, es als Unhold und Sitz niederer Regungen zu beschreiben.

Wann setzen wir Imaginationen oder Intuition ein?

Im Coaching arbeiten wir integrativ mit den Gedanken, Emotionen, Handlungen, Begegnungen, inneren Symbolen und Bildern, Körperempfindungen und vielen anderen Phänomenen. Doch wann fokussieren wir gezielt auf innere Bilder, Innenwahrnehmungen oder Symbole? Ein erfahrener Coach würde auf diese Frage sicher antworten, dass er dies tut, wenn seine Intuition ihm dazu rät. Doch oft liefert der Klient auch handfeste Hinweise im Form von Metaphern: »Dann fühle ich mich immer wie in einem goldenen Käfig.« »Es war so, als ob es mir die Kehle zuschnürte. Danach schien mir der Weg blockiert.« Wenn wir Klienten später befragen, können sie sich erinnern, dass sie während dieser Sätze ein kaum bewusstes inneres Bild oder eine zunächst unsichtbare Szene »vor ihrem inneren Auge« gesehen haben. Ebenso stellte sich während des Satzes auch eine emotionale Wertung ein, ein Körpergefühl und Ähnliches. Dies unterlegt die äußere Aussage. Wenn man mit dem Klienten einige Zeit »ergebnislos« diesen Aspekt des Anliegens mit Gesprächsinterventionen bearbeitet hat, bietet es sich an, zusätzlich die anderen Aspekte des Ereignisfeldes zu untersuchen – zumal der Klient bereits in seiner Aussage darauf hinwies, dass es hier noch Bedeutsames zu entdecken gibt.

Ein anderer Hinweis darauf, imaginative Interventionen einzusetzen, besteht darin, dass zwar bereits einige Zeit über ein Anliegen geredet wurde und der Klient auch »gute Einsichten« entwickelt hat, er jedoch offensichtlich zu keiner Veränderung in der Lage ist. Hier taucht die Frage auf, was die Veränderung – trotz rationaler Einsicht – erschwert oder behindert. Dies finden wir bei vielen Klienten, die keinen guten Zugang zu inneren Wahrnehmungen, zu ihrer Fantasie, Intuition, ihren Körperempfindungen haben. Sie können daher die Informationen aus ihrem Unbewussten nur ungenügend integrieren oder kaum nutzen. Ihre rationale Einsicht ist keine integrierte Einsicht. Diesen Klienten kann man anbieten, behutsam anzuschauen oder zu empfinden, welche Aspekte sie bisher – etwas zu hartnäckig – aussparten. Das ist ein spannender und oft sehr effektiver Entdeckungsweg! Ein Klient, der eine etwas rigide Schranke zwischen Bewusstem und Unbewusstem aufgebaut hat, wird hierfür gute Gründe haben. Daher ist es wichtig, sehr behutsam vorzugehen, damit der Klient nicht von einer Fülle unbewussten Materials überschwemmt wird. Denken Sie an das Motto: Kleine Brötchen backen. Oder: Weniger ist mehr und langsamer ist besser!

Keine Therapie ohne Heilerlaubnis – keine Imagination ohne Kompetenz des Coachs oder Therapeuten

Imaginative oder intuitive Verfahren und Methoden dürfen von Coaches nicht bei Personen mit psychischen Störungen angewandt werden. Es sei denn, sie sind Arzt, Heilpraktiker oder Psychotherapeut und sie sind hierfür kompetent ausgebildet! Dann können diese Methoden sehr hilfreich sein.

Unterschiedliche Imaginationsverfahren – Ein Überblick

Hypnose: Die Hypnose wird in Deutschland bis in die heutige Zeit vorwiegend direktiv angewandt. Bereits um 1900 experimentierte auch Sigmund Freud mit diesem Verfahren. Er distanzierte sich später davon. In der direktiven Form der Hypnose gibt der Hypnotiseur Anweisungen und – sobald der Klient oder Patient in einem empfänglichen Entspannungs- oder veränderten Bewusstseinszustand ist – oft direkte Suggestionen, die Symptome lindern oder Heilung fördern sollen. Hypnose in dieser klassischen oder direktiven Form ist ein sehr wirkungsvolles Verfahren.

Gelegentlich wird behauptet, die indirekte, gewährende Form der modernen Hypnotherapie sei wirkungsvoller. Dies stimmt nicht. Beide Formen haben in der Psychotherapie und Medizin ihre Berechtigung und weisen gute Erfolge vor. Da die klassische Form der Hypnose jedoch weitgehend führend-direktiv angewandt wird und selbst das innere Bildmaterial, mit dem gearbeitet wird, direktiv vorgibt, empfehle ich dieses Verfahren nicht für das Coaching. Zum Selbstverständnis des Coachings passt die modernere, indirekte und gewährende Form der Hypnotherapie besser.

Moderne Hypnotherapie: Diese Form der Imaginations- und Intuitionsarbeit ist in der deutschen Psychotherapie sehr verbreitet. Seit 1970 löst sie nach und nach die klassische Hypnose ab. Besonders der amerikanische Psychiater Dr. Milton

Erickson nahm Einfluss auf die Entwicklung dieses Verfahrens. Der moderne Hypnotherapeut arbeitet in der Regel nicht direktiv, sondern erlaubend und gewährend (permissiv). Den Klienten wird nur noch sehr wenig vorgegeben. Stattdessen werden sie eingeladen, innere Bilder oder innere Wahrnehmungen zu beachten, die sie selbst entwickeln oder die sich von selbst einstellen. Diese inneren Wahrnehmungen können näher erkundet werden. Oder die Klienten können in diese Wahrnehmungen eintauchen und auch Dialoge mit Personen, Symbolen oder Wesen führen, die sie dort entdecken. Innerhalb der Trance können die Klienten ihre Erinnerung vergangener Szenen betrachten oder auch hypothetische vergangene, jetzige oder zukünftige Szenen erkunden, verstehen, bearbeiten und integrieren. In der Hypnotherapie nach Milton Erickson wird viel mit Metaphern und Geschichten gearbeitet. Der methodische Überbau dieses Verfahrens hat bereits neueste systemische und tiefenpsychologische Sichtweisen integriert. Die Arbeit ist für Klienten und Therapeuten sehr bereichernd und liefert eine Fülle an Material, mit dem in »normalen« Sitzungen weitergearbeitet werden kann. Die methodische Vielfalt der Hypnotherapie und ihr vorwiegend permissiver, partnerschaftlicher Wesenszug erleichtern die Anwendung im Coaching.

Imaginationstechniken in alten Kulturen oder religiösen Traditionen: Imaginative und intuitive Methoden waren vermutlich bereits in der frühen Steinzeit bekannt. Es gibt eine Reihe von schamanischen, christlichen, jüdischen, islamischen inneren Vorstellungsübungen, die in Gebeten eingesetzt werden; beispielsweise dem »inneren Gebet«, oder in mystischen Ausdrucksformen dieser Religionen. Im Hinduismus und im Buddhismus sowie in den Traditionen vieler alter Völker gab es schon vor langer Zeit komplexe Visualisierungsübungen, die eine sehr große Ähnlichkeit mit heutigen Techniken der modernen Hypnotherapie aufweisen.

Sehr viele gut durchdachte »moderne Hypnotherapieübungen« habe ich beispielsweise in den umfangreichen Werken des indischen Philosophen und Meditationslehrers Sri Aurobindo gefunden, die dieser seit 1910 verfasste. Indien hatte früh literarische Formen entwickelt, die komplexe mehrstufige Allegorien und Wirklichkeitsverschachtelungen enthalten. Diese fallen einem oberflächlichen Betrachter zunächst nicht auf. So ist beispielsweise das Epos Mahabharata, aus dem die bekannte Bhagavad Gita stammt, eine Geschichte, in der die Helden zugleich innere Strebungen der Menschen repräsentieren, zugleich Eigenschaften Gottes sind, zugleich einen Widerstreit von Gut und Böse darstellen. Die vordergründige Geschichte einer Schlacht berichtet darin von einer Auseinandersetzung, die gleichzeitig in der Seele eines jeden Menschen stattfindet und die gleichermaßen die ganze Welt umspannt. Eine ähnlich komplexe Struktur weisen viele Gleichnisse von Jesus auf.

Doch in unserer abendländischen Kultur werden sie von den meisten Menschen nicht »orientalisch«, das heißt mehrschichtig wahrgenommen. Auf diese Weise geht ihre tiefere Bedeutung verloren. In den imaginativen und intuitiven Verfahren werden Metaphern oder Allegorien gezielt eingesetzt, indem stellvertretende innere Bilder oder komplex verschachtelte »Geschichten« genutzt werden. In den tiefenpsychologischen Verfahren wiederum werden Metaphern und komplexe Symbole entschlüsselt, die im Traum, Tagtraum oder der Trance von Klienten oder Patienten produziert werden.

Katathym-imaginative Psychotherapie (KiP) oder Symboldrama: Dieses Verfahren enthält sehr viele Elemente, die in ähnlicher Weise auch in der modernen Hypnotherapie, der Hypnose und der Aktiven Imagination auftauchen. Im Wesentlichen geht es um die eingehende Betrachtung, Entfaltung und spätere tiefenpsychologische Bearbeitung innerer Bilder. Die Motive für die Betrachtung werden in dieser Methode zum Teil vorgegeben. Ähnlich wird übrigens auch in der sogenannten Oberstufe des Autogenen Trainings vorgegangen.

Die Katathym-imaginative Psychotherapie (auch Symboldrama genannt), eingeführt von Hanscarl Leuner ist ein sehr gut entwickeltes, psychodynamisches Verfahren, das als erstes Imaginationsverfahren konsequent die Möglichkeit eines permanenten Dialogs zwischen Patient und Therapeut während der Imagination nutzte. Dies wurde in den letzten 40 Jahren zunehmend auch von den anderen Verfahren genutzt. Das feinfühlige und sehr strukturierte Werk von Hanscarl Leuner ist ein Schatz für alle Personen, die psychodynamisch mit Imaginationen arbeiten. Unabhängig von dem imaginativen Verfahren oder der Methode, der ein Therapeut oder Coach sich zugehörig fühlt, empfehle ich zumindest, die Bücher Leuners zu lesen, um das Wesen von Vorstellungsbildern und Imaginationen zu verstehen. In diesem Kapitel kann ich darauf nämlich nur sehr lückenhaft eingehen.

> **Literaturtipp**
>
> *Verena Kast:* Imagination. Zugänge zu inneren Ressourcen finden. Ostfildern: Patmos 2012. Ein jungianischer tiefenpsychologischer Blick auf Imaginationen.
>
> *Gerald Hüther:* Die Macht der inneren Bilder. Wie Visionen das Gehirn, den Menschen und die Welt verändern. Göttingen: Vandenhoeck & Ruprecht, 8. Auflage 2014.

Die Vertreter der einzelnen Verfahren betonen immer wieder »deutliche Unterschiede« zu den anderen Verfahren und stellen dabei gelegentlich Behauptungen über sie auf, die ich aus meiner praktischen Erfahrung und Kenntnis neuerer Literatur nicht teilen kann. Die alten »Grenzen« zwischen den jeweiligen Schulen verwischen immer mehr. Seit etwa 1970 schauen die Praktiker der einzelnen Verfahren über ihren Tellerrand und integrieren Methoden der Nachbarverfahren. Allerdings tauchen diese Methoden meist als neue »Eigenentdeckungen« und unter anderem Namen in den jeweiligen Nachbarverfahren auf.

Die »aktive Imagination« Jungs, die im folgenden Kapitel näher erläutert wird, ist eine weitere imaginative Methode. Während der Imagination gab es selten einen Dialog zwischen Patient und Therapeut. Das Gespräch fand zunächst nach der imaginativen Arbeit des Klienten statt. Heute ist dies flexibler, und hier und da reden Klient und Begleiter auch während der Imagination des Klienten miteinander.

Aktive Imagination

Carl Gustav Jung, der Begründer der »Analytischen Psychologie«, wurde durch alte Texte und orientalische Veröffentlichungen, durch eine intensive Selbstanalyse, seine »Nachtmeerfahrt« sowie spätere Studienreisen nach Amerika und Afrika mit Imaginationsmethoden bekannt und formte daraus seine Technik der »Aktiven Imagination«. Jung gehörte zu den ersten Europäern und Psychotherapeuten, die auf diese moderne Form der Imaginationsarbeit im Kontext der Psychotherapie aufmerksam machten. Zu seiner Zeit gab es lediglich die klassische Hypnose, die mit Vorgaben und direkten Suggestionen arbeitete. Er war damit der Entwicklung der modernen Hypnotherapie um circa 50 bis 60 Jahre voraus. Seine wichtigen Entdeckungen tauchen jedoch in der offiziellen Geschichte der modernen Hypnotherapie nicht auf. Dies liegt einerseits daran, dass konkurrierende Psychotherapieschulen sich auch heute noch gegenseitig ignorieren, sich nicht zitieren und die Erkenntnisse der anderen Verfahren selbst nochmals »neu erfinden«. Doch es lag sicher auch an Jungs Feindschaft mit dem früheren Senior-Freund Sigmund Freud, dessen Ideen unvergleichlich stärker aufgenommen wurden. Zum anderen mag es an Jungs unrühmlicher Verwicklung in das Naziregime liegen: 1933 trat er die Präsidentschaft der Deutschen Gesellschaft für Psychotherapie an (die den Juden Freud schmähte) und er entwickelte Theorien zur »germanischen« und »jüdischen Seele«. Auch seine Erfindung eines germanischen »Wotan-Archetypus«, der den kollektiven Aufbruch in den Nationalsozialismus erklärend unterstützte, führte nach dem Zweiten Weltkrieg zu jahrzehntelangem Misstrauen seiner Person gegenüber. Dies weitete sich zu einem Misstrauen gegenüber seinem reichen Werk aus. Am traurigsten war, dass Jung auch später seine Rolle im Nationalsozialismus und seine intellektuellen »Ausrutscher« (so nannte er es einmal kurz) niemals öffentlich erkennbar aufarbeitete. Diese Schattenseite seiner Seele wurde durch ihn nie integriert, weshalb viele an seiner Vorbildfunktion zweifelten.

> **Literaturtipp**
>
> Zur vertiefenden Lektüre empfehle ich:
> *Wolfgang Roth:* C. G. Jung verstehen. Grundlagen der Analytischen Psychologie. Ostfildern: Patmos, 3. Auflage 2013. Das Buch führt in aller Kürze sehr übersichtlich und gut lesbar in wesentliche Gedanken und Zusammenhänge der Psychologie von C. G. Jung ein.

Auch in seinen Ideen zur Evolution des Ichs war Jung ein Kind seiner Zeit. So beschreibt er, dass der »Primitive« (beispielsweise die Afrikaner) seine Umgebung projektiv beleben würde und die Realität schlecht von Motiven des kollektiven Unbewussten trennen könne. Der »zivilisierte« Mensch (in Europa) hingegen könne dies gut, da sein Ich in ihm bereits integriert sei. Diese Einschätzung, zu der er vor dem Dritten Reich auf Reisen durch Zentralafrika gelangte, stützt seine Idee von der evolutiven Entwicklung des Ichs.

Hier taucht natürlich die Frage auf, wie sich die zivilisierten »germanischen« Menschen wenige Jahre später in einen totalitären Massenwahn verrennen konnten. Aus der Sicht moderner Kulturanthropologie kann überhaupt nicht mehr davon gesprochen werden, andere Kulturen seien »primitiv« oder wiesen mangelndes Ich-Bewusstsein auf. Heute geht man eher davon aus, dass jede Kultur oder Subkultur innerhalb ihrer eigenen Begrenzung durch innere und kulturelle Vorstellungen, Werte und Traditionen lebt. Betrachtet ein Mitglied einer Kultur dann die jeweils andere fremdartige Kultur, kommt ihm bei »den anderen« möglicherweise vieles magisch, irrational oder realitätsfern vor.

So leben beispielsweise viele Manager in einer Werte- und Einstellungssubkultur, in der sie sich wider besseres Wissen (der Ratio) an ihrer Gesundheit oder anderen Werten vergehen. Betrachtet man dieses Geschehen von außen, mag dies irrational erscheinen. Der Heidelberger Arzt und Psychotherapeut Dr. Gunther Schmidt entwickelte die Idee, dass jeder Mensch innerhalb seiner Kultur und Subkultur und individuellen Lebensgestaltung in einer Art Hypnose lebe. Durch einen psychotherapeutischen Prozess könne er »dehypnotisiert« werden. Somit sei jede gute Psychotherapie oder auch jede moderne Hypnotherapie eine »Dehypnotisierung der Alltagstrance«.

Jung war zu solch einer Metaperspektive noch nicht fähig und betrachtete »primitive« Kulturen möglicherweise aus der Sicht des damaligen europäischen kolonialen Wertesystems.

Trotz allem halte ich Jung für einen wichtigen Mitbegründer modernster imaginativer Psychotherapie. Er war in dieser Hinsicht seiner Zeit weit voraus! Seine Gedanken flossen indirekt auch in die moderne Hypnotherapie ein und werden ebenso in der sogenannten Oberstufe des Autogenen Trainings und dem Symboldrama aufgenommen und weiterentwickelt. In der Analytischen Psychologie nach Jung ist die Aktive Imagination auch heute noch ein wesentliches Arbeitsinstrument. Doch im Vergleich zur modernen Hypnotherapie erlernen heute leider nur noch sehr wenige Fachleute die facettenreiche und kreative Form der Psychotherapie als Analytische Psychologie nach Jung.

Was wir aus dieser kurzen Reflexion lernen können

Jede Idee, Meinung, Schule und jedes Verfahren, ob altehrwürdig oder ganz modern, sollte vor dem Wissenshintergrund der heutigen Zeit geprüft werden. Außerdem lebt in jeder dieser »Erfindungen« auch der nicht integrierte Schatten des Erfinders (des Betrachters ebenso!). Dies darf – bei aller Verehrung – nicht unberücksichtigt bleiben. Dieser kritische Hinweis gilt in vollem Maße auch für alle alten und neuesten Tools, Meinungen und Methoden im Coaching.

Die Anwendung der Aktiven Imagination

In Träumen drückt sich unser Unbewusstes in ausgestalteten Symboldarstellungen und -handlungen aus. Oft sind darin sehr verschlüsselte, wertvolle Anregungen und Hinweise enthalten, die wir für die Weiterentwicklung oder für anstehende Probleme oder Ziele nutzen können. Sie stellen kodifizierte Lösungshinweise dar. In verkürzter Form können innere Bilder, Symbole oder gar innere Szenen und Dialoge auch im Wachbewusstsein wahrgenommen werden. Jung entwickelte die Methode der Aktiven Imagination, um Trauminhalte im Wachzustand kreativ weiterzuentwickeln oder aufzuarbeiten, um sie dem Bewusstsein verständlich zu machen. Auf diese Weise kann der Trauminhalt in ein gesundes Ich integriert werden. Das kreative und hinweisende Material des Unbewussten kann jedoch auch unabhängig von vorangegangenen Träumen genutzt werden. Wenn Sie mit einem Klienten an einem Anliegen oder Thema arbeiten, das auf kognitive, rationale, rein gedankliche Weise nicht wirklich »verstanden« und integriert werden kann, fehlt in der Regel ein klärender Zugang zu unbewusstem Material. In solchen Situationen können Sie den Klienten einladen, sich zu entspannen und einfach neugierig darauf zu sein, welches innere Bild in ihm auftaucht, das mit dem Anliegen, dem Problem, dem Thema zusammenhängt, um das es geht.

Sobald sich ein Bild (oder eine Person, ein Symbol) einstellt, wird der Klient eingeladen, bei diesem Bild zu verweilen und es einfach nur zu betrachten. Er soll es nicht aktiv verändern und andere Bilder oder Gedanken, die sich möglicherweise daneben einstellen, zunächst einfach vorbeiziehen lassen, damit er sich in aller Ruhe auf das ursprüngliche Bild konzentrieren kann.

Alle Wandlungen des Bildes soll er gut beobachten und dabei auch wahrnehmen, wie sich sein Denken, seine emotionale Einstellung zu dem Bild, seine Intuition und die Wahrnehmung anderer Sinneskanäle verändern. Schließlich kann er in das Bild (oder die Szene, das Symbol) als Beobachter eintauchen und es aus einer Innenperspektive mit den genannten mentalen Erkenntnisqualitäten »betrachten«. Die erste Wahrnehmungsposition würde man aus heutiger Sicht einen »äußeren dissoziierten Beobachter« nennen. In der zweiten Position (dem Eintauchen), begibt sich der innere Betrachter als Feldforscher direkt in die Szene, er betrachtet sie aus einer Innenperspektive, bleibt aber doch von ihr dissoziiert. Es gibt noch weitere Wahrnehmungspositionen, die Jung nicht direkt vorschlug, die aber heute ebenfalls eingesetzt werden: Indem der Beobachter seine Identität als rationaler Metabeobachter aufgibt und mit einzelnen Empfindungen innerhalb des Feldes verschmilzt, befindet er sich in der sogenannten inneren assoziativen Wahrnehmungsposition. Dies darf jedoch nur zugelassen werden, wenn die Klienten sehr gesund sind. Bei der Aufarbeitung schwerer Traumatisierungen sollte dies nie geschehen, da der Klient (in diesem Falle: der Patient) in eine Retraumatisierung geraten würde, wenn er sich nicht mehr genügend von dem inneren »Bild« distanzieren kann. Je traumatischer ein Anliegen ist, desto distanzierter, dissoziierter muss der Klient bleiben, um Zugang zu seinen erwachsenen Ressourcen behalten zu können.

Es gibt noch eine weitere Wahrnehmungsposition: In ihr tauscht der Beobachter seine Identität für kurze Zeit – nur als inneres Gedankenspiel – mit dem »Bild« einer Person oder eines Wesens. Auf diese Weise schlüpfen unbewusste Inhalte und das Ich jeweils in die Schuhe des anderen. Diese Technik wird auf der äußeren Bühne im Psychodrama als »Rollentausch« angewandt. Auch auf der inneren Bühne ist sie sehr wirkungsvoll.

In einem weiteren Erkundungsschritt kann der Klient in einen inneren Dialog mit dem »Bild« (Person, Symbol, Wesen) treten und ihm eine Frage stellen oder auf eine nichtsprachliche Weise kommunizieren; beispielsweise durch Blicke oder auf nichtrationale Weise, etwa durch »das Herz« oder andere intuitive Funktionen. Auf diese Weise werden unbewusste Funktionen und ihre Darstellung in Form von Bildern, Szenen, Symbolen entdeckt und auf eine beobachtende und auch aktive dialogische Weise mit dem Ich in Verbindung gebracht. Sowohl die unbewussten Teile als auch das Ich lernen sich auf diese Weise kennen und verstehen.

Aktive Imagination in kurzen Schritten (ein Beispiel)

Die aktive Imagination kann in den folgenden Arbeitsschritten durchgeführt werden. Hierbei kann es selbstverständlich Überlappungen geben. Die einzelnen Phasen oder Schritte sollen lediglich als Anregung zur Strukturierung verstanden werden.

- »Bild« zum Anliegen auftauchen lassen und dabei verweilen.
- Störbilder lediglich »vorbeiziehen« lassen. Nicht sprunghaft zu weiteren assoziativen Bildern wandern oder an ihnen haften.
- Wandlungen am »Bild« wahrnehmen.
- Das Bild »umkreisen« mit Denken, emotionaler Wertung, Intuition und anderen (inneren) Sinneswahrnehmungen (s. S. 151).
- In das Bild »eintauchen«: Zuerst dissoziative Außenperspektive (Beobachter von außen aus Metaperspektive), dann dissoziative Innenperspektive (Beobachter von innen als Feldforscher).
- Die weiteren Optionen der Assoziation mit dem Bild oder des Rollentauschs mit dem Bild werden in der Aktiven Imagination in der Regel nicht genutzt; wohl aber in der Hypnotherapie, wenn dies sinnvoll ist.
- Einen inneren Dialog entfalten: Mit dem Bild Kontakt aufnehmen, mit ihm reden.
- Das gesamte erkundete Material schrittweise im Dialog (und auch durch die Hilfe von Deutungsangeboten) verstehen und integrieren.

Jung gebrauchte andere Worte, um das »Umkreisen« innerer Bilder oder Symbole zu beschreiben. Er schlug vor, den Symbolgehalt durch folgende vier »Grundfunktionen« zu erschließen: Denken, Fühlen, Empfinden, Intuition. Er unterschied außerdem die grundlegenden Lebenseinstellungen Introversion (bevorzugte Zuwendung zur Innenwelt) und Extroversion (bevorzugte Zuwendung zur Außenwelt). Diese grundlegende Lebenseinstellung beeinflusst auch die vier Grundfunktionen:

- *Denken:* Das Bewerten und Beurteilen von Sachverhalten.
- *Fühlen:* Jung sah darin eine »rationale« Funktion, die Stimmungen (oder Emotionen) als positiv oder negativ beurteilt. Dies übersetze ich in den Begriff der »emotionalen Wertung«. Moreno sprach in diesem Zusammenhang von Abstoßung und Anziehung.
- *Empfinden:* Hierunter verstand Jung die Wahrnehmung von Sinneseindrücken, wie Sehen, Schmecken, Riechen, Hören.
- *Intuition:* Jung beschreibt dies als eine Fähigkeit, Ahnungen und Zusammenhänge zu entwickeln, die jenseits der objektivierbaren oder rational-bewussten Funktionen des Denkens, Fühlens oder Empfindens entstehen.

Nach einiger Übung können Klienten die Methode der Aktiven Imagination recht gut anwenden. Das entdeckte Material besteht aus Bildern, Einstellungen, Intuitionen, Gedanken, Dialogen, Körperwahrnehmungen und anderem. Es sollte nicht »für sich allein« eine Orakelfunktion übernehmen dürfen. Stattdessen wird das Material in anschließenden Gesprächen oder mithilfe anderer Verfahren (beispielsweise szenisch mit psychodramatischen Methoden) erarbeitet, durchdacht und besprochen. Dieser ergänzende Schritt ist unbedingt erforderlich. Er muss aber nicht in der gleichen Sitzung abgeschlossen werden, da sonst die Gefahr besteht, dass man intuitive Erkenntnisse mit dem wiedererwachenden rein rationalen Bewusstsein zerredet. In den Hinweisen zur Trancesprache, die ab Seite 157 folgen, finden Sie Anregungen, mit welchen Formulierungen und Hinweisen Sie dem Klienten seine Innenschau erleichtern können. Sie werden sehen, dass einzelne, später dargestellte Interventionen Elemente aus der Aktiven Imagination enthalten.

Im Folgenden stelle ich vorwiegend Techniken, Methoden und Sichtweisen dar, wie sie in der heutigen modernen Hypnotherapie nach Milton Erickson angewandt werden, da ich in diesem Verfahren am umfassendsten ausgebildet bin. Damit möchte ich den großen Wert der anderen Verfahren nicht mindern. Sofern Sie als Coach die Möglichkeit haben, sich in einem der genannten Verfahren ausbilden zu lassen, kann ich alle empfehlen. Die Aktive Imagination von Jung wird – fast identisch, doch unter anderer Bezeichnung – auch in der modernen Hypnotherapie angewandt. Auch die sehr wertvollen Erfahrungen und Methoden der Katathym-imaginativen Psychotherapie und der Oberstufe des Autogenen Trainings werden von Hypnotherapeuten heute genutzt. Die folgenden Methoden sind so verändert, dass sie im Coaching als »Hypno-Coaching« oder als »Imaginationsmethoden« angewandt werden können.

Das Wesen der Trance

Was ist Trance?

Die meisten imaginativen und intuitiven Verfahren, wie auch die Hypnotherapie, nutzen das Wort »Trance«, um einen bestimmten inneren oder auch körperlichen Zustand zu benennen, der meist im Rahmen einer Hypnotherapie oder Imaginationsarbeit auftritt. Hierbei handelt es sich um eine Verschiebung und Konzentration der inneren Aufmerksamkeit auf verabredete innere und äußere Wahrnehmungsaspekte. Dies nennt man auch »Fokussierung der Aufmerksamkeit«.

Dieser Zustand ist jedem Menschen aus dem Alltagsleben (der Alltagstrance) bekannt: Während wir uns fürchterlich über etwas ärgern und inneren Bildern von Wut anhängen, blenden wir schöne, humorvolle und liebevolle Aspekte einer Begegnung aus. In diesem Zustand bemerken wir beispielsweise auch nicht unseren Muskelkater, die volle Harnblase oder die Temperatur des Raumes. Ebenso blenden wir sanfte Musik aus, die uns umgibt. Unsere Aufmerksamkeit ist auf ein bestimmtes inneres Ereignisgeflecht von Gedanken, emotionalen Wertungen, Grundemotionen, Intuitionen, Bildern, äußeren Wahrnehmungen, Körperfunktionen fokussiert. In jedem Moment des Lebens konzentrieren wir uns auf bestimmte Aspekte!

Trance bedeutet in der Hypnotherapie, dass wir unsere Aufmerksamkeit von der »Alltagstrance« abwenden, um uns kontrastierenden oder ergänzenden Aspekten zuzuwenden. Oder wir wenden uns in der Trance gezielt einzelnen Aspekten der Innenwelt zu, die in einer »Problemtrance« bisher ausgespart wurden und auf diese Weise vom Bewusstsein ferngehalten wurden oder ihm nicht zugänglich waren.

> **Eine Definitionsmöglichkeit von Trance**
>
> Trance ist ein Zustand »neuer« Aufmerksamkeitsfokussierung, in dem wir kontrastierende oder bisher wenig berücksichtigte Gedanken, Bilder, Emotionen oder Symbole nutzen, um ein Anliegen besser zu verstehen und zu integrieren.

Wie dies sprachlich erleichtert wird, werde ich im Folgenden noch erklären.

Wieso wirkt Trance oder Hypnotherapie?

Früher nahm man an, dass zu jeder Trance auch ein Zustand tiefer Entspannung gehört. Doch einerseits sind wir im Alltag gleichermaßen in einem gewissen Trancezustand, andererseits kann man auch beim Joggen, Fußballspielen oder Tanzen in eine starke Aufmerksamkeitsfokussierung oder Trance geraten. Für Trance im Coaching oder der Hypnotherapie ist Ruhe und Entspannung in der Regel sehr hilfreich. Doch dies ist keine zwingende Bedingung. Man nahm früher an, dass im Zustand der Trance eine höhere Beeinflussbarkeit für Suggestionen vorläge, eine erhöhte Suggestibilität. In der modernen Hypnotherapie würde man dies anders ausdrücken, da hier nicht mit Suggestionen gearbeitet wird.

Im Zustand der Trance ist die Schranke zwischen Unbewusstem und Bewusstsein experimentierfreudiger und wohlwollender. Das Ich ist nicht so rigide und ist eher geneigt, unbewusstes Material auf kreative Weise zu betrachten. Dadurch wird die Chance erhöht, Neues zu lernen und neue innere Muster zu gestalten.

Es gibt eine Reihe von Erklärungsansätzen, warum dies überhaupt möglich ist. Auf jeden Fall handelt es sich nicht um Magie oder eine bestimmte Kraft des Psychotherapeuten oder Coachs (in der klassischen Version: des Hypnotiseurs). Stattdessen nimmt man heute ein Set von sozialpsychologischen und neurofunktionalen Erklärungsansätzen an.

Was wirkt in der Trance?

Erwartungen (ähnlich dem Placeboeffekt)

Selektive Fokussierung der Aufmerksamkeit

Gesunde Dissoziationsphänomene: Gedanken, Emotionen, Intuition und Bilder werden nicht als Geflecht, sondern können isoliert voneinander betrachtet werden. Vorher wurde nur das Geflecht als Ganzes wahrgenommen. Außerdem können Bewusstsein, Ich-Beobachter, Unbewusstes in einer Art »mentalem Spiel« voneinander getrennt werden und auf diese Weise wie unterschiedliche Personen miteinander kommunizieren (auch dialogisch).

Veränderte Denkart: In der Regel denken Europäer in ihrem Bewusstsein (nicht im Unbewussten) linear und streng kausal-logisch. Im Zustand der Trance geht auch das Bewusstsein dazu über, in einer anderen Weise zu denken. Es fokussiert weniger auf logische Widersprüche, sondern vielmehr auf Verbindendes und intuitiv Integrierendes. Es nutzt gleichzeitig sprachliche und präverbale Denkmuster. Dies nennt man »Trancelogik«. Gleichzeitig besteht aber auch eine Neigung, Sätze und Wörter sehr wörtlich zu interpretieren (statt den übertragenen Sinn, eine Ironie oder andere hintergründige »Melodien« zu entschlüsseln).

Flexibilisierung des Denkens und der Wahrnehmung: Das Denken wird kreativer und Sinneswahrnehmungen können intensiviert sein.

Das wesentlichste Wirkelement ist jedoch die Interaktion und Begegnung. Daher ist Hypnotherapie und die in ihr eingesetzte Trance in erster Linie ein kommunikatives Geschehen, das völlig normale menschliche Kommunikations- und Denkfunktionen nutzt. Es handelt sich nicht um Magie!

Dies muss deutlich betont werden, da es kirchlich-christliche Kreise gibt, die sich an biblische Forderungen orientieren, in denen die Anwendung von Magie verboten ist. Da fälschlicherweise auch heute noch davon ausgegangen wird, dass Hypnotherapie und Trance Magie sind, fallen diese Methoden in den Augen mancher Personen unter ein biblisches Anwendungsverbot. Ich hoffe, Sie werden im Laufe dieses Kapitels verstehen, dass die moderne Hypnotherapie und Imaginationsarbeit keine Magie, sondern normale Geistestätigkeiten und (wenn es zwei Menschen betrifft) kommunikative Interaktionen sind.

Da die gesamte »Psychoszene« sehr bunt und unübersichtlich ist, verwundert es nicht, dass die Trennung von seriösen, dummen oder gar »magischen« Methoden für Laien sehr schwierig ist und dass hier noch viel Aufklärungsarbeit zu leisten bleibt. Doch auch andere Menschen haben Angst vor Hypnose, Hypnotherapie und Trance. Sie fragen sich, ob sie manipuliert werden.

Ist Hypnotherapie manipulativ?

Die psychologischen und ärztlichen Hypnose- und Hypnotherapieverbände haben sich sehr scharf gegen die sogenannte Showhypnose ausgesprochen. Denn hier wird auf einer Bühne eine geschickte sozialpsychologische Manipulation zur Schau gestellt. Dabei werden womöglich Probanden lächerlich gemacht und das Publikum soll möglicherweise den Eindruck erhalten, der »Hypnotiseur« habe besondere Kräfte. Die Arbeit mit Imaginationen, Trance, Hypnotherapie im Coaching oder in der Psychotherapie hingegen ist niemals eine Zurschaustellung, sondern immer eine völlig freiwillige Interaktion, die in einen professionellen Rahmen eingebettet ist, der durch eine ethisch fundierte Berufsordnung begründet ist. Hierbei wird nicht belustigt, manipuliert oder »gezaubert«. Stattdessen werden die Klienten eingeladen, behutsam und sanft eigene Innenbilder, Fantasien und Wahrnehmungen auf eine neue Weise zu untersuchen. Es werden auch keine »intimen Geheimnisse« hervorgelockt. Die Klienten (oder – in der Therapie – die Patienten) können selbst bestimmen, in welcher Tiefe sie sich auf die Prozesse einlassen.

Bedenken Sie bitte, dass es im öffentlichen Leben ebenfalls unentwegt Einladungen zur Aufmerksamkeitsfokussierung gibt: Sie können in Medien informiert werden, Sie können beworben werden (was oft eine Zwischenstellung zwischen Information und gezielter Manipulation einnehmen kann), Sie können manipuliert werden (beispielsweise in politischer Propaganda). Auch in Gesprächen und normalen Interaktionen sind wir unentwegt Beeinflussungen und Aufforderungen zur Aufmerksamkeitsfokussierung ausgesetzt.

Klienten, die durch imaginative Arbeit wesentliche Gebiete ihres Unbewussten erkundet und integriert sowie eine gesunde und flexible »Schranke« zwischen Bewusstsein und Unbewusstem entwickelt haben, sind schlechter manipulierbar, da ihnen schnell bewusst ist, welche unbewussten Triggerpunkte, Lebensmotive, Ängste oder Hoffnungen durch manipulative Versuche angesteuert werden. Sie haben zudem auch gelernt, jede Botschaft oder »Einladung« aus verschiedenen Perspektiven zu umkreisen.

Wie wird eine Trancearbeit im Coaching strukturiert?

Jeder Klient hat eine eigene Vorstellung zur Trance oder zur Hypnose. In dem Informationsgespräch vor der Trancearbeit werden diese Vorstellungen des Klienten aufgegriffen. Neben der immer wieder auftauchenden Frage nach einer möglichen Manipulation (s. S. 154) werden auch Fragen zur Tiefe der Trance und zu den einzelnen Arbeitsschritten gestellt. Hierüber muss sich auch der Coach im Klaren sein, damit er diese Arbeit vom Vorgespräch bis zur gemeinsamen Auswertung (oder Deutung) des Trancematerials fachgerecht begleiten kann.

Die Tiefe der Trance: Vor vielen Jahrzehnten ging man davon aus, dass Patienten in einer besonders tiefen Trance – in einem schlafähnlichen Zustand (Somnambulismus) – besonders empfänglich für Suggestionen sind. Viele Patienten oder Klienten haben aber nicht die Fähigkeit, in einen solch tiefen Trancezustand zu wechseln, viele wünschen das auch nicht. Außerdem ist es das Ziel heutiger Imaginations- und Trancearbeit, dass die Klienten ihre Bilder und Erfahrungen mit einem wachen »inneren Beobachter« des Bewusstseins betrachten, damit die neuen Erkenntnisse in das Bewusstsein integriert werden können. Hierbei sollen die Klienten (oder Patienten) eine aktive Rolle übernehmen. In der modernen Trance arbeiten die Klienten – der Coach (oder Therapeut) hingegen ist lediglich professioneller Wegbegleiter oder Wegbereiter. Daher soll die Trance meist nicht sehr tief sein. Außerdem ist es oft erforderlich, dass Klient und Coach während der Trance miteinander reden, um sich über die Tranceinhalte auszutauschen.

Das Vorgespräch: Die meisten Coaches scheuen sich davor, die imaginative Arbeit als »Hypno-Coaching« oder »hypnotherapeutische Elemente im Coaching« zu bezeichnen. Viele sprechen stattdessen einfach von imaginativer oder intuitiver Arbeit. In jedem Falle sollten Sie ein Vorgespräch mit dem Klienten führen und ihn fragen, ob er früher bereits Erfahrungen mit imaginativer oder intuitiver Arbeit gewonnen hat (beispielsweise Hypnose, Imagination, Autogenes Training, Meditation). Fragen Sie, wie der Klient dies empfunden hat, was hilfreich oder störend war, wie er darüber denkt, was seine Erwartungen oder auch Befürchtungen sind. Denn manche Klienten sind schon »Tranceprofis«, andere haben völlig »falsche« Vorstellungen. Durch ein gutes, aufklärendes Gespräch kann man sich auf ein gemeinsames Vorgehen und eine Definition einigen, die von beiden Partnern getragen wird.

Struktur der Trance: Das Anliegen oder das Thema der Trancearbeit ist im Coaching meist aus den vorherigen Sitzungen bekannt. Oft wurde dort schon vereinbart, dass der Klient einzelne Aspekte seines Problems, seiner Beziehungen, seiner Möglichkeiten, seines Ziels oder dergleichen näher untersuchen möchte. Insofern fällt das Thema oder Anliegen also nicht unverhofft vom Himmel. Klient und Coach haben vorher vereinbart, welcher Aspekt aus der Gesamtarbeit mit diesem Verfahren untersucht werden soll. Die meisten Coaches, die häufig mit Trance (oder Hypnotherapie) arbeiten, geben an, dass sie dies nur in jeder vierten bis fünften Sitzung tun. In den anderen Sitzungen nutzen sie vorwiegend Gesprächsmethoden oder andere Verfahren.

In den meisten Fällen nutzt die Arbeit mit Trance (oder Hypnotherapie im Coaching) eine Struktur oder ein Ablaufschema.

> **Mögliches Ablaufschema für eine Trancearbeit**
>
> - Gespräch über Vorerfahrungen und Anliegen.
> - Vereinbarungen und Ausblick: Darf der Klient berührt werden oder nicht? Der Klient erhält nochmals die explizite Erlaubnis, seine Position zu verändern, zu reden, zu unterbrechen – auch während der Trance.
> - Körperfokussierung: Sitzposition, Atmung und anderes.
> - Entspannung
> - Induktion von Trancephänomenen: Gleichzeitigkeit von bewussten und unbewussten Vorgängen und anderes.
> - Fokussierung auf das Anliegen: Bilder, Szenen, Symbole, Personen, Wahrnehmungen.
> - Arbeit mit den inneren Wahrnehmungen: »Umkreisen« von Denken, emotionaler Wertung, Intuition, Sinneswahrnehmungen und anderem; Einführen von Dialogen, Veränderungen, Wandlungen.
> - Spezifische Arbeitsschritte: Innere Reisen, Dialoge, spezielle Suchprozesse, »Suggestionen«, innerer Rollentausch und vieles andere.
> - Take home: Neues Wissen, neue Einstellung, neues Material, das später erkundet werden kann, und vieles andere mehr.
> - Ausleitung
> - Nachbearbeitung (auch in mehreren Schritten)

Deutung der Trance: Die Bilder und Szenen einer Trance scheinen zunächst verwirrend. Im »Handbuch Coaching und Beratung« können Sie im Kapitel »Träume« nachlesen, auf welche unterschiedliche Weise Sigmund Freud und C. G. Jung Träume deuten. Ich bevorzuge bei der Deutung von Trancebildern und -szenen die Herangehensweise Jungs. Er ging davon aus, dass in den Traumsequenzen wichtige Botschaften, Fragen und Entwicklungsaufgaben enthalten sind, die auf eine einfache und symbolische Weise auch Botschaften an unser Ich und Bewusstsein darstellen können. Trancesequenzen sind dem Klienten in vielen Fällen verständlich, wenn er sie mit Zeit und Geduld – unter professioneller Begleitung – erforscht. Hierfür werden die Sequenzen des Traums intensiv unter verschiedenen Blickpunkten untersucht: Welche Gedanken tauchen oder tauchten auf, welche Bilder, welche emotionalen Wertungen (beispielsweise Ablehnung, Hingezogensein, Angst, Sicherheit), welche Intuitionen, welche anderen Sinneswahrnehmungen; gibt es Parallelen zu Themen, die bisher im Coaching besprochen worden sind; gibt es Parallelen zum Anliegen und dem eigentlichen Ziel, das darin enthalten ist; gibt es Parallelen in der Biografie und in der Ursprungsfamilie und anderes mehr?

> **Deutungsebenen der Trance**
>
> Jede Trance oder auch jede Sequenz kann außerdem unter zwei Blickwinkeln betrachtet werden:
> - Symbolisieren die Personen oder Bilder oder Orte innere Anteile des Klienten selbst (subjektstufige Deutung)?
> - Symbolisieren sie andere Personen, Orte, Bilder, Situationen außerhalb des Klienten (objektstufige Deutung)?
>
> Manchmal sind beide Sichtweisen zusammen erhellend. Manchmal führt scheinbar nur die eine weiter.

Wichtig ist, dass nicht der Coach die Deutungen vornimmt oder vorgibt, sondern dass der Klient seine Parallelen und Einsichten durch die Begleitung des Coachs selbst entfalten und integrieren kann. Die meisten Klienten können das sehr gut, wenn man es ihnen zutraut. Es ist jedoch unsinnig, auf die Frage »Können Sie mir sagen, was meine Tranceinhalte zu bedeuten haben?« sofort eine kluge Deutung produzieren zu wollen. Der richtige Weg, denke ich, ist es, den Klienten einzuladen, auf eine Entdeckungsreise zu gehen, um die Bedeutung selbst zu entschlüsseln. Zumindest so weit, wie das Unbewusste es jetzt schon für sinnvoll erachtet.

Die Sprache der Trance

Es gibt umfangreiche Literatur zur speziellen Sprache der modernen Hypnotherapie. Im »Handbuch Coaching und Beratung« finden Sie dazu ebenfalls ein Kapitel. Auch wenn man keine Könnerschaft im »Hypnotalk« erworben hat, kann man als Coach seine Klienten sehr professionell in ihrer inneren Arbeit unterstützen. Die meisten Coaches lernen dies gut in ihrer ersten Grundausbildung zum Coach von etwa 150 bis 200 Stunden. Wer ein Könner werden möchte, muss natürlich noch ein spezielles Training in diesem Verfahren durchlaufen.

Für alle anderen möchte ich einen wichtigen Tipp geben, der möglichst immer beherzigt werden sollte: Sagen Sie dem Klienten nicht, was *Sie* innerlich sehen oder erleben, erwarten, denken, annehmen. Also nicht: »Sie gehen nun einen wunderschönen Sandstrand entlang und fühlen sich durch die kühle Brise erfrischt und gestärkt!« Vielleicht sieht sich der Klient nämlich gerade still auf einem Berggipfel sitzen und genießt die Wärme und Windstille dort. Noch ein Negativbeispiel: »Sie sind nun ganz ruhig und entspannt, kein Geräusch stört Sie mehr.« Denn vielleicht ist der Klient gerade etwas angespannt und genervt durch ein äußeres Geräusch. Auf Ihre Anweisung hin würde er vermutlich wütend werden und glauben, dass Sie keine Ahnung haben.

> **Bleiben Sie vage, damit der Klient eigene Bilder entwerfen kann**
>
> Sie sollten üben, Ihre Formulierungen so zu wählen, dass Sie einerseits dem Klienten keine engen und eigenen Bilder vorgeben und dass Sie andererseits keine einengenden Aussagen über das Innenleben des Klienten treffen (weil diese oft nicht zutreffen).

Um diese Regeln einhalten zu können, sollte Ihre Sprache vage bleiben und viele Entfaltungs- und Entscheidungsoptionen enthalten. Sie sollten vorwiegend Angebote unterbreiten und keine Anweisungen. Im Folgenden stelle ich Ihnen einige Hinweise und konkrete Formulierungen vor, die Ihr Üben erleichtern werden. In den nächsten Unterkapiteln finden Sie außerdem einige Beispiele für Trancetexte (Tranceskripte). Keine der genannten Sprachhinweise ist eine »heilige Kuh«. Trotz des Hinweises, dass man den Klienten meist nicht direkt ansprechen soll, wenn man Vorstellungen vorgeben möchte, kann es manchmal geradezu befreiend sein, wenn man einmal eine direkte Anregung gibt oder einen direkten Vorschlag macht. Bitte fühlen Sie sich also durch die Trancesprache nicht zu sehr eingeengt. Ihr Klient wird Ihnen ohnehin nach der Arbeit oder schon währenddessen sagen, was er gut findet und was störend. Hierzu sollten Sie ihn auch einladen.

Nun erlernen Sie sprachliche Methoden, mit denen Sie eine Trance einleiten und begleiten können. Die Sprache, die dabei genutzt wird, unterscheidet sich zum Teil von unserer üblichen Alltagssprache.

Implizieren – davon ausgehen, dass …: Mit diesem Vorgehen tun Sie so, als könnte man sicher vom Eintreten bestimmter Effekte ausgehen.

> **Beispiel**
> Wenn ein Klient beispielsweise sagt, dass er eine Blume sieht, können Sie fragen: »Wie riecht sie?« Die nicht implizierende (oder nicht voraussetzende) Frage dagegen wäre: »Hat die Blume einen Geruch?« oder: »Sind Sie in der Lage, einen Geruch wahrzunehmen?«

In der ersten Frageform gehen Sie einfach davon aus, dass es ganz natürlich ist, einen solchen Geruch wahrnehmen zu können.

In der Trancesprache fragt man daher selten: »Können Sie (eigentlich) …« oder »Versuchen Sie doch einmal festzustellen, wo in Ihrem Körper das Gefühl am stärksten ist«. Stattdessen sagt oder fragt man: »Auf welche Weise genau ist es Ihnen möglich …?« Hier wird impliziert, dass man auf jeden Fall »kann« – es wird nun die innere Suche danach angeregt, auf welche Weise genau man dies kann. Statt »versuchen« könnte man sagen: »An welcher Stelle genau ist dieses Gefühl am stärksten?«

Diese Technik des Implizierens muss gut geübt werden. Anfangs ist es hilfreich, Trancetexte schriftlich vorzuformulieren und sie später so umzugestalten, dass sie einer guten Trancesprache entsprechen. Nach einiger Zeit der Übung gelingt dies immer häufiger in spontanen mündlichen Formulierungen.

Bilder und Phrasen des Klienten nutzen: Während der Zusammenarbeit (schon im ersten Telefonat) gebrauchen Klienten spezifische Sätze, Phrasen, Bilder und Metaphern. Es ist wichtig, sich ein Set davon zu merken und zu notieren. Denn in den verschiedenen Prozessschritten des Coachings werden genau diese wörtlichen(!) Sätze und Metaphern von großer Bedeutung sein. Wann immer es geht, nutzen Sie auch in der Tranceeinleitung oder in den verschiedenen Trancephasen Worte oder Sätze des Klienten, die an der jeweiligen Stelle bedeutsam sein können! Daher ist es wichtig, sich Notizen zu machen und die Aussagen, Gedanken und Bilder des Klienten nicht in die »eigene Sprache und Welt« zu übersetzen, sondern sie möglichst in der Welt des Klienten zu belassen. Auf diese Weise erreichen wir, was Pacing genannt wird. (Zum Begriff des Pacings lesen Sie bitte die Erläuterung zum Begriff des Mirrorings, S. 108.)

Erst in weiteren Schritten helfen wir dem Klienten, seine Weltsicht zu erweitern, indem er selbst seine Sprache, seine Bilder, seine Gedanken und anderes hinterfragen lernt, sie integriert und hier und da neue Gedanken und Bilder entfalten kann.

Alltagswahrheiten über jedermann und andere: Wenn Sie den Klienten direkt ansprechen mit: »Sie sehen jetzt …« oder »Sie entspannen sich jetzt«, wird diese Aussage immer eine innere Überprüfung hervorrufen, die feststellen soll, ob die Aussage zutreffend ist. Wenn Sie viele Aussagen treffen, die der Klient verneint, wird er das Vertrauen in Sie und den Prozess verlieren. Daher spricht man in der Trancesprache von allgemeingültigen Wahrheiten, Erlebnissen oder Zuständen und – das ist wichtig – über andere Menschen oder Personen.

> **Beispiel**
> Die obigen Aussagen könnten sich dann so anhören: »Manche Klienten sind dann in der Lage, sehr deutlich innerlich wahrzunehmen, wie …« Hier wird nicht über den Klienten gesprochen. Die Aussage zur Entspannung könnte beispielsweise lauten: »Vielen von uns hilft es, sich zunächst auf ihre ganz eigene Weise zu entspannen, bevor sie (Sie?) noch deutlicher dazu in der Lage sind, ihre (Ihre?) inneren Bilder neugierig zu betrachten und klarer wahrzunehmen.«

Hier ist ein weiterer »Trick« eingewoben: In der mündlichen Rede kann der Klient das Wort »sie« nicht von »Sie« unterscheiden. Einerseits wird über andere gesprochen. In der Trancelogik versteht er dies jedoch auch als direkte Anrede: Sie können tiefer …!)

Unspezifische Phrasen über andere oder allgemeine Wahrheiten (Truismen) können ebenfalls weiterhelfen:

Beispiel

»Vielen Menschen gibt es ein angenehmes Gefühl, sich zu …«

»Jedermann kennt das Gefühl, dass …«

»Früher oder später kann sich bei vielen das Empfinden einstellen, dass …«

»Sie wissen sicher schon, dass …«

»Es ist eine allgemeine Erfahrung, dass …«

»Die meisten Menschen können …«

»In vielen Kulturen ist bekannt, dass …«

»Den meisten Klienten ist schon seit Langem bekannt, dass …«

Nicht wissen, nicht verstehen, nicht müssen: Wenn wir auf die Suche nach präverbalen Inhalten, Symbolen, Bildern und Intuitionen gehen, wird die beobachtende rationale Ich-Instanz sich ständig fragen: »Verstehe ich das, wofür ist das gut, was soll das eigentlich, was ist als Nächstes von mir gefordert …?« Dies erzeugt einen gewissen Druck. Er ist bei sehr rationalen Menschen oder sehr pflichtbewussten Personen besonders groß. Damit dieser Druck gar nicht erst entsteht und das Ich oder das rationale Bewusstsein die Erlaubnis erhält, »einfach nur zu beobachten« oder auf »bisher ungewohnte Weise neugierig wahrzunehmen, einfach nur wahrzunehmen«, sind die folgenden Phrasen hilfreich.

Beispiele für solche Phrasen zum Nichtwissen sind:

Beispiele

»Es kann gut sein, zunächst einfach nur zu beobachten und wahrzunehmen …«

»Einfach nur neugierig wahrnehmen, ohne jetzt schon bewusst verstehen zu müssen …«

»Es ist nicht erforderlich, etwas zu wollen oder nicht zu wollen, wenn man einfach nur beobachtet …«

»Sie müssen nicht …«

»Es ist nicht erforderlich, etwas bewusst zu entscheiden, solange man einfach nur Informationen sammelt und neugierig wahrnimmt …«

»Ohne es selbst tun oder veranlassen zu müssen, kann es wie von selbst geschehen, dass man …«

»Einfach nur wahrnehmen, einfach nur geschehen lassen und beobachten …«

Gleichzeitigkeit: Unser Alltagsbewusstsein erweckt den Anschein, als würden wir uns vornehmlich auf einen »Gegenstand« konzentrieren oder nur in einem mentalen Arbeitsmodus agieren. In der Tranceprache wird aber die Idee gestärkt, dass wir gleichzeitig ganz verschiedene »Gegenstände« fokussieren und in unterschiedlichen Arbeitsweisen mental funktionieren können:

Phrasen, die auf Gleichzeitigkeit hinweisen, können sein:

Beispiele
»Während Sie mir einerseits bewusst zuhören können, kann es sein, dass das Unbewusste schon längst eine Idee davon entwickelt hat, welche inneren Bilder oder Geschehnisse für das Anliegen bedeutsam sind …«

»Während einerseits das Unbewusste schon längst damit begonnen hat, Bilder, Szenen und Symbole wahrzunehmen, die wegweisend sein können, kann das Bewusstsein einfach seinen Gedanken nachgehen oder auch meiner Stimme aufmerksam zuhören …«

»Einerseits kann es überraschen, sehr klar und bewusst anwesend zu sein und gleichzeitig neugierig die Fülle unbewusster Kreativität und Intuition auf eine ganz andere Weise wahrzunehmen …« (Das versteht man möglicherweise nur, wenn man hierüber in »Trancelogik« nachdenkt).

Vorausgesetzte Kausalverknüpfungen: Wir sind daran gewöhnt, dass das eine die Ursache des anderen ist. Sprachlich verknüpfen wir oft zwei Sätze mit Konjugationen oder anderen Hinweiswörtern, die Gleichzeitigkeit oder Kausalität vortäuschen. Viele Menschen »glauben« solchen Aussagen bereits im Alltag. In Trance werden manche dieser Aussagen besonders wörtlich verstanden.

Beispiele für vorausgesetzte Kausalverknüpfungen sind:

Beispiel
»Den meisten Klienten ist es möglich, noch tiefer in Trance zu gehen, während sie (Sie?) genau wahrnehmen, wie ihr (Ihr?) Rücken die Stuhllehne berührt.«

»Dadurch, dass man den Fluss der Atmung aufmerksam wahrnimmt, kann man sich mehr und mehr auf die Wahrnehmung innerer Bilder konzentrieren.«

»In dem Maße, wie sich die Hand Stück für Stück wie von alleine hebt, kann das Unbewusste einzelne Bilder, Erinnerungen und Wahrnehmungen erschaffen …«

»Es ist leicht, sich auf die Temperatur der eigenen Hände zu konzentrieren und sich die Erlaubnis zu geben, sich immer mehr zu entspannen.«

Alle Möglichkeiten einschließen: Wenn Sie dem Klienten sagen, dass er im Inneren einen Kreis sieht, werden Sie sein Vertrauen verlieren, sofern er im Inneren eine Eiche betrachtet. Daher muss die Trancesprache entweder sehr offen und vage sein oder mehrere Beispieloptionen anbieten; möglichst nicht mehr als drei. Diese werden dann aber zusätzlich noch mit einer Phrase ergänzt wie: »… oder etwas ganz anderes«, »… ich weiß nicht, was genau Sie sehen …«.

Phrasen, die Wahloptionen bieten, sind beispielsweise folgende:

Beispiele
»Manche Klienten sehen in diesem Moment ein Symbol oder eine Person oder etwas ganz anderes, das ihr (Ihr?) Unbewusstes gewählt hat …«

»Manchen Klienten hilft die Vorstellung, dass Gedanken wie Wolken vorbeiziehen oder wie Blätter auf einem Fluss treiben, wieder andere sehen ganz andere Bilder, die ihnen (Ihnen?) dieses Vorbeiziehen zeigen ...«

»Solch ein innerer Ort der Geborgenheit und Sicherheit kann aus der Erinnerung entspringen, vielleicht ein Urlaubsort, an dem man sich sehr geborgen fühlte. Doch genauso kann es ein Ort sein, den es noch nicht gibt, den unser Inneres sich eigens hierfür ausdenkt. Man kann neugierig darauf sein, welchen Ort das eigene Unbewusste durch seine Weisheit und Kreativität findet ...«

Suchhinweise geben: Durch Fragen und Hinweise können wir den Klienten anregen, auf eine innere Suche zu gehen:

Beispiele

»Vielleicht können Sie ...«

»Vielleicht möchten Sie ...«

»Vielleicht ist es angenehm für Sie ...«

»Sind Sie sich bewusst, dass ...?«

»Möchten Sie ...?«

Nach diesen Einleitungen folgen dann Sätze, die Worte wie diese enthalten: wählen, sehen, wahrnehmen, hören, riechen, schmecken, tasten, erinnern, erfahren, sich wundern, sich fragen, sich vorstellen, fühlen, erspüren, ...

Sie-Stellvertreter: Die deutsche Sprache ermöglicht uns einen kleinen Trick. Wenn wir in der Trance im Plural (der Mehrzahl) von Personen, Wesen, Tieren, Pflanzen oder dergleichen sprechen, können wir beispielsweise sagen: »Sie (die Wesen oder anderes) haben die Fähigkeit zu ... und sie können mit großer Leichtigkeit ...« Die Klienten verstehen in ihrer bewusstseinsnahen Trancelogik, dass es um diese Wesen geht. Gleichzeitig versteht ein bewusstseinsferner innerer Ich-Teil jedoch dieses »sie« als ein Anredepronomen, nämlich als »Sie«. Dadurch werden alle allgemeingültigen Aussagen über die benannte Gruppe auch zu Aussagen über den Klienten selbst. Doch er bemüht sich nicht um einen rationalen Widerstand, da es auf der rationalen Ebene ja nicht um ihn, sondern um andere geht.

Ein Beispiel finden Sie im Kapitel »Trance-Texte für das Coaching« in der ersten längeren Trance im Abschnitt »Early-Learning-Set« (s. S. 170). In den vorherigen Beispielen haben wir die Doppelbedeutung von »sie« und »Sie« oder »ihr« und »Ihr« bereits eingebaut. Sicher ist Ihnen das aufgefallen.

Utilisation: Neben sprachlichen Anregungen ist es bedeutsam, dass Praktiker während ihrer Ausbildung die Fähigkeit des Utilisierens erlernen. Damit ist gemeint, dass der Coach Veränderungen des Klienten und der Umgebung nutzt, um sie dem Klienten zurückzuspiegeln. Es ist nicht erforderlich, dass wir das Geräusch jedes vorbeifliegenden Flugzeugs in den Trancetext metaphorisch einbauen oder das Prasseln des Regens an den Fensterscheiben. *Manchmal* ist das jedoch sinnvoll. Was wir auf jeden Fall feinfühlig kommentierend begleiten sollten, sind körperliche Veränderungen des Klienten, die auf seine innere Arbeit hinweisen. Wenn der Klient plötzlich weint, dürfen wir das nicht ignorieren. Oft genügt ein verständnisvolles »Ja, das ist in Ordnung« oder »Ja, das kann gut sein«.

Hierfür lohnt es sich aber nicht, Phrasen zu erlernen, denn gutes Utilisieren ist ein kreativer und intuitiver Vorgang in der konkreten Begegnung. Wenn ein Klient sich beispielsweise emotional und auch körperlich stark erregt, kann es manchmal angebracht sein, ihn etwas zu beruhigen. Sie können dann sagen:

Beispiel
»Warum nicht jetzt nur so viel wahrnehmen und betrachten, wie jetzt gut ist und wirklich guttut. Einfach etwas Abstand bewahren und manches jetzt noch mit Abstand betrachten oder erfühlen …«

Lieblingsphrasen: Viele Coaches oder Therapeuten haben Phrasen, die sie immer wieder benutzen. Nach einiger Zeit sind dies Signalsätze für die Klienten, die sie besonders stark in der Entspannung oder Trance unterstützen. Beispiele von Lieblingsphrasen mir bekannter Coaches sind:

Beispiele
»Warum nicht sich all die Zeit nehmen und all den Raum geben, um sich …«

»Im ganz eigenen Tempo und auf die ganz eigene Weise …«

»So wie es für einen selbst wirklich richtig ist und wie es guttut …«

»Mit großer innerer Achtsamkeit …«

»So ist es gut … Ja, genau!«

»… einerseits, … aber auch andererseits, …«

»Jetzt oder in einer Weile …«

»Genau, ja, auf die eigene Weise …«

Das Tempo: In Trance ist die Zeitwahrnehmung verändert. Viele Anregungen, die wir als Coach sprachlich geben, müssen sich im Klienten erst innerlich entfalten. Wenn wir im gleichen Atemzuge sagen: »Nehmen Sie die Farben dort wahr und nun die Geräusche. Jetzt wenden Sie sich den Gerüchen zu …«, wäre der Klient überfordert. Allein die erste Aufforderung braucht 20 bis 60 Sekunden, bevor wir überhaupt daran denken können, eine ganz neue Fokussierung anzuregen. Zum einen sollten wir daher recht langsam sprechen, viele Pausen zwischen den Sätzen lassen und lange bei einem einzigen Fokussierungsangebot weilen. Ein Beispiel:

Beispiel

»Vielleicht nehmen Sie jetzt schon die Farben wahr, die dieses Symbol ausmachen ... ganz in Ihrem Tempo ... einfach nur wahrnehmen, welche Farben zu sehen sind ... auf ihre ganz eigene Art zu sehen sind ... während Sie einfach nur neugierig zu schauen brauchen ... all die Farben ...«.

Es muss Ihnen nicht peinlich sein, wenn Sie dabei Ihre Hinweise häufig wiederholen. In der Trancelogik, in der der Klient vermutlich denkt, nimmt er die Worte und Sätze oft nur am Rande wahr, während er sich innerlich die Farben anschaut.

Fraktionierte Trance: Es ist durchaus möglich, eine Trance kurz zu unterbrechen und an der gleichen Stelle und in der gleichen »Tiefe« (oder noch tiefer) sofort danach wieder aufzunehmen. Solche Unterbrechungen sind auch mehrfach hintereinander möglich. Bitte erinnern Sie sich: Trance ist kein heiliger oder magischer Zustand, sondern eher ein (verabredetes) kommunikatives Geschehen. Wie in einem normalen Gespräch ist eine gewisse Anzahl von »Störungen« durchaus verkraftbar, oft sogar sehr erfrischend und vertiefend.

Man muss diese Unterbrechungen auch nicht als »Störungen« werten, denn durch den bewussten Wechsel lernt der Klient zudem, dass er mentale Zustände steuern und eigenverantwortlich kontrollieren und verändern kann. Er kann von einer »Trance« in eine andere wechseln – und zwar bewusst!

Innere und äußere Dialoge in Trance

Wenn der Klient innere Bilder oder Szenen sieht oder andere innere Wahrnehmungen aufnimmt, kann man ihn – auch während er in Trance ist – fragen, was er gerade wahrnimmt. Hier hilft dann die zuvor installierte Gleichzeitigkeit von tiefem innerem Gewahrsein und gleichzeitiger Wachheit des Bewusstseins, die sich ebenfalls nach außen wenden kann. Auf eine Frage kommt oft zunächst keine Antwort. Für einen Außenstehenden vergeht die Zeit in einem anderen Tempo; meist viel langsamer. Häufig antworten die Klienten erst nach mehreren Aufforderungen, indem sie sich zunächst räuspern und dann leise und mit belegter Stimme knapp antworten. Ihre Fragen sollten sehr kurz und dicht an konkreten Wahrnehmungen sein: »Was genau sehen Sie?«, »Wo stehen Sie jetzt?«, »Wer ist noch da?« Außerdem stellen Sie bitte immer nur eine Frage. Wenn Sie jetzt schon dazu übergehen, »verkopfte« Fragen zu stellen, laden Sie zu Rationalisierungen ein, die zwangsläufig aus der Trance herausführen. Wenn der Klient mit dem Arbeitsstil etwas vertrauter ist und bereits in mehreren Trancen mit Ihnen gesprochen hat, können durchaus längere Redephasen eingebaut werden.

Wir wenden uns nun den inneren Dialogen zu, die entweder das »rationale, beobachtende Ich« des Klienten mit eigenen inneren Symbolanteilen führt oder die ein Abbild des Ichs oder des Bewusstseins mit einer imaginierten inneren Person oder einem inneren Wesen führt. In der Aktiven Imagination tauchen hin und wieder Personen oder Wesen als »Seelenführer« oder Begleiter auf. Bei manchen Klienten sind es mehrfach hintereinander dieselben Personen oder Wesen. Mit diesen Personen (die innere Instanzen des Unbewussten repräsentieren) können die Klienten innere Dialoge führen. Mithilfe des Coachs können auch weitere Personen installiert werden, sogar ganze innere Teams oder innere »Familienaufstellungen«. Doch solch komplexe Methoden sind meist nicht erforderlich. An dieser Stelle möchte ich Ihnen lediglich die Arbeit mit inneren Stellvertretern vorstellen..

> **Intervention: Eine Person, die das auch hat – als Stellvertreter**
>
> Stellvertreter können für innere Anteile des Klienten stehen, äußere Objekte repräsentieren oder bestimmte Anliegen, Symptome oder Ziele. Wenn ein Klient ein Problem oder Symptom hat, das in einer Trance bearbeitet werden soll, induziert man zunächst eine Entspannung oder Trance. Diese Technik wird auf Seite 169 noch erläutert.

Nun folgt die spezifische Phase der Arbeit, für die ich hier ein Beispielskript anführe:

> **Beispiel**
>
> **Coach:** »… Während Sie in diesem Zustand der Entspannung sind, kann es hilfreich sein, einem tiefen inneren Gedanken nachzugehen: Wenn es ein Wesen oder eine Person gäbe, von der jedermann sagen könne: Ja, genau diese Person hat auch das Problem (hier wird das Problem des Klienten noch einmal genannt), sie steht geradezu für dieses Problem, aufgrund ihrer Wesenheit und Besonderheit … Wenn es diese Person oder dieses Wesen gäbe, dann wäre dem Unbewussten wohl jetzt schon klar, wie diese Person oder dieses Wesen wäre oder wer oder was es wäre.
> Und ich frage mich, ob Sie in diesem Zustand der Entspannung und tiefen inneren Aufmerksamkeit jetzt schon auf eine unbewusste Weise in der Lage sind zu sehen, welche Person oder welches Wesen in Ihnen als Antwort auf die Frage im Inneren auftaucht. Es kann klärend und hilfreich sein, sich einfach diesem Bild zuzuwenden und es innerlich immer deutlicher oder klarer zu sehen. Bei manchen Klienten taucht zunächst ein Bild auf, das verwundert, und daher schiebt eine innere Instanz es möglicherweise zunächst kurz beiseite, um neue Bilder auftauchen zu lassen. Doch es kann wichtig sein, neugierig bei dem ersten Bild zu verweilen, es einfach nur neugierig und aufmerksam zu betrachten, ohne irgendetwas verstehen oder wollen zu müssen. Einfach nur betrachten und wahrnehmen … Und wenn es eine Person oder ein Wesen ist, vielleicht zunächst einfach nur das Gesicht anschauen, die Augen anschauen und einfach nur wahrnehmen, was es dort zu sehen gibt … Welche Person oder welches Wesen sehen Sie …?«

Klient (räuspert sich): »Meinen Bruder.«

Coach: »Gut. Einfach nur schauen, einfach nur wahrnehmen. Wenn Sie die Augen gesehen haben, nehmen Sie vielleicht auch den Körper und Teile der Umgebung wahr. Doch das ist nicht wichtig. Jeder Mensch nimmt etwas anderes wahr. Einfach nur schauen … Wenn Sie an Ihr Anliegen denken, kann es sein, dass Sie Ihrem Bruder eine Frage stellen möchten, die damit in Zusammenhang steht. Vielleicht möchten Sie aber auch eine ganz andere Frage stellen oder ihm etwas mitteilen oder ihm geben … Wenn es sich um eine Frage handelt: Schauen Sie, bis sich die Frage wie von selbst einstellt, und stellen Sie innerlich die Frage.« (Oft kann es gut sein, wenn man zunächst keine gesprochene Antwort oder Reaktion erhält, sondern eine Antwort, die die Blicke des anderen mitteilen. Sie können hier auch sagen: »die die Augen des anderen mitteilen …« Das ist zwar unlogisch, wirkt aber in der Trance manchmal besser.)
»Vielleicht nehmen Sie jetzt schon wahr, welche Gefühle oder Worte die antwortenden Augen Ihres Bruders ausdrücken und zeigen …?«

Klient (räuspert sich und weint): »Das macht mich traurig …«
Coach: »Ja, ich sehe. Es ist in Ordnung so. Lassen Sie sich Zeit. Sagen Sie Ihrem Bruder, wie es Ihnen geht und was Sie im Herzen denken, wenn es richtig ist für Sie. Oder teilen Sie ihm mit, was jetzt schon möglich ist …«

Wenn der (in vielen Fällen nonverbale) Dialog zwischen innerer Person und der Ich-Repräsentanz sich in der Trance innerhalb des Klienten entfaltet hat, kann man zu einem nächsten Interventionsschritt übergehen: Klient und Bruder können sich berühren, können sich umarmen oder Hand in Hand einen Weg beschreiben. In einer weiteren Steigerung kann der Klient dazu angeregt werden, in die Rolle des Bruders zu wechseln.

Beispiel
»Es kann sehr hilfreich sein, für einen kurzen Moment, nur als Experiment, in einem So-tun-als-ob in die Haut oder das Wesen des Bruders hineinzuschauen. Für eine kurze Weile zu einem Besucher in seinem Inneren zu werden, um seinen Gedanken und Gefühlen auf eine achtsame und respektvolle Weise ganz nahe sein zu können, um wirklich zu verstehen, um auf eine tiefe Weise auch von innen verstehen zu können. Es einfach nur versuchen, jetzt, einfach nur versuchen und sich diese Möglichkeit des Lernens erlauben …«

Dann wird der Klient gefragt, welche Gefühle und Gedanken des Bruders er dort wahrnimmt. Später verlässt der Klient auf unsere Anregung wieder das Innere des Bruders und betrachtet ihn aus der Außenperspektive.
Nach der Verabschiedung des Bruders kann die Trance ausgeleitet werden. In den folgenden Arbeitsschritten werden die inneren Gedanken, Bilder, Emotionen, Intuitionen, Wahrnehmungen … bearbeitet und integriert.

Bei dem beschriebenen Rollenwechsel in den »Kopf oder Körper des Bruders« ist zu bedenken, dass es hierbei nie einen wirklichen Wechsel oder Tausch gegeben hat. Der Klient hat auch kein wahres Abbild des Bruders in sich belebt. Er hat lediglich eine eigene innere Vorstellung des Bruders in sich belebt (eine Objektbeziehungsrepräsentanz mit dazugehöriger Vision). Er konnte also mit der eigenen inneren Vorstellung in Kontakt treten, die er von seinem Bruder und seiner Beziehung zu ihm hat. Auf diese Weise arbeitet er imaginativ mit Beziehungsabbildern (Bilder von einem »Ich und Du«); nicht aber mit dem tatsächlichen Bruder in Form eines »magischen Du«.

Zu Beginn der spezifischen Trancearbeit wurde der Klient angeregt, eine Person oder ein Wesen zu imaginieren. Genauso kann man als Stellvertreter für innere Anteile auch Symbole, Landschaften, Häuser, Orte und anderes vorschlagen. Dies können sehr hilfreiche Metaphern für innere Vorgänge sein. In solche »nichtpersonalen« Repräsentanzen treten die Klienten im zuletzt genannten inneren Arbeitsschritt mit weniger Hemmungen ein als in eine gedachte Gestalt einer nahestehenden Person. Eine sehr gute Anleitung zu der Arbeit mit inneren Landschaften finden Sie im Buch von Hanscarl Leuner (s. Literaturtipp auf S. 146).

Trancetexte für das Coaching

Trancetexte oder -skripte sind von großem Nutzen für Anfänger und Lernende. Doch sie sind Konserven und daher weit entfernt von der intuitiven und spontanen Interaktion, die sich ein Fortgeschrittener wünscht. In unseren Hypnotherapiefortbildungen für Coaches und Therapeuten arbeiten wir – nach einer theoretischen und sprachlichen Einführung – zunächst ohne Texte und üben Tranceinduktionen und Trancearbeit, die keine längeren Sätze und Reden benötigen, sondern vorwiegend Körpersignale nutzen; beispielsweise eine »schwebende Hand« in der sogenannten Induktion mittels einer Handlevitation. Hierdurch erwerben die Ausbildungskandidaten wichtige Kompetenzen im Pacing, der guten gegenseitigen Einstimmung aufeinander, und in der Utilisation, wobei es in erster Linie um das aufmerksame Wahrnehmen und Nutzen von Reaktionen und Signalen des Klienten geht.

Erst wenn diese Grundfertigkeiten in verschiedenen Varianten erworben sind, beginnen wir, mit längeren Tranceskripten zu arbeiten. Zunächst werden sie aufmerksam durchgelesen, um ihre Struktur und innere Logik (Trancelogik) nachzuvollziehen. Im nächsten Schritt können die Ausbildungskandidaten dann kleinere Änderungen an Worten und Formulierungen vornehmen, die ihnen fremd oder unverständlich sind. Doch Vorsicht: Die Texte sollen die Trancelogik ansprechen und nicht das übliche rationale Alltagsbewusstsein. Nach dieser ersten Redaktion des Textes üben sie dann mit Probanden, meist anderen Ausbildungskandidaten, die Umsetzung der Trance.

Selbstverständlich darf man dabei den Text eines Tranceskriptes nicht monoton »herunterlesen«. Es ist wichtig, häufige Pausen zu machen und die Reaktionen des Klienten angemessen zu utilisieren! Manche Worte oder Satzteile müssen besonders betont oder intoniert werden. Es ist gut und wichtig, manche Sätze zu wiederholen, um sehr viel Zeit für die innere Entfaltung zur Verfügung zu stellen. Die Sätze müssen grammatikalisch nicht korrekt sein. Das ist in der Wahrnehmung der Trancelogik irrelevant, manchmal sogar störend.

> **Vorlesetipps**
>
> Lassen Sie sich *sehr* viel Zeit. Reden (lesen) sie langsam, mit *vielen* Pausen im Satz und zwischen den Sätzen. Lassen Sie manchmal auch Pausen zwischen den Absätzen, die sie höchstens mit »Füllseln« füllen, um zu zeigen, dass Sie noch da sind. Wiederholen Sie Sätze oder Passagen leicht modifiziert; ruhig mehrfach.

Wenn die zukünftigen Trancebegleiter genügend Erfahrung gesammelt und Rückmeldungen von Klienten und Ausbildungsleitern erhalten haben, gehen sie daran, den Text in ihrer eigenen Sprache neu zu verfassen. Dies ist der zweite Redaktionsschritt. Nun folgt wiederum eine Experimentier- und Erfahrungsphase mit Klienten. Im nächsten Lernschritt verdichten sie den Text so weit, dass nur noch Überschriften für einzelne Phasen oder besonders wichtige Sätze auf einem Merkzettel übrig bleiben. Dadurch haben sie einen Fahrplan in der Hand, können aber weitgehend Worte und Sätze kreativ und spontan entstehen lassen – so wie es in der spezifischen Interaktion am sinnvollsten und hilfreichsten ist.

Fortgeschrittene, die diese Übungsphasen bereits durchlaufen haben, können den Tranceskripten einzelne Ideen oder Formulierungen entnehmen und sie in ihren halbbewussten »Phrasenspeicher« der »Hypnotalkgenerator« integrieren.

Nun folgen einzelne Skripte zu den jeweiligen Interventionen, die Sie bitte nur als Anregung und Lernhilfen im genannten Sinne auffassen.

Vorgespräch, Erwartungen, Anliegen, Einstimmung auf die Trancearbeit ...: Wir gehen davon aus, dass dies in den folgenden Beispielen bereits geschehen ist. Daher erwähnen wir diesen Schritt in den später folgenden Tranceskripten nicht mehr.

Hat Milton Erickson eine Standardmethode für seine Hypnosen genutzt?

Der Mitbegründer der modernen Hypnotherapie, Dr. Milton Erickson, war ein besonders kreativer Psychotherapeut. Durch die Vielfalt seiner Methoden und Einfälle überraschte er Patienten und Kollegen. Die Arbeit mit Hypnose machte dabei nur einen Teil seiner Arbeit aus. Keine Trance glich dabei wirklich einer anderen, da er sich auf jeden Patienten individuell einstellte. Manche Elemente tauchten in seinen tausenden Hypnosen jedoch immer wieder einmal auf. Es ist sicher nicht richtig, diese Elemente in einer Standardmethode zusammenzufassen. Bitte verstehen Sie diese Zusammenfassung eher als ein Beispiel dafür, wie Erickson möglicherweise bei einem bestimmten Klienten vorgegangen wäre.

> **Intervention: »Milton-Standardtrance«**
>
> *Dauer: Etwa 25 bis 45 Minuten.*
>
> Diese Trancestruktur greift einzelne Elemente von Trancesitzungen auf, die von Erickson bekannt sind. Anfängern hilft die hier dargestellte Struktur, da sie sich zunächst an eine Art Fahrplan oder ein Ablaufschema halten können.

Zur Verdeutlichung folgt nun ein konkretes Beispiel:

Beispiel

Einleitung: »Ich möchte Sie nun einladen, sich bequem hinzusetzen. Viele Klienten berichten, dass es sinnvoll ist, beide Füße parallel auf dem Boden zu haben, sich entspannt aufrecht hinzusetzen und die Arme locker auf die Stuhllehne (oder die Oberschenkel) zu legen … Lassen Sie sich ruhig Zeit, die Position zu finden, die für Sie persönlich angenehm und hilfreich ist. Selbstverständlich können Sie während der Trance – egal ob in leichter oder angenehm tieferer Trance – jederzeit Ihre Position selbstständig so verändern, wie es angenehm ist. Diese Freiheit nehmen Sie sich bitte einfach.
Ich möchte Sie einladen, dass Sie nun die Augen schließen und sich ein wenig nach innen konzentrieren. Es ist aber nicht notwendig, dass Sie sich jetzt schon sehr entspannen. Schauen Sie einfach so angenehm wie möglich nach innen, während Sie gleichzeitig gut zuhören können, was ich sage. Nehmen Sie sich in den nächsten Minuten all die Zeit, die Sie brauchen, und all den inneren Raum, den Sie brauchen, um sich auf Ihre ganz eigene, innere Weise zu entspannen und wahrzunehmen, während Sie meiner Stimme mehr oder weniger bewusst zuhören können oder auch nicht und sich gleichzeitig innerlich auf das Anliegen konzentrieren können, das wir vorhin erwähnt haben.«

Ausgangssituation utilisieren: »Manchmal ist es hilfreich, sich zu vergegenwärtigen, wie genau man auf dem Stuhl sitzt … einfach wahrnehmen … wie der Rücken die Lehne berührt … wie die Sitzfläche einen trägt … Es ist in Ordnung, wenn man gleichzeitig Gedanken oder Bilder wahrnimmt, die an einem vorbeiziehen können, wie Blätter auf einem Fluss oder Wolken am Himmel … einfach ziehen lassen, während die Aufmerksamkeit auf andere Weise ganz bei sich selbst verweilen kann und in den Körper hineinspürt …«

Fokussieren auf Körperwahrnehmungen: »Ich frage mich, ob Sie es sich erlauben möchten, noch intensiver wahrzunehmen, wie sich Ihr Brustkorb hebt und senkt, um sich auf diese Weise noch besser entspannen zu können. Einfach das innere Heben und Senken der Lunge wahrnehmen und das Ein- und Ausatmen der Luft … einfach nachspüren … (wenn der Klient tiefer einatmet:) Ja, so ist es richtig, tief ein- und ausatmen, um sich noch mehr entspannen zu können und immer mehr bei sich sein zu können …« (Viel Zeit lassen.)

»Manche Klienten erspüren von dort aus auch Ihre Schulter- und Nackenpartie und lassen das Gefühl der Entspannung, das bei jedem Ausatmen auftritt, immer mehr in die Muskeln dieser Region fließen … einfach fließen lassen und entspannen, um noch mehr bei sich selbst sein zu können …« (Etwa fünf Minuten beim Erspüren des Körpers bleiben. Auch andere Regionen könnten erforscht werden. Jedoch nicht zu viele gleichzeitig oder nacheinander.)

Gleichzeitigkeit (Dissoziation von bewusst und unbewusst): »Während das Bewusstsein so weit wach ist, wie es möchte, um achtsam mit neuen äußeren und inneren Eindrücken umzugehen und auch meine Stimme so weit hört, wie es mag, kann ein anderer, tieferer Teil des Bewusstseins schon längst auf eine neuartige Weise begonnen haben, mit dem Unbewussten zu kommunizieren, … das kreative und hilfreiche Ideen in Form von Bildern, Gefühlen, Symbolen oder auf ganz andere Weise bereitstellen kann, um früher erworbene Erfahrungen oder neue Ideen auf eine Weise zu zeigen, die das wache Bewusstsein jetzt noch nicht verstehen muss. Es kann gut sein, sich all die Zeit zu nehmen und den inneren Raum zu geben, um diese wichtigen Prozesse in tieferen Schichten des Ichs zunächst interessiert zu beobachten, um daraus später lernen zu können …« (Mehrfach und auf andere Weise die Dissoziation induzieren.)

Frühere gute Lernerfahrungen (Early-Learning-Set): »Während Ihr Körper ganz von alleine weiß, wie er sich durch seine achtsame Wahrnehmung ganz auf seine Art und Weise entspannen kann, möchte ich Ihnen von der Fähigkeit erzählen, die alle Kinder dieser Welt haben: Sie können ganz leicht Neues lernen und sich neugierig auf eine Welt einlassen, die sie noch nicht ganz bewusst verstehen. Sie sehen neue Formen, Farben oder Situationen und erkunden sie mit ihrer spielerischen Leichtigkeit. Sie sind auf diese Weise Entdecker und dazu fähig, sich die Welt immer wieder neu und kreativ zu erschließen. Dabei nehmen sie Gefühle und Stimmungen, Intuitionen und Gedanken aufmerksam wahr, um immer wieder mit dieser Leichtigkeit und Freude neu zu lernen. Manche meinten nur, sie hätten das schon längst vergessen. Aber dann erinnern sie sich immer wieder wie von selbst daran, dass diese Fähigkeit tief in ihnen liegt und sich auch ohne Wollen immer wieder wie von selbst einstellt. Diese Selbstverständlichkeit, mit dem das Lernen, Umdenken und Begreifen möglich ist, haben sie tief in sich bewahrt, wie einen Schatz. Und dieser Schatz wird immer wieder mit Leichtigkeit neu entdeckt. Diese Fähigkeit haben sie – auch heute noch, jetzt … Es ist nicht notwendig, dass jetzt schon bewusst voll zu verstehen, da das Unbewusste dies jetzt schon sehr gut versteht und hilfreich für sie umsetzt, mit den Fragen: Was gibt es hier Neues zu lernen? Was gibt es Neues zu erfahren? Welche Fähigkeiten werde ich einsetzen, um dieses Lernen möglich zu machen, um die Lernschritte wahr werden zu lassen und in die Tat umzusetzen? …«

Spezifische Lernschritte für das Anliegen: In diesem Falle folgt hier ein allgemeiner Text über innere Weisheit. Bei einem konkreten Klienten könnte hier die spezifische »Trancetechnik«, eine spezifische Anregung, ein inneres Bild, das

»analysiert« wird, der Dialog mit einem inneren Wesen, eine innere Reise, eine bestimmte Methode oder gar »Suggestion« eingesetzt werden. Nun unser unspezifisches Beispiel als Platzhalter:

»Überall dort, wo das Lernen als Fähigkeit bewahrt wurde und immer wieder in Erscheinung tritt, kann die Verbindung zur eigenen Tiefe und Kreativität gespürt werden. Manche spüren das tief in ihrem Inneren ganz körperlich … andere sehen diese Verbindung … so, als würde man in Verbindung stehen mit der eigenen tiefen inneren Weisheit und als könnte man mit Freude aus ihr schöpfen und sich darauf verlassen, das in einem all die Qualitäten wirken, die für ein erfülltes Leben erforderlich sind. Tiefes Verständnis und Annahme des eigenen Selbst … und Wertschätzung für sich selbst und für andere Menschen … Daraus erwächst eine neue Form, mit dem inneren Wissen umzugehen und es auch später neu in das Bewusstsein integrieren zu können. Doch das ist jetzt noch nicht erforderlich. Diese innere Weisheit weiß genau, in welchem Tempo und auf welche Weise dies geschehen kann, nach und nach, im ganz eigenen Tempo und auf eine hilfreiche Art und Weise …«

Take home: »In dem Zustand tiefer Entspannung sind viele Menschen in der Lage, zu Einsichten oder auch wichtigen kleinen Anregungen zu gelangen, die später bedeutsam sind, wenn man in kleinen und stetigen Schritten sein Leben positiv verändert. Es ist nicht notwendig, jetzt schon alles bewusst zu verstehen, was unbewusst gelernt und erfahren wurde. Doch es kann hilfreich sein, vielleicht jetzt schon einige Ideen bewusst begreifen zu können und aus der Entspannung auch in das Bewusstsein auftauchen zu lassen, damit es auch seinen wichtigen Anteil daran nehmen kann und auf seine Weise an dem Anliegen auch im Wachbewusstsein weiterdenken und -sinnen kann. Dafür kann es gut sein, dem Bewusstsein jetzt schon zu zeigen, womit es sich auf eine hilfreiche und gute Weise beschäftigen kann …«

Ausleitung: »… während Sie nun ganz in Ihrem eigenen Tempo und auf Ihre ganz eigene Art langsam, Schritt für Schritt, wieder in den üblichen Wachzustand zurückkommen können… In einem Tempo, das für Sie angenehm ist, um sich wieder vollständig hierher zurückzuorientieren in einen Zustand, in dem Körper und Geist wach sind und in einem guten und frischen Miteinander wieder ganz hier sind… ganz wach und frisch … jetzt! …«

Wenn der Klient nun die Augen öffnet, lassen Sie ihm bitte einige Sekunden oder ein, zwei Minuten, um sich zu orientieren und wieder ganz in den üblichen mentalen Arbeitsmodus zurückzukehren. Meist genügen zur Begrüßung ein kurzes »Hallo« und ein Lächeln. Es ist nicht gut, sofort alle Tranceinhalte zu zerreden. Doch Sie sollten in jedem Falle auch direkt nach der Trance dem Klienten die Möglichkeit anbieten, einzelne innere Erlebnisse auszudrücken, die ihn besonders beschäftigen. Dabei seien Sie bitte zunächst nur stützend und verständnisvoll, beruhigend und ermutigend. Beginnen Sie bitte nicht sofort mit klugen »Deutungen«.

In der folgenden Trance werden wir die innere Person eines weisen Ratgebers oder einer weisen Ratgeberin einführen. Wir beginnen die Wiedergabe dieser Trance an einer späteren Stelle und setzen voraus, dass durch eine Einleitung und Tranceinduktion bereits eine angemessene Entspannung und Trancetiefe erreicht ist. In den Vorgesprächen oder früheren Coachingsitzungen ist das Anliegen oder das Problem besprochen worden, auf das in der Trancesitzung fokussiert werden soll. Wir sprechen hier von einem männlichen Ratgeber. Sie können im Trancetext jedoch auch anbieten, dass der Klient in der Trance selbst neugierig darauf sein kann, ob es sich um einen Ratgeber oder eine Ratgeberin handelt.

Manchmal kann eine innere Weisheit Rat geben

Die Vorstellung, dass im eigenen Inneren eine Quelle der Weisheit existiert oder dass dort reife Persönlichkeitsanteile existieren, ist vielen Klienten geläufig. In der folgenden Intervention wird die Vorstellung aufgebaut, dass ein innerer Ratgeber bildlich stellvertretend für diese inneren weisen Anteile aufgesucht wird.

> **Intervention: Reise zum inneren Ratgeber**
>
> *Dauer: Etwa 25 bis 45 Minuten.*
>
> Die Trance ist bereits eingeleitet, der Arbeitsschritt »Gleichzeitigkeit« oder »Early-Learning-Set« ist bereits erfolgt.
> In dieser Intervention tritt der Klient eine imaginierte innere Reise an, in der er sein Anliegen oder seine Frage als Gepäck mit sich trägt. Die Art der Reise ist oft bedeutsam und enthält in symbolhafter Weise wichtige Hinweise. Die Reise führt zu einem Ort, an dem die Begegnung mit einem imaginierten inneren Ratgeber stattfindet, dem das Anliegen oder die Frage übergeben wird. Die Art der Beziehungsaufnahme und auch die besondere Weise der Antwort geben dem Klienten weitere Hinweise, mit denen er später sein Anliegen klären kann. Oft sind die Antworten oder Ratschläge überraschend und ungewöhnlich. In späteren Coachingsitzungen werden die Eindrücke ausgewertet und weiter bearbeitet.

Nun folgt wieder ein konkretes Beispiel:

> **Beispiel**
>
> **Eine Reise antreten:** »… An dieser Stelle möchte ich Sie zu einer inneren Reise einladen. Zu einer Reise, die Sie in innere Welten führen oder an Erinnerungen und Bildern vorbeiführen kann. Es wird eine Reise an einen Ort sein, der jetzt noch nicht bekannt zu sein braucht, und zu einer Person, die all das verkörpert, was Weisheit und tiefste Klugheit in Ihrem Innersten bedeutet. Es kann für eine solche Reise passend sein, zunächst einfach nur wahrzunehmen und neugierig darauf zu sein, *wie* man reisen wird. Dabei haben alle Menschen ganz eigene

innere Vorstellungen von einer solchen Reise. Sie kann auf dem Wasser oder zu Lande stattfinden; auf einem großen Fluss oder Strom oder auf verschlungenen Pfaden in lichten Wäldern oder auf Gebirgszügen. Vielleicht sind Sie einfach nur neugierig und schauen, welche Wege oder Möglichkeiten von Reisewegen sich ganz von alleine in Ihnen zeigen … einfach nur wahrnehmen und schauen … Sich all die Zeit nehmen und sich all den inneren Raum geben, um einen Weg im Inneren entstehen zu lassen, auf dem man sich Zeit lassen kann, … viel Zeit, denn es gilt ja auch, den Weg wahrzunehmen und langsam an sich vorbeiziehen zu lassen, damit man all das wahrnehmen kann, das während dieser Reise auftaucht. Das können Menschen sein, Gesichter, Gefühle oder etwas ganz anderes. All das einfach während der Reise wahrnehmen und sich all die Zeit nehmen … Auch auf die Körperempfindungen achten, die man während einer solchen Reise verspürt und achtsam sein für all die Reiseeindrücke, die den Weg erst so lehrreich und wichtig machen und dafür sorgen, dass folgende Schritte gut vorbereitet sind und auf einen fruchtbaren inneren Boden fallen können, auf eine innere Bereitschaft, neu zu lernen und eine wichtige Begegnung einzugehen …«

Sich dem Ort nähern: »Und nach einiger Zeit des Beobachtens und Wahrnehmens ist es Ihnen vielleicht möglich, eine körperliche Ahnung oder ein inneres Gespür davon zu entwickeln, wie es sich anfühlt, wenn man sich dem Ort nähert. Bei manchen Klienten tritt ein Gefühl innerer Weite oder Klarheit auf, andere spüren eine tiefe Gelassenheit und Zuversicht oder gar einen liebevollen Respekt. Es kann gut sein, darauf zu achten, welches Gefühl im eigenen Inneren auftaucht, wenn man sich diesem guten und weisen Ort nähert …«

Sich der Nähe des Ratgebers gewahr werden: »Auch die nahende Gegenwart des inneren Ratgebers kann oft auf positive Weise erspürt werden. Manche Menschen nehmen dies wahr, indem sich ein Gefühl innerer Ausgeglichenheit oder ein körperliches Gelöstsein einstellt. Andere Menschen spüren ein Gefühl der Vorfreude oder Ahnung in sich aufsteigen, wenn Sie – mit ihren Fragen und Anliegen – dem inneren Ratgeber näherkommen. Andere beginnen bereits, den Ratgeber zu sehen oder sich auf andere Weise seiner Gegenwart gewahr zu werden. Dabei ist es nicht wichtig, in welcher Form oder auf welche Weise sich der Ratgeber zu zeigen bereit ist: Vielleicht als Person, als Wesen oder auch nur als Licht oder Symbol … einfach nur neugierig sein und wahrnehmen …«

In Kontakt treten: »Sich einfach nur gegenseitig anschauen … die Gegenwart des Ratgebers spüren und in sein Gesicht schauen, in seine Augen, sein Gesicht … Neugierig darauf sein, wozu der Ratgeber Sie einlädt: Lädt er Sie dazu ein, sich zu setzen, näher heranzukommen? Einfach nur wahrnehmen und die Feinheiten der Begegnung wahrnehmen …«

Anliegen vortragen: »Der Ratgeber kann die verschiedenen Seiten Ihres Anliegens wahrnehmen. Zum einen das, was Sie für das eigentliche Anliegen halten, doch genauso die anderen Facetten des Anliegens, die Sie vielleicht gar nicht bewusst verstehen. All dies können Sie – wenn Sie es mögen – dem Ratgeber sagen oder auf andere Weise mitteilen, auf Ihre ganz eigene Art und Weise … es einfach geschehen lassen … einfach auf eine Art und Weise das eigene Anliegen darlegen, so wie es dort angemessen scheint … und neugierig sein … zu warten und geschehen zu lassen …«

Die Antwort annehmen: »Nach einer Weile, die für jeden anders ist, erhalten viele Menschen eine Antwort. Das kann ein Wort sein oder ein Symbol, manchmal auch ein Geschenk. Nur die tiefste innere Weisheit, die Rat gibt, wird verstehen, auf welche Weise genau geantwortet wird. Diese Antwort einfach annehmen, im Vertrauen darauf, dass sie sich mit der Zeit und auf ihre Weise entfalten wird … Für diese Antwort danken und sie auf eine bewusste und auch unbewusste Weise annehmen, um sie später erst ganz zu verstehen …«

Verabschieden: »Wenn es gut für Sie ist, nach einer Weile, können Sie Abschied nehmen vom inneren Ratgeber. Seien Sie aufmerksam auf die Empfindungen und Hoffnungen, die sie beide dabei austauschen und die dafür sorgen können, dass sie auf eine ganz besondere Art in innerer Verbindung bleiben können, wenn dies gut für Sie ist …«

Rückreise: »Nun kann es wichtig sein, diesen Ort und auch die Antwort zu würdigen, indem man die Rückreise in ähnlicher Weise mit all der Zeit antritt, die erforderlich ist, um auf unbewusste Weise neue Einsichten integrieren zu können, während man langsam und achtsam zurückreist … vorbei an all den Eindrücken, die man schon auf der Hinreise wahrnehmen konnte. Doch für die meisten Menschen wird deutlich, dass sich etwas Wichtiges, oder vieles Wichtige, geändert hat, denn nichts bleibt, wie es war, wenn man Neues erfahren und gelernt hat. Daher kann es gut sein, die Änderungen wahrzunehmen, die jetzt schon – auf der Rückreise – eingetreten sind und die signalisieren, dass es einen wichtigen Wandel gab, der auch die Zukunft verändern kann …«
Zeit lassen für die Rückreise. Nun folgen **Reorientierung** und **Ausleitung**.

In der praktischen Ausbildung wird in vielen Fällen zudem die »Reise zum früheren Selbst« oder zum »inneren Kind« trainiert. Technisch gibt es einige Ähnlichkeiten mit der Reise zum inneren Ratgeber. Es müssen jedoch wichtige Besonderheiten bedacht werden. Denn das »Ich« taucht in dieser Trance zweimal auf: Einmal als heutiger Erwachsener mit all den Ressourcen und der Einsichtsfähigkeit eines Erwachsenen. Ein anderes Mal als kindliches Ich, das diese Einsichtsfähigkeit und die Möglichkeiten eines Erwachsenen noch nicht hat. Daher muss diese Begegnung so gestaltet werden, dass das erwachsene Ich dem kindlichen Ich die Integration von unverstandenem (oder gar traumatischem) Material ermöglicht.

Außerdem ist es wichtig, dass das erwachsene Ich mögliche traumatische Szenen aus einer Perspektive der Dissoziation beobachtet. Es ist retraumatisierend, wenn das erwachsene Ich in vergangene Szenen mit der vergangenen, kindlichen Erlebnisfähigkeit eintaucht. In diesem Falle wäre es in der früheren Szene *assoziiert* und könnte nicht mehr hilfreich sein. Stattdessen würde sich eine traumatische Erlebnisspur der Erinnerung verstärken. Aus diesem Grunde sollte die »Reise zum inneren Kind« nur unter praktischer Anleitung gelehrt und geübt werden. Besonders wichtig ist dabei, den Klienten immer wieder während der Trance in eine *dissoziierte* Wahrnehmungsposition einzuladen, damit er mit seinem Erwachsenen-Ich damalige Geschehnisse des Kindheits-Ichs beobachten kann.

Die Methode ist auch im Business-Coaching sehr wertvoll, da manche Selbstlimitierungen und Behinderungen hierdurch sehr schnell verstanden, geklärt und bereinigt werden können.

Die Zeitreise auf der eigenen Spur des Lebens

Es gibt im Coaching vielfältige Methoden, die Vergangenheit als Ort der Lernerfahrung und Bildung von Ressourcen zu nutzen. Genauso können auch frühere Verletzungen oder Fehlschläge nochmals untersucht werden. Besonders hilfreich sind Methoden, die mit einem Zeitstrahl (Timeline), einer Lebensspur oder dergleichen arbeiten. Dieser Spur kann der Klient szenisch, künstlerisch, räumlich oder imaginativ folgen. Im Folgenden stellen wir Ihnen eine imaginative Variante dieser Arbeit vor.

> **Intervention: Die Lebensspur**
>
> Eine wirkungsvolle Variante der »Regression«, der gedanklichen Rückreise ins bisherige Leben, ist die Zeitreise, ähnlich der Time-Line-Arbeit, die ursprünglich von Tad James entwickelt wurde. Über einem gedachten Zeitstrahl oder Lebensstrahl gleitet der Klient in Trance hinweg und erspürt auf diesem Strahl den Ort, der mit seinem jetzigen Anliegen verknüpft ist. An diesen Ort kann er »erwachsene« Einsicht und Klärung bringen, um dort eine Veränderung zu bewirken. Anschließend reist er auf dem Zeitstrahl zurück und nimmt die Veränderungen wahr, die seine Klärung in der neuen Vergangenheit bewirkt hat.
> Wie immer im Coaching ist aus den vorherigen Gesprächen deutlich, welches Thema, Anliegen oder Zwischenziel mit der Methode erarbeitet werden soll. Oft liegt ein unverstandenes Hemmnis vor, eine unklare Emotion oder eine Einschränkung, die immer wieder in Erscheinung tritt und rational bisher nicht zu ergründen und zu integrieren war. Dann liefert diese Technik sehr gutes Material, oft auch schon eine intuitive Lösung und Klärung.

Ich führe hier nur einen kleinen Teil des möglichen Gesamttextes an:

Beispiel
»… vielleicht können Sie diese Linie oder diesen Strahl zurück in Ihre Vergangenheit sogar vor dem inneren Auge sehen. Es mag sein, dass Sie sogar über den Zeitpunkt der Geburt hinaus zu sehen glauben. Doch das ist nun nicht von Belang und womöglich nur Fantasie. Viele Klienten stellen sich vor, wie sie als Mensch oder Energie neben ihrem Zeit- oder Lebensstrahl langsam und acht-

sam entlanggehen. Andere stellen sich vielleicht vor, wie sie auf dem Rücken eines Adlers oder von selbst schwebend ganz sanft und langsam darüber hinweggleiten. Vielleicht lassen Sie sich einfach überraschen, welche Möglichkeit vor Ihrem inneren Auge auftaucht, welche Weise Ihr Unbewusstes bevorzugt.

Nun ist es meistens sehr bedeutsam, sich zu vergegenwärtigen, dass man heute ein erwachsener Mensch ist, mit all dem Wissen und der Weisheit, die gesammelt werden konnten. Und es kann gut sein, wenn man in einem wohltuenden Abstand über seinen Lebensstrahl schwebt, genau zu wissen, dass man heute nur beobachtet und manches schon besser weiß und mit gewisser Reife einzuordnen vermag. Und mit dieser Gewissheit einfach ganz langsam und achtsam zurückgleiten, sehr langsam und achtsam und dabei mit einem ganz eigenen Sinn erspüren, wie es dem früheren Selbst damals ging, genau an dem Ort des Lebensstrahls, über den man gerade entlanggleitet. Es ist nicht erforderlich, dass man in diesem Strahl Einzelheiten erkennt. Der spezielle Sinn kann – auch ohne Einzelheiten zu sehen – genau erspüren, wie es dem früheren Selbst ging. Dieser Sinn kann genau erspüren, an welcher Stelle ein deutlicher Zusammenhang mit dem Anliegen (Problem, Hemmnis) besteht – ohne dass unser Bewusstsein diesen Zusammenhang zu sehen oder zu verstehen bräuchte. Einfach nachfühlen und langsam und achtsam gleiten. Auf die ganz eigene Weise, bis man zu dem Punkt auf dem Lebensstrahl gelangt, der auf eine tiefere innere Art ursächlich mit dem Anliegen in Verbindung steht …«

Wenn der Klient auf Fragen oder durch Körperreaktionen anzeigt, dass er dort angekommen ist, dann können Sie weitermachen:

»… einfach dort hineinspüren, einerseits, um auf eine unbewusste und bewusste Art zu verstehen und Anteil zu haben, auch Mitleid zu empfinden, wenn dies angebracht ist. Doch andererseits – aus der gereiften Perspektive des Erwachsenen (Anmerkung: Dies muss immer wieder betont werden, immer wieder, denn insbesondere bei frühen prägenden Erlebnissen oder gar Traumata besteht eine Tendenz, sich aus der distanzierten, erwachsenen, dissoziierten Position erneut in die damalige Situation hineinzufühlen, in die Assoziation.) – gibt es mit dem besonderen Sinn zudem eine andere Richtung des Mitteilens. Was auch immer das frühere Selbst erfahren und geprägt haben mag: Durch die Anwesenheit des gereiften und erwachsenen Selbst fließen durch den besonderen Sinn hindurch eine klärende Kraft, Mitgefühl, ein neues Verstehen, Mut oder andere hilfreiche Eigenschaften in das damalige Selbst. Auf diese Weise kann einerseits das heutige Selbst verstehen und andererseits findet das damalige Selbst Zugänge zu Ruhe, Heilung, Klärung, veränderter Tatkraft und es kann verstehen und die Situation anders werten als damals. Mit dieser neuen Sicht ist auch die Gestaltung einer neuen Zukunft denkbar. Selbst auf dem Lebensstrahl, auf der Erinnerung dieser Ereignisspur, geschehen dadurch Veränderungen. Wenn die Situation gut erkundet und geklärt ist (manche Klienten weinen während dieser Arbeit oder zeigen auf andere Weise, dass sie emotionale bewegend arbeiten), können Sie sich langsam wieder von dieser Stelle des Lebensstrahls lösen und sich darauf vorbereiten, gleich wieder in die Zukunft und Jetztzeit zurückzugleiten. Wieder mit sehr viel Achtsamkeit und all der Zeit, die hierfür nötig ist, um wirklich nachzuspüren, welche Veränderungen und Spuren die Begegnung an der Stelle bewirkt hat. Einfach nun ganz langsam und achtsam zurückgleiten über den Lebensstrahl und genau – mit viel Zeit – es darf gerne zehn Minuten dauern – nachspüren und forschen, welche guten Veränderungen sich bereits jetzt auf der Spur des Lebens zeigen, die auch von der Jetztzeit in die Zukunft wirken können ...«

Nach einiger Zeit die Trance **ausleiten**.

In der späteren Nachbearbeitung der Trance stellt der Klient möglicherweise die Frage, ob Erkenntnisse, Gefühle oder gar szenische Wahrnehmungen der Vergangenheit, die auf der Lebensspur entdeckt wurden, »wahr« sind. Da die Klienten von ihren inneren Bildern emotional berührt wurden, werden sie geneigt sein, ihre Wahrnehmungen als tatsächliche Erinnerung früherer Wirklichkeit zu interpretieren. In der Regel vermischen sich jedoch Erinnerungen, Hoffnungen, Befürchtungen oder auch Symbolisierungen in der Trance. Daher ist manches möglicherweise wahr, anderes wiederum – wie in einem Traum – konstruiert oder verschlüsselt. Auf keinen Fall sollte ein Klient darin bestärkt werden, alles für »wahr« zu nehmen. Stattdessen sollten die inneren Bilder und Wahrnehmungen besser als »Material« gesehen werden, das mit Herz und Verstand weiterbearbeitet werden muss.

Übung: Den Trancetext für die Lebensspurarbeit selbst entwerfen

Bitte entwerfen Sie für einen konkreten Klienten oder einen Übungspartner in einer Coachausbildung – mit einem tatsächlichen Anliegen oder Problem – einen kompletten Trancetext für die Zeitstrahltrance oder Lebensspurtrance. Begleiten Sie diesen Klienten mit diesem Trancetext auf seiner Reise entlag des Zeitstrahls oder der Lebensspur. Anschließend tauschen Sie sich aus, um festzustellen, an welchen Stellen Ihre Formulierungen holprig und unpassend oder sehr hilfreich und anregend waren.

Die »Reise zum inneren Kind« stellt ebenfalls eine Zeitreise in die Vergangenheit dar, eine »regressive Reise«. Hier würde man eine frühere, ursächliche Szene jedoch näher betrachten und einen Kontakt oder einen Dialog zwischen Erwachsenen-Ich und kindlichem Ich ermöglichen.

Die dargestellte Lebensstrahltechnik stellt zunächst eine Reise in die alte Vergangenheit dar und dann eine Rückreise durch die neue Vergangenheit zu einer neuen Zukunft. Genauso ist auch eine innere Reise in eine mögliche Zukunft möglich, eine »progressive Reise«.

Die tieferen Schichten des Ichs befreien

Viele Hoffnungen, Träume und Ideale der Kindheit gehen im Alltag nach und nach verloren. Sie werden sprichwörtlich unter einer dicken Schicht von Staub begraben. Auch gute Wesenszüge können unter den Anforderungen von sozialen Rollen immer mehr verstauben und in Vergessenheit geraten. Die Fragen, die eigentlich hinter dieser Arbeit stehen, lauten: Wer bin ich jenseits der Position oder Rolle, welche Werte und Gefühle habe ich, wenn ich hinter diese Staubschicht oder hinter die Masken der auferlegten Rollen schaue? Wer wäre der Klient, wenn er sich all seine Träume und Hoffnungen bewahrt hätte? Wie würde er sich dann wahrnehmen? Was würde sein Ich ausmachen? Was würde er tun, wie handeln?

Das folgende Beispiel wird von Hypnotherapeuten und Coaches gelegentlich angewandt, um dem Klienten zu ermöglichen, die verschütteten Wesenszüge des Ichs oder seines Selbst wieder wahrzunehmen. Am häufigsten ist mir diese Technik in der Version »Gemälde auf dem Dachboden« begegnet. Dr. Burkhard Peter, erwähnt dieses Bild auch in seiner gelungenen kurzen »Einführung in die Hypnotherapie« (2009).

Doch es sind auch andere Spielarten möglich. Die Trance ist in diesem Fall nicht wörtlich verfasst, sondern umschreibt nur die Vorgehensweise.

Übung: Das schöne und wahre Ich unter der Staubschicht entdecken

Erstellen Sie von der folgenden Trance ein Tranceskript, das Sie einem Übungsklienten oder Ausbildungskollegen »vorlesen«.

Beispiel

Intervention: Ein Gemälde auf dem Dachboden entstauben: Anhand der folgenden Stichworte leiten Sie Ihren Klienten durch eine Trance. Von einer »Geschichte« geht die Trance langsam in eine metaphorische Selbstbetrachtung und dann in eine Trancelogik über. In den Ohren der »Wachlogik« mag es gegen Ende »honigsüß« klingen. Doch Klienten in Trance verstehen die tiefere Bedeutung anders.

Der Klient wird in eine Standardtrance begleitet. Sobald er entspannt ist, wird er in der spezifischen Arbeitsphase dazu eingeladen, sich an einen schönen oder geheimnisvollen Dachboden zu erinnern, auf dem er sich sicher und geborgen fühlt(e), zeitvergessen und geheimnisvoll.

Dachboden einführen: An einem Ort, den er – so dachte er bisher – schon oft untersucht hatte, findet er unter einem Tuch ein Gemälde. Es ist über und über mit Staub bedeckt. Staub vergangener Zeit, Staub früherer Erinnerungen,

Einschränkungen und Muster, Staub von Wissen, Erwartungen anderer und den Verpflichtungen, die das Leben Schicht für Schicht auftrug …

Bild einführen: Bereits die Größe und der Rahmen des Bildes (jedoch nicht konkret beschreiben) lassen erkennen, dass es ein Geheimnis birgt, so wie jede Seele in sich das Geheimnis ihrer eigentlichen Schönheit und Entfaltungsmöglichkeiten trägt, wenn der Staub für Momente in Vergessenheit gerät, der Staub, der über der wahren Schönheit jedes Bildes liegt, das lange vergessen wurde …

Die Schönheit hinter dem Staub erkennen: Der Staub ist noch fest und verkrustet und bedeckt die wahre Schönheit des Bildes – so, als würde er schon lange auf die Entdeckung und Befreiung gewartet haben, um freizugeben, was frei sein darf.
Doch das Bild kann gereinigt werden. Warum nicht zart dagegen hauchen, so, als würde man neues Leben einhauchen, und die erste Staubschicht vorsichtig und zart wegwischen, ganz zart. Denn jede Schönheit und jedes Geheimnis können nur so schnell erkannt werden, wie es ihre (Ihre) Seele jetzt schon zulassen mag. Doch schon unter der ersten Staubschicht schimmert ein verborgenes schönes Gesicht, fast so wie ein Spiegelbild eines tieferen Selbst, wie es sein könnte, wenn all der Ballast von Erwartungen, Staub und Schwere davongetragen werden. Auf diese Weise werden Züge, Striche, Blicke, ein Lächeln und weitere Wesensmerkmale erkennbar. Sie (Sie) waren schon so lange verborgen und warteten darauf, in ihrer (Ihrer) Schönheit und Einzigartigkeit entdeckt und erkannt zu werden, damit klarer ist, wie die Wirklichkeit aussieht, die von Schichten des Staubes bedeckt war … damit diese Wirklichkeit auch in andere Bereiche des Lebens ausstrahlen und dort die Schönheit entwickeln kann, die zum lebenswerten Leben unbedingt auch dazugehört.
Ganz behutsam gehen Sie zu Werke und legen Staubschicht um Staubschicht der inneren Begrenzung frei.

Auch den Staub erkunden: Um immer mehr zu erkennen, welchen Sinn der Staub einmal hatte, vielleicht auch fragen: Woher er einmal kam? Doch das ist lange her. Was jetzt zählt, ist die wirkliche Schönheit und die Pracht, die im Verborgenen lag, die immer mehr befreit werden kann. Schicht um Schicht, um zu erkennen, welche Schönheit darunter verborgen lag, die nun wieder strahlen kann, sich entfalten kann, wieder ganz geliebt werden kann und einzigartig ist.

Klarheit vertiefen: Staubschicht um Staubschicht wird das Bild nun klarer und lässt erkennen, wie schön und einzigartig das Bild einst geschaffen und gewollt war und wie schön es ab jetzt auch wieder sein kann und darf, nachdem Sie erkannt haben, dass Sie es Schicht um Schicht befreit haben. … Gegebenenfalls Schleifen, Wiederholungen und weitere Ausführungen einbauen, im Rapport bleiben und aufkommende Emotionen utilisieren.
Anschließend zu erkennen geben, dass man das eigene Bild der Seele gereinigt hat, und darauf hinweisen, dass dieser Prozess der Reinigung und Befreiung

weitergehen wird, dass man sich immer mehr zu dem entwickelt und entfaltet, der (die) man wirklich sein sollte und sein wird, weil man schön, liebenswert, stark und einzigartig erdacht wurde. Zu wissen, dass man (in Trance wird oft unspezifisch »man« genutzt) sein Selbstbild nicht im äußeren Leben zu polieren braucht, wenn es im Inneren ohne Staub in seiner Schönheit strahlen kann …
Viel Zeit lassen und dies weiter ausbauen.
Dann: Take home und ausleiten.

Intervention: Metapher entwerfen

Viele Klienten reagieren sehr positiv auf Metaphern und Geschichten, die speziell für sie entwickelt wurden. Wenn Sie Ihrem Klienten in den vorangegangenen Sitzungen aufmerksam zugehört haben, werden Sie eine Fülle an Material zur Verfügung haben, das der Klient Ihnen mitgeteilt hat: Begegnungen, Hoffnungen, innere Bilder, Vergleiche, Zitate, Vorlieben, Ängste … Wenn Sie dieses »Wissen« mit dem Anliegen oder dem Zwischenziel in Verbindung bringen, können Sie eine Szene oder ein Bild entstehen lassen. Genauso können Sie zu dieser Szene eine Überschrift und einen Kommentar entwickeln. Diese kommentierte Geschichte, Szene oder Metapher können Sie dann in eine Trance einbauen. Beispielsweise an jene Stelle in der »Standardtrance«, an der »spezifische Lernschritte« auftauchen. Sie können die Geschichte auch als Geschichte in einer Geschichte verkleiden.

> **Intervention: Metaphern entwerfen**
>
> *Dauer: Zirka 25 Minuten.*
>
> Bitte entwerfen Sie für einen konkreten Klienten eine individualisierte Trance. Hierin sollten Anliegen, Probleme, Hoffnungen, Ressourcen oder andere Elemente in symbolischer oder metaphorischer Weise auftauchen. So kann beispielsweise eine Gewitterwolke ein Problem, eine Gefahr oder Angst darstellen. Die Sonne kann Hoffnung oder Klärung symbolisieren. Die Bilder oder Metaphern sollten den Aussagen der Klienten entnommen werden: Sie gebrauchen meist beiläufig solche Bilder oder legen sie im Gespräch nahe, wenn sie von ihren Problemen oder Hoffnungen sprechen. Hierzu machen Sie sich Notizen, um daraus für eine spätere Coachingsitzung eine Trance mit Metaphern zu entwerfen.

Im folgenden Beispiel steht der Schnee für ein Gefühl der inneren Kälte und Leere, für eine dunkle und schwere Zeit, die eine Klientin wahrnahm, die »kurz vor dem Burnout stand«. Sie konnte sich daran erinnern, dass es immer wieder lichte Phasen in ihrem Leben gab. Dazu habe sie aber momentan kaum Zugang und würde daher am liebsten kündigen und damit auch ihre Karriere aufgeben. Nach der folgenden Trance entwickelte sie mehr Zuversicht und hatte zunehmend mehr Freude daran, ihre Situation »aktiv anzugehen«.

Beispiel

»**Als der Schnee schmolz:** Mir begegnete einmal ein sehr weiser Klient, der mir von einem Traum berichtete, der hilfreich und lehrreich zugleich war. Es war die Zeit, als die Kühle des Winters langsam den ersten warmen Sonnenstrahlen des Frühlings wich, als die ersten Vögel ihre Gesänge erklingen ließen und die Wärme erste Wasserperlen auf der Oberfläche des Schnees entstehen ließ. Obwohl manche Frühlingsblumen noch unter einer kühlenden Schneedecke lagen, die nur hin und wieder Licht durchscheinen ließ, erreichte sie doch manchmal ein Lichtstrahl durch die Schneedecke hindurch – wie eine Erinnerung oder Ermutigung, die deutlich macht, dass es auch eine Zeit des Lichtes gibt und immer wieder geben wird: Wenn die wärmenden Strahlen der Sonne Licht und Hoffnung spenden. Der Natur ist das bewusst; auch den Blumen. Das sind die Momente, in denen sie (»Sie!« – auch im Folgenden) sicher sein können, dass es Licht und Hoffnung gibt. Dann strecken sie sich dem Licht entgegen und bewegen sich langsam durch die schmaler werdende Decke der kühlen Dunkelheit hindurch und heben sich den wärmenden Strahlen der Sonne entgegen, dem Licht, der Freude, neuer Tatkraft und der Hoffnung. Und das ist dann auch körperlich spürbar, dass es neue Kraft gibt, eine neue Sicht auf das Erlebte oder auf das, was vor einem liegt. Und mit dieser Gewissheit und diesem neuen Standpunkt kann es sehr leicht fallen, sich all der schönen Momente zu erinnern, all der Momente von Kraft und Kompetenz, die für sie bisher schon zum Leben gehörten und nur für eine Weile wie verborgen erlebt wurden. Sich der eigenen Fähigkeiten gewahr sein, ihrer ganz eigenen Möglichkeiten, für sich und das Glück in dieser Welt einzutreten …«

Die Anregung zu dieser Trance fand ich im wunderschönen Bild von »Krokussen im Schnee« in dem Buch »Hypnosetherapie« von Walter und Bärbel Bongartz (2000).

Übung: Entwerfen Sie eine individuelle Metapherntrance

Bitte interviewen Sie einen Übungsklienten zu seinem Leben, seinem Denken, Fühlen, Wollen … Hören Sie genau auf Worte, Sätze, Bilder … Anschließend schreiben Sie für diesen Klienten einen Trancetext, in dem spezifische Metaphern oder eine Stellvertreterszene (ähnlich wie oben) enthalten sind. Diesen maßgeschneiderten Text nutzen Sie dann, um den Klienten in eine Trance zu begleiten.

Eine Reihe von weiteren Imaginationsinterventionen finden Sie im Kapitel »Das orientalische Konzept der ›Mentale‹« (s. S. 134 ff.).

Das innere und äußere Drama

Wir werden in einem späteren Kapitel zu Aktionsmethoden, vorwiegend aus dem Psychodrama, noch darauf zurückkommen, dass jede äußere Szene ebenso auf einer inneren Bühne repräsentiert (internalisiert) werden kann. Umgekehrt können die meisten Tranceszenen oder auch Traumszenen auf eine äußere Bühne geholt (externalisiert) werden. Wer imaginative oder hypnotherapeutische und psychodramatische Kompetenz in sich vereint, kann mit seinen Klienten zwischen inneren und äußeren Bühnen wechseln und hier und dort Rollen tauschen, Dialoge und Szenen entfalten oder »Aufstellungen« durchführen.

Beispiele für »klassische« Hypnose- und Trancetexte im Coaching

Neben den vorwiegend tiefenpsychologischen und systemischen Imaginationsmethoden wenden einige Coaches auch noch klassische »suggestive« Techniken zur Stärkung des Ichs, der Zuversicht oder des Erfolgswillens an. Der Nachteil dieses Vorgehens kann sein, dass hierbei innere Einwände, unbewusste Hinderungsgründe oder systemische Zusammenhänge ausgeblendet werden, da der Suggestionstext in der Regel nur von der bewussten Ratio entworfen wurde und alle anderen halb- oder unbewussten Qualitäten des Ichs oder des Unbewussten ausblendet. Das kann vermieden werden, wenn jeder einzelne Satz einer Suggestion vorher mit dem Klienten auf seine »Stimmigkeit« in alle Richtungen hin überprüft wird. Das ist eine aufwendige Arbeit an hilfreichen Affirmationen oder guten Glaubenssätzen. Im Folgenden skizziere ich einige solcher klassischen Suggestionsthemen.

Übung: Klassische Suggestionstexte in moderne Trancesprache übersetzen

Bitte übersetzen Sie die folgenden klassischen Suggestionsthemen in die moderne Form der einladenden und gewährenden Hypnotherapie. Bitte gestalten Sie die Texte für einen konkreten Klienten oder Übungspartner. Hierfür sollten Sie ihn zunächst zu den Schlagworten der Texte interviewen, um seine persönlichen Wünsche, Einwände, Möglichkeiten, Begrenzungen, Metaphern und anderes kennenzulernen. Danach können Sie die Trancetexte individualisieren und »modernisieren«.

Beispiel

Positives Auftreten und Wirken: »Sie fühlen sich ab jetzt nicht mehr minderwertig. Sie sind stark und sicher. Sie ruhen in sich und strahlen dies auch aus. Ihr Auftreten ist frei und zuversichtlich, ganz ungezwungen. Sie haben einen positiven Charakter und wirken stark und anziehend auf andere Menschen. Sie sind frei von Hemmungen, ganz frei und sicher …«

Innere Ruhe: »Sie sind sehr ruhig und ausgeglichen bei allem, was Sie tun. Sie atmen ruhig und fest. Sie sind zutiefst gelassen und lassen sich nicht erschüttern …«

Sichere Stimme: »Ihre Sprache und Ihre Stimme drücken Sicherheit aus, denn dies ist auch ein Schlüssel Ihres Erfolgs. Sie knüpfen hier an ein starkes inneres Urbild an, das in Ihrer Sprache zum Ausdruck kommt. Ihre Stimme haben Sie vollkommen in der Gewalt und Ihre Sätze sind durchdrungen vom Fluidum eines positiven Menschen …«

Gute Gesundheit: »Ihre Gedanken sind Gedanken an Gesundheit. Hierdurch entsteht in Ihnen das Urbild von Gesundheit, das in die Zellen Ihres Körpers übergeht. Dieses Bild beseelt Ihre Zellen und ist eine wichtige Quelle Ihrer Vitalität. Diese Gedanken an Gesundheit erschaffen in Ihnen die Wirklichkeit von Gesundheit. Daran glauben Sie ganz fest, ganz fest. Darum sind Sie gesund …«

Unbeirrbarer Erfolgswille: »Sie erfreuen sich am Erschaffen, am Denken und daran, ein tätiger, positiver Mensch zu sein. Ihre Seele ist ein Quell von Kreativität und Schaffensfreude. Darum stellt sich Erfolg für Sie auf ganz natürliche Weise ein. Denn Sie haben einen starken Willen und Sie haben große Freude an Ihren Werken und an Ihren Taten. Dies gibt Ihnen Ausdauer und auch Zähigkeit, denn Ihr Charakter ist fest und auf das Positive ausgerichtet. Sie können sich durchsetzen und glauben an Ihren Erfolg, unbeirrbar und felsenfest …«

Im Business-Coaching werden häufig Tranceinterventionen nachgefragt, die ausschließlich Motivation und Leistungsfähigkeit stärken sollen. Das ist sehr gut möglich. Auch im Sport können Hypnose, Imagination oder mentales Training effektiv zur Leistungssteigerung genutzt werden. Wenn Sie die bisher vorgestellten Tranceinterventionen gut beherrschen, dürfte es Ihnen leicht fallen, Motivationshypnosen durchzuführen. Denn hierfür nutzt man die gleichen Werkzeuge. Meist ist eine Hypnose zur Leistungssteigerung sogar viel einfacher durchführbar, da es nicht erforderlich ist, auf spontan entstehende innere Bilder einzugehen, Symbole zu erforschen oder problematische innere Bilder oder Wahrnehmungen zu bearbeiten. Stattdessen wird auf ressourcenvolle Zustände, Erinnerungen oder Bilder fokussiert. Es ist jedoch schade, wenn eine solche Arbeit innere Widerstände, Zweifel oder Warnungen in den Wind schlägt. Bitte nutzen Sie die Tracearbeit im Coaching stets sehr achtsam; und wenn es Ihnen möglich ist, auch mit etwas Humor und Selbstironie.

> **Literaturtipp**
>
> *Regina Mahlmann:* Sprachbilder, Metaphern & Co: Einsatz von bildlicher Sprache in Coaching, Beratung und Training. Weinheim und Basel: Beltz 2010.
> Ein wunderschönes Buch: Praktisch und anschaulich. Wie bisher alle Bücher der Autorin.
>
> *Burkhard Peter:* Einführung in die Hypnotherapie. Heidelberg: Carl-Auer 2009.
> Sehr knappe theoretische Einführung in die Thematik.
>
> *Ghita Benaguid und Stefanie Schramm:* Hypnotherapie. Paderborn: Junfermann 2016.
> Ein kleines, gutes Einführungsbuch.
>
> *Björn Migge:* Hypnose und Hypnotherapie. Praxis in Coaching und Kurzzeittherapie. Weinheim und Basel: Beltz, voraussichtlicher Erscheinungstermin: Frühjahr 2018. Ein praktisches Lehrbuch für Coaching, Beratung (und Therapie), auch mit direktiven, direkteren und sehr tiefen Hypnoseformen; inklusive ursachenorientierter Regressionsarbeit.
>
> Weitere Hinweise zu imaginativen Verfahren finden Sie im Literaturverzeichnis am Ende dieses Buches.

Sie können beim Autor eine 26-tägige Hypnoseausbildung absolvieren, mit dem Zwischenabschluss »Hypno-Coach« sowie dem Endzertifikat »Trained Hypnotist« (als Coach) oder »Certified Hypnotherapist« (als Therapeut). Infos: www.migge-hypnose.de.

Handlungsorientierte und systemische Interventionen

In diesem Kapitel erfahren Sie etwas über die Hintergründe und die Praxis von sogenannten »Aufstellungsmethoden«. Zunächst möchte ich mich bei allen Vertretern von Verfahren und Methoden entschuldigen, die in diesem Kapitel nicht ausreichend gewürdigt werden. So »unterschlage« ich hier beispielsweise die Gestalttherapie mit ihren reichen Ansätzen. Auch andere wichtige Verfahren bleiben unerwähnt.

Ich möchte an dieser Stelle nochmals auf das Kapitel »Kritische Reflexion von Interventionen« eingehen (s. S. 98 ff.). Denn die Arbeit mit »Aufstellungen« lädt viele Laien dazu ein, mit Gruppen und ahnungslosen Menschen einen tüchtigen Bühnenzauber zu veranstalten. Bitte lesen Sie daher noch einmal die Hinweise zum Barnum-Effekt auf Seite 101 f. Ich bin der Meinung, dass eine »Aufstellung« nur von einer Person geleitet werden sollte, die einen umfangreichen Prozess der Selbstreflexion durchlaufen hat und dabei erfahren konnte, dass die Wirklichkeit des Lebens sich nicht in auswendig erlernbaren Regeln, Sätzen und Stellungsverschiebungen auf einer Bühne erfahren lässt. Ich bin immer wieder erschrocken darüber, mit welcher Unverfrorenheit, Naivität und psychodynamischer Unkenntnis vielerorts »Aufstellungen« durchgeführt werden.

Wenn Sie in diesem Kapitel also von Aufstellungen lesen werden, dann setze ich dabei jeweils voraus, dass die Gruppenleiter Personen mit einem professionellen Hintergrundwissen sind und sie eine mehrjährige Selbsterfahrung und Methodenausbildung in einem anerkannten Verfahren durchlaufen haben. Mir ist bewusst, dass dieser Hinweis verpuffen wird. Denn jedermann hält sich für selbsterfahren, professionell und erkennt seine eigene Methode an.

Die dargestellte Praxis in diesem Buch soll kein Kochrezept für Anfänger sein, sondern lediglich eine Idee anregen und einen Überblick darüber verschaffen, mit welchen Methoden gearbeitet werden kann. Doch es gibt viele kleine Aufstellungen und Aktionsmethoden, die Anfänger mit großem Nutzen im Coaching anwenden können. Ohne Praxis und Übung ist bisher niemand »Profi« geworden. Daher möchte ich Sie – neben aller Vorsicht und Demut, die sie beherzigen sollten – dazu einladen, in einem geschützten Rahmen und unter Aufsicht zu üben, zu proben und zu experimentieren.

 Verweis: Im »Handbuch Coaching und Beratung« finden Sie mehrere Kapitel, die auf das Psychodrama eingehen; allerdings mit anderer Schwerpunktsetzung als im vorliegenden Buch. Dort finden Sie auch eine kritische Reflexion zur Methode nach Bert Hellinger und eine Stellungnahme der Systemischen Gesellschaft hierzu. Im Index können Sie dort unter den Stichworten »Psychodrama«, »Aufstellung«, »Hellinger« nachschauen und die entsprechenden Seiten durchlesen.

Handlungsorientierte Gruppensimulationsmethoden

Mit großem Gewinn wird im Coaching *geredet*: über Systeme, Teams, Familien, Gruppen, Beziehungen, Konflikte, Handlungen und dergleichen. Mögliche Fragen können dabei sein:

> **Beispiel**
> »Welche Personen gehören zu Ihrer Abteilung? Wie ist Ihre Abteilung hierarchisch strukturiert? Wer kann dort mit wem besonders gut? Wer hat mit wem einen Konflikt? Gibt es Mitarbeiter, mit denen Sie nicht gut klarkommen? Wie gehen Sie mit Ihrem Vorgesetzten um? Wie ist die Macht in Ihrer Abteilung informell verteilt?«

Jede dieser Fragen löst im Inneren des Klienten eine Reihe von Gedanken, Bildern, Emotionen und körperlichen Reaktionen aus. Auch hierüber kann mit Gewinn gesprochen werden. Interventionen durch Gespräch, Reden, Sprechen, … nennt man »verbale Interventionen«. Dabei sitzen Klient und Coach in der Regel die ganze Zeit auf einem Stuhl oder in einem Sessel.

In den handlungsorientierten Verfahren und Methoden gehen wir einerseits über das Reden hinaus, indem wir handeln, den Körper nutzen und etwas tun (machen, eine Aktion entfalten). Andererseits stellen wir die innere Wahrnehmung von Beziehungen, Systemen und Gruppen im Äußeren dar; ganz praktisch, räumlich oder handgreiflich: auf einer Bühne, auf Papier, auf einem Tisch, im Park oder auf dem Fußboden.

Hierfür können wir verschiedene Symbole oder Repräsentanzen wählen, die Personen (oder Gefühle, Strebungen, Positionen oder Gedanken) äußerlich darstellen. Wir können einheitlich gestaltete Figuren nutzen (beispielsweise Bauklötze), wir können eine Kiste oder einen Koffer mit unterschiedlichsten Figuren, Spielzeugen, Symbolen und Formen anbieten (dieses Material kann man preiswert auf Flohmärkten kaufen), wir können Metaplankarten nutzen, Steine, Muscheln, Tannenzapfen und vieles andere mehr oder Symbole, die wir auf ein Flipchart zeichnen. Wir können auch andere Personen hierfür nutzen (Repräsentanten, Hilfs-Ichs), wenn uns welche zur Verfügung stehen.

Anhand von einigen Beispielen möchte ich Ihnen deutlich machen, wie moderne handlungsorientierte Methoden (Aktionsmethoden) in der Beratungsarbeit mit Gruppen oder Einzelpersonen eingesetzt werden können:

> **Beispiele**
> **Arbeit mit Symbolen, Figuren, Puppen:** »Können Sie bitte für jede Person in Ihrer Abteilung eine Figur aus dieser Kiste mit Figuren, Symbolen und Spielzeugen wählen? Bitte stellen Sie die ausgewählten Figuren hier auf den Tisch oder auch auf den Boden; so wie es den Beziehungen in Ihrer Abteilung angemessen ist.«

Arbeit mit Moderationskarten: »Bitte schreiben Sie für jede Person in Ihrem Team einen Namen auf eine der Metaplankarten. Danach verteilen Sie bitte die Karten hier auf dem Boden, so wie es zu dem Bild Ihrer Abteilung passt, das Sie gerade innerlich wahrnehmen.«

Monodrama (dyadisches Psychodrama) mit einem Klienten: »Sie sagten, dass Sie den Konflikt mit Ihrem Vorgesetzten nicht wirklich verstehen. Ich bitte Sie, dass Sie sich vorstellen, er sitzt dort auf dem freien Stuhl und Sie können ihm hier sagen, was wirklich in Ihnen vorgeht. Bitte sagen Sie ihm das jetzt …«

Soziometrische Aufstellung mit einem Team: »Ich bitte Sie, dass Sie sich alle auf dieser Linie der Reihe nach aufstellen. Die Person mit der größten offiziellen Weisungsbefugnis oder offiziellen Macht bitte an dieser Seite der Linie, die Person, mit der offiziell geringsten Macht bitte an dieser Seite der Linie.«

Skulptur mit einem Team: »Ich bitte Sie, dass Sie nun einmal darstellen, wofür Ihre Abteilung innerhalb des Unternehmens eigentlich steht. Wofür Sie im Gesamtzusammenhang gut sind und wie Sie auch von den anderen gesehen werden. Bitte stellen Sie sich alle einmal zusammen und reden Sie für einen Moment nicht. Lassen Sie bitte nur Ihre Körper sprechen, indem Sie sich als eine Skulptur, ein Standbild, ein Denkmal oder Sinnbild zusammenstellen, das dies ausdrückt.«

Fotoskulptur in einem Team: »Herr Meier, Sie sind ja der Neueste hier im Team. Ich habe eine Bitte an Sie: Können Sie sich bitte einen Ort hier aussuchen, von dem aus Sie die anderen Teammitglieder fotografieren? Sie können meine Digitalkamera nehmen. Die anderen bitte ich, sich unter einem Motto aufzustellen, das Herr Meier angeblich – als Neuer – noch nicht kennt. Lassen Sie uns so tun, als wäre das ›Motto‹: ›Wie wollen wir vor Neuen wirken und wie zeigen wir hintenherum, wie wir ansonsten auch noch sind‹. Herr Meier, wenn Sie den Ort gefunden haben, von wo aus Sie fotografieren möchten, bitten Sie die anderen, zusammenzutreten und sich zu dem Gruppenfoto unter dem genannten Motto aufzustellen. Ihnen als Fotograf wird sich natürlich nur die eine Seite der Medaille zeigen. Die andere Seite wird von Ihrem Ort aus vermutlich nicht sichtbar sein …«

Verkörperung einer Emotion (Einzelskulptur): »Bitte stehen Sie auf und nehmen Sie eine Körperhaltung ein, die das Gefühl von Herrn X symbolisieren soll, das er vermutlich spürt, wenn Sie mit ihm reden und dabei nicht so gut mit ihm klarkommen.«

Neben diesen und zahlreichen anderen »kleineren« Interventionen gibt es noch die komplexeren Formen von Systemabbildungen, die in Form von Gruppenpsychodramen oder einfacheren »Aufstellungen« durchgeführt werden.
  Eines der vielseitigsten Verfahren, das alle diese Möglichkeiten (und viele weitere) einschließt, ist das Psychodrama. Doch auch in anderen Verfahren werden einzelne

der dargestellten handlungsorientierten Möglichkeiten genutzt – meist jedoch nicht alle. Einen kleinen Teil der möglichen Methoden machen jene Gruppensimulationsmethoden aus, die allgemein als »Aufstellung« bezeichnet werden. Im Folgenden finden Sie einen vereinfachten Überblick über die Entwicklung dieser Methoden.

Psychodramatische »Aufstellungsarbeit«: Ein Pionier der »Aufstellungsarbeit« war Jakob Levy Moreno, der Begründer des Psychodramas. Er nannte diese Form der Arbeit mit Gruppen nicht Aufstellung, sondern »psychodramatisches Spiel« oder »das Erforschen von Gruppen«. Heute spricht man im Psychodrama von einem »protagonistenzentrierten Spiel«, wenn ein Klient als Protagonist im Mittelpunkt steht, oder von einer »Soziometrie«, wenn Gruppenphänomene erforscht werden. Innerhalb des Coachings und der Supervision sind zahlreiche Psychodramatiker dazu übergegangen, ihre Arbeit »Aufstellung« zu nennen, um ihre Klienten nicht durch die psychodramainterne Fachsprache zu verwirren. Im Psychodrama gibt es verschiedene Formen von »Aufstellungen«:

- Es gibt solche, in denen nur sehr wenig gehandelt wird (Skulpturen) und wo die Personen bewegungslos stehen, wobei sie aber mit ihrer innegehaltenen Bewegung etwas verkörpern.
- Bei anderen wiederum stehen die Personen still im Raum verteilt (wie in den heute modernen und bekannten »Aufstellungen«), sie können jedoch auf Fragen antworten und auf Anweisung hin handeln.
- Außerdem gibt es Formen, in denen die Personen frei und spontan handeln und nur anfänglichen Regieanweisungen folgen (beinahe wie in einem Schauspiel).

Das Spektrum an Bewegungen und Möglichkeiten zum spontanen Agieren, Interagieren und Tun reicht in den Psychodrama-Aufstellungen vom nahezu bewegungslosen Verkörpern in einer Skulptur bis zum recht freien, intuitiven und kreativen »Spielen« kurzer konkreter Szenen (Vignette) oder von Beziehungsgeflechten. Je nach Anliegen und Interventionsstrategie wird einer dieser Freiheitsgrade innerhalb dieses Spektrums gewählt. Daher gibt es sehr unterschiedliche Erscheinungsformen des Psychodramas.

Charakteristisch für psychodramatische Aufstellungen ist, dass die Hauptperson (Protagonist) in der Regel ihre Rolle zunächst selbst verkörpert oder spielt. Für den Protagonisten wird nur eine andere Person als Repräsentant (oder »Hilfs-Ich«) gewählt, wenn hierdurch zusätzlich die Möglichkeit geschaffen werden soll, dass der Protagonist sein System von außen sieht, wie in einem Spiegel. Außerdem gehört zum Psychodrama fast immer das Tauschen und Doppeln. Ich erkläre auf Seite 200, worum es sich dabei handelt. Hierdurch soll sich der Protagonist in die anderen Rollen intensiv einfühlen und zu ihnen in Beziehung treten können. In den Aufstellungsverfahren anderen Ursprungs ist es so, dass nicht getauscht und gedoppelt und meist schon zu Beginn ein Repräsentant für den Protagonisten gewählt wird, der dann die meiste Zeit »nur« zuschaut.

Zur psychodramatischen Aufstellungsarbeit gehört außerdem immer, dass sich nach dem Spiel oder der Aufstellung alle teilnehmenden Personen (die Zuschauer sind im Psychodrama ebenfalls Teilnehmende) im Kreis zusammensetzen. Dies ist keine Nachbesprechung, sondern noch zentraler Teil der psychodramatischen Arbeit. In dieser Phase berichten zunächst die Repräsentanten (Rollenspieler) in einem *Rollenfeedback*, welche Wahrnehmungen sie innerhalb der Rolle hatten, die während des Spiels noch nicht öffentlich gemacht wurden. Anschließend schildern alle Teilnehmer, auch die Rollenspieler, authentisch und ichbezogen, auf welche Weise sie an das Spiel anknüpfen konnten, welche Parallelen sie darin für sich selbst erlebt haben. Dieser letzte Arbeitsschritt heißt »*Sharing*«.

> **»Aufstellung« im Psychodrama**
>
> In einigen Aufstellungsverfahren ist die Arbeit direkt nach der »Aufstellung« beendet. Im Psychodrama gibt es hierzu einen grundsätzlichen Unterschied. Denn direkt nach der Aufstellung (im Psychodrama oft auch »Spiel« genannt) geht die Arbeit konzentriert weiter. Alle Teilnehmer und Zuschauer setzen sich in einen Kreis: Zunächst berichten die Rolleninhaber, welche Wahrnehmungen sie innerhalb der Rolle hatten. Anschließend berichten und teilen (engl.: to share) alle Anwesenden im Sharing, auf welche Weise das Spiel ihr eigenes Leben betroffen hat, welche Bilder, Gefühle, Erinnerungen oder Muster aus ihrem eigenen Leben dadurch geweckt wurden.
>
> **Merke:** Psychodrama bedeutet Spiel oder Gruppenarbeit *plus* Rollenfeedback *plus* Sharing!

Auf diese Weise teilen Hauptperson (Protagonist, Themengeber), Mitspieler (Hilfs-Ichs oder Repräsentanten) und Zuschauer ihre Wahrnehmungen, Emotionen, Gedanken intensiv aus, um das Erlebte zu integrieren. Es gibt Psychodramatiker, die zuerst das Sharing durchführen lassen und das Rollenfeedback anschließen. Ich denke jedoch, dass es andersherum besser ist, da sich der Gruppenprozess auf diese Weise vom Spiel (der Aufstellung) schrittweise wieder in das normale Leben einfügt. Hierzu gehört auch, dass die Rollen zunächst abgelegt und abgeschlossen werden, um dann wieder ganz bei sich selbst zu sein, indem man Sharing gibt.

Das Sharing ist ein wesentlicher Veränderungsmotor. Dies kann in jedem Psychodrama eindrucksvoll erlebt werden. Doch ebenfalls aus der Gruppentherapieforschung ist dies bekannt: Das Teilen von Erlebnissen, Leid, Schicksal, Hoffnungen, Stärken, Ängsten, Fantasien und vielem anderen nimmt den Einzelnen aus seiner scheinbaren Isolation heraus und zeigt auf, dass es anderen Menschen ähnlich geht. Außerdem soll durch das Sharing wieder ein Gleichgewicht hergestellt werden zwischen einem Protagonisten (Klient), der sein System und sich zeigte, was teilweise recht intim ist, sowie einer Gruppe, die teilweise »nur« zuschaute. Dieser Akt des gegenseitigen Vertrauens und Gebens ist sehr klärend, stützend und wirkt integrativ. Eine »Aufstellung« ohne Rollenfeedback und Sharing ist kein Psychodrama.

Psychodramatische Aufstellungsarbeit ist selten eine einmalige Intervention mit unbekannten Teilnehmern. Bereits vor der Gruppenintervention kennen sich die Teilnehmenden und die Leitungsperson. Der Prozess der Klärung geht in den folgenden Sitzungen kontinuierlich weiter. Psychodrama setzt daher nicht auf schnelle Lösungen, sondern auf gesunde Entwicklungsprozesse.

Die systemische Aufstellungsarbeit von Virginia Satir: Die systemische Familientherapeutin Virginia Satir kannte das Psychodrama. Für ihre Arbeit mit Familien und Systemen bevorzugte sie die psychodramatische Aufstellungsvariante mit einem mittleren Freiheitsgrad: Es wurde etwas mehr gehandelt als in einer unbeweglichen Skulptur. Doch es wurde meist nicht frei und kreativ interagiert. Innerhalb dieser ruhigen »Aufstellung« ging Satir umher und entwickelte – auf der Grundlage ihrer profunden psychodynamischen und systemischen Kompetenz – individuelle, spontane und kreative Interventionen. Sie wusste oft selbst nicht im Voraus, was sie machen und warum und wie es helfen würde.

Satir war eine kluge, warmherzige und starke Frau. Es gibt Videoaufzeichnungen ihrer Arbeit. Sie setzte auch ihren Körper ein und berührte Patienten. Die Arbeit war sehr achtsam. Sie kannte nicht »die Lösung« oder »das Richtige« für ihre Patienten oder Klienten und sah sich wohl eher als Wegbereiterin.

Die Aufstellungsarbeit von Bert Hellinger: An Satirs Workshops nahmen zahlreiche Personen teil, die dann selbst wiederum Satirs Methoden anderswo demonstrierten und lehrten. An solchen Seminaren aus zweiter Hand nahm meines Wissens Bert Hellinger teil. Möglicherweise lag ihm die kreative und intuitive (oder auch weibliche, warme?) Art der Arbeit nicht, wie sie durch Satir geprägt war. Doch ihn faszinierte offensichtlich die Arbeit mit Gruppen; auch auf Bühnen und vor vielen unbeteiligten Zuschauern. Von Satir (und über Umwege somit auch vom Psychodrama) übernahm Hellinger sehr viele kluge und gute Ansichten und Ansätze, wie sie auch heute noch in der Familientherapie genutzt werden.

Doch er veränderte das Paradigma der Aufstellungsarbeit (s. S. 103 f.: »Strategie und Taktik des Intervenierens«) in der Weise, dass seine neu gegründete Schule nun nicht mehr den Gedanken der systemischen Therapie, der humanistischen Psychotherapie oder der Psychodynamik verpflichtet waren. An ihre Stelle setzte er eine Theorie und Metatheorie, die er selbst geschaffen hatte, und die er auf der Bühne zu beweisen glaubte. Im ihrem Zentrum stand eine »Ordnung der Liebe«, die er selbst herausgearbeitet hatte. Strategie und Taktik des Verfahrens orientierte er ausschließlich an seinen eigenen Vorstellungen und an dem, was *er* für richtig und wichtig erachtete.

Auf diese Weise war er kein Wegbereiter oder Wegbegleiter mehr, sondern jemand, der den Weg für den Klienten festlegte und der besser als jeder Klient wusste, was für den Klienten richtig ist, und der dessen Probleme löst. Aus diesem Grunde distanzierten sich die systemischen Gesellschaften ausdrücklich von Hellinger (s. »Handbuch Coaching und Beratung«, S. 503 f.).

Sozialpsychologische Aufstellungen: Jakob Levy Moreno und der Sozialpsychologe Kurt Lewin hatten in Wien zu Beginn des 20. Jahrhunderts Kontakt und konnten ihre Ideen über Gruppen austauschen. Sie entwickelten sehr viele Parallelen. Später emigrierten beide unabhängig voneinander in die USA. Moreno entwickelte seine Erforschung von Gruppenphänomenen weiter zur Soziometrie, Gruppenpsychotherapie und dem Psychodrama. Lewin entwickelte eine Reihe von sozialpsychologischen Gruppenexperimenten und Gruppeninterventionen. Viele von Lewins Entwicklungen wurden später als Selbsterfahrungsmethoden für Gruppen genutzt und waren ein wichtiger Bestandteil der damaligen Encounter-Gruppen.

In der modernen »Gruppendynamik der Sozialpsychologie« werden diese Methoden und ihre Weiterentwicklungen heute noch intensiv eingesetzt. Dieser Ansatz darf nicht mit der »tiefenpsychologischen Gruppendynamik« der psychodynamischen, aus der Psychoanalyse abgeleiteten Verfahren verwechselt werden. Denn in ihnen geht es nicht um sozialpsychologische Experimente, sondern um das Erforschen unbewusster oder symbolischer Vorgänge und Interaktionen in Gruppen.

Literaturtipps

Cornelia Edding und Karl Schattenhofer: Handbuch Alles über Gruppen. Theorie, Anwendung, Praxis. Weinheim und Basel: Beltz, 2. Auflage 2015.

Eberhard Stahl: Dynamik in Gruppen. Handbuch der Gruppenleitung. Weinheim und Basel: Beltz, 3. Auflage 2012.

Christian Stadler, Sabine Spitzer-Prochazka, Eva Kern, Bärbel Kess: Act creative! Effektive Tools für Beratung, Coaching, Psychotherapie und Supervision. Stuttgart: Klett-Cotta 2016. Viele an Prozessphasen orientierte Übungen.

Falko von Ameln und Josef Kramer: Psychodrama. Grundlagen. Heidelberg: Springer, 3. Auflage 2014. Hervorragendes Grundlagenlehrbuch.

Breiter oder integrativer Ansatz: *Irvin D. Yalom:* Theorie und Praxis der Gruppenpsychotherapie. Stuttgart: Pfeiffer bei Klett-Cotta, 9. Auflage 2010.
Seit etwa 1970 vom Autor immer wieder aktualisiert. Seit der ersten Auflage ein Klassiker mit enorm viel Praxisbeispielen und Reflexionsanregungen.

Weitere Aufstellungsmethoden: Es gibt viele kreative Psychotherapeuten und Berater, die entweder das Rad noch einmal neu erfunden haben, indem sie eigene Aufstellungsmethoden entdeckt haben wollen – oder die auf der Grundlage des Psychodramas, der familientherapeutischen Aufstellungspraxis oder anhand von Hellingers Ansatz eigene Aufstellungsmethoden entwickelt haben. In diesen Aufstellungen repräsentieren in der Regel andere Personen den Klienten (Hauptdarsteller, Protagonist, Themengeber), der sein System von außen anschaut. Zum Schluss wechselt er manchmal in das System und tritt an die Stelle seines Repräsentanten. In diesen Aufstellungen wird nicht getauscht und gedoppelt und die Richtung der Entwicklung wird sehr oft vom Aufstellungsleiter vorgegeben.

Auf dem Feld der neuen Aufstellungsformen tummeln sich unterschiedlichste Anbieter. Beispielhaft möchte ich einen der seriösen Neu- oder Weiterentwickler nennen. Im deutschsprachigen Raum ist das sehr elaborierte Werk von Matthias Varga von Kibéd vielen Coaches und Klienten bekannt. Zusammen mit seiner Frau Insa Sparrer hat er ein komplexes System von Aufstellungen entwickelt, das auf einer systemischen Metatheorie fußt.

Rolle, System, Objektbeziehungstheorie

Jakob Levy Moreno hat seine Ideen in Wien zu Beginn des vorherigen Jahrhunderts entwickelt. Er stand in reger Diskussion mit Kurt Lewin, Martin Buber, Alfred Adler und anderen Wegbereitern der Soziologie, Philosophie und Psychologie. Viele Ideen dieser Vordenker entstanden auch im Rahmen gemeinsamer Gespräche und Diskussionen in Wiener Cafés.

Rollen leben in Begegnung

Moreno nahm an, dass menschliches Verhalten immer in einer Begegnung gründet. Martin Buber formulierte in diesem Zusammenhang seine Idee vom »Ich-und-Du«. Selbst wenn wir alleine sind, leben die Vorstellungen unserer Beziehungen zu anderen Menschen in uns und bestimmen letztlich unser Denken und Handeln. Somit ist Psychodrama immer eine Arbeit mit inneren und äußeren Begegnungen und Beziehungen sowie ihren Verklärungen, Vorstellungen oder Symbolisierungen. Zum anderen erkannte Moreno, dass unser Verhalten im Wesentlichen durch die Auswahl, das Erlernen und Ausüben von Rollen gekennzeichnet ist.

Rollen sind ein Set von Erwartungen und Stereotypen, die andere an den Rollenträger stellen, aber auch ein Set von Vorstellungen, die der Rollenträger seiner Rolle selbst zuschreibt. Moreno nahm an, dass jede Kultur einen bestimmten Satz üblicher Rollen entwirft, wovon jedes Individuum sich ein Repertoire aneignet und diese Rollen dann spielt. Insofern ist der Mensch ein Rollenspieler und – wie Shakespeare schrieb – die ganze Welt ist eine Bühne. Das Aufnehmen und Erlernen neuer Rollen, das Verändern bestehender Rollen oder das Ablegen alter Rollen ist für Moreno ein kreativer und lebenslanger Prozess. Dies geschieht nicht nur durch den Willen oder in Gedanken, sondern in der tatsächlichen Interaktion und im Handeln. Sein Rollenbegriff war sehr modern.

> **Person**
>
> Das Wort Person ist vom griechischen *persona* abgeleitet. Es bedeutet »hindurchtönen« und verweist auf die Masken mit großer Mundöffnung, die griechische und römische Schauspieler der Antike vor ihr Gesicht hielten.
> Die »Person« ist in diesem Sinne eine vorgehaltene Maske mit einer angenommenen Spielanleitung innerhalb des Dramas. Sie ist eine Rolle oder ein Satz von Rollen. Das wirft Fragen auf: Wer sind »große Persönlichkeiten«, wenn sie ihre Maske ablegen? Wer sind einflussreiche Führungspersonen, wenn sie ihre Masken ablegen oder ihre Position verlieren? Wer sind wir, wenn wir der Frage nachgehen, wer wir jenseits unserer vorgehaltenen Rollen sind?

Wer sind wir jenseits unserer Rollen?

Rollen sind nicht nur soziale Kategorien. Sie sind ein Teil unserer Identität, unseres Selbstbildes. Das Aufnehmen und Ablegen von Rollen formt unsere Persönlichkeit. Wenn der situative Wechsel zwischen den Rollen leichtfällt und Spielraum für Kreativität und Spontaneität lässt, ist ein Mensch meist gesund. Wenn diese Spontaneität jedoch verloren geht und bestimmte Rollen dominieren, selbst dann, wenn dies situativ unangebracht ist, ist eine Person krank.

Manche Menschen legen sich ein Set von Rollen zu, das Ihnen ein Gefühl von Stabilität sichert. Würden hierin jedoch eine oder zwei Rollen wegfallen, müsste das ganze Rollenset wie ein Kartenhaus zusammenstürzen. Daher ist es weise, von Zeit zu Zeit zu überprüfen, auf welche Rollen man sein Leben stützt, welche Rollen die eigene Identität ausmachen. Weitere Fragen können sein: Wäre ich imstande weiterzuleben, wenn meine Rollen wegfielen? Habe ich die Kraft, andere Rollen zu finden? Wer bin ich jenseits meiner Rollen? Gibt es einen Teil meiner Identität, der von Rollen unabhängig ist? Diese Fragen wirft die folgende Intervention auf.

> **Intervention: Rollen analysieren und Rollen ablegen**
>
> Jeder Mensch, jeder Klient, hat eine große Anzahl von Rollen. In dieser Intervention bestimmt der Klient zunächst, welche acht Rollen sein Leben und seine Identität am meisten bestimmen. Er bringt diese Rollen in eine Rangfolge und vergegenwärtigt sich dann – mit der Hilfe des Coachs – Schritt für Schritt alle emotionalen, gedanklichen, körperlichen und soziologischen Auswirkungen, die sich ergeben würden, wenn er eine Rolle nach der anderen ablegen oder verlieren würde. Vor welche Fragen würde ihn das stellen, welche Auswirkungen hätte dies, was könnte ihn dann noch tragen, …?
>
> **Zeitlicher Rahmen:** Als Selbstübung planen Sie wenigstens eine Stunde ein. Viel intensiver ist diese Intervention, wenn sie durch einen Coach mit aufmerksamen Fragen begleitet wird. Dann sollten Sie zwei bis vier Stunden einplanen.

Im Folgenden finden Sie eine Anleitung oder ein Beispiel für diese tiefgehende und bewegende Intervention.

Beispiel

Rollenanalyse: »Schreiben Sie bitte die acht wichtigsten Rollen auf, die Ihr Leben ausmachen. Beispielsweise: Freundin von X, Ehefrau, Mutter, Personalleiterin, Herrin von Hund Y, Vorsitzende im Elternrat des Gymnasiums, … Anschließend ordnen Sie diese Rollen nach ihrer Wichtigkeit in einer Reihe an.

Schreiben Sie zu jeder Rolle auf: Welche Erwartungen hat ›man‹ an mich, wenn ich diese Rolle einnehme? Wie möchte ich diese Rolle ausfüllen? Was ›kostet‹ mich diese Rolle (Zeit, Energie, Nachteile)? Was ist der ›Gewinn‹ dieser Rolle (Geld, Menschen, Prestige, Ausgleich, Liebe)? Wie und wann habe ich die Rolle übernommen? Wie geht es mir damit?

Auf einer Skala von 1 bis 10 zeigen Sie nun bitte an: Wie sehr *bin* ich diese Rolle (wie sehr nährt sie meine Vorstellung von Identität)? Wenn ich nur auf meine emotionale Reaktion achte: Nehme ich die Rolle als positiv oder als negativ wahr? Was würde ich verlieren, wenn diese Rolle wegfiele (Kontakte, Geld, Unterstützung, Arbeit, Verpflichtung)? Wie ginge es mir dann? Welche anderen Menschen würden in mein Leben treten, wenn die bisherigen rollenbezogenen Kontakte wegfielen?«

Rollen ablegen: Wenn Sie als Coach diese Übung mit einem Klienten durchführen, können Sie darum bitten, dass nach und nach die Rollen – nur als inneres Spiel – abgelegt werden: Zunächst die unwichtigste. Alle Konsequenzen, die sich daraus ergeben, werden beleuchtet: Gefühle, Gedanken, soziale Situation, Auswirkungen im System, auf den Körper, auf die anderen Rollen, auf die Identität, das Selbstbild … Dann arbeitet man sich auf diese Weise bis zur wichtigsten Rolle empor, wobei alle Rollen »abgelegt« werden.
Die Arbeit benötigt viel Zeit. Zum Schluss steht man vor der Frage, wer die Person jenseits ihrer Rollen ist.

Diese Übung oder Intervention berührt existenzielle Fragen und kann daher sehr bewegend und aufrüttelnd sein. Sie wurde von Roberto Assagioli in seinem Verfahren der Psychosynthese entwickelt. Dort wird sie Disidentifikation genannt, da die Identifikation mit Rollen schrittweise abgelegt wird.

System

Die Personen eines Systems, wie zum Beispiel einer Familie, einer Abteilung, eines Unternehmens, interagieren mit ihren zahlreichen Rollen auf komplexe Weise. Hierbei gibt es Handlungs- und Rollenanteile, die weitgehend bewusst sind. Genauso existieren jedoch auch Handlungsstränge, Motive, Erwartungen und anderes, das unbewusst ist.

Moreno nannte dies das »gemeinsame Unbewusste«. Psychodrama erforscht und bearbeitet das individuelle und das gemeinsame Bewusste und Unbewusste. Jedes Psychodrama hat viele parallele Handlungsstränge. Außerdem können verschiedene Zeit- und Möglichkeitsoptionen gleichzeitig gespielt werden: Vergangenheit, Jetztzeit, Zukunft, alle erdenkbaren Variationen der Vergangenheit, Jetztzeit und der Zukunft. Neben den Menschen, die leben, existieren in der Vorstellung jeder Person auch die Menschen, die bereits tot sind. Sie sind Bestandteil des Systems.

Das Beziehungsgeflecht analysieren

Im Berufs- und Privatleben stehen wir mit vielen Menschen in Beziehung. Wir haben eine innere Vorstellung davon, wie nahe wir anderen Menschen stehen. An jeden dieser Menschen haben wir bewusste und unbewusste Erwartungen (Hoffnungen, Ängste, Befürchtungen). Manche dieser Menschen spielen in unserem Leben mehrere Rollen, beispielsweise als Freundin und als Kollegin. An jede dieser Rollen haben wir unterschiedliche Erwartungen. Doch die Erwartungen und die Wahrnehmung bestimmter Rollen gehen nicht nur von uns aus. Auch die anderen Menschen blicken auf uns und nehmen uns als Träger unterschiedlicher Rollen wahr. An jede dieser Rollen haben sie unterschiedliche Erwartungen. Eine Gruppe von Menschen stellt auf diese Weise ein komplexes Gefüge von Rollen und Erwartungen dar.

> **Intervention: Soziogramm der Erwartungen**
>
> In dieser Intervention kann der Klient das komplexe System aus Rollen und gegenseitigen Erwartungen analysieren, in das er eingebettet ist.
>
> **Zeitlicher Rahmen:** Als Selbstübung planen Sie wenigstens eine Stunde ein. Viel intensiver ist diese Intervention, wenn sie durch einen Coach mit aufmerksamen Fragen begleitet wird. Dann sollten Sie über zwei Stunden einplanen.

Sie können die Intervention durch folgende beispielhafte Erklärung anleiten:

> **Beispiel**
> »Bitte zeichnen Sie für sich und die Menschen des Systems, das Sie untersuchen möchten (Arbeitsplatz, Abteilung, Sportverein …), Symbole auf ein Blatt Papier. Überlegen Sie gut, wo welche Personen auf das Blatt gezeichnet werden sollen. Zeichnen Sie alle lebenden und toten Personen (manchmal auch Tiere) eines Ihrer Teilsysteme auf. Es kann sich um Ihre »Großfamilie« handeln oder um das Unternehmen und Ihr engstes Umfeld. Zeichnen Sie zu Beginn sich selbst an eine passende Stelle ein.
> Nun verbinden Sie bitte alle Personen dieses Systems und notieren Sie zu jedem Verbindungsstrich anhand einer Legende, welche Rollen die einzelnen Personen

einnehmen und welche Erwartungen sie gegenseitig an die jeweiligen anderen Rollen der anderen haben. Außerdem notieren Sie zu jeder Person, welche Erwartungen sie in Bezug auf ihre eigenen Rollen hat.«

> **Nahe und ferne Beziehungen**
>
> Innerhalb jedes Systems kann eine Person andere Menschen wahrnehmen, die ihr besonders nahe sind, und andere, die von ihr entfernter sind. Hierbei geht es nicht nur um die Häufigkeit von Kontakten, sondern auch um die emotionale Nähe und um ein Gefühl der Anziehung oder Abstoßung.

Dieses innere Geflecht kann grafisch als sogenanntes »soziales Atom« dargestellt werden: Zentral sind jene Personen, die besonders nahestehen, weiter außen gute Bekannte und noch weiter außen entfernte Bekannte oder Menschen, die man nur flüchtig kennt. In der Vorstellung jedes Menschen spielen hierbei lebende und tote Personen eine Rolle.

Das innere systemische Abbild unserer Beziehungen

Wir können Systeme auf einer Bühne simulieren, in Trance imaginieren oder symbolhaft auf ein Blatt Papier zeichnen. Das soziale Atom ist eine solche Zeichnung, mit der ein inneres Abbild des Systems erstellt wird. Im Gegensatz zum Soziogramm ist hierbei jedoch nicht jede Person mit jeder vernetzt. Im Vordergrund der Betrachtung steht das komplexe Set der Objektbeziehungsrepräsentanzen. Es geht daher immer darum, wie die Person des Klienten (das Ich) mit den jeweiligen anderen Symbolen in Beziehung steht und wie nahe die anderen Personen dem Ich sind.

> **Intervention: Das soziale Atom**
>
> In dieser Variante des sozialen Atoms zeichnet der Klient kleine Symbole (beispielsweise Kreise) für die Menschen, mit denen er in Beziehung lebt, auf ein Blatt Papier. Menschen, die nah erlebt werden, werden in der Nähe des Zentrums eingezeichnet. Menschen, die fern erlebt werden, werden weiter entfernt eingezeichnet.
> In einem weiteren Schritt analysieren Coach und Klient jede einzelne Beziehung. Das soziale Atom kann sich auf den Arbeitsplatz beziehen, auf die Ursprungsfamilie oder auch auf alle Menschen, mit denen der Klient in Beziehung steht.
>
> **Zeitlicher Rahmen:** Als Selbstübung planen Sie wenigstens eine Stunde ein. In der Regel wird diese Intervention nur mit einem Coach durchgeführt, der sie mit aufmerksamen Fragen begleitet. Dann sollten Sie zwei Stunden einplanen.

Eine andere Form der Arbeit mit dem sozialen Atom finden Sie im »Handbuch Coaching und Beratung« auf den Seiten 549 und 558. In der dort vorgestellten Variante wird die Qualität der Beziehungen zusätzlich durch Verbindungslinien zwischen einem Selbstsymbol und den Symbolen der anderen dargestellt. Dort werden auch Auswertungshinweise gegeben.

Sie können Ihren Klienten mit der folgenden beispielhaften Anleitung in dieser Intervention begleiten:

Beispiel
»Bitte zeichnen Sie einen Kreis und in einiger Entfernung darum noch mal einen Kreis, dann nochmals einen Kreis.«

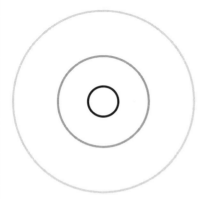

»Nun überlegen Sie, welche Menschen Sie kennen, und lassen Sie sich 10 Minuten Zeit, jeden Menschen, der Ihnen einfällt, in Ihre Kreisskizze einzuordnen: Ganz in die Mitte zeichnen Sie die Personen, die Ihnen besonders nahestehen. Im nächsten Ring Freunde und gute Bekannte. Weiter weg die Menschen, die ferne Bekannte sind (das »Bekanntschaftsvolumen«). Je dichter eine Person an dem Zentrum ist, desto näher steht sie Ihnen. Lassen Sie sich bitte von Ihrer emotionalen Reaktion leiten und nicht von strategischen Überlegungen. Sie können für jede Person einen kleinen Kreis, einen Punkt oder ein Symbol wählen. Schreiben Sie jeweils daneben eine kleine Zahl für eine Legende, in der der Name aufgeführt wird. Oder schreiben Sie direkt neben das Symbol für die Person deren Namen.«

»Nach zehn Minuten hören Sie bitte auf, Menschen zu ›sammeln‹. Es kommt nicht darauf an, möglichst viele Personen aufzuführen, sondern ehrlich nachzuspüren, wie nahe einem eine Person steht. Auch hier können lebende und tote Personen aufgeführt werden.«

In einem nächsten Schritt wird das soziale Atom analysiert. Dabei wird jede Person, die aufgeführt wurde, einzeln angesprochen: »Wer ist das? Wie stehen Sie zu dieser Person? Was denken Sie über sie? Was fühlen Sie? Wie war oder ist

Ihr Leben mit dieser Person verbunden? Welche Ereignisse, Geschichten, Erlebnisse gibt es mit dieser Person? Welche Erwartungen haben Sie an diese Person? Welche Befürchtungen? ...«

Die Fragen sollen dem Klienten helfen, sein System besser zu verstehen. Es geht nicht darum, dass der Coach mehr über den Klienten erfährt oder dass der Coach anhand des sozialen Atoms gute Deutungen und Interpretationen entwirft. Bitte stellen Sie »einfach« viele Fragen, die den Klienten zur Reflexion anregen. (Vergleich auf S. 230 und S. 266.)

Kreativität und Spontaneität

Jedes Individuum trifft immer wieder auf neue Menschen und Situationen. Dies erfordert unentwegt, das Set von Rollen und Handlungsoptionen ein wenig zu modifizieren. Das geschieht bei gesunden Menschen auf eine kreative und spontane Weise. Wenn die »Antwort« auf eine neue Situation unangemessen, überzogen oder skurril ist, spricht man im Psychodrama von einer *krankhaften Spontaneität*. Wenn die »Antwort« niemals neu ist, sondern immer rigide und identisch, spricht man von einer *stereotypen Spontaneität*.

Menschen, die keine echte Spontaneität im Sinne Morenos aufweisen, sind in Ihrer Rollenkonserve gefangen. Ein wesentliches Ziel des Psychodramas ist es, eine gesunde und *echte Spontaneität*, Rollenflexibilität und kreative Anpassungsfähigkeit an neue Situationen wiederherzustellen.

Objektbeziehungstheorie

Die Objektbeziehungstheorie wurde in der modernen Psychoanalyse entwickelt. Sie ist – wie viele Einsichten der Psychodynamik und der Tiefenpsychologie – sehr gut mit dem Psychodrama und seinen Interventionsansätzen vereinbar und kann viele Phänomene im Coaching erklären.

In Aufstellungen taucht immer wieder die Frage der Klienten auf, woher wir unser Wissen über andere haben und warum wir dazu in der Lage sind, es auf Papier oder auf einer Bühne darzustellen. Die Klienten fragen häufig, warum das, was wir dort erarbeiten, zu Veränderungen in der Realität führt. Die Objektbeziehungstheorie kann bei der Beantwortung dieser Frage aus psychoanalytischer Perspektive eine gute Hilfestellung anbieten.

Mit »Objekt« ist in der nüchternen Sprache der Psychoanalyse eine andere wichtige Bezugsperson gemeint; in der Regel also ein Mensch. Die Objektbeziehungstheorie geht davon aus, dass wir frühere Begegnungen auf eine komplexe Weise im Gehirn gespeichert haben. Zur Begegnung gehört immer ein Ich und ein Du; also ein Subjekt und ein Objekt. Daher ist nicht nur ein Abbild der anderen Person gespeichert, sondern eine komplexe Begegnungsfigur. In ihr sind Bilder, Gefühle, Erwartungen, Gerüche, Befürchtungen, Schmerz, Glück, Gedanken, Intuitives und vielerlei mehr gespeichert. Hierin sind auch die wichtigen Emotionen und Fragen enthalten: Wie steht diese Person zu mir, wie stehe ich zu ihr? Dabei sind weit mehr unbewusste und nichtsprachliche, also nichtrationale Begegnungsanteile dieser Objektbeziehungsrepräsentation verankert. Besonders in der frühen Kindheit wird eine Reihe von grundlegenden Objektbeziehungsrepräsentationen erarbeitet und gespeichert.

Sobald wir im Außenleben auf »Objekte« treffen, die sich mit unseren verinnerlichten Repräsentationen decken oder ihnen ähneln, reagieren wir weit mehr auf die alten »Programme« als auf die tatsächliche neue Begegnung. Daher muss jede neue Begegnung innerlich langsam von einer bisherigen Objektbeziehungserfahrung gelöst werden, bis sie im Lichte der neuen Begegnung – als neue Objektbeziehung – existiert.

Im Psychodrama holen Klient und Coach die Objektbeziehungskonstellationen des Klienten auf eine äußere Bühne, um sie dort zu bearbeiten. Es handelt sich also um die Arbeit an inneren Begegnungsgestalten, an den Blaupausen der realen Begegnungen. Durch diese Veränderung sind dann wiederum Veränderungen im realen Leben möglich, da der Klient mit veränderten »Programmen« innerlich und äußerlich neu auf Begegnungen reagieren kann.

Im Grunde fügt diese (vereinfachte) Erklärung der Objektbeziehungstheorie dem Erklärungsansatz Morenos nichts Neues hinzu, denn das innere soziale Atom ist eigentlich nichts anderes als ein Set von repräsentierten Objektbeziehungen. Doch der Erklärungsansatz aus der Psychoanalyse ermöglicht eine Brücke zu diesem anderen Theoriegebäude.

Aufstellung arbeitet mit inneren Vorstellungen

In Aufstellungen, in denen der Klient sein System bearbeitet, das physisch nicht anwesend ist (und ebenso im Einzelpsychodrama), arbeiten wir ausschließlich mit der inneren Vorstellung, die ein Klient von anderen hat, also den inneren Begegnungsgestalten (oder Objektbeziehungsrepräsentanzen). Diese holen wir von der Bühne der inneren Vorstellungen auf eine äußere Bühne. Wir arbeiten nicht am tatsächlichen, anderswo existierenden System des Klienten. Damit ist Psychodrama keine Arbeit an »morphogenetischen Feldern« oder dergleichen, sondern eine systemische und psychodynamische Arbeit, die im Kopf des Klienten etwas verändern soll, damit er – wenn er mag – hierdurch in einem nächsten Schritt sein physisches System verändern kann.

Tauschen und Doppeln

Die Methode »Tauschen und Doppeln« erscheint manchen Beobachtern zunächst als schlicht und einfach, wenn sie einem erfahrenen Coach oder Psychodramatiker dabei zusehen, wie er sie mit einem Klienten durchführt. Es erscheint beiläufig, unverschnörkelt, gar nicht wie eine »tolle Intervention«. Und doch liegt in dieser einfachen Methode eine sehr große Veränderungskraft. Sie bildet ein Kernstück des Psychodramas. Klienten können durch diese Intervention sehr schnell emotional und gedanklich erwärmt und bewegt werden und kommen – fast beiläufig – zu wesentlichen Einsichten und Klärungen.

Dahinter steht eine komplexe Metatheorie über äußere und innere Begegnungen, Rollen, über Bewegung im Raum und über den Einsatz und die Positionierung des Körpers (sowohl vom Klienten als auch vom Coach). Dies muss erlebt und praktisch trainiert werden. Doch die Grundzüge lassen sich hoffentlich auch beim Lesen erahnen. Neben dem Tauschen und Doppeln gibt es noch die wichtigen Techniken des »Wechselns« und des »Spiegelns«. Darauf gehen wir an dieser Stelle nicht näher ein.

> **Literaturtipps**
>
> Sie finden im »Handbuch Coaching und Beratung« auf S. 548. Definitionen und Beispiele zum Tauschen und Doppeln sowie kurze Definitionen wichtiger Fachbegriffe des Psychodramas.
>
> Im Buch »Coaching Tools 2« von Christopher Rauen (Hrsg.) finden Sie auf S. 244 f. eine Praxisanleitung zum »Doppeln im Rollentausch«, die ich verfasst habe.

Tauschen und Doppeln fördert die Mentalisierungskompetenz

Moreno ging davon aus, dass zu einem spontanen, kreativen, integrierten Menschen (heute würde man wohl sagen: »zu einem gesunden und glücklichen Menschen«) die Fähigkeit gehört, sich in andere einfühlen, sie verstehen und auch eine gute Idee davon entwickeln zu können, wie andere über uns denken, wie sie unsere Handlungen wahrnehmen, was sie von uns erwarten und vieles mehr. Im Grunde geht es darum, in die Schuhe (Mokassins) des anderen schlüpfen zu können; mit allen Geistesqualitäten und auch einigen Körperwahrnehmungen.

Dies verwirklichte Moreno in den Methoden des Tauschens, des Doppelns und des Spiegelns. Doch im Grunde war nicht er der Erfinder dieser Methoden. Denn die Kinder in den Wiener Parks um 1900 machten es ihm vor. Auch im Theater ist diese Technik seit Jahrtausenden bekannt. 90 Jahre nach Morenos »Erfindung« wurde in der Psychoanalyse ebenfalls erkannt, dass es heilsam ist und ein Zeichen von Reife darstellt, in die Mokassins der anderen schlüpfen zu können. Innerhalb der Psychoanalyse wird dies »Mentalisierung« genannt, und es etablierte sich eine »mentalisierungsbasierte Psychotherapie« (MBT). Mittlerweile wird auch in der Psychoanalyse szenisches Arbeiten angewandt.

> **Mentalisierung**
>
> Mentalisierung bedeutet im Verfahren der Psychoanalyse die Fähigkeit, das eigene innere und äußere Verhalten sowie das anderer Menschen zu interpretieren und zum eigenen Verhalten in Bezug zu setzen. Personen mit guter Mentalisierungsfähigkeit erkennen und steuern ihre eigenen Vorstellungen, Überzeugungen, Emotionen, Wünsche und Befürchtungen, die sie gegenüber anderen Personen haben. Gleichzeitig können sie eine Vorstellung davon entwickeln, welche mentalen Zustände andere Menschen in Bezug auf sie selbst haben und wodurch diese ausgelöst werden.
> Menschen mit guter Mentalisierungsfähigkeit können dies am komplexen Wechselspiel der Interaktion, der Mimik und des Verhaltens ablesen und auch vorhersehen. Das eigene Erleben und Handeln sowie das Erleben anderer können sie reflexiv erfassen. Diese Fähigkeit schließt ein, dass Menschen ihre Gedanken, Emotionen und Handlungen interaktionell und systemisch reflektieren können. Dies verschafft Orientierung, Flexibilität und Kontrolle in den unterschiedlichsten Beziehungsgestaltungen und in der Kommunikation.
> Mentalisierung ist eine wesentliche Voraussetzung für geistige Gesundheit und für soziale Integration sowie für emotionale und soziale Kompetenz. Das Konzept der Mentalisierung geht zum Teil aus der sogenannten Theory-of-Mind-Forschung, der Bindungsforschung (zum Beispiel Babyforschung) und der Neurowissenschaft hervor (Stichwort »Spiegelneurone« und Ähnliches). Besonders wurde dieses Konzept von den Wissenschaftlern Peter Fonagy und Mary Target geprägt.
> Ein hervorragendes Training der Mentalisierungsfähigkeit bietet beispielsweise das dyadische Psychodrama oder das Gruppenpsychodrama, da es insbesondere diese Fähigkeiten auf unterschiedlichsten Ebenen trainiert, indem die Klienten immer wieder in die Schuhe der anderen Beziehungsperson schlüpfen und zusätzlich durch Dopplungsfragen zur vertieften Reflexion auf kognitiver, emotionaler, körperlicher, handelnder Ebene angeregt werden.

Den MBT-Ansatz erwähne ich hier aus zwei Gründen: Zum einen handelt es sich beim Tauschen und Doppeln um eine enorm wichtige Intervention – eine intensive Förderung von Mentalisierungskompetenz –, die in Aufstellungen nicht fehlen sollte. Zum anderen soll dieses Beispiel verdeutlichen, dass immer wieder alle Weisheit, die schon längst existiert, vermeintlich neu erfunden wird. Die Neuerfinder verweigern dabei manchmal den Blick nach rechts oder links, aus der Furcht heraus, dass ihre Erfindung dort vielleicht schon lange angewandt wird. Oder sie sehen es vom Rande aus und tun so, als hätten sie es nicht gesehen.

Dies findet zudem Ausdruck in der Vorgehensweise vieler deutscher Wissenschaftler und Praktiker innerhalb der Psychotherapie: Oft wird nur nach Literatur und Wissen innerhalb des eigenen Theoriegebäudes geschaut. Was konkurrierende Psychotherapieverfahren bereits erarbeitet haben, wird verschwiegen. Dieser »Krieg« psychotherapeutischer Schulen wird im deutschsprachigen Raum seit etwa 1900 intensiv geführt. Treibende Kräfte dieses Geschehens sind zum Teil Neid und Ehrsucht.

Wer leidet nicht hierunter? Doch es geht auch um die Verteilung knapper Ressourcen im Gesundheitswesen.

Die junge Beratungsform Coaching ernährt sich nicht vom »Kuchen« des Gesundheitswesens und bedient sich spielerisch-eklektisch an den guten Früchten mancher Verfahren, »Schulen«, Denkrichtungen. Diese Frechheit macht sie bunt und schafft viele Möglichkeiten. Doch manchmal fehlt ihr die Fähigkeit zur kritischen Reflexion. Dies wird deutlich, wenn Tools oder Methoden zum Einsatz kommen, ohne ihre theoretische Verankerung zu kennen, oder wenn die Komplexität des Menschen zugunsten schneller Lösungen (schneller, höher, weiter, erfolgreicher) verleugnet wird. Dies kann vermieden werden, wenn Coachingausbildungen nicht nur Praxis vermitteln, sondern auch intensiv auf die wissenschaftlichen Wurzeln Bezug nehmen.

Wann setzen wir das Tauschen und Doppeln ein?

Wenn der Klient die Klärung einer Begegnung oder Beziehung wünscht, dann ist die Intervention »Tauschen und Doppeln« angesagt. Im Grunde sind alle Anliegen der Klienten mit Beziehungen verwoben.

Leicht erkennbar ist der Bezug eines Anliegens zu einer Beziehung, wenn der Klient über einen Vorgesetzten, einen Mitarbeiter oder über andere schimpft. Eine Beziehung ist hingegen verdeckt beteiligt, wenn der Klient von sehr hohen Leistungszielen spricht, die ihn unter Druck setzen. Dies wirft nämlich die Frage auf, auf welche Weise (von wem, für wen) er diese Fokussierung auf Leistung erworben und die Kompetenz entwickelt hat, sich unter Druck zu setzen. Sie können dann beispielsweise fragen: »Wer soll diese Leistung sehen? Von wem wünschen Sie sich Bewunderung?« Manche gestandenen Chefs eifern auf diese Weise immer noch der Anerkennung ihres (vielleicht schon verstorbenen) Vaters nach oder versuchen, sich im »Vergleichskampf« um die Gunst der Eltern gegen ihre Geschwister durchzusetzen.

Besonders sinnvoll und für den Klienten gut nachvollziehbar ist die Intervention, wenn eine »offensichtliche« Beziehung oder Begegnung verstanden und verändert werden soll.

Tauschen und Doppeln erkundet die Beziehung

Es geht im Tauschen und Doppeln nicht um die korrekte Wiederholung einer tatsächlich stattgefundenen Begegnung, sondern um eine Darstellung, die im Hier und Jetzt neu entworfen wird und übliche Konserven und Begrenzungen auch überschreiten kann. Wenn in der tatsächlichen Begegnung nur »um den heißen Brei« herumgeredet wird oder Emotionen konsequent verschwiegen werden, muss dies überhaupt nicht für die Begegnung gelten, die hier und jetzt entfaltet wird. Hierzu regt der Coach schrittweise an. Es geht zudem um ein Wiederentdecken von Improvisation und Kreativität im Denken, Fühlen, Handeln.

> **Intervention: Tauschen und Doppeln in der Eins-zu-eins-Arbeit**
>
> Wenn der Klient eine Beziehung untersuchen, klären oder verändern möchte, kann ein Abbild dieser Beziehung im Coaching szenisch erkundet werden: Der Klient stellt sich vor, dass die andere Person auf einem Stuhl im Coachingraum sitzt, und tritt mit der Vorstellung dieser Person in Begegnung.
> Wenn Klient und Coach miteinander arbeiten und der Klient die Beziehung zu einer anderen Person erkundet, spricht man in korrekter Weise vom »dyadischen Psychodrama« (Dyade, griech. Zweiheit; Beziehungserkundung im Zweipersonen-System Klient/andere Person.). Doch es hat sich eingebürgert, dies einfach »Monodrama« zu nennen, denn hier arbeitet nur der Klient auf der Bühne. Er allein spielt die relevanten Rollen (mono, griech. allein, einzig). Die Nicht-Psychodramatiker, und das sind die meisten Coaches, sprechen meist vom »Eins-zu-eins-Coaching mit Tauschen und Doppeln« (oder »1:1-Tauschen-und-Doppeln«).
>
> *Dauer: 5 bis 30 Minuten; abhängig von der zu klärenden Beziehung.*

Das folgende Praxisbeispiel zeigt Ihnen die Vorgehensweise:

Beispiel

Die Ausgangssituation: Herr Kanter (der Name ist erfunden) ist in zweiter Generation Inhaber eines größeren mittelständischen Unternehmens. Er möchte das Image des Unternehmens gründlich verändern und erarbeitet die »menschlichen« Aspekte des bevorstehenden Wandels im Coaching.

Coach (hat Tauschen als Intervention gewählt): »Gegen Ende der letzten Sitzung hatten Sie von Ihrem Geschäftsführer gesprochen, mit dem Sie hin und wieder nicht übereinstimmen. Das wollen wir uns noch einmal genauer ansehen. Lassen Sie uns so tun, als würde er dort auf dem leeren Stuhl sitzen. Das tut er natürlich nicht wirklich. Aber auf diese Weise müssen Sie mir nicht alles indirekt erzählen, sondern können in der direkten Rede ausdrücken, worum es Ihnen wirklich geht. Also: Dort drüben sitzt Ihr Geschäftsführer. Bitte schauen Sie in diese Richtung und sagen Sie ihm, was Ihnen wichtig ist …«

Klient (zum Coach): »Eigentlich finde ich Rollenspiele ziemlich unsinnig.« (Ein leichter Widerstand gegen solche Aktionen kommt in vielen Fällen vor: Klienten bevorzugen oft das System Klient – Coach, da sie hier Hilfe und Rat erhoffen. Sie steigen nicht so gerne in das System Klient – Hilfs-Ich ein, da sie hier selbst arbeiten müssen und dichter an ihrem inneren – auch »heißen« – Erleben sind.)

Coach: »Das verstehe ich. Es handelt sich aber eigentlich gar nicht um ein Rollenspiel, sondern es geht um viel mehr. Möchten Sie sich trotz Ihrer Vorbehalte darauf einlassen?«

Klient (schaut zum Coach): »Na gut. Also: Herr, Meier, ich finde ...«

Coach (unterbricht): »Entschuldigung! Bitte schauen Sie dabei zu Herrn Meier und nicht zu mir.«

Klient: »Ja.« (schaut dann zum leeren Stuhl) »Ich finde, dass Sie viele meiner Anweisungen sehr gut umsetzen. Aber manches ...« (Der Klient spricht einige Zeit zu Herrn Meier.)

Coach: »Bitte fassen Sie das, was Sie Herrn Meier gesagt haben, noch einmal knapp zusammen und sagen Sie es ihm – quasi als Kernbotschaft – noch einmal in einem oder höchstens in zwei Sätzen.« (Der Coach lässt den Klienten die Aussage verdichten, denn er muss sie später wörtlich wiederholen können. Außerdem kann der Klient so seine Kernbotschaft noch einmal herausarbeiten.)

Klient: »Herr Meier, obwohl Sie mir immer bestätigen, dass Sie meine Anregungen umsetzen, merke ich doch, dass Sie manches davon unter den Tisch fallen lassen.« (Zu Beginn des Dialogs sind die Aussagen noch »politisch korrekt«, so wie im realen Berufsalltag.)

Coach (steht auf): »Ich bitte Sie nun, dass Sie mit Herrn Meier den Platz *tauschen* und für einen Moment quasi Herr Meier werden.« (Klient schaut fragend, steht dann auf und setzt sich auf den Platz von Herrn Meier. Der Coach geht mit zum Stuhl von Herrn Meier.) »Gut, ich spreche Sie ab jetzt auf diesem Stuhl als Herrn Meier an und tue so, als wären Sie wirklich Herr Meier ... Herr, Meier, wie lange arbeiten Sie schon in dem Unternehmen? ... Wie sehen Sie aus? ... Wie sitzen Sie normalerweise? ... Wie lange kennen Sie Herrn Kanter? ...«

Dieses **Rolleninterview** ermöglicht es dem Klienten, in die Schuhe von Herrn Meier zu schlüpfen, sich in dessen Rolle einzufinden. Nach diesem Rolleninterview wechselt der Coach seine Position und geht langsam zum Stuhl von Herrn Kanter zurück.

Coach (steht in der Nähe des Stuhls, auf dem vorher Herr Kanter saß): »Herr Meier, Herr Kanter sagte eben zu Ihnen ...« (Dabei tritt der Coach kurz hinter den Stuhl, auf dem Herr Kanter gesessen hatte, fasst ihn an und blickt nun Herrn Meier in die Augen. Dabei wiederholt er wörtlich – als kurzzeitiges Hilfs-Ich von Herrn Kanter – dessen Aussage:) »Herr Meier, obwohl Sie mir immer bestätigen, dass Sie meine Anregungen umsetzen, merke ich doch, dass Sie manches davon unter den Tisch fallen lassen.« (Dann lässt der Coach sofort den Stuhl wieder los und geht von ihm weg. Auch der Blickkontakt zu Herrn Kanter, der gerade Herrn Meier verkörpert, wird sofort wieder gelöst.) »Herr Meier, Sie haben diese Aussage von Herrn Kanter gehört, bitte schauen Sie ihn an und machen Sie sich bewusst, wie es Ihnen mit dieser Aussage geht: Was Sie denken, fühlen. Dann antworten Sie bitte Herrn Kanter (nicht mir!) und sagen Sie ihm direkt, was Sie dazu sagen möchten ...«

Klient (als Herr Meier): »Ich dachte, dass Sie das nicht merken. Ihr Herr Vater sagte auch vieles aus einer momentanen Laune heraus, und manches davon war dann später nicht mehr so wichtig. Darum dachte ich, dass ich einige Anregungen zunächst siebe, um langsam herauszufiltern, womit Sie es wirklich ernst meinen.«

Coach (zu Herrn Meier): »Darf ich Sie bitten, das noch einmal in einem Satz zusammenzufassen und Herrn Kanter zu sagen?«

Klient (als Herr Meier): »Herr Kanter, das tut mir leid. Ich dachte, Sie merken das nicht.« (Nun fordert der Coach erneut zum Tauschen auf, bittet Herrn Kanter auf seinen eigenen Platz zurück und sagt ihm, dass er nun wieder er selbst ›ist‹. Nachdem dies geschehen ist, geht er langsam zum Platz von Herrn Meier, tritt hinter den Stuhl, berührt ihn, schaut Herrn Kanter in Augen …)

Coach (als Herr Meier): »Herr Kanter, das tut mir leid. Ich dachte, Sie merken das nicht.« (Dann tritt der Coach sofort wieder vom Stuhl weg und löst den Blickkontakt.)

Coach: »Herr Kanter, Sie haben die Aussage von Herrn Meier gehört. Was macht das mit Ihnen? Antworten Sie Herrn Meier bitte direkt darauf.«

Klient: »Herr Meier, ich fürchte, dass ich mich Ihnen gegenüber nicht klar genug ausdrücke.« (Der Coach tritt neben den Klienten und spricht nun in Ich-Form).

Coach (als Doppel des Klienten): »… und es nervt mich. Ich habe das Gefühl, sie respektieren mich nicht …« (Dies ist ein Doppeln. Bitte die Sätze unbedingt in Ich-Form formulieren.)

Klient (blickt zum Coach hoch): »Ähm, ja, so in etwa. Stimmt.«

Coach: »Dann sagen Sie es Herrn Meier bitte direkt.«

Klient (zu Herrn Meier): »Es nervt mich. Sie geben mir das Gefühl, dass Sie noch nicht kapiert haben, dass ich nun Ihr Chef bin und nicht mehr mein Vater …« (Dabei wirkt der Klient wütend.)

Nun entfaltet sich der Dialog immer ehrlicher und enthält auch einen emotionalen Ausdruck. Der Coach muss viel weniger Regieanweisungen geben. Hierdurch schafft er Raum für mehr Spontaneität und überlässt dem Klienten zunehmend mehr sein eigenes System. Der Coach leitet den Prozess, jedoch nicht den Austausch im System.

Gedoppelt wird (meist) am Stuhl oder Platz des Protagonisten

Nur hin und wieder hilft der Coach mit Dopplungsangeboten dem Klienten, weitere Aspekte, Verwicklungen, Emotionen und dergleichen auszudrücken. Der Coach doppelt nur am Stuhl des Klienten, wenn der Klient er selbst ist. Doppeln ist immer nur ein Angebot. Wenn der Klient es nicht passend findet oder es ihm noch zu »heiß« ist, um es annehmen zu können, oder wenn es sich nur um eine Projektion des Coachs handelt, kann der Klient schlicht sagen: »Nein, eher nicht.« Oder: »Das stimmt so nicht.« Es macht überhaupt nichts, wenn der Coach mit seinen Anregungen hin und wieder danebenliegt. Dann sagt er schlicht: »Okay, dann sagen Sie Herrn Meier bitte, was Sie stattdessen noch zu sagen haben.« Oder schlicht: »Okay, was stattdessen?« Dabei zeigt der Coach auf das Hilfs-Ich (den anderen Stuhl), um deutlich zu machen, dass nicht er eine Antwort wünscht, sondern der Klient es direkt dem Hilfs-Ich sagen soll.

Die Klienten (leider auch Anfänger im Coaching) möchten immer wieder Informationen im System Klient – Coach besprechen. In der Aktionsphase soll es aber darum gehen, dass der Klient möglichst ausschließlich mit seinem »Gegenüber« redet und im System Klient – Hilfs-Ich bleibt! Daher muss der Coach stets auf den »anderen Stuhl« verweisen, wenn der Klient ihm etwas erzählen möchte, das er eigentlich dem Gegenüber in wörtlicher Rede mitteilen sollte.

Tauschen und Doppeln im Gruppenpsychodrama

Tauschen und Doppeln wird in ähnlicher Weise im Gruppenpsychodrama eingesetzt. Im Gruppenpsychodrama stehen nicht nur der Klient und sein (gedachtes) Gegenüber auf der Bühne, sondern mehrere tatsächliche Personen, die jeweils Bezugspersonen des Klienten repräsentieren. Auch hier kann sich eine Begegnung entfalten, indem der Klient nach und nach in einen Dialog mit den Bezugspersonen tritt und dann jeweils mit diesen Personen tauscht. Dabei ist dann der Coach (Psychodramaleiter) kein kurzfristiges Hilfs-Ich mehr, denn diese Funktion nehmen die anwesenden Hilfs-Ichs ein.

In unerfahrenen Gruppen wird vom Psychodramaleiter nur wenig Freiheit zum spontanen Spielen gewährt. Die Dialoge entwirft in solchen Fällen ausschließlich der Klient aus der jeweiligen Rolle heraus, ähnlich wie im Beispiel der Einzelarbeit auf Seite 203 f.

Ein spontaneres Spiel, in dem jedes Hilfs-Ich selbst antworten kann (also ohne Tausch), ist erst in Gruppen möglich, deren Mitglieder genügend Selbsterfahrung haben. Denn die Mitspieler können kaum unterscheiden, welche Gedanken und Gefühle aus »dem System des Klienten« kommen (also seinen Regieanweisungen entsprechen) und welche Impulse die Mitspieler aus ihrem eigenen System in Antworten und Handlungen hineinlegen.

Wenn man Anfängerspiele analysiert, wird deutlich, dass der größte Teil aus den jeweiligen »Heimatsystemen« der Mitspieler in das System des Klienten projiziert wird. Hierbei handelt es sich um unbewusste Vorgänge. Daher gilt die Regel: Am Anfang nur wenige Freiheitsgrade gewähren und den Prozess (nicht den Inhalt!) eher eng führen. Dies sorgt dafür, dass es wirklich um den Klienten geht und nicht um die unbewussten Bilder der Mitspieler.

Manchmal geht es um andere

Wenn ein Klient die Begegnung mit einem Vorgesetzten bearbeiten möchte, den er als dominant und ungerecht wahrnimmt, kann es sein, dass unbewusste Anliegen, die er mit seinem Vater hätte klären müssen, auf diesen Vorgesetzten übertragen werden. Genaugenommen müsste dann im »Monodrama« der Vater hinter dem Abteilungsleiter stehen (oder sitzen), um diese Begegnung in der Begegnung gleichermaßen aufzulösen.

Doch Klienten im Business-Coaching sind in der Regel zufrieden damit, die vordergründige Beziehung zu klären; besonders dann, wenn nur wenige Stunden Coaching vereinbart wurden. Zumindest eine zarte Spur darf vom Coach gelegt werden als Angebot, einmal näher hinzuschauen. Doch der Klient entscheidet, mit welcher Tiefe er sein Anliegen in der kurzen Zeit der gemeinsamen Arbeit betrachten möchte.

> **Ziele hinter Zielen, Menschen hinter Menschen**
>
> Oft geht es im Coaching um ein eigentliches Ziel hinter dem vordergründigen Ziel. Genauso geht es in vielen Fällen »eigentlich« um andere Personen hinter den zunächst genannten Personen.

Der Coach arbeitet achtsam und vorsichtig

Der Psychodramaleiter oder Coach sollte Sorge dafür tragen oder Vorsichtsmaßnahmen treffen, dass jedes Spiel (ob 1:1 oder mit einer Gruppe) nur so »heiß« wird, wie es jeder Anwesende verkraften kann. Der Klient schreibt sein Skript immer selbst und wird am besten erspüren, was er heute ansehen, anfassen oder wahrhaben kann und möchte.

Es geht stets nur darum, kleine Brötchen zu backen und kleine Einsichten zu ermöglichen. Es geht nie um den ganz großen Wurf oder die umfassende »Lösung«. Der Klient gibt Tempo, Temperatur und Richtung vor! Der Coach fragt zwischendurch immer wieder: »Sind wir noch auf dem richtigen Weg? ... Ist es so okay? ... Geht das noch? ... Ist da noch etwas?«

Die Intervention wird zum Abschluss besprochen

Anschließend gibt es ein Nachgespräch aus einer Metaperspektive. Während eines Gruppenpsychodramass oder einer Eins-zu-eins-Arbeit wird nie gefachsimpelt. Wenn dies doch einmal erforderlich ist (beispielsweise zur Abkühlung und Widerstandsstärkung), treten die Beteiligten jeweils aus diesem Arbeitssetting heraus in eine Metaebene oder in das vorherige normale Arbeitssetting des Coachings. Jede

Eins-zu-eins-Arbeit wird nachbesprochen. Jedes Gruppenpsychodrama schließt mit einer Nachbesprechung ab, in der zunächst die Rollenträger ihr Rollenfeedback geben und danach alle(!) im Sharing miteinander teilen, was sie persönlich mit dem Spiel verknüpft haben (beispielsweise Parallelen, Gefühle, Ängste, Hoffnungen ... im eigenen Leben).

Zu einem späteren Zeitpunkt, beispielsweise eine Woche später, findet ein weiteres Nachgespräch statt, um die Auswirkungen im realen Leben zu überprüfen und um weitere Ideen oder Gefühle zu besprechen, die zwischenzeitlich aufgetaucht sind.

Aufstellungsvarianten für die Praxis

Im Psychodrama, der systemischen Psychotherapie und Familientherapie und der sozialpsychologischen Gruppendynamik ist eine große Fülle von Aufstellungen und Aktionsmethoden entwickelt worden. In diesem Handbuch stellen wir Ihnen nur eine kleine Auswahl einfacher Aufstellungen vor, die in der Basisfortbildung zum Coach gelehrt werden können. In den Literaturempfehlungen am Ende des Kapitels sowie am Ende des Buches finden Sie Hinweise auf Bücher, in denen weitere Methoden und Ansätze aufgeführt sind.

Vorüberlegungen zur Auswahl einzelner Varianten

Bevor ich Ihnen einige Aufstellungen kurz vorstelle, möchte ich auf mehrere Punkte hinweisen, die Ihnen bei der Auswahl und Einteilung solcher Methoden helfen können.

Methoden zum Erforschen von Gruppen: Moreno entwickelte zu Beginn des letzten Jahrhunderts Methoden, mit denen das Beziehungsgeflecht in Gruppen erforscht und Eigenschaften von Gruppenmitgliedern oder der Gruppe untersucht werden können. Der Fachbegriff für diese Methoden ist »Soziometrie«. Soziometrische Methoden eignen sich gut für die Arbeit mit bestehenden Teams in Unternehmen.

Soziometrien können entlang eines Messstrahls aufgestellt werden (1 bis 10: Dauer der Betriebszugehörigkeit, Alter, Anzahl von Mitarbeitern, Körpergewicht, Anzahl von Affären im Unternehmen und vieles andere mehr), die beteiligten Personen können sich in unterschiedliche Felder stellen (Frühling, Sommer, Herbst, Winter; Mitläufer, Einzelmensch, Cheftyp ...) oder sich unterschiedlichen Symbolen oder Objekten zuordnen. Anhand der zu untersuchenden Merkmale und Messkriterien können Soziometrien so gestaltet werden, dass sie kalt, lauwarm oder sehr heiß für ein Team sind.

Methoden, die auf das System einer Einzelperson fokussieren: Hierbei handelt es sich um Aufstellungen, Gruppenpsychodramen oder andere Interventionen, in denen eine Hauptperson die innere Sicht ihres Systems auf die Bühne bringt. Solche Aufstellungen eignen sich in der Regel nicht für die Arbeit in bestehenden Teams, da es für Mitarbeiter gefährlich sein kann, sich, ihr System und ihre intime Sicht auf diese Weise vor Kollegen, Mitarbeitern oder Chefs zu zeigen. Diese Form von Aufstellungen ist aber sehr lehrreich in der Selbsterfahrung, in gemischten Gruppen und in Ausbildungsgruppen.

Einzelmethoden und Gruppenmethoden: Fast alle Gruppensimulationsverfahren können ebenso in der Eins-zu-eins-Arbeit genutzt werden. Statt der Menschen, die sonst Hilfs-Ichs oder Repräsentanten sind, können Figuren, Steine, Puppen, Metaplankarten und vieles andere genutzt werden. Bei all diesen Materialien gelten ähnliche Regeln, wie auch für die »großen Aufstellungen«.

Merke: Der Coach sollte sehr darauf achten, die Materialien des Klienten nicht in die Hand zu nehmen. Sobald die Arbeit beginnt, nimmt der Klient sein System selbst »in die Hand«. Auch danach legt er es selbst wieder zurück. Es wirkt übergriffig, wenn der Coach hier »Hand anlegt«. Außerdem möchten wir den Klienten anregen, die Verantwortung für seine Systeme, Ideen, Lösungsversuche selbst zu übernehmen. Das wird gleichzeitig darin deutlich, dass der Klient dies mit den von ihm ausgewählten Materialien machen darf.

Was wird aufgestellt? In allen Simulationsverfahren sollte vorher festgelegt werden, um welche Anliegen, welche Ziele, welche Systeme es gehen soll. Es können auch einzelne Personengruppen aus Systemen ausgeschlossen werden. Hierzu einige Beispiele:

> **Beispiele**
> Es können Personen aus der Ursprungsfamilie aufgestellt werden, Personen aus dem beruflichen Kontext, Personen aus der eigenen Abteilung; Ehepartner können hier eingeschlossen oder ausgeschlossen werden. Es können auch innere Stimmen oder innere Teile oder Rollen des Klienten aufgestellt werden. Oder es können einzelne Emotionen, Ambitionen, Symptome aufgestellt werden. Ebenso können Orte, Berufe, Erzählinseln des Klienten aufgestellt werden.

Manchmal ergibt sich diese Auswahl aus dem vorherigen Gespräch mit dem Klienten, wenn es bereits um die betreffenden Personen oder »Objekte« ging. Bisweilen entwirft der Coach die »richtige Auswahl« aufgrund strategischer Überlegungen und schlägt sie dem Klienten vor.

Räume, Zeiten, Möglichkeiten: Der Coach kann Räume eingrenzen oder weit fassen. So kann beispielsweise eine Aufstellung mit Symbolen auf einem Tisch angeboten werden. Oder der Coach lässt es offen, ob diese Aufstellung auf dem Tisch, dem Fußboden und dem Schrank durchgeführt wird. Diese Anweisungen können gestisch (oft gar nicht bewusst) gegeben werden. Auch die Wortwahl kann bedeutend sein, wenn wir eine Aufstellung anleiten. Sollen beispielsweise Erzählinseln (Narrationsinseln einer kleinen erinnerten Situation) aufgestellt werden, wobei ein Symbol jeweils eine Erzählinsel repräsentiert, kann der Coach zu einem Erzählstrang (dann wird es manchmal recht geradlinig) oder zu einem Erzählnetzwerk einladen (dann werden die Symbole anders im Raum verteilt). Ebenso kann der Coach dazu einladen, die Aufstellung zeitlich zu strukturieren oder eher darauf zu achten, welche Geschichte als Erste in den Sinn kommt. Daher sollte jeder Coach jedes Wort und jede Geste zur Einleitung und Begleitung einer Aufstellung sehr bewusst wählen.

Verschiedene Formen der Soziometrie

Nun folgen einige Beispiele für Aufstellungen, die in Seminaren, in der Arbeit mit Teams oder im Einzelcoaching genutzt werden können.

> **Intervention: Landkartensoziometrie**
>
> Hierbei handelt es sich um eine »zweidimensionale Soziometrie«. Diese Intervention kann zu Beginn von Seminaren eingesetzt werden, um den Teilnehmern das Kennenlernen zu erleichtern und die Gruppe für Aufstellungsarbeit zu erwärmen. Die Teilnehmer stellen sich im Raum verteilt auf, wobei ihr Standort jeweils den Ort auf einer Landkarte darstellt. Hierbei können unterschiedlichste Landkarten gewählt werden: fantasierte (Land der Lösungen, Herr der Ringe), eine Europakarte und andere mehr. Darüber hinaus können die Teilnehmer eingeladen werden, sich nach unterschiedlichsten Kriterien aufzustellen: Wo sind Sie geboren? Von wo kommen Sie ins Seminar? Woher stammen Ihre Großeltern? Wo haben Sie studiert? …
>
> *Dauer: meist 5 bis 15 Minuten.*

Die konkrete Anweisung kann folgendermaßen lauten:

> **Beispiel**
> »Lassen Sie uns bitte hier im Raum eine Landkarte aufstellen, in der Sie einzelne Orte abbilden. Bitte lassen Sie uns davon ausgehen, dass dort hinten Norden ist und auf der gegenüberliegenden Seite Süden. Bitte stellen Sie sich an den Ort, vom dem Sie zu diesem Workshop angereist sind.«
> Wenn die Teilnehmer dort stehen und sich gegenseitig abgesprochen haben, um sich geografisch zu verorten, bittet der Gruppenleiter, dass sich jede Person mit Namen vorstellt und sagt, in welcher Stadt oder an welchem Ort sie gerade steht.

Es können mehrere Verortungen nacheinander durchgeführt werden. Manche Landkarten können »kalt« oder »lauwarm« sein, andere etwas persönlicher oder sogar

»heiß«. Je nachdem, welche Art von Landkarte abgebildet und wofür die Gruppe erwärmt werden soll. Verortungen können beispielsweise sein:

- Mein Geburtsort.
- Der Arbeitsort, der vom Geburtsort am weitesten entfernt lag.
- Mein letzter Urlaubsort.
- Von wo ich jetzt angereist komme.
- Der Ort meines größten beruflichen Erfolgs.
- Der Ort, wo jemand lebt, in den ich früher verliebt war.
- Der Ort, wo ich eigentlich hätte arbeiten und leben können, wenn nicht …
- Die Stadt, in der ich lebe.

Im Folgenden stelle ich Ihnen einige Beispiele für eindimensionale Soziometrien vor. Hier stellen sich die Teilnehmer entlang einer gedachten oder markierten Linie auf.

Intervention: Skalierungssoziometrie

Diese Arbeitsformen können Sie auch in bestehenden Teams, Abteilungen und Arbeitsgruppen gut einsetzen.

Rangskalierung – einer nach dem anderen: In dieser Aufstellung bitten Sie die Gruppe sich entlang einer Linie der Reihe nach anzuordnen.

Mögliche Einteilungskriterien für diese Rangfolge können sein:
- Lebensalter
- Anfangsbuchstabe des Vornamens
- Zugehörigkeitsdauer zum Unternehmen
- Leistung des Pkws
- Raumgröße des Büros
- Anzahl der Mitarbeiter
- Höhe der Verantwortung für Geldmittel
- akademische Bildung
- Anzahl der Kinder
- Anzahl von Menschen im Betrieb, die einen sehr mögen (oder nicht mögen)
- Grad der Motivation, gerade in diesem Workshop zu sein
- Selbsteinschätzung bezüglich der Kompetenz

Sie sehen erneut: Es können kältere Themen angesprochen, aber auch sehr heiße Eisen angepackt werden.

Messskalierung auf einem Zahlenstrahl: Diese Skala kennen Sie bereits aus dem Kapitel zur lösungsorientierten Beratung (s. S. 119). Die Gruppenleitung gibt vor, wie eine Skalierung von 1 bis 10 im Raum verteilt ist. Anhand der Fragen bestimmt dann jedes Gruppenmitglied, bei welcher Zahl es sich einordnet. In dieser Soziometrie können somit mehrere Personen einem gleichen Wert (Ort) zugeordnet sein.
Zwei mögliche Fragen oder Einteilungskriterien können sein: »Wie zufrieden sind Sie mit der Informationsweitergabe in Ihrem Unternehmen auf einer Skala von 1 bis 10?« Oder: »Wie sehr schaffen Ihre Vorgesetzten es, Ihnen informelle Anerkennung zu geben; beispielsweise durch kurze Gespräche zwischendurch, durch Lob, Lächeln und dergleichen? Bitte schätzen Sie dies auf der Skala von 1 bis 10 ein.«

> Auf diese Weise können Sie eine große Zahl von relevanten Fragen stellen und müssen hierfür nicht alle verbalen Antworten einsammeln. Stattdessen zeigen alle Teilnehmer durch ihren Standort ihre Einschätzung an. Sie zeigen es auch allen anderen Anwesenden. Dies kann in späteren Arbeitsschritten Anlass zu wichtigen Diskussionen und Nachbearbeitungsschritten sein.
>
> *Dauer: Pro Skalierungsfrage etwa zwei bis fünf Minuten. Meist werden drei oder vier unterschiedliche Fragen gestellt, die einen kleinen Ausschnitt möglicher Kriterien räumlich darstellen.*

Sobald die Gruppe mit dem Raum, der Arbeitsform der Aktion und den anderen Teilnehmern etwas warm geworden ist, können Sie mit der folgenden Soziometrie mehr Eigeninitiative und Dynamik ermöglichen.

> **Intervention: Aktionssoziometrie**
>
> In dieser zweidimensionalen Soziometrie entstehen spontane und kreative Varianten durch die Beteiligung der Teilnehmer. Zunächst stellt sich eine Person nach einem (vorgeschlagenen) Kriterium auf; beispielsweise: »Ich liebe Führung.« oder »Ich bin Fußballer.« Daraufhin können sich andere Teilnehmer dazustellen, weil sie sich durch diese Aussage oder Positionierung angezogen fühlen. Sie äußern knapp, warum sie sich zu der Position (der Aussage, dem Ort) zugehörig fühlen. Nach und nach können auch andere Aussagen oder Positionen im Raum auftreten, zu denen sich Personen zugesellen. Langsam entsteht ein kreativer Fluss von Zugehörigkeiten, Positionierungen, Meinungen …
> Damit es nicht durcheinanderläuft, wird anfangs darauf hingewiesen, dass jede Standortbestimmung eines Teilnehmers (die auch eine Einladung ist) etwas Zeit in Anspruch nehmen darf. Außerdem darf sich stets nur eine Person nach der anderen dazustellen und reden. Alle anderen hören in dieser Zeit jeweils zu.
>
> *Dauer: etwa 15 Minuten.*

Ein mögliches Anwendungsbeispiel soll Ihnen die Umsetzung in die Praxis erleichtern:

> **Beispiel**
> Die Teilnehmer stellen sich nach thematischen »Zugehörigkeitsassoziationen« zueinander. Der Start könnte dabei eine berufliche Tätigkeit sein: »Ich möchte Sie nun bitten, dass eine Person von Ihnen an einen selbst gewählten Ort in diesem Raum geht und sagt, welchen Beruf sie hat und wie sie heißt. Wer den gleichen Beruf hat oder einen ähnlichen oder wer diesen Beruf einmal hatte oder sich irgendwie davon angesprochen fühlt, stellt sich dann zu dieser Person, sagt seinen Namen und erklärt knapp in einem Satz, warum er auch an den betreffenden Ort gehört.«
>
> Sobald ein Standort niemanden mehr anzieht, sagt der Gruppenleiter: »Wer mag, kann auch einen neuen Standort aufmachen, in dem er seinen Beruf sagt

oder sein Hobby oder ein Merkmal, das ihm wichtig ist. Dann können sich dort andere Personen zuordnen, einer nach dem anderen, die sich dadurch angesprochen fühlen. Das machen wir genauso wie vorher. Wer bereits an einem Ort steht, weil er sich dort zugeordnet hat, kann diesen Ort verlassen, wenn ein neuer Ort entsteht, der ihn anspricht oder betrifft.«

Jede Gruppe entwickelt dabei ihre eigene Dynamik; oft mit viel Humor. Bald entstehen und vergehen »Orte«. Auch in dieser Technik nehmen die Teilnehmer den Raum als Arbeitsinstrument in Anspruch, bilden kurzfristige Solidargrüppchen und erfahren, welche Rollen, Vorlieben oder Hobbys andere Teilnehmer haben. Es werden viele Ähnlichkeiten entdeckt und eine Reihe von ungefährlichen Anziehungen und Abstoßungen können ausprobiert werden.

Die Technik hat folgende implizite Ziele: Zum einen soll sie die Gruppenkohäsion fördern, beispielsweise durch das Erkennen von Rollenähnlichkeiten und anderen Berührungspunkten. Zum anderen soll sie Kontakt und Nähe stiften. Auch schüchterne Teilnehmer können sich hier zeigen, räumlich ausdrücken und die Nähe von anderen suchen.

Bitte weisen Sie immer wieder darauf hin, dass die Teilnehmer in neuen Gruppen jedes Mal sagen, wie sie heißen. Auf diese Weise lernen die Gruppenteilnehmer spielerisch ihre Namen.

Soziometrien können viele andere Formen annehmen. Beispielsweise können die Teilnehmer dazu aufgefordert werden, sich in Gruppen aufzustellen, die ähnliche Merkmale aufweisen (Geschlecht, Beruf, Haarfarbe …). Hierzu weitere mögliche Interventionen:

Intervention: Räumliche Verortungen

In dieser Soziometrie bitten Sie die Teilnehmer, sich bestimmten räumlich definierten Merkmalen zuzuordnen. Solche Merkmale können Entscheidungen zwischen Alternativen sein, können jedoch auch Gruppen, Klassen oder Kategorien sein. Um deutlicher zu machen, für welche Wahl sich ein Teilnehmer entscheidet, können an unterschiedlichen Stellen des Raumes Symbole an die Wand geklebt oder auf den Boden gelegt werden. Die Teilnehmer teilen ihre Wahl mit, in dem sie sich an diese Orte stellen. Diese Wahl oder Zuordnung im Raum wird von Gruppen intensiver erlebt als übliche Formen der Abstimmung oder Auszählung.

Dauer: ungefähr zehn Minuten.

Zwei mögliche Beispiele:

Beispiele

Modellpalette: »Im Strategieworkshop ist über die mögliche zukünftige Ausrichtung Ihres Unternehmens diskutiert worden. Dabei gibt es drei grundsätzliche Konzepte, die sich auch mit drei unterschiedlichen Produkten verknüpfen lassen. Die Zahlen haben dabei keinen wirklichen Ausschlag geben können. Daher bitte ich Sie, dass Sie sich nun neben das Produkt stellen, zu dem Sie Ihr Herz oder Ihr Bauch mehr hinzieht, damit wir sehen, welche mögliche Zukunft des Unternehmens Sie gefühlsmäßig am besten unterstützen könnten.«

Gunas: »Ich habe ein Dreieck auf das Flipchart gezeichnet und beschriftet und dieses Dreieck auch durch Linien aus Kreppband auf dem Boden dieses Raumes dargestellt. Dieses dreiteilige System kommt ursprünglich aus dem alten Indien. Die drei Ecken bezeichnen sogenannte Gunas.
Die Inder gingen davon aus, dass alles mit drei unterschiedlichen Grundqualitäten charakterisierbar ist. Sie sind hier auf dem Flipchart und auf dem Fußboden leicht verändert wiedergegeben: A) das Reine, Klare, Erkennende, Erhabene; B) das Veränderliche, Tätige, Drängende, Handelnde; C) das Langsame, Vorsichtige, Traditionsbewusste.
Wenn Sie an die bevorstehende Veränderung in Ihrer Abteilung denken, mit welcher dieser drei Positionen fühlen Sie sich dann emotional und gedanklich eher verbunden? Bitte stellen Sie sich hier im Raum zu der Position, die Ihnen in Bezug auf die Veränderung der Abteilung am meisten entspricht.«

Als Coach können Sie sich eine große Anzahl von Feldern, Positionen, Ordnungskriterien ausdenken, die der Klärung der betreffenden Gruppen- und Teamanliegen dienlich sind.

In den vorherigen Soziometrien teilten sich die Gruppenmitglieder entlang von Linien, Skalen, Feldern und Orten ein. Bei der Aktionssoziometrie jedoch ging es nicht nur um einen Ort oder ein Thema, sondern auch darum, ob man sich zu einem anderen Menschen hingezogen oder sich abgestoßen fühlt (obwohl dies zunächst unbewusst sein kann und auch nicht »offiziell« erfragt wurde). In der folgenden Soziometrie nun geht es ausschließlich darum, dass eine bestimmte Person durch eine Handlung gewählt wird.

Intervention: Wahlsoziometrie durch Handauflegen

Die Teilnehmer wählen eine Person nach vorgegebenen Auswahlkriterien (Klient = Protagonist; Coach = Aufstellungs- oder Gruppenleiter für eine Übung; Gruppensprecher, Kassenwart …), indem Sie dieser Person die Hand auf die Schulter legen. So entsteht ein komplexes Geflecht von Menschen, die sich gegenseitig wählen.
In einer Gruppe von 20 Personen ist es beispielsweise so, dass eine Person hierbei acht Hände auf ihren Schultern hat, eine andere vielleicht fünf, weitere zwei oder weniger. Gewählt wäre dann die Person mit den meisten Händen. In dieser Wahlform werden Bewegung, Raum, Körper und Berührungen kombiniert, wodurch die Wahl einen stärkeren Beziehungs- und Begegnungscharakter erhält.

Dauer: etwa fünf Minuten.

Eine häufig gewählte Auswahlanleitung vor einem Gruppenpsychodrama ist beispielsweise:

> **Beispiel**
> »Bitte gehen Sie alle im Raum umher und hören Sie bitte zunächst zu. Sie wählen gleich eine Person, von der Sie denken, dass sie jetzt (hier, heute) sowohl für sich selbst als auch für die Gruppe etwas bearbeiten (anschauen, erproben, …) kann; und zwar auf eine Weise, die dem Stand unserer Gruppe angemessen ist und auch berücksichtigt, dass die ausgewählte Person etwas Neues erfahren, auch Emotionen zulassen kann – aber auf eine Weise, die jetzt schon angemessen ist. Diese Person wird dann Protagonist, also Klient oder Hauptperson in dem Gruppenpsychodrama, das wir gleich zusammen durchführen. Schauen Sie, welche Person Sie heute in dieser Arbeit unterstützen können. Bitte gehen Sie zu dieser Person und legen ihr die Hand auf die Schulter …«

Sie haben nun einige soziometrische Aufstellungsvarianten kennengelernt. Im Folgenden werden Sie einige Aufstellungen mit Hilfs-Ichs oder Repräsentanten kennenlernen. Vorher möchte ich noch kurz darauf eingehen, welche »Freiheitsgrade« in Aufstellungen möglich sind. Je nach Erfahrung der Gruppe, nach Erwärmung für das Thema, nach dem strategischen Ziel der Intervention wählt die Gruppenleitung (der Coach oder Psychodramaleiter) einen passenden Freiheitsgrad für die Arbeit aus.

Freiheitsgrade in psychodramatischen Aufstellungen

Die Gruppe und der Protagonist können sich besser auf einige wesentliche Wahrnehmungen konzentrieren, wenn der Freiheitsgrad der Intervention niedrig angesetzt wird. Das bedeutet: Die Komplexität wird möglichst reduziert, damit der Blick auf Wesentliches gerichtet werden kann. In der Sprache der Gestaltpsychologie (nicht Gestaltpsychotherapie) hieße das: Die Figur bleibt vor dem Grund (dem komplexen System) länger stabil und kann ruhiger betrachtet werden. Da die Hilfs-Ichs oder Repräsentanten auch ihre eigenen Einfärbungen (Ängste, Beziehungserfahrungen, Übertragungen, Projektionen, Inszenierungsideen) in den Prozess einbringen, eignen sich Aufstellungen mit geringem Freiheitsgrad besonders für Anfänger. Das gilt sowohl für Klienten als auch für Coaches. Hier einige Beispiele für mögliche »Freiheitsgrade«:

- Repräsentanten oder Hilfs-Ichs werden aufgestellt und dürfen sich nicht bewegen und nichts spontan äußern. Die Leitungsperson gibt ihnen jeweils die Erlaubnis etwas zu sagen. Auf diese Weise werden viele »Familienaufstellungen« durchgeführt.
- Repräsentanten dürfen sich für kurze Zeit bewegen, wenn hierfür ein verabredetes Signal gegeben wurde (beispielsweise klatscht der Gruppenleiter in die Hände).

- Repräsentanten dürfen für das Tauschen genutzt werden (entweder untereinander oder mit dem Protagonisten): Sie wechseln hierdurch die Identität der Rollenrepräsentation und wiederholen dann jeweils Sätze, die vom vorherigen Repräsentanten der Rolle (meist dem Klienten) geäußert wurden.
- Repräsentanten dürfen spontan ihren Antwortimpulsen folgen und dem Klienten oder einem anderen Repräsentanten antworten (Steigerung: oder den Klienten oder andere sogar spontan ansprechen; also nicht nur antworten). Diese Form der Aufstellung ist nicht empfehlenswert, wenn sich die beteiligten Personen kaum kennen oder wenn eine nur geringe Selbsterfahrung vorliegt. Denn dann besteht die Gefahr, dass viele Eigenanteile geäußert werden; unter dem »Deckmäntelchen« einer Rollenrepräsentation.
- Einzelne Repräsentanten können selbst Spielregeln festlegen, die auch der Coach nicht kennt. Solche Repräsentanten heißen freie Elemente. Sie erhalten beispielsweise vorher die Erlaubnis, ihre Position spontan zu verändern, wenn Ihnen das innerhalb des Spiels bedeutsam erscheint oder sie könnten auch – ohne den Aufstellungsleiter vorher zu fragen – eine Person innerhalb der Aufstellung umstellen. Wie weit ihre Freiheit geht, wird in der Regel vorher von der Gruppenleitung erklärt.
- Alle Repräsentanten dürfen die Szene spielen, so wie sie es – nach dem kurzen Regieinput des Protagonisten – empfinden. Hierfür kann sich das Spielteam vorher in drei bis fünf Minuten abstimmen. Dies erinnert sehr an die Technik des Playback oder an Theaterimprovisationen. Im Vordergrund steht hier ebenfalls, dass sich alle Teilnehmer darum bemühen, das Anliegen oder die Vorgabe des Protagonisten zu spielen und auf ihre Weise umzusetzen. In einer Variante dieser Form ist es zudem möglich, dass der Klient mitten im Spiel Regieanweisungen gibt oder verschiedene Entwicklungen oder szenische Varianten spielen lässt.

Meist wird der »Freiheitsgrad« eingeschränkt, damit sich die Teilnehmer auf das Wesentliche konzentrieren können. Größere Spielfreiheit wird in der Regel nur sehr erfahrenen Gruppen gewährt oder Gruppen, die in einem sehr geschützten Rahmen arbeiten. Im Coaching und in der Wirtschaft werden meist Aufstellungen mit geringer Spielfreiheit gewählt, da sie wesentliche Zusammenhänge herausarbeiten sollen und oft leichter steuerbar sind.

Aufstellungen können auch im Sitzen durchgeführt werden

Aufstellungen, in denen die Repräsentanten oder Hilfs-Ichs stehen, sind emotional in der Regel etwas wärmer und auch beweglicher. Es kann aber anstrengend sein, länger als 25 Minuten zu stehen. Dagegen erlauben Aufstellungen, in denen die Klienten sitzen, oft ein bisschen mehr »Kühle« (das muss aber nicht so sein!).

Das Sitzen ist deutlich bequemer und wird länger toleriert. Stehende Repräsentanten konzentrieren sich nach einer halben Stunde vielleicht eher auf die Qual des

Stehens und nicht so sehr auf die repräsentative Wahrnehmung in ihrer Rolle. Sitzende Repräsentanten jedoch kommen nur langsam in Bewegung und haben Schwierigkeiten, ersten Bewegungsimpulsen zu folgen. Aufstellungen, in denen die Teilnehmer sitzen dürfen (»Aufsetzungen«) sind manchmal schon zu Beginn etwas statischer, wenn die Klienten die Stühle allzu symmetrisch aufstellen. Sie sollten sie dann darin bestärken, keine Diskussionsrunde aufzustellen, sondern die Stühle dorthin zu stellen, wie es ihnen ihr Bauchgefühl wirklich(!) sagt.

Woher wissen die Hilfs-Ichs, was sie wissen?

In den meisten Aufstellungen wird ein Protagonist sein »Heimatsystem« (Unternehmen, Abteilung, Familie) mithilfe der weiteren Teilnehmer im Raum repräsentieren oder auf die Bühne bringen. Hierbei ist es wichtig, dass nicht nur offenkundiges Wissen in Form von Beziehungen aufgestellt wird. Denn sonst bräuchte es den Einsatz einer Aufstellung nicht. Die Stellvertreter sollten in der Regel »heimatfremd« sein; das heißt, sie sollten nicht dem System des Themengebers oder Protagonisten entstammen.

Doch woher wissen die Hilfs-Ichs, was sie in der Aufstellung fühlen oder wahrnehmen? Hier einige Beispiele für Informationsquellen:

- Bewusste oder beiläufige Erläuterungen des Protagonisten, geben den Mitspielern Hinweise auf Zusammenhänge.
- Die vom Gruppenleiter vermittelte oder von der Gruppe geteilte Theorie oder Ideologie legt bestimmte Interpretationen nahe.
- Vom Gruppenleiter bewusst oder unbewusst erzeugte Erwartungen geben die Blickrichtung und Interpretationsrichtung vor.
- Der Gruppenleiter verstärkt (belobigt) seine Erwartungen und Interpretationen und schwächt oder übergeht weitere Sichtweisen und Aspekte, die von Teilnehmern wahrgenommen werden.
- Mimik, Haltung und körperliche Reaktionen, die der Protagonist im Vorfeld zeigte, geben Hinweise auf die Art seiner Beziehungsgestaltung, seiner Möglichkeiten, Ängste, Kompetenzen …
- Durch Empathie oder komplexe Mentalisierungsvorgänge entsteht ein bewusstes und unbewusstes Wissen (Meinung, Interpretation) in den Hilfs-Ichs über die Gedanken, Gefühle, Systemzusammenhänge und Ähnliches des Protagonisten.
- Die räumliche Stellung, Positionierung sowie die Blickrichtungen, die der Klient für die Hilfs-Ichs in seinem System wählt, geben wesentliche Informationen über seine Stellung und die Stellung anderer Personen in seinem System. Primaten haben als Gruppenarten einen guten Sinn für Botschaften, die durch die räumliche Positionierung in der Gruppe übermittelt werden.
- Körperhaltungen können Gedanken, Emotionen, Handlungsoptionen symbolisieren.

- Der Protagonist gibt im Vorfeld durch Blicke, Gesten, Mimik, Stimmlage ... bewusste und unbewusste Regieanweisungen an einzelne Hilfs-Ichs.
- Viele dieser unbewussten Informationen werden bereits weit im Vorfeld übermittelt, beispielsweise in Kaffeegesprächen, durch beiläufige Bemerkungen in den Pausen und dergleichen.
- Jedes Hilfs-Ich entwickelt Übertragungs- und Gegenübertragungsfantasien und -gedanken, die in das Wissen oder die Interpretationen zum System des Protagonisten einfließen.
- Gruppen oder Untergruppen entwickeln gemeinsame, unbewusste Abwehrstrategien, die sicherstellen sollen, dass sich die beteiligten Personen gegenseitig darin unterstützen, keine unliebsamen oder zu sehr ängstigenden Gedanken, Emotionen oder Handlungen zu inszenieren. Diese Strategie der sogenannten Kollusion führt dazu, dass Hilfs-Ichs, die eine Kollusion mit dem Protagonisten eingegangen sind, das Wissen mit dem Protagonisten teilen, das beiden weitgehend ungefährlich erscheint.
- Viele Hilfs-Ichs somatisieren ihre Interpretationen, Gefühle oder Gedanken in Körperwahrnehmungen wie Schwere, Wärme, Kälte, Unruhe und dergleichen. Oft werden diese Körpersensationen auch durch unbewusste Signale des Protagonisten an ein Hilfs-Ich übermittelt, wobei das Hilfs-Ich sie stellvertretend wahrnimmt.
- Viele Quellen des Wissens lassen sich mit den Mitteln der Ratio schlecht beschreiben. Hier nutzen wir dann Worte wie Intuition, Kreativität oder Fantasie, um sie zu umschreiben.

Die meisten dieser Quellen sind den Gruppenmitgliedern zunächst unbewusst. Sie geben den Hilfs-Ichs ein implizites Wissen über das System des Klienten und entwickeln sich im »gemeinsamen Unbewussten« (Moreno).

In der Vorstellung des Psychodramas und der modernen Gruppensoziologie und -psychologie entsteht das »Wissen« um das System des anderen (des Protagonisten) vorwiegend durch eine Kette von erklärbaren – wenn auch oft unbewussten – Phänomenen und nicht durch esoterische Felder oder Schwingungen. Im Psychodrama spricht man in diesem Zusammenhang von »Tele«, da dieses Mitempfinden über die Empathie hinausgeht.

Wie nennen wir den Klienten oder die Hauptperson in einer Aufstellung?

Wenn die Hauptperson, die ihr System in der Aufstellung erkunden möchte, sich selbst darstellt, nennen wir sie im Psychodrama »Protagonist«. Es handelt sich dann um eine sogenannte »protagonistenzentrierte Aufstellung« oder um ein »Protagonistenspiel«. In vielen Aufstellungsformen, die nicht direkt aus dem Psychodrama kommen, wählt die Hauptperson, die ihr System erkunden möchte, schon zu Beginn einen Repräsentanten für sich selbst. Die Hauptperson wird gelegentlich »Themengeber« genannt. Sie schaut von außen auf die Aufstellung ihres Systems. Diesen Blick von außen nennt man im Psychodrama wiederum einen »Spiegel«: Der Protagonist sieht sich und sein System wie in einem Spiegel.

> **Synonyme in unterschiedlichen Fachsprachen**
>
> Wenn wir im Coaching oder der Beratung von Teams Aufstellungen nutzen, entsteht oft Verwirrung darüber, wie man die Hauptperson und die Mitspieler nennen soll. Es ist ratsam, sich mit der Wortwahl an das Verfahren anzulehnen, das man gelernt hat und anwedet. Ein Psychodramatiker würde daher von Protagonisten und Hilfs-Ichs sprechen.
> Hier finden Sie eine kleine Auswahl üblicher Bezeichnungen. In den Klammern dahinter steht jeweils das Verfahren oder die Methode, aus der der Begriff stammt.
>
> - Protagonist (Psychodrama), Themengeber (Aufstellung), Klient (Coaching), Hauptperson (andere Aufstellungsformen) ...
> - Hilfs-Ich (Psychodrama), Repräsentant oder Stellvertreter (Aufstellungen).

Die Gruppenleitung (Aufstellungsleiter, Psychodramaleiter) muss aufgrund strategischer Überlegungen entscheiden, welche technische Variante jeweils die sinnvollste ist.

Nun folgen einige Aufstellungsvarianten.

> **Intervention: Aufstellung des ersten Bildes**
>
> In dieser Aufstellungsvariante wird das Ausgangsbild eines Systems, eines Teams, einer Familie oder einer Organisation abgebildet.
> Die Aufstellung des ersten Bildes oder des Ausgangsbildes wird von vielen nicht-psychodramatischen Aufstellern so durchgeführt, dass der Klient (Themengeber) sein Hilfs-Ich oder seinen Repräsentanten an seinen Platz führt, indem er ihm von hinten die Hände auf die Schultern legt und ihn an den Ort leitet, an dem er ihn aufstellen möchte. Das wird in einem Zustand tiefer innerer Sammlung durchgeführt und die Person, die aufgestellt wird, schließt dabei meist die Augen. Diese rituelle Form »macht viel her«, da sie geheimnisvoll wirkt und in eine genaue Verhaltensvorschrift eingebettet ist. Jedoch ist jedes Ritual nur ein Hilfsmittel, um sich auf etwas Wesentliches zu konzentrieren. Daher ist das jeweils gewählte Ritual weder schlecht noch gut. Es kann durchaus nützlich sein, kann aber auch durch jedes andere Ritual ersetzt werden. Viele Erfinder von neuen Aufstellungsverfahren sehen das sicher anders, wenn sie denken, dass ihr Ritual das einzig wirksame und sinnvolle ist.
> Im Psychodrama beispielsweise geht es eher schlicht zu. Dort werden die Hilfs-Ichs so auf die Bühne geholt oder gebeten, wie die Person, deren System erarbeitet wird, dies tun möchte.
>
> *Dauer: etwa 30 bis 45 Minuten.*

Die technische Anleitung schildere ich nun an einem Beispiel in Stichworten:

Beispiel

Wer spielt mit? Die Person, die ihr System aufstellen wird (Themengeber, Hauptperson, Protagonist), erzählt knapp ihr Anliegen und das System. Wer gehört zu diesem System? (In der Aufstellung wird man nur etwa sechs bis zehn Personen berücksichtigen können.)

Die Bühne wird installiert, der Zuschauerraum wird definiert.

Den Repräsentanten für den Protagonisten auswählen: Dann wählt der Protagonist zunächst einen Repräsentanten (ein Hilfs-Ich) für sich selbst und führt diesen auf die Bühne. Der Repräsentant soll sich dabei bereits konzentrieren und erspüren, was er wahrnimmt. Nachdem der Repräsentant an seinem Platz steht, wird er kurz von außen »eingerollt«: »Du heißt …, bist so und so viele Jahre alt, seit X Jahren bist du hier im Team, hoffst …, fürchtest, …« Dieses Einrollen wird vom Coach gelenkt und soll knapp sein. Das Einrollen von außen (»dissoziiertes Einrollen«) ist weniger erwärmend als ein Einrollen durch Rollenwechsel (»assoziiertes Einrollen«), bei dem der Protagonist dem Hilfs-Ich die Rolle nicht nur erklärt, sondern in die Rolle hineinwechselt und sie dann aus einer Innenperspektive, aus den Augen des anderen, erklärt: »Ich bin …«

Weitere Hilfs-Ichs oder Repräsentanten werden gewählt: Anschließend fragt der Coach: »Wen möchten Sie nun aufstellen?« (aus dem eigenen System, nicht aus dem Zuschauerraum!). Nach der Antwort: »Dann schauen Sie bitte, wer diese Rolle hier am besten repräsentieren kann.« Nun wird diese Person vom Protagonisten auf die Bühne geholt. Auch sie soll sich bereits beim Geführtwerden darauf konzentrieren, was sie wahrnimmt (auch körperlich). Die Person, die bereits dort steht, soll wahrnehmen, was sich verändert, wenn nun diese und später weitere Personen auf die Bühne geführt werden. So geht es weiter, bis alle auf der Bühne sind.

Interviews: Anschließend interviewen Coach und Klient die einzelnen Repräsentanten. Der Klient wird langsam hierzu ermächtigt und darin »trainiert«. Bitte keine »Kopffragen« stellen, die auf Interpretationen, Deutungen und dergleichen abzielen. Der Coach soll bitte ganz einfache Fragen stellen: »Was nehmen Sie körperlich wahr, was genau hat sich verändert, als XY auf die Bühne kam, wo möchten Sie hin, zu wem fühlen Sie sich hingezogen, von wem fühlen Sie sich eher abgestoßen, wo würden Sie gerne hinschauen …?« Andere Beispiele für Fragen im Interview: »Welche Wahrnehmungen hatten Sie, als Sie auf Ihren Platz geführt wurden? Wie haben sich diese Wahrnehmungen verändert, als weitere Personen auf die Bühne gebracht wurden? Wo würden Sie lieber stehen? Wer sollte dichter herankommen, zu Ihnen blicken oder weiter weg stehen oder seinen Blick abwenden?« Bitte stellen Sie nur solche einfachen Fragen.

Beenden: Wenn alle Personen interviewt wurden und der Klient »nachdenklich« geworden ist, kann die Aufstellung aufgelöst werden, indem der Klient alle Repräsentanten entlässt und sich bedankt. (Anmerkung: In verschiedenen Aufstellungsverfahren gibt es unterschiedliche Rituale, mit denen Repräsentanten entlassen werden. Manchmal wird empfohlen, eine Rolle körperlich abzustreifen, in dem der Repräsentant mit seinen Händen am Körper entlangfährt oder sich schüttelt. In anderen Verfahren geschieht dies eher schlicht, in dem der Repräsentant aufgefordert wird, nun wieder ganz er selbst zu sein. Doch es ist immer so, dass ein Gedanke, eine Emotion oder ein inneres Bild der gespielten Rolle für eine gewisse Zeit haften bleibt. Denn genauso wie man sich mit einer Rolle schrittweise identifiziert, geschieht auch der Prozess der Deidentifikation – nämlich das Entlassen aus der Rolle – schrittweise. Daher sind Rollenfeedback und Sharing im Psychodrama auch Prozessschritte, die im weiteren Verlauf das Ablegen der Rollenidentifikation ermöglichen sollen.)

Integration: Dann folgen für die Gesamtgruppe das Rollenfeedback und schließlich ein Sharing – immer!

Nacharbeiten: In späteren Sitzungen wird reflektiert und nachgearbeitet: Geredet, gedacht, einzelne Szenen und Beziehungen werden mit Tauschen und Doppeln intensiver erkundet und so weiter.

In dieser Aufstellung werden noch keine »Lösungen« gesucht. Es wird zunächst nur geschaut, erfahren und wahrgenommen. Wichtig ist, dass dem Protagonisten vom Coach deutlich gemacht wird, dass in dieser Aufstellung keine »Wahrheit« dargestellt wurde.

Die Aufstellung wird zum einen durch die Wahrnehmung und Interpretation des Protagonisten inszeniert, denn er gibt ja vor, wer mitspielt und wie die Personen – seiner inneren Wahrnehmung und Bühne gemäß – zueinander stehen. Er bildet also ein komplexes inneres Geflecht von Objektbeziehungsrepräsentanzen auf der Bühne ab. Er belebt auf der Bühne ein inneres Abbild eines sozialen Atoms.

Außerdem fließen die Fantasien und allerlei Übertragungen und Projektionen der Mitspieler in diese Aufstellung ein. Daher muss das, was in dieser Aufstellung »herauskommt«, sehr, sehr gründlich und ehrlich mit einem psychodynamisch kompetenten Gruppenleiter oder Coach reflektiert und erarbeitet werden. Denn es ist nur ein (ein!) Abbild sowohl einer inneren Bühne des Klienten als auch unbewusster Vorstellungen aus der Gruppe. Es ist weder die Wirklichkeit noch ein Orakel und genausowenig eine unveränderbare Sicht auf die Wirklichkeit! Es ist lediglich ein sozial-psychologisches Phänomen, eine Erscheinung und muss in weiteren Schritten verstanden und integriert werden.

Einrollen aus assoziierter oder dissoziierter Position?

Die Aufstellung kann für den Klienten reicher werden, wenn das Einrollen durch den Protagonisten in Form einer Assoziation mit dem Hilfs-Ich geschieht: Dabei wechselt der Protagonist in jeden Repräsentanten (in jedes Hilfs-Ich) hinein und erklärt in wenigen Worten aus dessen Perspektive: »Ich bin …« Hierdurch muss sich der Klient einfühlen und in die Schuhe des anderen schlüpfen. Er stellt die Rolle aus dieser Innenperspektive vor.

Dabei hört der entsprechende Repräsentant sehr aufmerksam zu, um diese Regieanweisung gut aufzunehmen. Denn im weiteren Verlauf der Aufstellung ist dies seine Rollenanweisung.

Durch das assoziierte Einrollen verschiedener Hilfs-Ichs (wofür er in deren Mokassins schlüpfte) wird der Protagonist schon zu Beginn sozusagen »erwärmt« und er gibt der ganzen Aufstellung seine Note und Interpretation. Dieses Vorgehen sollte angewandt werden, wenn die Aufstellungsleitung psychodramatisch erfahren ist. Es dauert um einiges länger.

Eine andere Variante des Einrollens geschieht aus der dissoziierten Position. Hierbei stellt sich der Protagonist vor das Hilfs-Ich und sagt: »Du bist in dieser Aufstellung …« Dies geht zum einen schneller. Zum anderen ist es weniger »heiß« für den Protagonisten.

Ins eigene Spiegel-Ich schlüpfen oder nicht?

In der auf Seite 219 f. beschriebenen Aufstellungsvariante war der Themengeber der Aufstellung nur Zuschauer und Begleiter von außen. Für sich selbst hatte er einen Repräsentanten gewählt. Der Themengeber kann während oder am Ende der Aufstellung auch gefragt werden, ob er in die Rolle des eigenen Ichs schlüpfen möchte. Dies kann sinnvoll sein, um die Wahrnehmung als Außenbeobachter um die Wahrnehmung (auch der körperlichen!) aus der Innenperspektive zu ergänzen. Hierdurch wird die Komplexität der Information erhöht.

Im Gruppenpsychodrama ist der Protagonist meist er selbst: Übrigens ist diese letztgenannte Form des In-das-eigene-Spiegel-Ich-Schlüpfens im Gruppenpsychodrama nicht erforderlich. Denn hier spielt der Klient in der Regel immer sich selbst. Allerdings muss er zu Beginn einen Platz für sich auf der Bühne definieren. In dem Fall wäre dann der Protagonist immer er selbst und müsste daher keinen Repräsentanten für sich bestimmen. Beide Varianten sind also möglich. Sie haben jeweils ihre Vor- und Nachteile in der ganz speziellen Situation.

Im Folgenden stelle ich Ihnen eine szenische Form der Arbeit mit einer Zeitlinie, der Lebenslinie oder einem Zeitstrahl vor.

Das Panorama als Zeitstrahl

In der Gestalttherapie werden Varianten der Zeitstrahlarbeit »Panorama« genannt. Im Psychodrama würde man sie als »belebte Soziometrien« oder »Spiele« entlang eines Zeitstrahls bezeichnen. Tad James (er ist im Umfeld des NLP sehr bekannt) hat diese Techniken etwas modifiziert und durch imaginative Elemente erweitert. Er nennt seine Arbeit Time-Line. Im Kapitel »Imaginative und intuitive Interventionen« (s. S. 175) stellte ich Ihnen bereits eine Variante imaginativer Zeitstrahlarbeit vor. Als Aufstellung kann die Methode folgendermaßen gegliedert werden.

Intervention: Panorama oder Zeitstrahltechnik

In dieser Intervention stellt der Klient eine Entwicklungslinie seines Lebens dar.

Themen: Der Klient möchte ein Thema oder Anliegen erarbeiten. Dies können sein: Karriere, Mutlosigkeit, Alkoholkonsum, Liebesfähigkeit, das Religiöse, Führungskompetenz, Kreativität oder anderes.

Das Panorama entfalten: Der Coach bittet den Klienten, sich an die Zeit zu erinnern, als dieses Thema zum ersten Mal im Leben auftauchte – in welcher Form auch immer (auch in ganz anderer Form) – in der Form eines Ortes, eines Menschen, eines Tieres, eines Märchens, eines Geruchs … Es ist also auch eine Einladung, in Trance zu gehen. Viele Klienten schließen dabei kurz die Augen. Sobald ihnen ein Ort, eine Person, ein Tier oder Ähnliches einfällt, wird dieses durch ein Hilfs-Ich (Repräsentanten) vom Klienten aufgestellt.
Es wird *assoziiert* eingerollt: Der Klient schlüpft hinein in diesen Repräsentanten und berichtet, wer oder was er in dieser »Rolle« ist und was er dort sieht und empfindet. Er berichtet auch, wie er damals den Klienten wahrnahm, über ihn dachte und ihn empfand, wofür er (der Repräsentant) damals gut war für den Klienten und so fort.
Der Klient wechselt wieder in seine Rolle als Klient und darf überlegen, wo oder wann in seinem Leben das Thema als Nächstes auftauchte: in welcher Person, welchem Wesen … Sobald er dieses weitere Thema aufgestellt hat, schlüpft er auch hier hinein und berichtet aus dieser Innenperspektive.
Auf diese Weise wird ein biografischer Zeitstrahl mit verschiedenen Personen, Orten, Wesen, Situationen erstellt, die mit dem Anliegen oder Thema verknüpft sind.
Wenn alle Personen (oder Orte, Symbole, Wesen) durchgearbeitet sind, werden die Repräsentanten vom Coach interviewt; dabei berücksichtigt er die Wünsche und Frageideen des Klienten, der stets an seiner Seite ist: Was hat sich verändert, als die anderen kamen oder der Repräsentant hörte, was sie sagten, wie steht er zu welchen anderen …?

Rollenfeedback und Sharing: Nachdem alle Repräsentanten entrollt wurden, setzt sich die ganze Gruppe wieder zum Rollenfeedback und Sharing zusammen.

Variante: Diese Technik kann auch mit Metaplankarten in der Eins-zu-eins-Arbeit durchgeführt werden.

Dauer: etwa 45–60 Minuten.

Vor dem Rollenfeedback und dem Sharing kann die Arbeit noch kreativ ergänzt und auf eine weitere Art integriert werden. Dies ist jedoch nur eine zusätzliche Option. Nach der Entfaltung des Panoramas kann der Klient mit dem Zeitstrahl oder dem Panorama »spielen«. Sehr schön ist hierfür der »gesungene Glaubenssatz«.

> **Intervention: Der gesungene Glaubenssatz**
>
> **Glaubenssatz:** Zunächst erarbeitet der Klient noch innerhalb der Panoramaarbeit einen Glaubenssatz, den er bisher im Zusammenhang mit seinem Ausgangsthema hatte.
>
> **Lied oder Melodie:** Nun soll der Klient ein Lieblingslied oder eine Lieblingsmelodie nennen. Diese wird mit dem Coach zusammen gesummt, gebrummt oder (je nach musikalischer Kompetenz) gesungen.
>
> **Panorama als Instrument:** Im nächsten Schritt wird jeder Repräsentant des Panoramas zu einem Wort und einer Note (oder einem melodischen Element) innerhalb des Glaubenssatzes des Klienten. Dieser Glaubenssatz wird mit der Melodie des Lieblingsliedes vom »Panoramachor« gesungen. Doch jeder Repräsentant darf nur sein Wort und seinen Teil der Melodie intonieren, wenn er hierzu vom Klienten aufgefordert wird. Mithilfe des Coachs lernt der Klient, jedes Wort oder jede Note wie Tasten eines Klaviers zu bedienen, indem er auf den jeweiligen Repräsentanten zeigt und in der Luft die Taste drückt (oder eine dirigierende Armbewegung macht). Anfangs ertönt der Glaubenssatz etwas stockend als Stakkato, bis er dann ins Fließen kommt.
>
> **Musikalische Interpretationen:** Der Klient kann sein Lied dann durch die Repräsentanten des Panoramas in verschiedenen Variationen anspielen oder singen lassen: laut, leise, aggressiv, depressiv, lustig, gelangweilt, feurig, stockend, farbig, grau …
>
> **Veränderung des Glaubenssatzes:** In der nächsten Phase kann der Klient den Glaubenssatz (die Reihe der Repräsentanten) Schritt für Schritt umstellen oder einzelne Worte (Repräsentanten) herausnehmen und hierfür neue Worte (neue Repräsentanten) auf die Bühne holen. So wandelt sich der Glaubenssatz Wort für Wort und wird positiver und »passender« für den Klienten. Jede neue Variante wird gesungen, mit neuen Worten und neuen Repräsentanten.
>
> **Integration:** Wenn der Klient sich den Glaubenssatz erarbeitet hat, der stimmig ist und den er zukünftig für das erarbeitete Lebensthema wählen und »üben« möchte, stellen sich alle Repräsentanten um ihn herum auf und singen mehrfach den neuen Glaubenssatz. Der Klient darf dabei die Augen schließen und genießen.
>
> *Dauer: etwa 30 Minuten.*

Der Coach kann diese Intervention im Anschluss an die Panoramatechnik folgendermaßen einleiten:

> **Beispiel**
>
> **Coach:** »Wenn Sie nun diese bewegende und belebte Geschichte oder diesen Weg sehen, den Sie mit Ihrem Merkmal X (beispielsweise: Ihrer Fähigkeit zu lieben) genommen haben, welcher alte innere Leitsatz, Glaubenssatz oder

innerer Wahlspruch fällt Ihnen dazu ein, der diesen Weg bisher begleitete oder auch bestimmte …? Gibt es einen Spruch, einen Gedanken – vielleicht von Ihnen oder Ihren Eltern –, der immer wieder auftauchte? Vielleicht gab es auch ein Gefühl oder ein inneres Bild, das hierzu häufig in Erscheinung trat? Waren dieser Satz, dieser Gedanke oder auch das Gefühl oder das Bild für Sie eher stärkend und ermutigend oder eher hinderlich, entmutigend, schwächend?«

Diese kreative Variante zur Vertiefung der Panoramatechnik hat auch einen theoretischen Hintergrund. Der Klient lernt nicht nur, sein Panorama zu verstehen, zu erfühlen und darin zu handeln. Er versteht zudem, welche Leitkognition ihn bisher begleitet hat. Indem er diese Kognition (diesen Glaubenssatz) auf spielerische Weise selbst umstellt, erlebt er sich als Akteur und Handelnder und nicht als passives Opfer eines Leitsatzes. Dies ist ein wichtiger Schritt zur Übernahme von Verantwortung für die Gestaltung des eigenen Lebens.

Diese kreative Methode lernte ich in einem Seminar bei isi-hamburg.org kennen, das von Alfred Hinz und Dr. Marén Burrack geleitet wurde. Vermutlich habe ich sie hier etwas verändert wiedergegeben.

Neben diesen kreativen Formen, die Integration zu fördern, können auch weniger verspielte Möglichkeiten genutzt werden:

Variation zur Integration der Panoramatechnik

Die Hilfs-Ichs oder Repräsentanten stellen sich in einem Kreis auf. Der Klient geht in die Mitte des Kreises und schließt die Augen. Nun reflektieren die Hilfs-Ichs (noch in ihrer Rolle!) in knappen Worten, und »dicht am Herzen« (nicht verkopft), was der Klient aus all den Erfahrungen oder Einsichten lernen könnte, um sich zu weiten oder um das bisherige Muster innerhalb des Panoramas zu verändern.
Diese Variante sollte nur bei Gruppenmitgliedern genutzt werden, die selbst erfahren sind. Ansonsten kann es passieren, dass einige Hilfs-Ichs aus der Deckung der eingenommenen Rolle heraus kräftig projizieren oder verdeckte Ratschläge erteilen, die sie besser ihrer eigenen Schattenseite geben sollten.

Dauer: etwa 10 Minuten.

Eins-zu-eins-System-Aufstellungen ohne Hilfs-Ichs

Nun kommen wir zu einer Aufstellungsvariante, die keine Hilfs-Ichs oder Repräsentanten erfordert. Dies ist besonders für jene Coaches interessant, die keine Möglichkeiten haben, mit Gruppen zu arbeiten. Denn im Einzelcoaching stehen uns keine Repräsentanten oder Hilfs-Ichs zur Verfügung. Daher nutzen wir andere Darstellungsoptionen. Aus der Fülle von Möglichkeiten führe ich hier drei auf:

> **Intervention: Eins-zu-eins-System-Aufstellung ohne Hilfs-Ichs**
>
> **Zeichnen:** Ein System kann gezeichnet werden (ähnlich dem sozialen Atom). Hierbei kann es dem Klienten freigestellt sein, schlichte Symbole (Kreise, Dreiecke oder anderes) zu zeichnen oder aber komplexere »Bilder« als Repräsentanzen zu gestalten.
>
> **Figuren:** Als Repräsentanzen für beteiligte Personen können Spielfiguren, Naturmaterialien, Bauklötze und vieles andere mehr genutzt werden. Die Komplexität wird vereinfacht, wenn identische Materialien genutzt werden. Die Komplexität, »Spielfreude« und Möglichkeit zur emotionalen Ankopplung wird erhöht, wenn unterschiedliche Materialien zur Auswahl gestellt werden. Wenn Spielzeuge wie Tiere, Playmobilfiguren, Ritter, Ungeheuer, Kasperlefiguren und Ähnliches zur Verfügung gestellt werden, haben die Klienten zusätzlich die Möglichkeit, partiell zu regredieren oder die Repräsentanzen mit persönlichen und kulturellen Klischees aufzuladen.
>
> **Arbeitsanweisung:** Wenn ein Klient sich *mit* einer Repräsentanz assoziiert – also in diese Rolle schlüpft, sich dort einfühlt, aus dieser Rolle heraus spricht –, sollte er die Repräsentanz dabei anfassen, sie berühren und sich kurz innerlich sammeln. Wenn er aus der dissoziierten Position *über* eine Repräsentanz spricht, sollte er lediglich auf diese zeigen. Wenn er aus der Metaposition spricht, sollte er weder eine Figur berühren noch auf eine bestimmte Figur zeigen. Diese Arbeitsregeln erleichtern die Zuordnung der drei Wahrnehmungspositionen:
> - Anderer–assoziiert: Sich einfühlen, in die Rolle hineinschlüpfen.
> - Anderer–dissoziiert: Über den anderen reden, seine Position betrachten, zirkulär über ihn nachdenken.
> - Metaposition: Aus höherer Warte auf das System und die beteiligten Personen schauen.
>
> Wenn der Klient über seine eigene Repräsentanz dissoziiert spricht (also über sich in der Aufstellung), sollte er nicht »Ich« sagen, sondern seinen eigenen Vornamen nutzen. Er wird erst zum »Ich«, wenn er assoziiert in seine Repräsentanz hineinschlüpft, indem er sie berührt. Als Ort für eine solche Systemaufstellung kann beispielsweise ein Tisch, ein Garten, eine Waldlichtung oder der Fußboden des Zimmers genutzt werden. Durch Worte und Gesten gibt der Coach bewusst und unbewusst die Spielregeln und Begrenzungen vor. Daher sollte sich der Coach darüber im Klaren sein, wozu er einladen möchte, und dies sollte er in seiner Gesamtkommunikation auch möglich machen. In der Arbeit mit Figuren oder auch mit Metaplankarten achtet der Coach darauf, dass der Klient die Figuren und Materialien seiner Aufstellung selbst setzt, verschiebt, berührt und später »aufräumt«. Viele Klienten empfinden es als Störung, wenn der Coach innerhalb ihres Systems tätig wird.
>
> **Metaplankarten:** Als Repräsentanzen werden Metaplankarten genutzt, die auf dem Fußboden positioniert werden. Diese Variante beschreiben wir gleich genauer. Sie vereint die Arbeit mit Raum- oder Bodenankern und der Darstellung von Systemen.
>
> **Zur Begriffswahl:** In der Arbeit mit Menschen sprechen wir von »Repräsentanten«, in der Arbeit mit Materialien dagegen auch von »Repräsentanzen«. Auf der folgenden Seite nutzen wir im Beispiel den Begriff »Repräsentant« obwohl eigentlich von einem Material die Rede ist.
>
> *Dauer: je nach Anliegen und Komplexität des Systems 20 bis 60 Minuten.*

Ausführlich schildere ich nun die Aufstellung 1 : 1 mit Metaplankarten:

Beispiel

Anliegen und beteiligte Personen: Der Klient schildert kurz sein Anliegen und das beteiligte System. Er nennt die beteiligten Personen und schreibt den Namen jeder Person auf eine Metaplankarte; seinen eigenen zuerst. Diese Karten werden zusätzlich mit Pfeilen versehen, die die Blickrichtung der Repräsentanten kennzeichnet.

Karten positionieren: Als Erstes positioniert der Klient seine eigene Karte auf dem Fußboden (seine eigene Repräsentation oder Repräsentanz).

Repräsentanten und andere Beteiligte »einrollen«: Dann rollt der Klient zunächst den Repräsentanten ein. Dies kann aus der Dissoziation geschehen, indem er vor der Karte steht und knapp (wirklich nur knapp!) erklärt, wer die Person ist und welche Rolle sie im System einnimmt: »Das ist ...« Oder er »schlüpft« in die Rolle des Repräsentanten hinein, indem er sich auf die Karte stellt. Dies nennt man assoziiertes Einrollen oder Einrollen durch Rollenwechsel. Dann würde er als die repräsentierte Person sprechen: »Ich bin ...«
Nun legt der Klient die nächste Karte auf den Fußboden und rollt auch diese ein (dissoziiert oder assoziiert, je nach Anweisung des Coachs).

Interview: Wenn das ganze System ausliegt, interviewt der Coach die einzelnen Repräsentanten. Hierzu wird der Klient gebeten, auf die jeweilige Karte zu gehen, sich in die Rolle einzufühlen (zu assoziieren, in die Rolle hineinzuschlüpfen). Der Coach stellt – wie in der Aufstellung des ersten Bildes oder der Ausgangsaufstellung mit echten Repräsentanten – einfache Fragen: »Was fühlen Sie hier, wie stehen Sie zu den anderen, wie stehen Sie insbesondere zu X, was nehmen Sie körperlich wahr, wo würden Sie lieber hinschauen, wo würden Sie sich gerne hinbewegen oder wovon oder von wem wegbewegen ...?« Wenn der Coach mit dem Klienten über seinen »Gesamteindruck« sprechen möchte, nimmt er den Klienten zur Seite und tritt (zumindest gedanklich) neben das System. Nur(!) in dieser Metaposition findet eine Metareflexion statt; jedoch niemals, während der Klient noch in einer Rolle assoziiert ist.

Ende der Aufstellung: Nach Beendigung der Aufstellung sammelt der Klient die Karten wieder ein.

Auswertungsphase: Nun erst beginnt die Auswertungsphase (nicht schon während der Aufstellung damit beginnen!). Der Klient schildert seine Eindrücke und Gedanken, seine Hypothesen und Gefühle. Der Coach fragt den Klienten, welche Beziehungen er näher beleuchten, welche Hypothesen er überprüfen möchte. Es können Hausaufgaben aufgegeben werden; an einzelnen Fragen kann psychodramatisch (Tauschen und Doppeln) oder mit Glaubenssatzarbeit, Körperübungen, imaginativ und anderen Methoden weitergearbeitet werden.

Auf der nächsten Seite folgt eine weitere Variante zur Aufstellung eines Ausgangsbildes oder des sogenannten ersten Bildes mit menschlichen Repräsentanten (s. S. 219). Es ist eine Systemabbildung, die darstellt, wie ein Klient sein System bewusst und unbewusst wahrnimmt. In der Regel blendet er viele Informationen innerhalb seines eigenen Bildes aus: Emotionen, Körpergefühle, Gedanken … Die Betrachtung des Systems und die schrittweise Analyse durch das Interview jedes Hilfs-Ichs ist in der Regel sehr klärend und bringt sehr viel Material an die Oberfläche, das in den folgenden Sitzungen weiterbearbeitet werden kann.

Durch die psychodramatische Erweiterung des Tauschens und Doppelns (sowie die Integration durch Rollenfeedback und Sharing) kann die Klärungskraft von Aufstellungen nochmals enorm gesteigert werden.

Meist ist es nicht erforderlich, in der ersten Aufstellung eine sogenannte Lösung herbeizuführen, indem die Repräsentanten umgestellt werden. Wenn der Klient dies gerne tun möchte (wenn es sein Wunsch ist), kann er das selbstverständlich tun. Auch Probehandeln ist in Aufstellungen möglich. Es kann etwas »ganz anderes« versucht werden. Doch meist ist es in der ersten Aufstellung nicht erforderlich, denn der Klient erfährt bereits so viel, dass er dies erst verdauen muss. Es ist zudem nicht gut, wenn zu schnell eine vermeintliche Lösung »von außen« kommt, indem der Aufstellungsleiter Veränderungen vornimmt und verkündet, dass damit alles gelöst sei. Denn die wirkliche Veränderung ist Arbeit. Und sie muss vom Klienten in seinem eigenen Tempo und größtenteils mit seinen eigenen Ideen geschehen und Schritt für Schritt in das wirkliche Leben (das ist nicht die Bühne) übertragen werden.

Daher empfehle ich zunächst, mit dem »ersten Bild« oder der »Ausgangsaufstellung« (s. S. 219) zufrieden zu sein. Sie ergibt eine Fülle an Informationen und Material zur weiteren Arbeit. Es handelt sich dabei nicht(!) um eine »unfertige« Aufstellung.

In der folgenden Variante des ersten Bildes können Gruppenmitglieder erfahren, dass Informationen über Rollen, Systemzusammenhänge und Gefühle zu einem sehr großen Teil nonverbal übermittelt werden und im »gemeinsamen Unbewussten der Gruppe« existieren. Denn in dieser Aufstellungsvariante wissen die Repräsentanten nicht bewusst, wen sie darstellen sollen und in welcher Art von System sie aufgestellt sind. Trotzdem haben sie innerhalb der Aufstellung ein implizites Wissen um die Zusammenhänge im System. Dies ist immer wieder verblüffend und gab Anlass zu Spekulationen über »Felder«, die dies bewirken. Wertet man jedoch Gruppenprotokolle oder Videoaufnahmen von Gruppen vor, während und nach einer solchen Aufstellung aus, zeigen sich alle Informationen auf die eine oder andere Weise bereits vorher ausgedrückt: nebenbei, symbolisch, gestisch, verkleidet, körperlich, durch die Stellung zueinander, durch Blickrichtungen und viele andere nichtverbale Informationen (vgl. S. 217).

Intervention: Verdeckte Aufstellung des Ausgangsbildes

Coach und Protagonist gehen vor die Tür und besprechen kurz, welches System der Klient aufstellen möchte und welche Personen in welchem Kontext aufgestellt werden. Jede Person aus dem System des Klienten (beispielsweise Mutter, Vater, Geschwister, Abteilungsleiter, Mitarbeiter ...) erhält einen Buchstaben oder eine Zahl zur Kennzeichnung. Der Coach notiert dies. Dann gehen beide zurück zur Gruppe. Die Gruppe erfährt nicht, worum es geht und welche Personen aus dem betreffenden System des Klienten mitspielen werden. Der Coach fragt nun den Klienten leise: »Wer hier aus der Gruppe kann 16 darstellen?« (16 ist beispielsweise der Klient selbst). Dann wird 16 auf die Bühne geführt. »Wer hier kann für Sie 11 darstellen?« (das ist beispielsweise die Mutter). Die Gruppe erfährt nicht, wer welches Geschlecht hat und wer welche Person aus dem System des Klienten darstellt. Ansonsten wird die Aufstellung genauso durchgeführt wie die »normale« Aufstellung des ersten Bildes (s. S. 219). Anschließend interviewt der Coach die Repräsentanten in gewohnter Weise.

Doch Vorsicht: Auch hier entstehen Ähnlichkeiten und Merkwürdigkeiten, die niemals als Orakel interpretiert werden dürfen.

Dauer: etwa 40 bis 60 Minuten.

Jede Aufstellung kann durch kreative Interventionen oder Bewegungsaufforderungen verändert werden. Eine häufig anzutreffende Intervention ist die »spontane Aktion mit Klatschen«.

Intervention: Spontane Aktion innerhalb der Aufstellung

Die Aufstellung des ersten Bildes (Ausgangsaufstellung) kann in Bewegung gebracht werden, wenn man die Mitspieler bittet, innerhalb ihrer Rolle darauf zu achten, was sie momentan am liebsten tun würden, wenn Sie hierzu die Erlaubnis hätten: Wo würden sie gerne hingehen, wohin gerne schauen, was gerne tun? Ihnen wird mitgeteilt, dass sie diesem Wunsch oder Impuls spontan nachkommen dürfen, wenn der Gruppenleiter hierzu das Signal gibt: Dieses Signal, das dazu auffordert, die spontane Aktion durchzuführen, kann beispielsweise ein Händeklatschen des Coachs (Gruppenleiters) sein.
Durch diese Intervention zeigen sich manchmal ganz neue Aspekte, die das Interview bisher noch nicht deutlich machte. Der Klient kann diese neue Aufstellung anschauen und mit dem Coach nochmals umhergehen, wobei der Coach die Repräsentanten interviewt, um herauszuarbeiten, was ihre spontane Bewegung bedeutet. Hierbei werden wiederum sehr einfache Fragen gestellt, um nicht zu verkopften Interpretationen, Deutungen und Rationalisierungen einzuladen.

Dauer: Innerhalb der Gesamtaufstellung nimmt die Ergänzung ungefähr 15 bis 20 Minuten ein.

Während einer Skulptur, Soziometrie oder anderen Aufstellung gibt der Coach beispielsweise folgende Anweisung:

> **Beispiel**
>
> **Coach:** »Ich bitte alle Personen auf der Bühne, darauf zu achten, wohin Sie in dieser Rolle, die Sie gerade verkörpern, am liebsten gehen würden, was Sie am liebsten innerhalb dieser Aufstellung tun würden. Das kann auch etwas sein, das man normalerweise nicht tut. Schauen Sie einfach, was Ihr Bauch oder Ihr Herz oder Ihr Körper – als die Person, die Sie gerade darstellen – am liebsten tun würde. Wenn ich gleich in die Hände klatsche, dann bitte ich Sie, dass Sie sich eine Sekunde lang so bewegen, wie Ihre Intuition es Ihnen anbietet. Sie können irgend wohin gehen, etwas mit jemand anderem machen oder sonst etwas tun. Und nach einer Sekunde der Bewegung frieren Sie diese dann bitte wieder ein und bleiben in der veränderten Körperhaltung oder am veränderten Ort stehen … Bitte sammeln Sie sich nun, denn ich werde gleich klatschen …«

Ich erwähnte bereits, dass jede »echte« Aufstellung auch auf Papier gebracht oder durch andere Medien oder Materialien verkörpert werden kann. Auch umgekehrt ist dies möglich:

> **Intervention: »Psychologisches soziales Atom« aufstellen**
>
> Bei dieser Intervention werden die Objektbeziehungsrepräsentanzen externalisiert (also auf eine äußere Bühne geholt), die im Denken des Klienten momentan bedeutsam sind. Diese Form der Aufstellung entspricht dabei nicht einer Übertragung der »Aufstellungssituation« vom Papier des sozialen Atoms auf eine Bühne. Unterschiede des Mediums, des Raumes, der Zeit, der Gestimmtheit, der vorausgegangenen Erlebnisse führen zu ganz anderen räumlichen Verteilungen. Daher sind »gleiche« Aufstellungen mit anderen Medien, in anderen Räumen, zu anderen Zeiten, unter anderen Vorbedingungen, mit anderen Personen auch immer unterschiedlich. Sie können auf verschiedene Personen fokussieren und gleiche Personen können ganz anders zueinander positioniert werden.
> Die Aufstellung des sozialen Atoms wird meist mit den Techniken des Tauschens und Doppelns kombiniert.
> Eine sehr »heiße« Aufstellung des sozialen Atoms ist es, wenn die Personen aufgestellt werden, die tatsächlich gerade im Raum sind (die Seminargruppe, die Abteilung, das Team). Denn dann wird deutlich gezeigt, wie nah oder entfernt einzelne Personen vom Klienten sind, was der Klient von Einzelnen denkt, welche Empfindungen er in Bezug auf die anderen hat.
>
> *Dauer: etwa 30 bis 60 Minuten.*

Auch abstrakte Kategorien wie Problem, Lösung, Wahrheit, Liebe und vieles andere können in Aufstellungen durch Orte und Felder repräsentiert werden (vergleiche auch S. 196 und S. 266).

> **Intervention: Problemraum – Lösungsraum**
>
> **Aufstellung im Problemraum:** In der Teamberatung kann ein Team, das ein Problem als Anliegen »hat«, zunächst in einem Problemraum aufgestellt werden. Mit einem Seil wird eine Grenze zu einem unbekannten Lösungsraum markiert. Jedes Teammitglied stellt sich an den Ort des Problemraums, den es für sich richtig findet. Hierbei kann die Entfernung zur »Grenze« eine Rolle spielen oder die Entfernung zu relevanten Bezugspersonen im Team.
>
> **Interview:** Die aufgestellten Personen werden dann zu ihren Wahrnehmungen interviewt: Abstände zu anderen, zur Grenze, Beziehungen, Fantasien, Mutmaßungen, Einschätzungen, Vorwürfe …
>
> **Wunderfrage – Aufstellung im Lösungsraum:** Dann werden sie in den Lösungsraum eingeladen, wobei sie noch nicht zu wissen brauchen, was der Lösungsraum ist, wie die Lösung aussieht. Sie müssen auch nicht wissen, wie man eigentlich in diesen Lösungsraum gelangt. Sie tun so, als wäre ein Wunder geschehen: Das Problem ist nicht mehr und sie befinden sich nun im Lösungsraum (s. S. 117). Sie stellen sich dort so auf, wie sie es »vom Bauch her« empfinden. Dann wird wieder interviewt.
>
> **Skalierung:** Anschließend kann für einzelne Hilfs-Ichs eine Linie zwischen den Positionen im Problemraum und im Lösungsraum aufgespannt werden. Diese Linie wird skaliert (1 bis 10). Die entsprechenden Hilfs-Ichs können auf dieser Linie verschoben werden, wo sie berichten, was sie an welchem Punkt der Skala wahrnehmen, was sich jeweils geändert haben muss, um von einer Zahl auf der Skala eine Zahl weiter nach vorne zu gelangen … So gewinnen die Teilnehmer Informationen über die erforderlichen Veränderungen und Schritte, die notwendig sind (oder waren), um aus dem Problemraum in den Lösungsraum zu gelangen.
>
> **Variante:** Diese Arbeit kann auch protagonistenzentriert durchgeführt werden. Dann stellt sich nicht jede Person so auf, wie sie selbst es empfindet, sondern eine Person (Klient, Protagonist) stellt jede Person dort auf, wo er sie innerhalb dieses Kontinuums sieht.
>
> *Dauer: etwa 45 bis 60 Minuten.*

Es gibt sicher Tausende von Aufstellungsvarianten, die ich hier nicht erwähnen konnte. Ich selbst arbeite meist sehr »schlicht« mit den Grundformen des Psychodramas. Denn nicht die »Verrücktheit« einer Aufstellungsform entscheidet darüber, ob etwas wirkt und hilft. Außerdem liegt mir ein empathischer und kreativer Weg gemeinsam mit dem Klienten besser als Aufstellungstechniken, die am grünen Tisch als »Format« entworfen worden sind. Doch hier wird jeder seine eigenen Vorlieben und Stärken entdecken müssen, am besten im persönlichen Erleben, Entdecken und Erfahren.

Auf der folgenden Seite finden Sie Literaturtipps.

Literaturtipps

Roger Schaller: Das große Rollenspiel-Buch. Weinheim und Basel: Beltz, 2. Auflage 2006. Eine sehr verständliche Einführung in das Psychodrama und viele Aufstellungsmethoden für die Arbeit mit Gruppen.

Roger Schaller: Stellen Sie sich vor, Sie sind ... Das Ein-Personen-Rollenspiel in Beratung, Coaching und Therapie. Göttingen: Hogrefe, 2. Auflage 2016.

Gunter König: Inszenario® – Handbuch für praktische Anwendungen: Begreifbar visualisieren, stimmig kommunizieren mit dem Aufstellungs-Figurenset. Sigmaringen: Selbstverlag: koenigscoaching.de, 2001.
Die Figuren und das Buch können bezogen werden über www.owbshop.de. Das »Handbuch« ist eine knappe und sehr gute Anleitung in Heftform (eigentlich kein Buch) für Aufstellungen mit kleinen Holzfiguren.

Falko von Ameln und Josef Kramer: Psychodrama: Grundlagen. Heidelberg: Springer, 3. Auflage 2014.

Im »Handbuch Coaching und Beratung« finden Sie auf S. 548 ff. Hintergrundinformationen und viele praktische Ansätze zum Psychodrama.

Weitere Hinweise finden Sie im Literaturverzeichnis am Ende des Buches.

Fortbildung in Psychodrama und Systemarbeit

- Ich selbst habe oft an Seminaren und Kongressen des Hamburger Instituts für soziale Aktion teilgenommen, das ich sehr empfehlen kann: www.isi-hamburg.org.
- In meinem Institut kann man sechs kompakte Psychodrama-Seminare belegen, mit dem Abschluss »System- und Team-Coach«: www.drmigge.de.

Kapitel 4
Selbst- und Mitarbeiterführung

Mitarbeiterführung beginnt bei der Selbstführung

Manche Führungspersonen werden geliebt, andere gefürchtet. Einigen folgt »man« gerne, anderen nur aus innerer Not. Es gibt Führungspersonen, die Freunde haben und ein erfülltes Privatleben genießen. Sie sind privat und beruflich Profis, anderen ist dies nicht so wichtig: Sie legen wenig Wert auf nahe Bindungen und werden zu Hause selten gesehen. Sicher, das müssten wir differenzierter betrachten. Bitte erlauben Sie, dass wir dies vorerst so provokativ stehen lassen und uns der Betrachtung von weiteren Stereotypen zuwenden.

Es gibt Führungskräfte, die auf ihr Image schauen, vielleicht auch darauf, dass andere »Leader« sie toll finden. Andere achten eher darauf, dass ihr Unternehmen finanziell solide dasteht, dass eine Aufgabe vollbracht wird, dass es ihren Mitarbeitern gut geht, dass die Tradition gewahrt bleibt ... Wir könnten endlos so fortfahren. Vermutlich kennen Sie selbst unterschiedlichste Führungsstile, die in der Führungs- und Managementliteratur immer wieder bemüht werden: Es gibt autoritäre Führungsstile, kooperative Führungsstile, delegierende Führung, Nichtführung, ziel- und vereinbarungsorientierte Führung (und viele andere Management-by-Ansätze), es gibt Führung durch Anreize, Belohnung und Strafe (transaktionale Führung), Führung durch ein visionäres und inspirierendes Vorbild (transformationale Führung), es gibt Führung, die systemisches Gedankengut berücksichtigt und viele weitere Arten der Führung.

Sicher ist: Es gibt nicht *den* idealen Führungsstil. Es gibt auch nicht *die* ideale Führungsperson. Genauso wenig wie *den* idealen Lebensstil.

> ### Selbstführung
>
> Hinter jedem Steroyp einer Führungsperson und hinter jedem Führungsstil sowie jeder Führungstechnik steht ein Menschenbild mit Grundannahmen, mit Hoffnungen, Ängsten, mit einer gewissen Größe und mit Beschränkungen. Auf jeden Fall steht hinter jedem dieser Konzepte auch ein Mensch, der führt. Vieles, was wir über die Führung von Mitarbeitern aussagen können, lässt sich auch auf die Weise übertragen, wie eine Führungsperson ihr eigenes Leben lebt – wie sie sich selbst führt. Geht sie hart mit sich selbst um, bringt sie verschiedene Lebensbereiche kooperativ miteinander in Ausgleich, lässt sie sich eher von anderen bestimmen, lässt sie sich ziellos treiben, belohnt und bestraft sie sich, inspiriert sie sich selbst ...?
> Was in diesem Kapitel über »die Führungsperson« geschrieben steht, trifft in gleichem Maße auf die Führung des eigenen Lebens zu: Auf welche Weise führen Sie Ihr Leben? Daher könnte das Kapitel auch einfach »Selbstführung« heißen – ohne den Zusatz »Mitarbeiterführung«. Denn das eine bedingt meist das andere.

Im Business-Coaching können wir dem Klienten helfen, seinen Führungsstil durch vielfältige Fragen und verschiedenste Blickwinkel kritisch zu reflektieren: Wie handelt er, was motiviert ihn, was stärkt ihn, was bremst ihn, wie kommt er an (bei wem), was bewirkt er? Der Coach wird auf diese Weise zu einem Wegbegleiter oder einem Wegbereiter auf einer ehrlichen Entdeckungsreise. Er wird hierdurch jedoch nicht zu einem Führungstrainer oder Schattenmanager.

In diesem Kapitel werden wir uns der Selbstführung *und* der Mitarbeiterführung jeweils aus dem Blickwinkel einzelner Schlagworte oder Themen nähern. Selbstführung ist nichts anderes, als einen weisen Weg zu finden, ein leidenschaftliches und gutes Leben zu führen. Wer das meistert, ist möglicherweise auch eine gute Führungsperson.

Einige Themen dieses Kapitels und die daraus abgeleiteten Fragen oder Interventionen sind in einer Fortbildung zum Coach entstanden: Die Absolventen einer Fortbildung verschafften sich in Peergruppen einen Überblick zu einem Thema oder Schlagwort, das sie bedeutsam fanden. Anschließend entwarfen sie eine Reihe von Fragen oder ein Tool, um sich diesem Thema zusammen mit einem Klienten zu nähern.

Die Tiefendimension des Coachings

Es gibt eine Reihe bedeutsamer Worte oder Themen, die ebenfalls im Coaching anklingen können: Sinn, Freude, Liebe, Ruhm, Hingabe, Weisheit, Geiz, Verantwortung, Neid, Vergänglichkeit, Sinnlosigkeit, Isolation, Gemeinschaft, Hoffnung, Demut und vieles andere mehr. Sie werden in diesem Kapitel nicht ausführlich erwähnt, obwohl sie bedeutsam sind. Das liegt lediglich am Umfang des Kapitels. Ich habe mich auf eine kleine Auswahl anderer Themen beschränkt. In den Literaturtipps verweisen wir jedoch auf Bücher, die dieses Spektrum ergänzen; beispielsweise die Bücher von Buer und Schmidt-Lellek (2008 und 2011).

Alle Wörter, Begriffe, Sichtweisen, die nun folgen, haben es verdient, dass ganze Bücher über sie geschrieben werden. An dieser Stelle werden sie jedoch nur in aller Kürze erwähnt, um aufzuzeigen, wie viele Blickwinkel es gibt, die mittlerweile in der eklektischen Beratungsform »Coaching« Aufnahme gefunden haben.

Was ist Führung?

Führung ist vielerlei. Doch es ist auch die Ausübung von Macht und Herrschaft über andere Menschen. Diese Macht kann auf verschiedenste Weise ausgeübt werden.

> **Personale Führung – eine Definition**
>
> Eine häufig anzutreffende Definition für den Begriff »personale Führung« ist: Sie fasst alle Handlungen zusammen, die von einer Person gegenüber anderen Personen als gezielte Einflussnahme zur bestmöglichen Umsetzung der Unternehmensziele vollzogen werden.

Diese Definition ist recht einseitig formuliert. In Wirklichkeit geschieht Führung innerhalb eines sehr komplexen Interaktionsprozesses, in dem die geführten Personen durchaus mitbestimmen.

> **Übung: Entspricht Ihre Führungspraxis der Führungsdefinition?**
>
> Bitte diskutieren Sie die eben genannte Definition und die folgende Sichtweise: »Führung geschieht innerhalb einer definierten gemeinsamen Arbeitsaufgabe (Unternehmensziel). Sie ist damit auf bestimmte Rollen (nicht »ganze Menschen«) und einen bestimmten Zielkontext bezogen. Wenn die soziale Einflussnahme der Führungsperson (ihre Machtausübung) die explizit oder implizit verabredete Rollenaufteilung oder die gemeinsame Aufgabenstellung verlässt, wird Führung zur Manipulation oder schränkt Freiräume der Mitarbeiter ein, die außerhalb der definierten Arbeitsaufgabe liegen.«

Führung wird nicht nur im persönlichen Kontakt ausgeübt, sondern auch durch Regeln, Organigramme, Leitbilder, Kommunikationswege und zahlreiche andere Steuerungsfunktionen. Innerhalb eines definierten Verantwortungsbereiches werden alle persönlichen und nichtpersönlichen Führungsfunktionen (zumindest symbolisch) durch eine Person repräsentiert. Das Coaching von Führungspersonen bezieht sich im Wesentlichen auf die symbolische und tatsächliche Führungsfunktion im Verantwortungsbereich des Klienten.

Im Coaching steht die personale Führung als Thema im Vordergrund. Andere Führungsbereiche, wie die Unternehmensführung oder das Human Ressource Management (HR) sind Themen, mit denen sich andere Professionen befassen.

Führungsstile, die zurzeit praktiziert werden

Es gibt verschiedene Führungsstile:

- *Autoritärer Führungsstil:* Die Führungsperson gibt Anweisungen (freundlich oder unfreundlich), die befolgt werden müssen. Dieser Stil geht von einem Bild der Überordnung und Unterwerfung oder dem Prinzip von Befehl und Gehorsam aus. Innerhalb dieses Stils kann mit unterschiedlichsten Belohnungs- oder Strafmitteln gearbeitet werden.
- *Partizipativer oder kooperativer Führungsstil:* Dieser Führungsstil setzt die Mitwirkung, Kooperation oder Mitentscheidung von führenden und geführten Personen voraus. Gemeinsam werden Ziele, Aufgaben und andere Größen der Führung bestimmt. Innerhalb dieser Führungsidee gibt es verschiedene Grade, die Partizipation zu verwirklichen.
- *Kollektiver Führungsstil:* Dieses Führungskonzept geht davon aus, dass eine Gruppe führt. Entscheidungen werden von allen gemeinsam getroffen und verantwortet.
- *Transaktionale Führung:* In diesem Ansatz werden den Mitarbeitern Anreize und Belohnungen für gute Aufgabenerfüllung geboten. Für Nichterfüllung oder Minderleistungen werden Bestrafungen in Aussicht gestellt (wie beispielsweise der Wegfall von Privilegien).
- *Transformationale Führung:* Der Führungsperson kommt die Aufgabe zu, durch einen exzellenten Lebenswandel sowie durch die Vermittlung von Visionen und Inspiration ein Klima zu schaffen, das die Mitarbeiter mitreißt und sie zu guten oder besten Leistungen motiviert und befähigt.
- *Management-by-Ansätze:* Es gibt eine Reihe von Ansätzen, die sich in der Gruppe der Management-by-Ansätze zusammenfassen lassen. Bekannt sind beispielsweise Management by Objectives (Führung durch Zielvereinbarungen), Management by Exception (Führen nach dem Ausnahmeprinzip: Routinearbeiten werden von Mitarbeitern in Eigenregie erledigt; nur in Ausnahmefällen – außerhalb der Routine – gibt die Führungsperson Hilfestellung oder entscheidet), Management by Results (hier gibt die Führungsperson oder Unternehmensführung klare Kennzahlen oder Leistungsziele vor, die die Mitarbeiter erreichen müssen).
- *Systemische Führung:* Dieser neuere Ansatz berücksichtigt die Systemtheorie und sieht die Führungsperson und die geführten Mitarbeiter innerhalb eines komplexen Systems von Angestellten, Lieferanten, Kunden, Partnern und Mitbewerbern. Er widerspricht den üblichen Managementvorstellungen und dem Wunsch vieler Führungspersonen, sich als herausragende Macher zu sehen, die ursächlich und alleine für Erfolge verantwortlich sind. In der Praxis der Führung wird – so meine ich – mit dieser Idee zwar kokettiert, sie findet in der personalen Führung jedoch bisher kaum Anwendung.
- *Führung 2.0:* In Anlehnung an das Web 2.0 werden seit 2007 Ideen zu einer Führung diskutiert, die der These vom »intelligenten Schwarm« nahe kommt: Durch

das Anhäufen kollektiver Intelligenz innerhalb einer sich selbst organisierenden Struktur bildet sich eine Organisation heraus, die die besten Elemente ihrer Individuen in optimaler Weise bündelt. Führungspersonen ermöglichen und fördern diesen kollektiven Prozess der gemeinschaftlichen Optimierung.
- *Kaum- oder Nichtführung:* Innerhalb etablierter Strukturen bleibt die »persönliche Führung« hin und wieder aus. Prozesse werden ausgesessen, dem »Zufall« oder der Entscheidung anderer überlassen.

In der Praxis treffen wir in der Regel Mischformen von Führungsstilen an. Es kann auch sein, dass Führungsprinzipien nur in bestimmten Bereichen oder gegenüber bestimmten Personen eingehalten werden, dass der angewandte Stil in anderen Bereichen, in anderen Situationen oder gegenüber bestimmten Personen davon jedoch völlig unterschiedlich ist – bei ein und derselben Führungsperson. Die komplexen Hintergründe dieser Variationen können im Coaching hervorragend erarbeitet werden.

Literaturtipp

Regina Mahlmann: Führungsstile gezielt einsetzen. Weinheim und Basel: Beltz 2011. Wieder ein sehr praktisches Buch der Autorin. Sie stellt Führungsstile anhand von Definitionen und anschaulichen Beispielen vor. Führungspersonen können anhand von Fragen, Tabellen und dergleichen Ihren Stil reflektieren und ihre Führungskompetenzen schärfen. Coaches können die Instrumente auf die Arbeit mit Führungspersonen anwenden.

Mit vielfältigen Nuancen bewegt sich die Praxis der Führung innerhalb eines Kontinuums, das zwischen den Führungsstilen aufgespannt ist. In jedem Führungsmodell taucht jedoch die Frage nach Macht mehr oder weniger direkt auf.

Intervention: Den Führungsstil reflektieren

Manche Klienten sind mit den theoretischen Hintergründen von Führungsstilen nicht vertraut oder wissen gar nicht, dass 90 Prozent ihres Führungshandelns eigentlich nichts mit dem Stil zu tun hat, den sie offiziell anwenden (sollen). Anhand einer Reihe von Fragen können sie sich erarbeiten, wie sie tatsächlich führen. Hierbei kann die folgende Fragenliste behilflich sein.
Der Klient setzt sich in dieser Intervention auch mit den unbeliebten (und daher meist nur umschrieben gebrauchten) Worten Macht, Strafe, Belohnung auseinander. Die Antworten des Klienten werden aufzeigen, ob er führt, wie er führt oder ob er manipuliert. Folgende Fragen können gestellt werden:
- Auf welche Weise haben Sie Macht über Ihre Mitarbeiter?
- Wer hat in Ihrem Unternehmen Macht über Sie?
- Was denken Sie über das Wort Macht?

- Üben Sie Ihre Macht auf Grundlage eines Konsenses über die zu erfüllende gemeinschaftliche Aufgabe aus?
- Gibt es auch Bereiche, in denen es unklar ist, ob Ihre Machtausübung anderen Zielen dient?
- Welche konkreten Ziele (gemeinschaftlich vereinbarte Aufgaben) gibt es in Ihrem Verantwortungsbereich?
- Sind diese Ziele anhand des SMART-Modells spezifiziert und für jeden Mitarbeiter definiert?
- Wie und wann kommunizieren Sie diese Ziele an die jeweiligen Mitarbeiter?
- Wie unterstützen Sie die Mitarbeiter konkret dabei, diese Ziele zu erreichen?
- Wie sind die Ziele Ihres Verantwortungsbereichs in die Unternehmensziele eingebettet?
- Gibt es klare Vereinbarungen in Ihrem Verantwortungsbereich, welche Personen über andere Macht ausüben dürfen und auf welche Bereiche sich dies bezieht?
- Bezieht sich die Führung immer auf die Rollenaspekte der beteiligten Personen – oder werden hin und wieder auch »Privatmenschen« von Ihnen geführt?
- Welcher Führungsstil wird in Ihrem Unternehmen von oben vorgelebt?
- Welcher Führungsstil ist durch die Unternehmensleitung vorgeschrieben oder gewünscht?
- Entspricht das Ihrem persönlichen Führungsverhalten?
- Ist das der Stil, der Ihnen persönlich am besten liegt?
- Welche Formen von Partizipation lassen Sie zu?
- Wann fühlen Sie sich durch Partizipation gestärkt, wann behindert?
- Welche Belohnungs- oder Strafankündigungen setzen Sie ein?
- Wann belohnen oder strafen Sie tatsächlich?
- Wer kann sich gegen Sie nicht »wehren« und kann Ihrer Macht somit nur mit »Ohnmacht« begegnen?
- Auf welche Weise wurde in Ihrer Herkunftsfamilie geführt oder erzogen?

Dauer: etwa eine Stunde.

Dieser Fragenkatalog eröffnet viele Blickwinkel und Möglichkeiten weiterzuarbeiten, sofern der Klient Veränderungen wünscht. Wichtige Grundfragen können sein: Was erleichtert Ihnen das? Was erschwert dies? Wie fühlen Sie sich dabei? Was denken Sie in dem Moment? Was erhoffen Sie sich in dem Moment? Was fürchten Sie in dem Moment? Welche Auswirkungen wird Ihr Handeln haben (für Sie, das Unternehmen, den einzelnen Mitarbeiter)?

Wenn dem Klienten auffällt, dass sein Führungsstil biografische Wurzeln hat, kann dies weiterbetrachtet werden. Sollten ihn Glaubenssätze limitieren, können diese weiterbearbeitet werden. Wenn ihm unklar ist, aufgrund welcher Werte er führt, können diese Werte herausgearbeitet werden … Fast immer lohnt es sich, tatsächliche Führungssituationen szenisch zu konkretisieren: was, wann, wo, wie, warum, mit wem? Solche Situationen können dann dyadisch bearbeitet werden, beispielsweise durch Tauschen und Doppeln, oder sie können durch sogenannte Ein-zu-eins-Aufstellungen näher beleuchtet werden.

Transformationale Führung: Mit Visionen und durch Vorbild begeistern

Beispielhaft stelle ich Ihnen ein Führungsmodell vor, das die Führungsperson in den Mittelpunkt der Aufmerksamkeit rückt. Das Modell der transformierenden Führung wurde 1978 im Buch »Leadership« von James M. Burns bekannt gemacht. Über dieses Modell wurde viel diskutiert. Ich denke, dass es in der Praxis weit weniger umgesetzt wurde, als die Anzahl der Veröffentlichungen vermuten lässt. Die Frage hinter einem solchen Modell ist meist: Was zeichnet eine besonders wirkungsvolle Führungsperson aus? Der Historiker und Politikwissenschaftler Burns ging davon aus, dass Mitarbeiter zu Bestleistungen motiviert (transformiert) werden können, wenn ihnen attraktive Ziele (Visionen) auf überzeugende Weise kommuniziert und vorgelebt werden. Dies kann jedoch nicht allein durch eine Kommunikationstechnik geschehen. Stattdessen muss die Führungsperson selbst eine charismatische Vorbildfunktion ausüben. Vor Burns wurden verwandte Führungsmodelle als »charismatische Führungsstile« bezeichnet.

Die amerikanische Originalversion dieses Führungskonzeptes wird im deutschsprachigen Raum ein wenig modifiziert umgesetzt, da sie einen charismatisch-heroischen Grundton trägt, fast schon einen Erlösungscharakter aufweist, der hierzulande etwas überzogen wirkt. Außerdem werden in diesem Modell ausschließlich positive und vorbildliche Eigenschaften in den Blick genommen, die eine beinahe übermenschliche Führungsperson entwerfen. Im Kern geht Burns' Modell von vier Eigenschaften aus, die eine ideale Führungsperson verwirklichen sollte:

- *Exzellenz:* Sie soll Tugendhaftigkeit und Werteorientierung verkörpern.
- *Hoffnung und Vision:* Sie soll Hoffnung vermitteln sowie Visionen und den Blick auf attraktive Unternehmensziele ermöglichen.
- *Individuelle Anregung:* Sie soll Mitarbeiter anregen, Bestleistungen zu erbringen.
- *Individuelle Förderung:* Sie soll Mitarbeiter individuell fördern, damit diese Bestleistungen erbringen können.

Das sind hohe Ideale. Sicher sind die meisten Führungspersonen damit überfordert. Doch sie lassen sich im Coaching leichter greifen, wenn wir danach fragen, inwieweit ein Klient sie auf einer Skala von 1 bis 10 umsetzt.

> **Intervention: Transformierend führen**
>
> In dieser Intervention überprüft der Klient, welche transformierenden Eigenschaften er innerhalb seiner Führungspraxis bereits umsetzt, welche er entwickeln möchte und welche er aus organisatorischen oder persönlichen Gründen nicht entwickeln möchte, darf oder kann.
> Bitte stellen Sie Ihrem Klienten die folgenden Fragen, damit er seine persönlichen Voraussetzungen zum transformierenden Führen klären kann. Die Fragen stellen jeweils den Ausgangspunkt einzelner Betrachtungen dar. Bitte konkretisieren Sie zusammen mit dem Kli-

enten seine Antworten: Wie genau, wer genau, wo genau, wann genau, wodurch genau …? Selbstverständlich genügt es nicht, wenn der Klient auf einzelne Fragen nur mit einem Ja oder einem Nein antwortet.

Führung durch Werte und Tugendhaftigkeit (Idealized Influence): Bringen Ihre Mitarbeiter Ihnen Hochachtung, Wertschätzung und Respekt entgegen? Vertrauen Ihre Mitarbeiter Ihnen? Werden Sie als fachliches Vorbild wahrgenommen (von wem, von wem nicht)? Würden Ihre Mitarbeiter sagen, dass Sie fürsorglich mit ihnen umgehen? Nehmen Ihre Mitarbeiter Ihre Umgangsformen als wertschätzend und mitmenschlich wahr? Schätzen Ihre Mitarbeiter Sie als jemanden, der im guten Sinne ein moralisches Vorbild ist?

Führung mit Lösungs- und Zielvisionen (Inspirational Motivation): Können Sie die Ziele Ihres Verantwortungsbereichs so kommunizieren, dass Ihre Mitarbeiter diese begeistert aufnehmen? Sind Ihre Mitarbeiter mit den Zielen, die Sie kommunizieren, identifiziert? Kommunizieren Sie die Ziele für jeden Mitarbeiter anders, um seine individuell besten Möglichkeiten zu entfalten? Haben die Mitarbeiter – durch Ihre Kommunikation – eine lebendige Vision vom Ziel erhalten?

Führung durch Anregung (Intellectual Stimulation): Befähigen Sie Ihre Mitarbeiter zu einem kreativen und innovativen Denken, das sie Ziele schneller erreichen lässt? Hinterfragen Ihre Mitarbeiter die üblichen Standardwege, damit sie besser ans Ziel kommen? Befähigen Sie Ihre Mitarbeiter zu Querdenkern und Erfindern, die sich mit »dem Üblichen« nicht mehr zufrieden geben?

Führung durch individuelle Förderung (Individualized Consideration): Sind Sie ein »Coach« jedes Mitarbeiters? Kennen Sie die persönlichen und beruflichen Bedürfnisse eines jeden Mitarbeiters, die für ihn Voraussetzung sind, um sich entwickeln und Bestleistungen erbringen zu können? Gehen Sie auf diese Bedürfnisse ein? Wie schaffen Sie es, dass sich jeder Mitarbeiter in Ihrem Verantwortungsbereich als Individuum wertgeschätzt und verstanden fühlt? Wie ermöglichen Sie es, dass sich jeder Mitarbeiter als Individuum in dem verabredeten Arbeitsprozess verwirklichen und entwickeln kann?

Nach der Arbeit an den Voraussetzungen zum transformierenden Führen helfen Sie dem Klienten bitte, die Ergebnisse knapp zusammenzufassen. Der Klient sollte hierbei seine Ergebnisse auf einer Skala von 1 bis 10 einschätzen, sie schriftlich notieren und mit Ihnen festlegen, an welchen Punkten er besonders arbeiten möchte, um dort Verbesserungen möglich zu machen. Die Zusammenfassung können Sie mit folgenden Überschriften und Fragen angehen:

- Exzellenz: Wie steht es um Ihre Tugendhaftigkeit (Vorbildfunktion im menschlichen und im fachlichen Sinne)?
- Hoffnung: Wie sehr verkörpern und ermöglichen Sie hoffnungsvolles und lösungsorientiertes Denken, Arbeiten, Leben?
- Menschenkenntnis: Wie sehr sind Sie in der Lage, unbewusste und bewusste Lebensmotive bei sich und anderen zu verstehen und darauf mitmenschlich – und im Sinne der vereinbarten Ziele – einzugehen?
- Menschenliebe: Wie sehr schätzen oder lieben Sie Beziehungen und wie groß ist Ihr Wunsch und Wille, sich und andere zu entwickeln und zu fördern?

Aus diesen Fragen sollten sich konkrete Nachfragen ergeben, die später zu einem Veränderungs- und Maßnahmenplan führen.

Dauer: Die gesamte Arbeit kann in einem ersten Durchlauf 90 bis 120 Minuten in Anspruch nehmen.

Die Beschäftigung mit individuellen Stärken einer Führungskraft soll nicht von biografischen oder systemischen Zusammenhängen ablenken. Selbstverständlich kann und sollte ein Coach sein gesamtes Know-how in der Arbeit mit Führungspersonen einsetzen. Statt der speziellen Interventionen in diesem Kapitel kann es durchaus sinnvoller sein, zunächst ein Organigramm zu zeichnen, Figuren aufzustellen, die relevante Mitarbeiter repräsentieren, Ziele zu formulieren und Etliches andere mehr. Bitte nutzen Sie all die Basiswerkzeuge, die Sie bereits kennengelernt haben. Die hier dargestellten Interventionen oder Fragesammlungen sind dann zusätzliche Möglichkeiten.

Im Modell der transformierenden Führung wird von guten Eigenschaften oder Charisma ausgegangen. Doch genauso kann man untersuchen, welche Eigenschaften oder Verhaltensweisen hohe Führungskräfte scheitern lassen. Dieser Frage sind die Führungsforscher Morgan McCall und Michael Lombardo seit 1986 mehrfach nachgegangen. Dabei haben sie unter Führungskräften, die »ausrangiert« worden waren, nach Merkmalen gesucht, die ein Scheitern begünstigen. Sie haben ihre Ergebnisse in zehn Verhaltensweisen von Führungskräften zusammengefasst:

- Die Führungskraft wird als autoritär und einschüchternd erlebt.
- Die Führungskraft wird als arrogant und distanziert wahrgenommen.
- Der Führungskraft wird wenig Vertrauen entgegengebracht.
- Die Führungskraft scheint mit ihrem Aufstieg beschäftigt zu sein, weniger mit den Belangen der Mitarbeiter.
- Die Führungskraft zeigt sich in bestimmten Bereichen lernunwillig.
- Die Führungskraft delegiert wenig, da sie kein Vertrauen in die Kompetenzen der Mitarbeiter hat.
- Die Führungskraft duldet keine kompetenten Mitarbeiter in ihrer Nähe.
- Die Führungskraft beschäftigt sich oft mit speziellen Themen, auf die sie häufig zurückkommt.
- Die Führungskraft kritisierte öffentlich den Führungsstil ihrer direkten Vorgesetzten.
- Die Führungskraft lehnt Rat und Hilfe von Mitarbeitern, Kollegen und Chefs ab.

Durch die folgenden Fragen kann ein Klient abschätzen, wie hoch seine »Kompetenz des Scheiterns« anhand der Kriterien von McCall und Lombardo ist.

> **Intervention: Droht Derailment?**
>
> Führungskräfte, die wenigstens zwei der folgenden Punkte gut beherrschen, haben eine erhöhte Chance, ausrangiert zu werden. Die Aufgabe für den Klienten lautet: Bitte schätzen Sie Ihre Derailment-Kompetenz in jedem Punkt auf einer Skala von 1 bis 10 ein. Tun Sie dabei so, als wären die erfragen Merkmale Kompetenzen.
>
> Ein Beispiel: Wie hoch ist Ihre Kompetenz, im Umgang mit Mitarbeitern scharf oder ätzend zu sein? Wenn Sie in diesem Bereich kaum Kompetenz haben, müssten Sie eine 1 wählen, wenn Sie sehr gut darin sind, sich ätzend oder scharf zu zeigen, wählen Sie eine 8 bis 10 auf der Skala.
>
> Anschließend werden die einzelnen Fragen konkretisiert, indem die Führungskraft Beispiele aus ihrem Arbeits- und Führungsalltag heranzieht, die die einzelnen Fragen betreffen.
>
> *Dauer: etwa 90 Minuten.*
>
> | | 1 — 10 |
> |---|---|
> | Ich kann einschüchternd, herunterputzend, scharf, ätzend und unsensibel zu Kollegen und Mitarbeitern sein. | |
> | Ich kann kalt, arrogant und distanziert mit Kollegen und Mitarbeitern umgehen. | |
> | Ich kann Vertrauen ablehnen, Vertrauen zerstören und Vertrauen enttäuschen. | |
> | Ich kann gut an die nächste Stelle oder den nächsten Karrieresprung denken, mich betont ehrgeizig zeigen oder kleine »politische« Intrigenspielchen organisieren, um meinen Aufstieg zu fördern. | |
> | Ich kann gut auch mal faul sein, langsam sein, in bestimmten Bereichen unfähig und lernunwillig sein, unflexibel sein. | |
> | Ich kann gut alles selbst machen, indem ich lieber nichts delegiere, kein Team bilde und niemanden fachlich an mich herankommen lasse. | |
> | Ich kann gut dafür sorgen, dass sich keine fähigen Mitarbeiter um mich reihen. | |
> | Ich kann gut im Kreis denken, das große Ziel aus dem Blick verlieren. | |
> | Ich kann sehr gut den Führungsstil meines direkten Vorgesetzten ablehnen oder ihn erst gar nicht verstehen. | |
> | Ich kann gut alles unabhängig entscheiden und brauche daher keinen Fürsprecher und keinen Mentor (einen Coach schon gar nicht). | |

Nach der Übung können Sie mit dem Klienten besprechen, an welchen Punkten er weiterarbeiten möchte. Dabei können lebensgeschichtliche Quellen seines Verhaltens beleuchtet werden (wenn dies sinnvoll erscheint), es können Glaubenssätze bearbeitet oder konkrete Situationen szenisch erschlossen werden (durch dyadisches Psychodrama oder Arbeit mit Symbolen und Ähnlichem).

Selbst sehr erfolgreiche Führungspersonen zeigen in mehreren Punkten Schwächen und müssen nicht in den meisten oder gar allen Punkten vorbildlich sein. Scheiternde Führungspersonen weisen jedoch meist in zwei oder mehr Punkten weitere Schwächen auf als erfolgreiche Führungspersonen. Scheinbar entscheidet dieser kleine Unterschied zwischen Erfolg und Scheitern.

Mitarbeiter brauchen Aufmerksamkeit, Anerkennung und Anregung

Jochen Gabrisch und Claudia Krüger haben in ihrem Buch »Einfach führen« (2005) ein Modell vorgestellt, mit dem Führungskräfte ihr Kommunikationsverhalten und ihren Führungsstil verbessern können. Den Kern des Modells bildet die Triple-A-Methode mit den Elementen »Aufmerksamkeit«, »Anerkennung« und »Anregung«. Es genügt für eine Führungsperson nicht, nur einen dieser Bereiche zu würdigen oder bevorzugt zu berücksichtigen. Erfolgreiche Führung muss in allen drei Bereichen wirken.

> **Beispiel**
> Die Personalleitung eines mittelständischen Unternehmens suchte für eine erfolgreiche Führungsperson einen Coach. Die Führungsperson sei momentan äußerst gereizt und setze ihre Mitarbeiter zu sehr unter Druck. Im Erstgespräch berichtet der Klient: Das Unternehmen stünde gerade unter Druck und da sei es verständlich, dass nun alle ihre Leistung steigern müssten. In diesem Gespräch fragte ich ihn nach seinen Mitarbeitern. Dabei fiel auf, dass er von vielen »engeren Mitarbeitern« die Namen nicht kannte. Als ehemaliger Ingenieur war er auf technische Fragen und Aufgaben fokussiert. Er gab seinen Mitarbeitern sehr viele konkrete Anweisungen. Wenn er die Mitarbeiter an ihren Arbeitsplätzen besuchte, kontrollierte er jeweils, ob seine letzte Anweisung durchgeführt worden war. Er wusste jedoch nicht, was die Mitarbeiter sonst noch zu erledigen hatten oder wie sie dabei vorgingen. Es war zu spüren, dass der Klient unter Hochdruck stand. Er hatte zwar gehört, dass Coaches keine Ratschläge geben. Dennoch bat er darum, dass er bis zum nächsten Treffen einige Tipps und Verhaltensmaßregeln erhielt, um die Woche »wenigstens zu überleben«. Am Ende des ersten Gesprächs vereinbaren wir, dass er bis zu unserem nächsten Treffen seine Mitarbeiter im Fahrstuhl anlächeln, ihnen einen guten Morgen wünschen und in einem kurzen Gespräch herausbekommen sollte, in welchem Stadtteil oder Dorf die Mitarbeiter wohnten, ob sie Kinder oder Haustiere hätten und Ähnliches. Außerdem sollte er jeden direkten Mitarbeiter an dessen Arbeitsplatz besuchen und sich erklären lassen, wie und warum dieser einzelne Arbeitsschritte durchführte. Für selbstständige und gute Leistungen, die er dabei wahrnahm, sollte er die Mitarbeiter loben.

Nach einer Woche berichtete der Klient im zweiten Gespräch von einer »Revolution«. Der Small Talk liege ihm zwar überhaupt nicht, seine Mitarbeiter seien aber auf ihn zugekommen und hätten ihm nach wenigen Tagen gesagt, dass er sich sehr positiv verändert habe. Der Klient selbst erlebte das Klima in seiner Abteilung nun auch viel »produktiver«.

Was war passiert? Im Erstgespräch war aufgefallen, dass der Klient häufig Anregungen in Form von konkreten Anweisungen an seine Mitarbeiter gab. Ich hatte den Eindruck, dass er seinen Mitarbeitern wenig Aufmerksamkeit schenkte, da er nicht einmal ihre Namen kannte. Außerdem zeigte er kaum Anerkennung für die Leistungen seiner Mitarbeiter und erkannte die Besonderheiten ihrer Tätigkeit im Unternehmen nicht.

Die Triple-A-Methode geht genau diesen drei wichtigen Fragen nach, mit der sich jede Führungsperson auseinandersetzen muss: Schenke ich genügend Aufmerksamkeit, Anerkennung und Anregung?

Aus der Triple-A-Methode von Gabrisch und Krüger greife ich in der folgenden Intervention lediglich einzelne Aspekte und Kernfragen beispielhaft heraus.

Intervention: Dreimal A

Die Fragen werden der Führungsperson zu jedem Mitarbeiter gestellt. Es ist nicht ausreichend, pauschal zu antworten: »Ich grüße meine Mitarbeiter immer alle gleich freundlich und häufig …«

Die Antworten werden bei einzelnen Mitarbeitern verschieden sein. Die Gründe für diese Unterschiede können herausgearbeitet werden. Außerdem ist es bedeutsam, die Werte und Erwartungen herauszuarbeiten, die dazu führen, dass die Führungskraft bestimmten Mitarbeitern ein oder mehrere spezielle A verweigert oder gehäuft zukommen lässt. Wenn ein einzelnes A kaum eingesetzt wird, können die Gründe hierfür erarbeitet werden (Biografie, Werte, Glaubenssätze und anderes).

Die Fragen für die drei A lauten:

Aufmerksamkeit: Wie begrüßen Sie Ihren Mitarbeiter? Welche persönlichen Fragen stellen Sie ihm? Wie gut kennen Sie seine persönliche und berufliche Motivation? Was wissen Sie über seine Ziele, Vorlieben, Hoffnungen, Stärken, Schwächen, Wünsche …? Wie, warum und wann kam er ins Unternehmen? Auf welche Weise haben Sie ihn über die Ziele der Abteilung informiert? Wie genau trägt er dazu bei?

Anerkennung: Wie, wann, warum loben Sie diesen Mitarbeiter? Was kann er gut? Wie spiegeln Sie ihm das zurück? Auf welche Weise zeigen Sie Wertschätzung und Anerkennung für die Stärken des Mitarbeiters? In welchem Verhältnis steht Ihre positive und negative Anerkennung dieses Mitarbeiters? Wie, wo und wann reichen Sie Ihre eigenen Erfolge an diesen Mitarbeiter weiter und zeigen ihm seinen Beitrag dazu auf? Wie häufig bemerken und loben Sie kreative Ideen, Fleiß, Ordentlichkeit, Stetigkeit und andere gute Leistungen beziehungsweise Eigenschaften dieses Mitarbeiters?

> **Anregung:** Auf welche Weise haben Sie die Arbeitsumgebung des Mitarbeiters förderlicher gestaltet? Welche Tipps oder Ideen haben Sie dem Mitarbeiter in letzter Zeit zukommen lassen? Auf welche Weise haben Sie dem Mitarbeiter die Ziele des Unternehmens und die Ziele der Abteilung mitgeteilt, sodass sie für ihn verständlich sind? Auf welche Weise geben Sie dem Mitarbeiter zu verstehen, dass er Ihnen vertrauen kann? Wie fördern Sie den Mitarbeiter in seinen persönlichen und beruflichen Entwicklungszielen?
>
> *Dauer: Etwa zwei Stunden.* Einzelne A werden jedoch in jeder konkreten Coachingsituation, in der es um Führung geht, immer wieder angesprochen.

Worin ist die Führungsperson exzellent?

Von Zeit zu Zeit sollte das Coaching ausschließlich auf Stärken und Ressourcen fokussieren (aber nicht immer und nicht nur!). Das macht Mut. Neben allgemeinen Stärken und Schlüsselkompetenzen können auch spezielle Führungsfähigkeiten betrachtet werden. In der folgenden kleinen Intervention kann der Klient herausarbeiten, inwiefern sein Beitrag am Unternehmen als Führungsperson wertvoll ist.

> **Intervention: Was kann ich gut?**
>
> Bitte entwerfen Sie mit Ihrem Klienten weitere Fragen, um seine Stärken als Führungsperson herauszuarbeiten. Beispielsweise können Sie folgende Fragen stellen:
>
> - Was sind Ihre herausragenden Kompetenzen als Fach- oder Führungskraft?
> - Welchen Beitrag leisten Sie zur Umsetzung des Unternehmensziels und des Abteilungsziels?
> - In welchen Führungssituationen kommen Ihre Stärken besonders zum Ausdruck?
> - Von welchen Idealen und Werten lassen Sie sich in solchen Situationen leiten?
> - Welche Rollen übernehmen Sie in Ihrem Unternehmen?
>
> *Dauer: 30 bis 60 Minuten.*

Die Fragen zielen vornehmlich auf den Ist-Zustand. Im Coaching ergibt sich daraus eine Reihe von weiteren Fragen: Möchten Sie, dass es genauso bleibt? Wo wünschen Sie sich mehr Klarheit oder mehr Kompetenz? An diesen »Stellschrauben« kann anschließend weitergearbeitet werden. Doch manchmal genügt es, sich vor Augen zu führen (und wirklich zu spüren), dass man etwas gut kann und dass man einen wertvollen Beitrag leistet. Das darf dann – vielleicht auch ohne weitere Arbeit – genossen und gefeiert werden!

Führungspersonen vermitteln zwischen menschlichen Bedürfnissen und der Logik der Wirtschaft

Die Gallup-Studie von 2008 stellte fest, dass jeder fünfte Mitarbeiter sein Unternehmen gerne verlassen würde. Jeder zehnte Mitarbeiter fühlt sich in seinem Unternehmen unwohl. Die Gründe hierfür sind auch fehlende Aufmerksamkeit und Anerkennung.

Eine Führungsperson sollte in der Lage sein zu vermitteln: Zwischen einer zynisch empfundenen Funktionslogik der Wirtschaft (es geht um Gewinn und Wachstum und nicht um Glück) auf der einen Seite und den berechtigten Wünschen und Bedürfnissen der Mitarbeiter auf der anderen Seite. Hierdurch wird das »Leiden an der Organisation« gemildert.

In der folgenden Intervention kann eine Führungsperson sich für die Vermittlerrolle zwischen menschlichen Bedürfnissen und der Funktionslogik der Wirtschaft sensibilisieren.

> **Intervention: Rolle und Individuum**
>
> Sobald Mitarbeiter und Führungspersonen sich mit ihren Rollen identifizieren oder die Anforderungen an eine Rolle mit der Anforderung an ihr »Selbst« verwechseln, entstehen Probleme. Zum Beispiel, wenn ein Mitarbeiter sich ein Unternehmen wünscht, das seine Bedürfnisse so wahrnimmt, wie dies eine gute Familie tun würde.
> Innerhalb des Unternehmens ist ein Mitarbeiter jedoch vornehmlich ein Rollenträger und kein »ganzer Mensch«. Wie gehen Mitarbeiter und Führungspersonen mit diesem scheinbaren Widerspruch um? Wann nehmen Sie diesen Widerspruch war? Die folgenden Fragen sollen eine Anregung sein, sich mit den Erwartungen, die sich aus der Rolle ergeben, und den jeweiligen Individuen auseinanderzusetzen. Erdenken Sie weitere ähnliche Fragen.
>
> - Wann verstehen Sie Auseinandersetzungen mit den »Härten und Frustrationen« der Organisation als Anregung zum Wachstum und Herausforderung? Wann als verstörende Belastung?
> - Welche Ihrer Mitarbeiter verstehen solche Auseinandersetzungen vorwiegend als Belastung? Auf welche Weise helfen Sie diesen Mitarbeitern zu einer veränderten Sichtweise oder Herangehensweise?
> - Wann erwarten Sie, innerhalb der Organisation als »ganzer Mensch« gesehen zu werden? In welchen Situationen wurde oder wird dies enttäuscht?
> - Welche Mitarbeiter haben ähnliche Enttäuschungserlebnisse? Wie helfen Sie ihnen, die »familiären« Erwartungen an die Organisation zu verändern?
>
> *Dauer: etwa 30 bis 60 Minuten.*

Nach der Intervention erarbeiten Sie mit dem Klienten wieder, welche Aspekte er genauer untersuchen möchte oder welche Konsequenzen er aus seinen Gedanken, Gefühlen und Antworten auf die Fragen ziehen möchte.

Vor welchen Fragen steht eine neu ernannte Führungskraft?

Personen, die eine neue Führungsaufgabe übernehmen, wechseln manchmal die Unternehmen. In solchen Fällen müssen sie sich in einer völlig neuen Unternehmenskultur zurechtfinden (s. S. 52). Jeder Aufstieg, ob im bisherigen Unternehmen (»Kaminaufstieg«) oder in einem anderen, ist mit einem Abschied von bekannten Regeln, Verhaltensweisen und teils auch Personen (beziehungsweise den bisher gepflegten Beziehungen zu diesen) verknüpft. Um erfolgreich in der neuen Position bestehen zu können, muss die neu ernannte Führungsperson neue Erfolgs- und Lernstrategien entwickeln.

Die Fragen in der folgenden Intervention können der neu ernannten Führungskraft helfen, wichtige Lern- und Handlungsfelder zu entdecken.

Intervention: Lernfragen für neue Führungskräfte

Mit den folgenden Fragen kann die neu ernannte Führungskraft wichtige Themen erkunden, die sich – erfahrungsgemäß – für Aufsteiger ergeben. Die Führungskraft kann sich diesen Themen bewusst, vorausschauend und auf einem höheren Reflexionsgrad nähern, als wenn sie im Alltagsgeschäft unvorbereitet mit ihnen konfrontiert wird.

Die Fragen lauten:
- Wer sind die neuen direkten Vorgesetzten? Was haben diese für einen Führungsstil? Welche Motive und Werte leben sie vor? Wofür sind sie bekannt?
- Wofür steht das Topmanagement des Unternehmens?
- Was ist das Unternehmensziel, was das Abteilungsziel?
- Wer sind die relevanten Mitarbeiter (jeder einzelne) in der neuen Position? Wie ist die Geschichte dieser Personen im Unternehmen? Warum sind sie da, wo möchten sie hin, worauf hoffen sie, was fürchten sie?
- Welche Schnittstellen innerhalb des Unternehmens sowie nach außen gibt es?
- Was hat mich bisher erfolgreich gemacht? Was davon kann ich in der neuen Position nutzen, was nicht?
- Was mochte und liebte ich in der alten Position? Wird es sich in der neuen Position ändern?
- Wen oder was werde ich vermissen, auf wen oder was freue ich mich?
- Wie geht es meinem Bauch, wenn ich an die alte Position denke? Wie, wenn ich an die neue denke?
- Woran werde ich selbst den Erfolg in der neuen Position messen? Woran werden meine Vorgesetzten meinen Erfolg messen?
- Welche Verhaltensweisen muss ich ändern?
- Welche Aufgaben werde ich umgehend angehen müssen?
- Mit wem sollte ich in welcher Reihenfolge sprechen, um mir einen guten Überblick zu verschaffen und mit dem Verteilen von Aufmerksamkeit, Anerkennung, Anregung zu beginnen (um Informationen zu erhalten und Vertrauen aufzubauen)?
- Welche neuen Aufgaben ziehen mich an? Welche stoßen mich eher ab?

Dauer: etwa zwei Stunden; manchmal deutlich mehr.

Entwerfen Sie nach der Bearbeitung der genannten Fragen weitere Fragestellungen mit dem Klienten. Es geht bei dieser Intervention darum, Informationen zu sammeln und diese zu analysieren. Damit kann der Klient Vertrauen in seine eigenen Stärken aufbauen, die dann schließlich zum Erfolg führen. Anschließend entwerfen Sie zusammen mit dem Klienten einen Maßnahmenkatalog, in dem er beispielsweise festlegt:

- Mit wem muss ich zuerst sprechen?
- Was muss ich als Nächstes tun?
- In welcher Reihenfolge werde ich die einzelnen Handlungsschritte durchführen?

Die Klientin im folgenden Beispiel wünschte nach der Intervention weitere Arbeitsschwerpunkte und wählte andere Maßnahmen:

Beispiel
Eine 34-jährige Klientin wurde innerhalb ihres Unternehmens in einen anderen Bereich versetzt und sollte hier die Produktionsleitung einer wichtigen Produktgruppe übernehmen. Da sie diesen Unternehmensbereich bisher nicht kannte, erschien ihr alles fremd und neu. Nachdem die eben dargestellte Intervention durchgearbeitet wurde, war ihr klar, dass im neuen Bereich vieles anders laufen wird als in ihrem bisherigen Bereich. Sie hatte auch Angst, dass die leitenden Mitarbeiter sie aufgrund ihres Alters nicht akzeptieren würden. Außerdem war ihr nicht ganz klar, welche Erwartungen der Hauptgeschäftsführer an ihre neue Rolle hatte und woran später gemessen werden könnte, ob sie die ersten 100 Tage erfolgreich gestaltet hat oder nicht. Sie wünschte sich, dass der Schwerpunkt des Coachings sich zunächst um folgende Aufgaben dreht:
Welche Personen sind für den neuen Bereich relevant? Leitende Mitarbeiter, Werksleiter, der Geschäftsführer (in der Zentrale) und andere mehr. Sie stellte einen Plan auf, wann und wie sie mit jedem dieser Mitarbeiter sprechen wollte. Für jeden Einzelnen wurde im Tauschen und Doppeln erarbeitet, welche Erwartungen, Bedürfnisse, Kompetenzen … er vermutlich in Bezug auf die neue Chefin hat.
Mit dem Hauptgeschäftsführer wollte sie klären, welche konkreten Erwartungen er an sie hat und woran er ihren Erfolg nach 100 Tagen messen wird. Anschließend erarbeitete Sie – in Rücksprache mit dem Coach – einen 100-Tagesplan, in dem sie gestufte Rahmenziele festlegte, die sie erreichen wollte.
Mit den leitenden Personen ihres neuen Verantwortungsbereichs – mit denen sie bereits gesprochen hatte und die sie für sich »gewinnen« konnte – erarbeitete sie Ziele, die die Wünsche und Vorstellungen dieser Personen einschlossen, aber auch ihren persönlichen 100-Tage-Plan berücksichtigen.
Die Klientin wünschte sich einen Überblick, der ihr Handeln und ihren Karriereweg vor dem Hintergrund des Gesamtunternehmens berücksichtigt.

Hierzu wurde mit Figuren eine Aufstellung durchgeführt, um das komplexe Geflecht von Beziehungen zwischen Vorgesetzen (in der Zentrale), Kollegen (auch in anderen Unternehmensteilen) und den Mitarbeitern zu beleuchten. Die Klientin konnte sehr gut taktisch und strategisch denken und handeln. So ging sie auch die selbst gesteckten Ziele an. Der Schwerpunkt des Coachings, den sie sich wünschte, lag daher zum einen auf der nachträglichen und vorwegnehmenden Reflexion der menschlichen Begegnungen und zum anderen auf einer systemischen Reflexion. Mehrfach und ausdrücklich wünschte sie, dass Themen der Life-Balance zunächst nicht angeschaut würden. Die Klientin hatte kaum ein Privatleben und war als Person und in ihrer Rolle völlig von der neuen Aufgabe absorbiert. Work-Life-Balance, so die Klientin, sei ein Thema für das nächste Jahr, wenn sie sich in der neuen Position bewährt habe.

Wo steht die Führungsperson?

Wenn eine Führungskraft eine kurze »Zwischenbilanz« ziehen möchte, können Sie eine Reihe von Fragen stellen. Machen Sie sich dabei Notizen, um Kernfragen, Anliegen, Coachingthemen zu notieren. Wichtige Punkte können Sie am Flipchart notieren, damit diese während der Sitzung auch für den Klienten sichtbar bleiben.

Die folgende Intervention ist eine modifizierte, gekürzte Version aus dem Lehrgang »Personal- und Business-Coach« (ILS.de, 2010), Studieneinheit »Führungs-Coaching«.

Intervention: Zwischenbilanz

Die folgenden Fragen sollen dem Klienten helfen, bisherige Erfolge, Kompetenzen, Stolpersteine und dergleichen zu identifizieren, die seine bisherige Karriere charakterisieren. Bitte begleiten Sie Ihren Klienten durch diese Fragen:

Berufliche Stationen: Welche Stationen haben Sie bisher durchlaufen? Was waren dabei die Herausforderungen, die Erfolge, die Misserfolge und die Lernchancen? Gibt es Menschen, die auf die Begegnung mit Ihnen gut zurückblicken? Gibt es Menschen, die auf die Begegnung mit Ihnen weniger gut zurückblicken?

Private Stationen: Wie verlief parallel dazu Ihr Privatleben? In welchen Momenten konnten Sie eine gute Balance zwischen Berufs- und Privatleben herstellen? Wann hat das Privatleben unter Ihrem Beruf gelitten?

Gelerntes: Welche Kompetenzen haben Sie in unterschiedlichsten Bereichen erworben oder ausgebildet?

Führungsstärken und -schwächen: Was ist Ihr Alleinstellungsmerkmal als Führungskraft? Was macht Sie eher zu einer ganz normalen oder durchschnittlichen Führungskraft?

Privates Netzwerk: Welche Personen, Funktionen, Verbindungen tauchen in Ihrem privaten Netzwerk auf? Wie häufig und auf welche Weise nutzen Sie dieses Netzwerk? Wie häufig investieren Sie selbst durch Aufmerksamkeit, Anerkennung und Anregung in dieses Netzwerk (wo und wie)?

Berufliches Netzwerk: Reflektieren Sie auf die gleiche Weise Ihr berufliches Netzwerk!

Selbstmarke: Wie gingen Sie bisher vor, um sich selbst zu positionieren und zu vermarkten? Wo, wann, wie war das erfolgreich? Wie beschreiben Sie sich und Ihre Stärken?

Selbst-PR: Welche angemessene oder realistische Vermarktungs- oder Selbst-PR-Strategie haben Sie bisher genutzt? Welche würden Sie gerne entwickeln?

Selbstwirksamkeit: Wann nehmen Sie sich als besonders selbstwirksam und selbstwert wahr? Wann eher nicht?

Steigerung der Selbstwirksamkeit: Wie könnten oder möchten Sie Ihre Selbstwirksamkeit und Ihr Selbstwertempfinden verbessern? Welche Schritte und konkreten Maßnahmen sind dazu erforderlich?

Bremsen: Was sind Ihre bewussten und die vermuteten oder weniger bewussten Bremsen Ihrer Karriere, Ihrer Selbstentfaltung oder der Zielbestimmung Ihres Lebens? Wie könnten Sie realistisch daran arbeiten, diese Bremsen zu lockern? Was müssten Sie dafür tun?

Bremsen-Check von außen: Wie sehen andere wichtige Menschen aus dem Beruf oder dem Privatleben Ihre Bremsen (auch die Bremsen, die Sie selbst nicht wahrnehmen)?

Expertenrat von außen: Welchen Rat gaben oder geben andere Menschen? Welchen Rat würden Sie sich geben, wenn Sie eine außenstehende Personen wären?

Leben in Balance: Erstellen Sie Ihr persönliches Life-Balance-Inventar: Wie viel Zeit oder Energie bringen Sie für welche Bereiche des Lebens auf? Wie zufrieden sind Sie damit? Wie soll es weitergehen, damit Sie wirklich zufrieden sind? Was tun Sie (konkret), um dies zu verwirklichen?

Voraussetzungen und Anforderungen: Was sind Ihre Neigungen, Gaben, Ressourcen, Anforderungen …? Wie bringen Sie diese bisher in Einklang miteinander (oder auch nicht)? Was ist zu tun, um dies zu verbessern?

Werte: Welche Werte haben Sie von zu Hause mitbekommen? Welche sind selbst erworben (wann, durch wen angeregt)? Welche Werte haben Sie im Beruf gewonnen? Welche Werte gelten in Ihrem Unternehmen oder in Ihrer Branche? Wo beißt sich etwas, wo geht es zusammen? Wie können Sie Ihre Werte besser verwirklichen?

Dauer: etwa 90 bis 120 Minuten.

Besprechen Sie danach mit dem Klienten, welche Kernfragen, Anliegen, offenen Themen, Ziele oder anderes Sie wahrgenommen haben. Wägen Sie mit dem Klienten ab, welche Anliegen in der momentanen Situation im Coaching relevant (oder auf den Coachingauftrag bezogen) sind und in der gemeinsamen Arbeit berücksichtigt werden sollten.

Auf der folgenden Seite finden Sie Literaturtipps zum Führungscoaching.

Literaturtipps

Oswald Neuberger: Führen und Führen lassen. Stuttgart: UTB (Lucius & Lucius), 6. Auflage 2002. Ein sehr umfassendes Lehrbuch mit ungefähr 900 Seiten. Viel Praxis, aber auch sehr viel Theorie.

Helmut Hofbauer und Alois Kauer: Einstieg in die Führungsrolle. Praxisbuch für die ersten 100 Tage. München: Hanser, 5. Auflage 2014.

Uwe Reineck, Ulrich Sambeth, Andreas Winklhofer: Handbuch Führungskompetenzen trainieren. Weinheim und Basel: Beltz, 2. Auflage 2011. Viele knapp, humorvoll, kreativ und klug präsentierte Themen zu Führungsfragen mit Übungen. Gut geeignet für Teambildungen und Seminare mit Abteilungen.

Elisabeth Haberleitner und Elisabeth Deistler: Führen, Fördern, Coachen. So entwickeln Sie die Potenziale Ihrer Mitarbeiter. München: Piper, 4. Auflage 2009.

Peter Christian Patzelt: Mensch, Manager! Was Führungskräfte wissen sollten. Düsseldorf: Schöne Plaik 2005. Dieses Buch ist für Chefs geschrieben. Ein Coach, der Führungskräfte und Chefs berät, sollte es kennen, um zu wissen, mit welchen Themen sich Manager im Führungsalltag beschäftigen.

Astrid Schreyögg: Coaching für die neu ernannte Führungskraft. Wiesbaden: VS Verlag, 2. Auflage 2010. Theorie und Praxis werden geistreich dargestellt. Viele konkrete Ratschläge und Tipps für Coaches von der Altmeisterin des deutschen Coachings.

Björn Migge: Führungs-Coaching. In: Lehrgang Personal- und Business-Coach, Studienheft Führungs-Coaching (50 S.). Hamburg: Institut für Lernsysteme GmbH, www.ILS.de, Neuauflage 2017. Führungsinstrumente, Reflexion von Führungsverhalten, Top-Executive-Coaching, Einsendeaufgaben.

Positives Leben

Die moderne Forschungsrichtung der »positiven Psychologie« hat einige Berührungspunkte mit der seit langem bekannten Technik des »positiven Denkens«.

Das positive Denken taucht in der populären Literatur manchmal in einer moderaten Form auf und ähnelt dann der Fokussierung auf Ressourcen, Ziele und Lösungen, wie es in einigen Therapie- und Beratungsverfahren praktiziert wird. Doch es gibt auch eine überzogene Version des positiven Denkens. Ihre Vertreter stellen Behauptungen auf, die manchmal etwas magisch oder wundersam klingen. In dieser Auslegung des positiven Denkens werden Schwächen, Schatten, Krankheiten oder Ängste ausgeblendet oder es wird sogar die Behauptung aufgestellt, dass jeder schlechte Gedanke letztlich dazu führe, dass sich das Schlechte auch einstelle. Wer an das Schlechte denke, sei somit auch schuld daran, dass es sich einstellt.

Mit der übertriebenen Variante des sogenannten positiven Denkens hat die moderne positive Psychologie nichts zu tun. Sie ruht stattdessen auf mehreren Säulen.

> **Die vier Säulen der positiven Psychologie**
>
> Der neue Ansatz der positiven Psychologie enthält vier Grundpositionen:
>
> - Ressourcen: Die positive Psychologie ist auf das Gute, Schöne, Starke, Hilfreiche, Tugendhafte (Exzellente) und Kompetente ausgerichtet. Sie möchte das Modell der »Ressource« im Individuum und in der Gesellschaft stärken.
> - Wissenschaft: Sie hat den Anspruch, wissenschaftlich begründbar zu sein.
> - Ethik: Sie geht von einer Ethik der Nächstenliebe und eines Verzichts auf Gewalt aus.
> - Alltag: Sie möchte ihre Erkenntnisse nicht nur in Therapie oder Wissenschaft pflegen, sondern in den Alltag jedes Menschen bringen. Sie möchte bessere subjektive und objektive Lebensbedingungen ermöglichen.

Innerhalb der positiven Psychologie finden sich Praktiker und Forscher, die sich beispielhaft mit folgenden Themen befassen: Güte, Verzeihen, Solidarität, Ethik, Vertrauen, Sinn, gerechte Kommunikation, Spiritualität, Achtsamkeit, Geborgenheit, Gesundheit, Gelassenheit, Resilienz, Salutogenese und andere. Alle diese Begriffe finden in der populären Selbsthilfeliteratur ebenfalls großen Anklang. Damit ist der neue Ansatz der positiven Psychologie dicht am Herz und an den Bedürfnissen der Menschen im Alltag. Manche der genannten Begriffe müssen für die Wirtschaft oder das Business-Coaching möglicherweise übersetzt werden. Zwar interessieren sich

Führungspersonen sehr für diese Themen und besuchen gehäuft Seminare und Fortbildungen, die mit diesen Schlagworten werben, doch es gibt gleichermaßen eine große Zahl von Führungspersonen, die diese Begriffe zu weich findet. Sie bevorzugen Übersetzungen wie: Exzellenz, Hingabe, Optimismus, Leichtigkeit, Vision, Erfolg, Vitalität, Authentizität.

Durch die folgende Intervention kann der Klient klären, welche Worte ihn positiv ansprechen.

Intervention: Positiver Wortschatz

Der Klient wird aufgefordert, grundlegende Begriffe aus dem positiven Wortschatz auf einer Skala von 1 bis 10 zu bewerten. 1 bedeutet, dass der Begriff dem Klienten nichts sagt oder dass er ihn bezogen auf seine Rolle als Führungsperson befremdlich findet (beispielsweise, weil er dort keinen Platz hat); 10 bedeutet, dass der Begriff dem Klienten sehr nahe geht, weil er damit persönliche oder berufliche Hoffnungen verbindet oder darin Werte wahrnimmt, die für ihn in seiner Rolle als Führungsperson relevant sind.

Begriff	1 ———————— 10
Güte	├──┼──┼──┼──┤
Verzeihen	├──┼──┼──┼──┤
Solidarität	├──┼──┼──┼──┤
Ethik	├──┼──┼──┼──┤
Vertrauen	├──┼──┼──┼──┤
Sinn	├──┼──┼──┼──┤
Gerechte Kommunikation	├──┼──┼──┼──┤
Spiritualität	├──┼──┼──┼──┤
Achtsamkeit	├──┼──┼──┼──┤
Geborgenheit	├──┼──┼──┼──┤
Gesundheit	├──┼──┼──┼──┤
Gelassenheit	├──┼──┼──┼──┤
Resilienz	├──┼──┼──┼──┤
Salutogenese	├──┼──┼──┼──┤
Optimismus	├──┼──┼──┼──┤
Erfolg	├──┼──┼──┼──┤
Authentizität	├──┼──┼──┼──┤
Bewunderung	├──┼──┼──┼──┤
Leichtigkeit	├──┼──┼──┼──┤
Kontrolle	├──┼──┼──┼──┤
Selbstwirksamkeit	├──┼──┼──┼──┤

| Motivation | ├──┼──┼──┼──┤ |
| Vision | ├──┼──┼──┼──┤ |

Dauer: etwa 30 Minuten.

Sie können den Klienten auch noch weitere Begriffe bewerten lassen.

Der Coach kann diese Intervention beispielsweise mit folgenden Worten einleiten:

Beispiel

Coach: »Bitte bewerten Sie jeden der folgenden Begriffe auf einer Skala von 1 bis 10. 1 bedeutet, dass Ihnen der Begriff nichts sagt oder dass Sie ihn in Ihrer Rolle als Führungsperson befremdlich finden (beispielsweise, weil er dort keinen Platz hat); 10 bedeutet, dass Ihnen der Begriff sehr nahe geht, dass Sie damit persönliche oder berufliche Hoffnungen verbinden oder darin Werte wahrnehmen, die für Sie auch in Ihrer Rolle als Führungsperson relevant sind. Diese Einteilung ist zunächst sehr subjektiv und vage. Wir werden in einem späteren Schritt Ihre rationalen Beweggründe und vielleicht auch Ihre unbewussten Motive anschauen, die zu Ihrer Einschätzung führten.«

Beispielsweise hatte eine Führungsperson große Probleme mit dem Wort »Erfolg«. Er skalierte den Begriff auf seiner Skala mit 3. Dieses Wort, so sagte er, schmecke ihm nicht, er müsse dabei aufstoßen, es werde ihm übel, es drehe sich ihm den Magen um. In seinem Unternehmen wurde das Wort jedoch häufig und ausgiebig verwendet. Im Verlaufe des Coachings schauten wir mit der Zeitstrahltechnik (s. S. 175), welche biografischen Wurzeln das Wort für ihn hat. Seine Mutter war früh an einer Magenkrebserkrankung gestorben; der Vater wurde daraufhin depressiv und ist beruflich tief gefallen. Der Klient hat schon früh Verantwortung übernehmen müssen. In einer Trancearbeit wurde ihm klar, dass er sich unbewusst nicht zugestehen wollte, erfolgreicher als sein Vater zu sein. Der Vater habe früher sehr darunter gelitten, dass er seine Karriere abbrechen musste, nachdem die Mutter erkrankt war und kurz darauf starb. Genauso wie seiner Schwester habe ihm das jeden »Appetit« auf Leben genommen. Auch als Erwachsener – und als eigentlich erfolgreiche Führungsperson – verband er das Wort »Erfolg« immer noch mit der damaligen Situation, den damaligen Emotionen und Körpergefühlen in der Magengegend oder mit dem Essen. Diese Verknüpfung hatte er seit über 30 Jahren »vergessen«.

Dieses Beispiel zeigt, dass Wörter – auch vermeintlich positive – manchmal eine individuelle Geschichte haben. Oft sind die Verknüpfungen nicht so komplex; manchmal aber auch weniger offensichtlich.

Anschließend werden diese Begriffe konkretisiert und personalisiert: Jeder dieser Begriffe kann in einem späteren Arbeitsschritt auf Begegnungen und konkrete Situationen angewandt werden: Auf welche Weise wird der Begriff (wie der Klient ihn versteht) in der konkreten Situation oder Begegnung gelebt oder nicht gelebt? Es können die biografischen Quellen, die dahinterliegenden Werte, Glaubenssätze und Erwartungen betrachtet werden. Sie finden in den vorangegangenen Kapiteln eine Fülle an Interventionen, die zur Vertiefung eingesetzt werden können. Beispielsweise die Zeitstrahltechnik oder die Arbeit an Kognitionen.

Die nun folgende Intervention kann thematisch auf das Privatleben oder das Arbeitsleben eingegrenzt werden, wenn dies sinnvoll ist.

Intervention: Wie positiv ist Ihr Leben?

In dieser Intervention finden Sie einige Glaubenssätze, die positive Menschen auszeichnen. Gleichzeitig sind dies Sätze, die bedeutsam für Personen sind, die resilient sind (s. Rezilienz, S. 285).

Coach: »Bitte skalieren Sie folgende Fragen von 1 bis 10. Anschließend besprechen wir, wie Sie zu Ihrer Einschätzung gelangt sind, welche Schlüsse Sie daraus ziehen und welche Veränderungen Sie vornehmen möchten. 1 bedeutet, dass die Aussage auf Sie kaum zutrifft, 10 bedeutet, dass die Aussage auf Sie vollkommen zutrifft.«

- Ich bin mit meinem Leben zufrieden.
- Was mir wichtig ist, habe ich erreicht.
- Könnte ich nochmals leben, würde ich es wieder so machen.
- Dieses Leben entspricht meinem Ideal.
- Die Bedingungen, in denen ich lebe, sind förderlich.
- Ich kann gut mit Rückschlägen umgehen, weil mein »Fundament« mich trägt.
- Ich blicke optimistisch in die Zukunft, weil ich dort nur Gutes erwarte.
- Ich blicke optimistisch in die Zukunft, weil ich weiß, dass ich das, was kommt, »meistern« werde.
- Ich kann die Umstände, in denen ich lebe, gut beeinflussen.
- Ich verstehe (durchschaue) die Zusammenhänge, in denen ich lebe.
- In diesem Leben bin ich so eingerichtet, dass ich wirklich ich bin.

Dauer: etwa 20 Minuten.

Bin ich gut?

In einer Fortbildung zum Coach hatte ich den Liedtext »Ich bin gut« von Monika Cyrani vorgestellt. Es geht darin nicht um »ich kann etwas gut«. Trotzdem verstanden einige Teilnehmer den Text auf diese Weise. Sie hatten keinen Zugang mehr zu einem Vertrauen darauf, dass sie gut *sind*, liebenswert *sind*, einzigartig *sind*, geliebt *sind* ... Sie verstanden das Wort »gut« nur in Bezug auf Leistungen, die sie erbracht haben, oder indem sie ihre Leistungen mit denen anderer verglichen.

Im nächsten Schritt wurde das Lied noch einmal gespielt und alle, die mochten, konnten es mit geschlossenen Augen mitsingen. Es gab viele Tränen. Einigen war die Zunge plötzlich »bleischwer« oder »gelähmt«, obwohl sie gerne mitgesungen hätten. Viele erkannten, dass der erste Schritt zu einer »positiven Wende« Selbstannahme und Selbstliebe sein muss, um wirklich zu glauben, dass man gut *ist*.

Literaturtipps

Daniela Blickhan: Positive Psychologie. Ein Handbuch für die Praxis. Paderborn: Junfermann 2015. Ein Buch mit vielen Praxisansätzen, Modellen und Tipps.

Ann Elisabeth Auhagen (Hrsg.): Positive Psychologie – Anleitung zum »besseren« Leben. Weinheim: Beltz, 2. Auflage 2008.
In 13 Aufsätzen werden verschiedene Begriffe aus der positiven Psychologie diskutiert und die Grundlagen des Ansatzes vorgestellt.

Oscar Schellbach: Mein Erfolgssystem – Positive Lebensführung in Theorie und Praxis, Oscar-Schellbach-Verlag, 11. Auflage 1952 (antiquarisch über www.zvab.com).
Schellbach war bereits vor dem zweiten Weltkrieg ein wesentlicher Begründer des (klassischen) positiven Denkens. Er begründete auch eine Form der Selbsthypnose und Kognitionsarbeit.

Nathaniel Branden: Die 6 Säulen des Selbstwertgefühls. München: Piper, 10. Auflage 2011.
Das Buch vermittelt Einsichten und liefert ein Trainingsprogramm zur Steigerung des Selbstwertgefühls. Etwas amerikanisch, aber – das sagen viele Führungskräfte – wirksam.

Werte

Werteorientierte Führung ist keine Erfindung der letzten Jahre. Das wurde früher schon gemacht. Werte sind schließlich nichts anderes als Vorstellungen, Erwartungen, Eigenschaften, Ideale und Ähnliches, die ein wertender Mensch gut oder wünschenswert findet (oder abscheulich und schlecht). Aus diesen Werten können sich auch soziale Normen oder gar Gesetze entwickeln. Frühere Generationen sprachen in ähnlichen Zusammenhängen von Idealen. Der ursprünglich ökonomische Begriff des Wertes ist als neues Wort für »Ideale« noch relativ jung. Wenn heute von Werten in der Führung oder der Wirtschaft gesprochen wird, sind damit oft Überzeugungen und Vorstellungen verbunden, die über das Vergrößern von realen oder virtuellen Geldbergen, Marktanteilen, Macht, kurzfristigem Gewinnstreben, einseitig ökonomischem Denken und dergleichen hinausgehen.

Neuere Werteüberlegungen versuchen, einen tieferen Sinn, eine neue Gerechtigkeit gegenüber den Mitmenschen und der Welt in den Blick zu nehmen. Dabei geht es immer um Kompromissbildungen. Denn einerseits ist das »neue Gute« vielen Führungspersonen auf höchster Ebene wichtig, doch andererseits gibt es eine innere Funktionslogik der Wirtschaft, die auf andere Messgrößen fokussiert. Hinzu kommt, dass die Menschen, die lenkend oder konsumierend in das System Wirtschaft eingebunden sind, sich sehr auf die kurzfristige Befriedigung ihrer Bedürfnisse ausrichten. Diese Menschen, von denen hier die Rede ist, sind letztlich wir alle.

Die Frage nach Werten, nämlich nach eindeutigen Wünschen, Prinzipien, Leitideen, die dem Handeln Orientierung geben, wird seit etwa 1990 komplizierter. Die neue, digital aufgewachsene Generation surft durch alle weltweiten Ideologien, Leitideen, Muster. Sie kann sich ihre »Werte« aus einem immer breiter werdenden Fluss von Ideen, Meinungen und Ansichten zusammenstellen. Welche Leitwerte geben in diesem Strom noch Orientierung und sind verbindlich? Welche Leitwerte möchten jetzige oder künftige Führungskräfte in ihrem Verantwortungsbereich verwirklichen?

Im Werte-Coaching kann es nicht darum gehen, dass ein Coach die besseren Werte kennt und sie einem Klienten »beibringt«. Vielmehr soll der Klient sich bewusst machen, welche Glaubenssätze, inneren Bilder, Visionen und Vorstellungen ihn antreiben und in seiner Führungsrolle leiten. Diese inneren Leitprozesse kristallisieren sich zu dem, was wir heutzutage »Werte« nennen.

Mit der folgenden Intervention kann eine Führungskraft ihren Wertekatalog reflektieren (oder bilden).

Intervention: Kernwerte und Leitsätze finden

Anhand der Kategorien erarbeiten Sie mit dem Klienten die einzelnen Punkte.
Zunächst kann der Klient die Einzelaussagen zu den folgenden sechs Kernwerten auf einer Skala von 1 bis 10 bewerten. 1 bedeutet hierbei wieder, dass die Aussage auf den Klienten fast nicht zutrifft, 10 bedeutet, dass die Aussage auf ihn gänzlich zutrifft.
Nach der Skalierung einer Einzelaussage erarbeiten Sie mit dem Klienten, wie er über diesen Wert denkt, was er dabei fühlt, wann er ihn das erste Mal im Leben kennenlernte und ob er sich hierzu an persönlich erlebte Beispiele oder Begebenheiten erinnert. Fragen Sie den Klienten, wann er diesen Wert lebt und wann nicht. Welche Umstände führen dazu (oder würden dazu führen), dass er den Wert lebt, welche Umstände führen dazu, dass er den Wert nicht aufgreift …?

Respekt   1   10

Ich achte die Personen, mit denen ich zusammenarbeite. Ich respektiere ihre Besonderheit und Verschiedenheit.

Ich achte und respektiere die Leistungen und Kompetenzen meiner Mitarbeiter, Vorgesetzten und Geschäftspartner.

Meine Art des Denkens ist nur eine Möglichkeit, die Welt zu sehen. Ich respektiere und achte auch andere Denkweisen und sehe sie als gleichberechtigt an.

In meinem Gegenüber sehe ich einen würdevollen Menschen, nicht nur seine Rolle im Unternehmen.

Mit Mitarbeitern, Geschäftspartnern und Kunden rede ich in einer Sprache, die sie verstehen können.

Nachhaltigkeit

Ich bringe ökonomische, soziale und ökologische Gesichtspunkte in Einklang. Jeder dieser Aspekte wird in der Gesamtheit meiner Entscheidungen berücksichtigt.

Ich denke langfristig und sehe mein Handeln vor der Verantwortung, die ich zukünftigen Generationen gegenüber habe.

Ich orientiere mich nicht nur an den Erwartungen der Shareholder, sondern auch an den Erwartungen der Stakeholder: Kunden, Familie, Region, Mitarbeiter, Lieferanten, Partner, Gesellschaft, Fauna, Flora, Natur, das höchste Gut, Gott …

Ich denke langfristig an die Gewinne des Unternehmens. Mein Blick ist nicht auf kurzfristige Quartalsgewinne oder Gewinne »in meiner Amtszeit« gerichtet.

Mein Leben ist ein Sinnprojekt und nicht nur ein Spaß- und Erlebnisprojekt.

| Integrität | 1 | 10 |

Ich kann guten Gewissens in den Spiegel schauen, denn ich bin mir selbst und anderen gegenüber ehrlich und aufrichtig. Ich handle offen und erkennbar für andere. Ich spiele keine »krummen Spielchen« mit mir und den anderen.

Ich kenne und respektiere die Gesetze und Normen meines Landes und auch das internationale Recht. Meine Handlungen suchen keine Lücken zwischen Gesetzestexten, sondern stehen im Einklang mit dem gewollten Sinn.

Ich kenne meine Werte, Prinzipien und Selbstverpflichtungen. Ich habe sie in Gedanken und Gefühlen bedacht und gewusst gewählt.

Ich lebe in innerer Zustimmung zu meinen Werten und Handlungen.

Vertrauen

Ich verhalte mich so, dass sich andere Menschen in meiner Gegenwart sicher und respektiert fühlen. Ich achte ihre Würde und verhalte mich so, dass ihr Selbstwertgefühl gestärkt wird.

Ich gewähre anderen Menschen den Raum, den sie für ihre Selbstentfaltung benötigen.

In meinem Verhalten bin ich für meine Mitarbeiter im guten Sinne vorhersagbar. Niemand muss befürchten, dass durch mich etwas unvorhersehbar Verletzendes geschieht.

Ich hinterlasse Spuren der Liebe (oder von …).

Verantwortung

Ich trete für meine Prinzipien, für meine Entscheidungen und meine Mitarbeiter ein. Meine Verantwortung lade ich nicht auf fremden Schultern ab.

Ich kenne meine eigennützigen Wünsche nach Macht oder Anerkennung. Ich bin bereit, dies hinter die langfristigen Interessen des Unternehmens und hinter die Verantwortung zu stellen, die ich gegenüber meinen Mitarbeitern habe.

Meine Werte und mein Verhalten verantworte ich nicht nur vor den Menschen und mir, sondern auch vor … (hier kann »das Höchste« eingesetzt werden, das der Klient denken oder erahnen kann oder an das er glaubt).

In diesem Höchsten (hier den Begriff des Klienten einfügen) finde ich auch die Quelle und das Modell für meine Werte.

Freiheit

Ich habe den Mut und die Freiheit, Neues zuzulassen; bei mir und bei meinen Mitarbeitern.

Ich lebe aus Leidenschaft heraus, die sich auch in meinen Werten und Begegnungen zeigt.

	1				10
Ich mache selbst Fehler, denn ich bin nicht perfekt, und ich lerne aus Fehlern und Versuchen. Daher kann ich Fehler meiner Mitarbeiter gelassen aufnehmen und helfe ihnen respektvoll, dass sie daraus Neues lernen können.	├	┼	┼	┼	┤
Ich habe Ideen, Mut und Kraft, die Entscheidungen zu treffen, die ich für erforderlich halte.	├	┼	┼	┼	┤
Ich denke und handele kreativ.	├	┼	┼	┼	┤

In der Auswertung spielen folgende Fragen eine große Rolle: Wie wichtig sind dem Klienten die Werte »eigentlich«? Wie sehr beeinflussen sie tatsächlich sein Denken und sein Führungshandeln?

In weiteren Arbeitsschritten können die biografischen Quellen, Glaubenssätze und Ähnliches erarbeitet werden. Außerdem können neue Kernwerte und Leitsätze innerhalb solcher Kernwerte formuliert oder die hier gemachten Vorschläge können umformuliert werden. Alle Werte und Kernsätze sollten auf ihre Praxistauglichkeit und ihre Auswirkungen in verschiedenen Lebensbereichen hin überprüft werden.

Dauer: zwei Stunden oder länger.

Sie und Ihre Klienten werden feststellen, dass die Werte sich gut »anhören« und man ihnen gerne beipflichtet. Weiterführende Fragen für den Klienten werden sein: Wenn Sie diese Werte an sich gut finden, was hindert Sie daran, sich an ihnen zu orientieren, sie wirklich wahr werden zu lassen? Was müssen Sie tun, um diesen (oder anderen guten) Werten gerecht zu werden? Auf welche Weise können Sie diese Werte in Ihrem Denken und Handeln verwirklichen?

Bitte formulieren Sie zusammen mit Ihrem Klienten noch weitere Werte, die ihn »anziehen«, und lassen Sie ihn zu diesen Werten Leitsätze konstruieren. Dabei sollten Sie zu jedem Wert auch die entsprechende Übertreibung sowie negative Kehrseite entwickeln lassen.

Beispiel

Beispielsweise kann »Leistungsbereitschaft« auch entarten in falsch verstandene Opferbereitschaft oder in Arbeitssucht (= Übertreibung) und daraus folgend kann es zum Burnout kommen (= negative Kehrseite). Eine Führungsperson, die es mit sich selbst auf eine solche Weise übertreibt, würde auch ihre Mitarbeiter überfordern.

Die Führungskraft sollte mithilfe des Coachs überprüfen, ob ihre Werte innerhalb des Unternehmens akzeptiert werden und dort Unterstützung finden: Haben die Unternehmensführung, Vorgesetzte, Kollegen oder Mitarbeiter ähnliche Werte oder lehnen sie die Werte des Klienten ab? In diesem Falle hätte er nur beschränkte Möglichkeiten, seine Werte innerhalb des Unternehmens zu verwirklichen. Oder er müsste Strategien entwickeln, andere Personen schrittweise von seinen Werten zu überzeugen.

In der Regel müssen Werte von oben eingeführt und vorgelebt werden (top down). Es ist jedoch auch möglich, Werte in einem team- oder unternehmensübergreifenden Prozess zu »gebären« und zu pflegen. Hierfür ist es erforderlich, spezielle Teambildungs- und Wertebildungsprozesse einzuführen.

Die Werte, die wir konstruieren, haben sehr viel mit der persönlichen Erwartung ans Leben zu tun. In Werten spiegelt sich auch das persönliche Welt- und Menschenbild wider.

Das aktuelle Menschenbild geht davon aus, dass Mitarbeiter vorwiegend nach Sinn und Vertrauen streben und aktiv in Entscheidungen einbezogen werden möchten.

Zu jedem Werte-Coaching gehört daher auch die Frage nach dem Bild, das sich der Klient von der Welt und den Menschen macht. Ein großer Teil davon entsteht im Laufe der persönlichen Biografie. Doch vieles entstammt den aktuellen kulturellen Mustern.

Literaturtipps

Anna Maria Pircher-Friedrich: Mit Sinn zum nachhaltigen Erfolg – Anleitung zur werte- und wertorientierten Führung. Berlin: Erich Schmidt, 3. Auflage 2011. Eine Fülle von Einsichten, Fragen, Tabellen, Zitaten aus sinnzentrierter und logotherapeutischer Sichtweise.

André Comte-Sponville: Ermutigung zum unzeitgemäßen Leben. Ein kleines Brevier der Tugenden und Werte. Reinbek: Rowohlt 2010. Ohne erhobenen Zeigefinger führt der ehemalige Philosophieprofessor durch zahlreiche Tugenden.

Jochen Fahrenberg: Annahmen über den Menschen. Kröning: Asanger, 2. Auflage 2008. Der bekannte »Erfinder« des Freiburger Persönlichkeitsinventars stellt vor: Menschenbilder aus psychologischer, biologischer, religiöser und interkultureller Sicht. Viele Zitate, Texte und Anregungen für Diskussionsgruppen.

Björn Migge: Sinnorientiertes Coaching. Weinheim und Basel: Beltz 2016. Sinn und Werte sind eng miteinander verknüpft. Das Buch geht auf praktische Weise philosophischen Fragen nach, die im Sinn- und Werte-Coaching relevant sind.

Glück

Was verstehen Sie eigentlich unter Glück?

Auf der ganzen Welt und in allen Kulturen wünschen sich Menschen ein erfülltes, zufriedenes und »glückliches« Leben. Das Wort »Glück« weckt in jedem Menschen unterschiedliche Erinnerungen, Vorstellungen und Bedeutungen. Die einen denken an gute »Zufälle« (engl. *luck*), die ihnen schöne Momente, Macht, Begegnungen, Leben … gespendet haben. Andere denken an sinnliche Erlebnisse von Freude, Naturerleben, Liebe, Gottverbundenheit oder dergleichen (engl. *happiness*). Und Sie? Bevorzugen Sie Worte wie: Vergnügen, Ausgeglichenheit, Achtsamkeit, Zufriedenheit, Glückseligkeit, Einssein, Ausgelassenheit, Gelassenheit, Selbstvergessenheit, Flow, Wohlbefinden, Gesundheit?

Im Coaching nähern wir uns dem Begriff am besten, indem wir den Klienten fragen, was er unter »Glück« versteht; was er damit verbindet. Der Klient selbst ist Experte für sein »Glück«.

> **Intervention: Die Geschichte meines Glücks**
>
> Viele Klienten kennen aus Ihrer Kindheit ein Gefühl des Glücks, das ihren ganzen Körper ergriffen hat. Es tauchte beim Toben auf, beim Fußballspielen, beim Anschauen einer Kindersendung im Fernsehen, unter dem Weihnachtsbaum. Bei vielen Klienten ging dieses Gefühl in der Jungend verloren und wandelte sich eher in eine *Vorstellung* von Glück oder den kurzen Momenten, in denen Zwischenerfolge oder kurze Phasen der Entlastung wahrgenommen werden. Lassen Sie Ihren Klienten durch diese Intervention selbst herausfinden, wann und wie sich sein Gefühl oder seine Vorstellung von Glück gewandelt hat.
>
> **Kindheit:** Auf welche Weise oder in welchen Situationen oder in wessen Gegenwart waren Sie als Kind glücklich? Können Sie sich an Erlebnisse erinnern, die Sie glücklich machten? Spüren Sie das körperlich? In welchen Situationen waren Sie unglücklich?
>
> **Jugend:** Auf welche Weise oder in welchen Situationen oder in wessen Gegenwart waren Sie als Jugendlicher glücklich? In welchen Situationen waren Sie unglücklich?
>
> **Junger Erwachsener:** Auf welche Weise oder in welchen Situationen oder in wessen Gegenwart waren Sie als junger Erwachsener glücklich? In welchen Situationen waren Sie unglücklich?
>
> **Jetzt:** Auf welche Weise oder in welchen Situationen oder in wessen Gegenwart sind Sie – als der Mensch, der Sie nun sind – glücklich? In welchen Situationen sind Sie unglücklich?
>
> *Dauer: etwa 60 Minuten.*

Beispiel
Ein 54-jähriger Klient, der sich als sehr gereift beschreibt, hat die Lust am Feiern seiner Erfolge verloren. Auch familiäre Beziehungen vermitteln im kein Gefühl von Glück. Er kennt aber Gefühle der Zufriedenheit. In der eben dargestellten Intervention wurde ihm klar, dass er seit der Kindheit kein wirkliches Glücksgefühl mehr erlebt hat. In einer Trancearbeit erinnerte er sich an ein Erlebnis aus der Kindheit: Mit acht Jahren lernte er auf Elba Jollensegeln. Bei Windstärke fünf war er mit der Jolle in der Bucht unterwegs und wurde über die Wellenberge getrieben. Er segelte hart am Wind (dabei stellt sich die Jolle sehr schräg). In der Trance konnte er den Salzgeschmack der Gischt spüren und das laute, glückliche Schlagen seines Herzens spüren. In Trance arbeitete er weitere körperliche und sinnliche Merkmale des Glücksgefühls heraus: die Art zu blicken, die Körperhaltung, die Art zu atmen ... Er nahm sich danach vor, sich jeden Tag zehn Minuten zurückzuziehen und die verloren geglaubte Kompetenz des körperlichen Glücksempfindens wieder zu üben. Später konnte er dieses Gefühl auch in vielen weiteren Situationen wahrnehmen. Beispielsweise während eines Waldspaziergangs oder wenn er seine Tochter, die in einer anderen Stadt lebte, besuchte.

Die Kompetenzen zum Glück und Unglück aus der Intervention »Die Geschichte meines Glücks« werden zu jeder Lebensphase notiert. Die »Zutaten« jeder Kompetenz sollten aufmerksam notiert werden: Wer, was, wie, warum, wo, womit, wie lange, mit welchem Ziel oder Anspruch, welchen inneren Bildern, Vorstellungen, Erwartungen, inneren Sätzen ... Der Klient analysiert, welche seiner Kompetenzen und Einzelzutaten er aktuell nutzt und welche er verstärkt oder erneut einsetzen möchte (SMART, s. S. 84).

Die folgende Übung können Sie für sich selbst machen. Sie können Sie ebenso Ihren Klienten als Hausaufgabe durchführen lassen.

Übung und Intervention – Danken

Bitte notieren Sie eine Woche lang alle Momente, Einfälle, Situationen, Umstände, für die Sie dankbar sein können. Nehmen Sie sich bitte jedes Mal kurz Zeit dafür, wirklich zu danken.
Wenn Sie irgendwie an Gott oder das Heilige glauben, dann danken Sie in diese Richtung. Danken Sie auf die Weise, die für Sie richtig ist. Vielleicht führen Sie in Ihrer Familie das Beten wieder ein? Aber nicht als hohle Formel, sondern als ein Moment des wirklichen Dankens (für das Leben, für Ihre Wohnung, die Nahrung ...)?
Nach einer Woche gehen Sie Ihr Protokoll mit einem Coach, einem Freund oder einem Kollegen durch und betrachten nochmals diese Fülle. Der Grund: Dankbarkeit und Fokussierung auf das Gute machen glücklicher.
Natürlich könnten Sie ebenso ein Negativprotokoll führen. Das können die meisten Menschen »mit links«. Das wäre ein Groll-, Sorgen-, Grübel- oder Meckerprotokoll. Genau das soll es aber nicht sein, da dies nicht weiterhilft.

Sind Sie zufrieden mit Ihrer Arbeit?

Vielleicht gehören Sie zu den Menschen, die das Wort »Zufriedenheit« dem »Glück« vorziehen. In der Wirtschaft spricht man häufiger von Arbeitszufriedenheit als von Arbeitsglück. Die folgende Intervention nimmt die Arbeitszufriedenheit in den Blick.

> **Intervention: Arbeitszufriedenheit**
>
> Gute Mitarbeiter verlassen das Unternehmen, wenn sie unzufrieden sind. Weniger gute tun sich schwerer damit. Daher gehört es zu den Aufgaben einer Führungskraft, die Arbeitszufriedenheit der Mitarbeiter im Blick zu haben. Die folgenden Fragen können hierfür sensibilisieren.
>
> Diese Intervention kann für Führungspersonen auch anders formuliert werden in die Richtung: Ermöglichen Sie Ihren Mitarbeitern ein Umfeld, in dem sie zufrieden sein können?
>
> Die Anweisung lautet: »Bitte bewerten Sie folgende Aussagen auf einer Skala von 1 bis 10. Anschließend werden wir über die einzelnen Punkte sprechen, um zu sehen, auf welche Weise sie in Ihrem Arbeitsalltag gelebt werden und an welchen Stellen Sie Veränderungen vornehmen möchten. 1 bedeutet, dass der Satz auf Sie kaum zutrifft, 10 bedeutet, dass der Satz gänzlich auf Sie zutrifft.«
>
> | Aussage | 1 — 10 |
> |---|---|
> | Bei uns geht es fair zu. Niemand wird ausgegrenzt oder diskriminiert. | |
> | Bei uns geht es nett zu. Wir lächeln viel und pflegen einen lockeren Kontakt. | |
> | Bei uns kann man sich sicher fühlen. | |
> | Die Aufgaben und Ziele können bei uns bewältigt werden. | |
> | Der Arbeitsplatz ist bei uns sicher. | |
> | Die Arbeit ist wertvoll und wichtig. | |
> | Ich kann mich einbringen, sowohl mit Ideen als auch Taten. | |
> | Ich kann die Prozesse und Ereignisse mitbestimmen und mitsteuern. | |
> | Ich kann Veränderungen mitgestalten oder anregen. | |
> | Ich weiß, was ich zu tun habe (man zu tun hat) und was nicht. | |
> | Die Arbeit ist abwechslungsreich und angemessen herausfordernd. | |
>
> *Dauer: etwa 30 bis 60 Minuten.*

Wenn Sie diese Intervention mit einem Klienten durchführen, der Mitarbeiter ist, stellt sich beispielsweise die Frage, welche der Punkte, die er niedrig skaliert hat (beispielsweise mit 1 bis 4), er überhaupt beeinflussen kann: Durch Gespräche mit Vorgesetzten oder Kollegen, durch Veränderungen des Arbeitsplatzes, durch eine Veränderung der inneren Einstellung (Änderung von Interpretationen und Wertungen). Doch es kann sich auch die Frage auftun: Soll ich das Unternehmen verlassen oder weiter ausharren? Wenn Sie die Fragen mit einer Führungsperson bearbeiten, kann danach die Frage auftauchen, welche der niedrig skalierten Punkte die Führungsperson für ihre Mitarbeiter verbessern möchte und kann.

Welche Rollen machen uns glücklich, welche nicht?

Wenn wir nach Glück oder Zufriedenheit fragen, können wir so tun, als handele es sich um ein konsistentes »subjektives Gefühl«, das mehr oder weniger unabhängig von Situationen oder Rollen ist. Es gibt Menschen, die insgesamt glücklicher sind, glücklicher wirken, glücklicher »dreinschauen«. Doch auch diese Menschen berichten von deutlichen Unterschieden, wenn sie ihre verschiedenen Rollen betrachten. Jakob Levy Moreno untersuchte diese Zusammenhänge im »kulturellen Atom«.

> **Intervention: Das kulturelle Atom**
>
> **Kulturelles Atom zeichnen:** Der Klient zeichnet einen kleinen Kreis, darum einen weiteren Kreis, hierum noch einen Kreis (s. folgende Abbildung). Anschließend wird eine senkrechte Linie durch die Mitte dieser Kreise gezogen. Die rechten Halbkreise stellen Bereiche des Glücklichseins, der Zufriedenheit, des Hingezogenseins dar. Es ist der »positive Bereich« (er gibt Kraft, ein gutes Bauchgefühl, lässt gut schlafen, macht glücklich). Die linken Halbkreise stellen den Bereich des Unglücklichseins, Abgestoßenseins dar. Es ist der »negative Bereich« (er zieht Kraft ab, macht Unruhe im Bauch, ermattet, beunruhigt, macht unglücklich).
>
>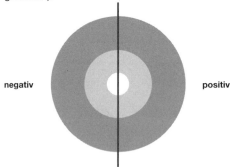
>
> **Rollen zuordnen:** Nun werden die sozialen Rollen, die der Klient ausübt, in dieses kulturelle Atom eingezeichnet. Der Klient kann für jede Rolle einen Punkt oder ein kleines Symbol einfügen und die jeweilige Rolle beschriften.
> Rollen enthalten in der Regel ambivalente Teile. Insofern könnte der Klient in Zweifel geraten, ob er die Rolle dem positiv oder negativ erlebten Bereich zuordnen soll oder ob er die Rolle zweiteilen sollte. Zunächst sollte er sich für eine Seite entscheiden (»was überwiegt?«).
>
> *Dauer: etwa 60 bis 90 Minuten.*

Das kulturelle Atom (Atom der eigenen Rollen) wird auf ähnliche Weise ausgewertet und nachbearbeitet wie das soziale Atom (Atom der relevanten Bezugspersonen) (s. S. 196 und 230). Auch im »Handbuch Coaching und Beratung« finden Sie dazu weiterführende Informationen (S. 548 ff.).

Zwei Aspekte könnten bestimmen, wie dicht eine Rolle an das gedachte Zentrum des kulturellen Atoms gezeichnet wird:

- Wie dicht ist diese Rolle beim eigenen Identitätserleben: »Diese Rolle macht mich aus, das ist ein wesentlicher Teil von mir.«
- Wie stark ist der positive oder negative Aspekt ausgeprägt? Oder: Wie stark zieht mich die Rolle »positiv an« oder stößt sie mich »negativ ab«?

Werden Rollen weiter vom Zentrum entfernt eingezeichnet (um sie auf Abstand zu halten) oder doch dichter daran, weil sie aktuell so viel Energie oder »Persönlichkeit« einnehmen? Die Auswahl wird dem Klienten nicht vorgegeben. Auch sollten mögliche Auswahlkriterien nicht vorher diskutiert werden. Oft genügt es, wenn der Coach sagt: »Bitte zeichnen Sie die Rolle dort ein, wo es in diesem Moment für Sie passend erscheint.«

> **Literaturtipp**
>
> *Anton A. Bucher:* Psychologie des Glücks – Ein Handbuch. Weinheim und Basel: Beltz 2009.
> Das Buch stellt sehr viele wissenschaftliche, psychologische Zugangswege zum Phänomen Glück vor. Obwohl es kein »populäres Glücksbuch« sein soll, ist es ansprechend, locker und verständlich geschrieben. Es ist für Coaches oder Führungspersonen eine Fundgrube.
>
> *Daniela Blickhan:* Positive Psychologie. Ein Handbuch für die Praxis. Paderborn: Junfermann 2015. In diesem praktischen Lehrbuch geht es natürlich auch darum, wie Menschen sich glücklich fühlen können.

Spiritualität

Innerhalb der Beratungsform Coaching fragen wir in der Regel nicht danach, ob es Gott, das Spirituelle oder das Heilige wirklich gibt. Der Soziologe Peter L. Berger schlug vor, diese Sichtweise auf das Religiöse als »substanziell« zu bezeichnen. Im Coaching befassen wir uns eher mit den individuellen Auswirkungen, den Folgen, Aufgaben und Ressourcen, die sich für einen Menschen eröffnen, der sich mit dem Spirituellen befasst. Diese würde Berger den »funktionalen« Aspekt der Spiritualität nennen. Der Soziologe Gordon Willard Allport schlug im gleichen Zusammenhang eine Unterscheidung in »nutzenorientierte, extrinsische Religiosität« sowie in »überzeugte, intrinsische Religiosität« vor. Substanzielle oder intrinsische Betrachtungen führen uns in den Bereich des Glaubens, funktionale oder extrinsische Betrachtungen können sozialwissenschaftlich, medizinisch, wirtschaftlich, psychologisch eindeutig erfasst werden und sind heute Gegenstand der Religionspsychologie.

Religiosität und Spiritualität

Wie wichtig ist Religiosität für Europäer?
In der europäischen Wertestudie erklärten im Jahr 2000 über 50 Prozent der Europäer, dass Religion in ihrem Leben *ziemlich* wichtig sei. In Polen waren es 82 Prozent, in Deutschland knapp 50 Prozent. Wobei es im Westen Deutschlands sehr viel mehr sind als im Osten. Hätte die gleiche Studie diese Menschen gefragt, ob spirituelle Gedanken oder Gefühle für sie wichtig seien, hätten sicher mehr zugestimmt, weil dieser Begriff unabhängiger von einer Kirchenbindung zu sein scheint.

Welchen Platz hat Spiritualität in Beratungsprofessionen?
Der »Wichtigkeit«, die Europäer der Religion (oder Spiritualität) beimessen, steht gegenüber, dass viele Ratsuchende sowie Patienten angeben, sie könnten mit ihren Psychotherapeuten, Coaches oder Ärzten nicht über ihre spirituellen oder religiösen Gedanken, Fantasien, Hoffnungen oder Praktiken sprechen, da sie davon ausgingen, dies sei in einem professionellen Umfeld unerwünscht oder würde auf Unverständnis stoßen.

Die meisten wissenschaftlichen Autoren gehen heute davon aus, dass sich die Begriffe Spiritualität und Religiosität weitgehend überlappen, wobei Spiritualität meist als umfassender wahrgenommen wird und Religiosität als eine mögliche Ausdrucksform einschließt. In Allgemeinen wird der Begriff Religiosität mit »Religion« gleichgesetzt und mit dem Dogma, der Kultur und den persönlichen Erfahrungen, die ein Individuum mit »Kirche« verbindet.

Viele Menschen sind durch »die Kirche« verletzt oder enttäuscht worden; entweder persönlich oder intellektuell. Sie haben sich abgewandt und können auch den Begriff des Spirituellen kaum ertragen, weil er der Religion zu ähnlich erscheint. Manche lehnen transzendente Gedanken oder Emotionen durchweg ab. Andere Menschen sind eng in eine Religion eingebunden, akzeptieren auch das Dogma und die Kultur ihrer Religion (die Art, miteinander umzugehen, zu feiern, Gebräuche, Regeln). Viele Menschen sind »irgendwie« religiös oder spirituell oder haben zumindest eine Sehnsucht danach.

Im Coaching halten wir uns wieder an die Frage: »Was verstehen Sie eigentlich unter … Wie halten Sie es eigentlich mit …?« (s. S. 130). Dabei ist zu bedenken, dass Glaube oder Nichtglaube und die individuelle Form des Glaubens »heiße Eisen« sind, die Menschen leicht entzweien können. Aus diesem Grund werden spirituelle Fragen gleichermaßen ausgespart wie Fragen nach der Sexualität.

In der Medizin und der Beratungswissenschaft galt es lange Zeit als »professionell«, die Spiritualität auszuklammern. Es galt sogar als Kunstfehler, dieses Thema anzusprechen. Zum Teil liegt oder lag es daran, dass viele Profis sich spirituell für unsensibel halten oder sie meinen, sie seien auf diesem Gebiet zu unsicher oder inkompetent. Zum Teil liegt es daran, dass eine unterschiedliche Zugehörigkeit oder Nichtzugehörigkeit zu bestimmten Glaubensrichtungen (Religionen) Konflikte verursachen kann.

Mittlerweile liegen in der Medizin und Psychologie eindeutige Beweise vor, dass Spiritualität für sehr viele Menschen eine wesentliche Ressource ist, die einen enormen Einfluss auf ihr Wohlbefinden, ihre Lebenszufriedenheit, Wertebildung, Bewältigung von Krankheitserleben (Coping) und andere Faktoren hat. Aus diesem Grunde könnte man heute »wissenschaftlich fundiert« behaupten, dass es sich um einen Kunstfehler handelt, wenn ein Berater diesen (für viele Menschen) wichtigen Lebensbereich mutwillig ausspart oder aus dem Gespräch ausschließt.

Nun weiß allerdings der Coach nicht immer, ob sein Klient zu den Menschen gehört, die mehr oder weniger spirituell sind. Außerdem fühlen sich viele Coaches nicht ausreichend kompetent, wenn es um spirituelle oder gar religiöse Fragen geht. Hierbei vergessen sie dann, dass der Coach in der Regel kein Ratgeber und Besserwisser (oder Besserglaubiger) sein soll. Stattdessen stellt ein Coach Fragen und ermöglicht es hierdurch seinem Klienten, Denken, Fühlen und Handeln besser zu reflektieren und besser von seinen Ressourcen Gebrauch zu machen. Die Beratungsform Coaching kann sich hier bequem an einige Fragevorschläge anlehnen, die in der Medizin und Psychologie bereits mit Erfolg eingesetzt werden.

> **Intervention: Die Ressource Spiritualität erkunden**
>
> Die folgenden Fragen können hilfreich sein, wenn Ihr Klient seine Spiritualität oder Religiosität reflektiert.
> - Wie erklären Sie sich die Welt?
> - Was sind in Ihren Augen die Besonderheiten und die Grenzen des Menschen? Wo sehen Sie Ihre eigenen Besonderheiten und Grenzen?
> - Was macht für Sie den Alltag bedeutungsvoll?
> - Welche Ideale oder auch Ideologien verfolgen Sie?
> - Welche übergeordneten Regeln und Normen sind für Sie verpflichtender und unverzichtbarer Bestandteil Ihres Wertekanons?
> - Welche Bedeutung haben Spiritualität, Religiosität oder Religion für Sie?
> - Wie wirken sich Ihre spirituellen Überzeugungen auf Ihr Arbeitsleben oder die Balance von Arbeit und Beruf aus?
> - Aus welchem Geist heraus arbeiten oder führen Sie?
> - Welchen Geist möchten Sie durch Ihr Wirken in der Wirtschaft (in Ihrem Leben) verwirklichen?
> - Sind Sie Mitglied einer spirituellen oder religiösen Gruppe, Vereinigung oder Kirche?
> - Möchten Sie, dass wir Ihre Überzeugungen in unserer Arbeit berücksichtigen?
> - Ist Ihre spirituelle Haltung gesundheitsförderlich oder tut sie Ihnen gut?
> - Unterstützt Sie Ihre spirituelle Haltung beim Erreichen von Zielen, bei der Arbeit, in Gesprächen oder in Schwierigkeiten?
> - Gibt es bestimmte spirituelle »Interventionen«, die in der Arbeit am Anliegen unterstützend wirken könnten? (Beispielsweise gemeinsames Gebet, Meditation oder anderes.)
>
> *Dauer: etwa 30 bis 40 Minuten.*

Beispiel

Ein 49-jähriger leitender Ingenieur der Automobilbranche hat in einem unternehmensinternen Seminar zur Burnout-Prophylaxe den Rat erhalten, einen Coach aufzusuchen, da er in dieser Hinsicht gefährdet sei. Die Leitung »Training und Coaching« seines Unternehmens hat Klient und Coach zusammengeführt und auch darauf hingewiesen, dass die Leistungen des Klienten – nach Aussage des direkten Vorgesetzten – dramatisch nachgelassen hätten. Im Coaching kam der Klient auf seine Mutter zu sprechen, die in einem Hospiz im Sterben lag. Der Vater des Klienten sei dement. Geschwister seien im Ausland und ließen ihn mit all dem »Schlamassel« allein. Die Mutter sei sehr fromm und früher sei sie immer in die Messe gegangen. Der Klient selbst habe das strenge Klima in der Kirchengemeinde als Jugendlicher abgelehnt, worüber die Mutter immer wieder geklagt habe. Mithilfe der Intervention »Die Ressource Spiritualität« erarbeitete der Klient für sich, dass er eigentlich sehr gläubig ist und eine tiefe Sehnsucht nach Werten hat. Aber er fand dies schlecht in dem Dogma der Kirche und daher hat er diese Sehnsucht beiseitegeschoben. Der nahe Tod der Mutter konfrontierte ihn nun wieder mit der Spiritualität – aber auch mit der Institution Kirche, die er seit Jahrzehnten ablehnte. Ihm wurde klar, dass er seit langer

Zeit ein wichtiges Bedürfnis abgelehnt hatte (nämlich, seinem Wunsch nach Spiritualität nachzugehen) und dass dies auch gesundheitliche Auswirkungen für ihn hatte. Er wünschte ausdrücklich, dieses Thema in weiteren Gesprächen nicht auszusparen, da es ihn sehr entlaste, endlich einmal offen über solch schwierige Themen zu reden.

Spirituelle oder religiöse Überzeugungen sind jedoch nicht ausschließlich Ressourcen. Manchmal fühlen sich Klienten von bestimmten Dogmen, Glaubensvorschriften oder ihrer persönlichen Interpretation von Glaubensinhalten beeinträchtigt. Viele dieser Einschränkungen sind Projektionen oder Übertragungen aus der Biografie in »das Religiöse«. So leben viele Über-Ich-Vorstellungen oder Bilder von strengen oder strafenden Eltern im Gewand »der Religion« weiter. Oder eigene Schatten werden in »das Religiöse« projiziert und dort als beängstigend erlebt. Hinzu kommt, dass eine recht große Anzahl von Klienten tatsächlich verstörende Erfahrungen in einem religiösen Umfeld gemacht hat. Hierbei muss man nicht in jedem Falle von Traumatisierung sprechen (die gibt es jedoch auch). Solche Erfahrungen können in jedem Lebensbereich gemacht werden. Doch wenn dies unter der Schutzherrschaft von angeblicher Heiligkeit, angeblicher Liebe oder Güte geschieht, wirkt dies besonders verlogen und verstörend.

Viele solcher Einschränkungen lassen sich in Coaching auflösen. Doch manchmal ist es klug – besonders, wenn der Coach sich unsicher fühlt (oder zu sicher) –, den Klienten an einen Seelsorger zu verweisen. Wenn es um Traumatisierung oder religiösen Wahn geht, ist die Hilfe eines Psychotherapeuten erforderlich.

In der folgenden Intervention, die in einer Gruppe durchgeführt wurde, haben sich die Teilnehmer während eines Waldspaziergangs mit spirituellen Fragen auseinandergesetzt.

Intervention: Spirit-Walk

In dieser Intervention können Coach und Klient oder Zweierteams aus einer Seminargruppe an einem schönen Ort spazierengehen. Prinzipiell sollte die Möglichkeit des Spazierengehens im Coaching immer wieder einmal genutzt werden.
Der Coach stellt dem Klienten während des Spirit-Walks Fragen, beispielsweise: Warum sind Sie auf dieser Welt? Was ist der tiefere Grund Ihres Lebens? Was oder wer berührt Sie zutiefst in Ihrer Seele?
Klienten, die sehr naturwissenschaftlich oder philosophisch orientiert sind und transzendente Vorstellungen ablehnen, können anhand solcher Fragen nach ihren tiefsten Werten fahnden.
Die Fragen des im Anschluss folgenden Beispiels entstammen einem Lied. Auch aus Gedichten, heiligen Büchern, aus Filmen oder aus der Kunst lassen sich Fragen für einen existentiellen oder spirituellen Spaziergang ableiten.

Dauer: etwa 60 Minuten.

Beispiel
In einer Fortbildung zum Coach gingen die Teilnehmer bei Sonnenschein durch einen Wald spazieren und erarbeiteten in den Rollen als Coach (Interviewer) und Klient im Spazierengehen zu zweit folgende existenzielle Fragen.

> Warum bin ich auf dieser Welt? Was ist der Grund für mein Leben?
> Für welche Gaben oder Geschenke in diesem Leben kann ich danken? Wie mache ich das?
> In welchen Momenten meines Lebens merke ich, dass »der Himmel lacht«?
> Wann spüre ich die Momente, in denen ich mich selbst umarmen möchte – aus Freude oder Liebe oder zum Trost?
> Was oder wer berührt mich zutiefst in meiner Seele?
> Wann spüre ich, dass ich zutiefst gut *bin*?

Am Abend wurde das Lied »Ich bin gut« von Monika Cyrani vorgespielt und die Teilnehmer sangen es mit geschlossenen Augen. Manche erkannten, dass die Fragen des Spirit-Walks aus Textpassagen dieses Liedes stammten. Das wurde vorher jedoch nicht erklärt, um die Aufmerksamkeit nicht vorher auf das Lied oder auf das Singen zu lenken (s. S. 257).

Viele Teilnehmer konnten nicht glauben, dass sie *gut sind*, konnten kaum danken, sich nicht umarmen … Diese Fähigkeiten müssen manchmal neu entdeckt werden. Einige konnten ihre höchsten Gefühle von Liebe oder Verbundenheit nicht auf »Heiliges« projizieren, andere nicht auf Menschen – sondern nur auf Tiere (»Mein Pferd und ich …«).

In ähnlicher Weise können auch andere Lieder in eine Intervention oder Fragensammlung verwandelt werden, um Musik und Gedanken in Bezug zu setzen.

Ich möchte dieses Kapitel mit einer hoffnungsvollen Seite der »funktionalen« Spiritualität abschließen: Tatsächlich ist es nämlich so, dass die allermeisten Klienten, die »irgendwie« spirituell interessiert sind, darin eine Ressource wahrnehmen, die sie hervorragend nutzen können – auch im Business-Coaching. Eine Fortbildung zum Coach sollte spirituelle Fragen zumindest aufgreifen. Doch sie wird nicht ausreichen, um genügend Kompetenz zu vermitteln, um gleichzeitig seelsorgerisch zu arbeiten und mit Klienten zu beten, sie zu segnen, mit ihnen über Texte aus heiligen Büchern zu meditieren. Die Coaches, die sich ein wenig auf diesen Weg begeben, werden feststellen, wie groß der Wunsch vieler Führungspersonen (auch auf höchster Ebene) ist, ihre Werte und Entscheidungen vor dem Hintergrund »des Spirituellen« zu ergründen.

Auf der folgenden Seite finden Sie Literaturtipps zum Thema Spiritualität im Coaching.

Literaturtipps

Anton A. Bucher: Psychologie der Spiritualität – Ein Handbuch. Weinheim und Basel: Beltz, 2. Auflage 2014. Den Autor kennen Sie bereits aus dem Literaturtipp von Seite 267. Dieses Buch stellt viele wissenschaftliche und geistreiche Zugänge zum Thema dar und ist verständlich und eingängig geschrieben.

Bernhard Grom: Religionspsychologie. München: Kösel 2007. Eine knappe, doch umfassende Einführung in die moderne Forschungsrichtung der Religionspsychologie.

Michael Utsch: Religiöse Fragen in der Psychotherapie – Psychologische Zugänge zu Religiosität und Spiritualität. Stuttgart: Kohlhammer 2005. In diesem Buch vereint der Autor eine Fülle von Wissen, Anregungen, Fragen und Literaturverweisen, die auch für das Coaching bedeutsam sind.

Michael Utsch, Raphael M. Bonelli und Samuel Pfeifer: Psychotherapie und Spiritualität. Mit existenziellen Konflikten und Transzendenzfragen professionell umgehen. Heidelberg: Springer 2014.

Björn Migge: Spiritualität im Coaching. In: *Ferdinand Buer und Christoph Schmidt-Lellek:* Life-Coaching in der Praxis. Göttingen: Vandenhoeck & Ruprecht 2011.

Irvin D. Yalom: Existentielle Psychotherapie. Köln: EHP, 5. Auflage 2010. In diesem Klassiker geht es um große Themen und Motive des menschlichen Daseins wie Freiheit, Tod, Isolation, Sinnlosigkeit.

Josef Pieper: Muße und Kult. München: Kösel 2007 (Neuausgabe der Auflagen von 1948 und 1958). Der bedeutende Kulturphilosoph entwickelt das Thema Muße aus der Perspektive mittelalterlicher Scholastik. In den USA ist das Buch unter dem Titel »Leisure« ein Bestseller im Management und in der Philosophie.

Björn Migge: Sinnorientiertes Coaching. Weinheim und Basel: Beltz 2016. Ein Buch an der Schnittstelle von Philosophie, Spiritualität, Psychologie.

Persönlichkeit

Die »Persona« war im antiken Theater eine Maske, durch deren große Mundöffnung die Worte des Maskenträgers durchtönten (lat. *per* durch, *sonare* tönen, klingen). Sie ist eine Rolle. In diesem Sinne verstehen wir den Begriff der Persönlichkeit heute nicht mehr. Wer eine starke Persönlichkeit »hat«, wäre demnach ja nur ein tüchtiger Rollenspieler, ein Träger starker Masken. Wir müssten uns dann fragen, wer der Mensch hinter der Maske ist, was sein wahres Wesen oder seinen Kern ausmacht. Was hier so theoretisch oder gar etymologisch »tönt«, ist für viele Menschen bittere Realität: Wenn Führungspersonen »im besten Alter« unvermittelt entlassen werden und dadurch »die Rolle ihres Lebens« wegfällt, geraten manche von ihnen in tiefste Lebenskrisen. Manchmal endet dies im Suizid. Oder: Manche Menschen identifizieren sich so sehr mit ihrer beruflichen Rolle, dass sie eine »professionelle Deformation« ihrer »Gesamtpersönlichkeit« aufweisen. Sie können in anderen Lebensbereichen überhaupt nicht mehr »umschalten« und verlassen die Konserve ihrer überzogenen Rolle nicht mehr. Wieder andere identifizieren sich beispielsweise mit einer Opferrolle oder gar Krankheit: Ich *bin* Mobbingopfer, ich *bin* …

Verweis: Wir haben an anderer Stelle die Intervention »Disidentifikation« (Wir nannten die Intervention das »Ablegen von Rollen«.) von Roberto Assagioli vorgestellt (s. S. 194).

Wenn wir in der Psychologie oder im Coaching von Persönlichkeit sprechen, meinen wir meist ein Set von Verhaltensmerkmalen und Motiven. Wir gehen davon aus, dass solche Merkmale für einen bestimmten Menschen konsistent sind, also über die Zeit hin gleichbleibend anzutreffen sind. Es gibt eine Reihe von wissenschaftlich validierten Messinstrumenten zum Nachweis konsistenter Persönlichkeitseigenschaften (beispielsweise Freiburger Persönlichkeitsinventar, FPI). In der Personalauswahl und -entwicklung werden manchmal auch Persönlichkeitstests eingesetzt, die gut tauglich und hilfreich sind, obwohl sie strengen wissenschaftlichen Kriterien nicht immer genügen. Mit ihnen werden Mitarbeiter und zukünftige Mitarbeiter in Kategorien oder »Typen« eingeteilt.

Auch Klienten fragen hin und wieder nach solchen Tests, denn die meisten Führungspersonen haben sie schon in der einen oder anderen Variante durchlaufen und möchten ihre Anliegen vor dem Hintergrund »ihres Typs« reflektieren. Dies wird von vielen Klienten als sehr hilfreich wahrgenommen, denn das Bild unterschiedlicher menschlicher »Typen« liefert gute Ansätze für ein erstes Verstehen, für eine neue

Sichtweise oder weiterführende Fragen. Doch die Reichweite und Tiefe von solchen Fragebögen, egal wie vielfältig sie sind und wie wohltuend sie klingen, haben ihre Grenzen und sollten nicht überzogen werden.

Beispielhaft erwähne ich hier das »Reiss Profile™«. Dies ist ein Test, der einerseits wissenschaftlich validiert ist und andererseits in der Wirtschaft und im Coaching als praxistauglich wahrgenommen wird. In diesem Test werden 16 verschiedene Lebensmotive und der Grad ihrer Ausprägung erfragt. Wir stellen Ihnen diese 16 Lebensmotive leicht verändert vor. Im »Reiss Profile™« wird jedes Motiv skaliert. Die Ausprägung aller Motive ergibt in ihrer Gesamtheit ein spezifisches persönliches Profil. Jedes dieser Lebensmotive bewegt sich für einen individuellen Menschen innerhalb eines Kontinuums von »kaum bedeutsam« bis »sehr bedeutsam«. In diesem Persönlichkeitsprofil wird nicht zwischen guten oder schlechten Eigenschaften oder Motiven unterschieden. Die Motive werden ohne moralische Wertung lediglich in ihrer Ausprägung gemessen. (Weitere Informationen erhalten Sie bei www.reissprofile.eu.) Dies sind die 16 Lebensmotive:

- *Macht:* Ist einem Menschen das Führen und Leiten wichtig oder eher die Sacharbeit und Dienstleistung?
- *Unabhängigkeit:* Ist ein Mensch lieber frei in Entscheidungen und flexibel in Beziehungen oder bevorzugt er Verbundenheit und kooperative Teamarbeit?
- *Neugier:* Ist ein Mensch immer wieder auf der Suche nach Wissen und Eindrücken oder legt er darauf keinen besonders großen Wert?
- *Anerkennung:* Wie bedeutsam ist es einem Menschen, dass er durch andere Lob, Anerkennung und Achtung erfährt?
- *Ordnung:* Bevorzugt ein Mensch Ordnung, Sauberkeit, Regelhaftigkeit oder ist ihm das nicht so wichtig?
- *Sparen oder Sammeln:* Wie wichtig ist es einem Menschen, etwas zu besitzen, Besitz anzuhäufen, Vorräte anzulegen und Sicherheiten herzustellen?
- *Ehre und Prinzipientreue:* Wie wertvoll erscheint es einem Menschen, sich für die Werte einzusetzen, die ihm bedeutsam sind; wie treu ist er dabei seinen Prinzipien und Regeln?
- *Idealismus und Gerechtigkeit:* Wie bedeutsam sind einem Menschen Fairness, sozialer Ausgleich, Gleichberechtigung, Gerechtigkeit, Altruismus?
- *Beziehungen:* Wie wichtig sind einem Menschen soziale Beziehungen, Freundschaften, nahe und gute Kontakte?
- *Familie:* Wie sehr wünscht sich ein Mensch nahe familiäre Kontakte, wie sehr benötigt er Fürsorglichkeit oder ist er bereit sie zu geben (beispielsweise seinen Kindern)?
- *Status:* Ist es entscheidend, sich von anderen erkennbar (qualitativ) zu unterscheiden; quasi eine besondere Marke zu sein, oder sich von ihnen durch mehr Macht oder Geld (quantitativ) zu unterscheiden? Oder legt jemand besonders viel Wert darauf, eher unerkannt zu bleiben oder normal zu wirken?

- *Wettkampf/Rache:* Sind einem Menschen Vergleiche mit anderen besonders wichtig: Wer hat mehr, wer ist schneller, wer wird mehr beachtet, …?
- *Eros:* Wie sehr achtet ein Mensch auf Schönheit, Wohlgeformtheit, Sinnlichkeit, Genuss, Sexualität, Kunst … (In der Wirtschaft wird dieses Lebensmotiv nicht offen »Eros« genannt, sondern »Schönheit«, um den Aspekt der Sexualität nicht in den Vordergrund zu stellen. Denn dies könnte in der Personalauswahl als diskriminierend oder übergriffig wahrgenommen werden.)
- *Essen:* Wie groß ist die Bedeutung des Essens, um ein gutes Lebensgefühl zu erreichen?
- *Körperliche Aktivität und Sport:* Wie groß ist die Wichtigkeit von körperlicher Betätigung, wie Sport, Spazierengehen, Tanzen, Bewegung … für die Lebenszufriedenheit?
- *Emotionale Stabilität:* Ist das Bedürfnis nach Ruhe, Zentrierung, Meditation, Nachdenklichkeit, emotionaler Ausgeglichenheit besonders stark?

Zu den Motiven können im Coaching ergänzende Fragen gestellt werden:

- Welche Glaubenssätze gibt es hierzu?
- Welche konkreten Beispielsituationen?
- Welche Interaktionen?
- Welche Emotionen?

Das Modell ist auch gut anschlussfähig an das Konzept der Metaprogramme oder Sorts aus dem NLP (s. »Handbuch Coaching und Beratung«, S. 160 f.). Jeder Coach sollte im Rahmen seiner Ausbildung mit zwei oder drei solcher Tests erste Erfahrungen gemacht haben. Siehe beispielhaft folgende Tests:

- Myers-Briggs-Typindikator® – MBTI (www.myersbriggs.org)
- Herrmann Brain Dominance Instrument – HBDI™-Profil (www.hid.de)
- DISG-Profil® (www.disgtraining.com)
- persolog®-Persönlichkeitsprofil (www.persolog.de)
- Discovery Insights Präferenz-Profil® (www.insights-group.de)

Solange Sie in keinem Testverfahren ausgebildet sind, können Sie als Coach auch einige Fragen selbst zusammenstellen, von denen Sie annehmen, dass sie dem Klienten Klärung bringen werden. Die Fragen zielen dabei auf bestimmte Merkmale, Lebensmotive und dergleichen. Nun folgt ein Beispiel für einige selbst zusammengestellte Fragen.

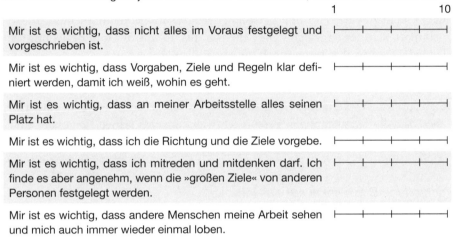

Sie können diese Fragen natürlich weiter ergänzen oder Sie erarbeiten ein anderes Set von Fragen, das auf Metaprogramme, Lebensmotive oder andere Typenlehren eingeht. Manche Klienten bevorzugen in solchen Tests Satzkonstruktionen wie »Ich will …«. Andere bevorzugen: »Mir ist es wichtig, dass …«. Wieder andere ziehen es vor zu sagen: »Oft ist es mir lieb, dass …«. Das sagt vielleicht auch schon etwas über die Persönlichkeit aus, oder?

Beispiel

Der 37-jährige Marketingleiter eines Mittelstandsunternehmens wurde von dem Geschäftsführer mehrfach ermahnt, da er in Controllingsitzungen keine präzisen Zahlen liefern konnte. Als Grund nannte der Marketingleiter zweimal, dass seine Mitarbeiter selbst entscheiden würden, wann sie ihm Zahlen vorlegten. Leider sei dies vor den Sitzungen nicht der Fall gewesen. Daraufhin wurde dem Marketingleiter ein Coaching »verordnet«, um seine Führungsfähigkeiten weiter auszubauen.

In der ersten vierstündigen Coachingsitzung wurde der Führungsstil erarbeitet. Der Klient bevorzugte ein Management by Exception. Er sei der einzige Sohn eines sehr erfolgreichen und autoritären Vaters. Gegen diesen Vater hatte er sich als Student erstmals aufgelehnt. Seitdem verspüre er einen heimlichen Genuss, wenn er seinen Vater hier und da vor den Kopf stoße, indem er dessen Erwartungen nicht erfülle. Ihm fiel nun auf, dass er diese Gewohnheit auch auf den Geschäftsführer übertrug, den er in ähnlicher Weise vor den Kopf stieß.

Ein »Reiss Profile™«, das in der zweiten Stunde durchgeführt wurde, ergab, dass die Lebensmotive Macht, Status, Wettkampf bei ihm sehr gering ausgeprägt waren. Das – so wurde ihm im Vergleich mit Kollegen deutlich – passte überhaupt nicht zu einer Führungsperson in der Marketingabteilung seines Unternehmens. Stattdessen waren seine Lebensmotive Idealismus und Beziehung sehr leitend. Dies war ihm bisher noch nie so deutlich geworden.

Im Laufe der nächsten Monate reifte in ihm der Entschluss, in die Personalentwicklung seines Unternehmens zu wechseln. Die Aufstiegs-, Verdienst-, und Statusoptionen waren dort viel geringer als im Marketing. Der Klient entdeckte aber, dass die Tätigkeit in der Personalentwicklung eher seinen Neigungen und seiner Persönlichkeit entsprach.

Verschiedene Blickwinkel auf das Ich

Die Persönlichkeitsmerkmale, die ein Klient in einem Test entdeckt, hängen in der Regel davon ab, wo er seine Kreuze macht. Wenn ein Klient sich für besonders warmherzig hält, wird er bei einer Frage nach Warmherzigkeit diese Stellen ankreuzen. Doch sehen ihn seine Kollegen auch so? Hat er wirklich sich selbst gesehen oder nur ein idealisiertes Bild seiner selbst, dem er nachhängt? Welche Auswirkungen hat sein Selbstbild oder hat sein Persönlichkeitsmerkmal, wenn er in Kontakt mit Menschen tritt, die ähnliche Merkmale haben? Welche Auswirkungen hat es, wenn er auf Menschen trifft, die ganz andere Merkmale aufweisen? Einige dieser Fragen können wir mit der folgenden kleinen Intervention aufspüren.

Intervention: **Persönlichkeitsabgleich**

Sobald mit einem Instrument Persönlichkeitsmerkmale herausgearbeitet oder auf andere Weise Eigenschaften oder Wesenszüge ermittelt wurden, können diese weiter untersucht werden.

Ich und »Ich« – Selbstbild und Fremdbild: Wie sieht sich der Klient selbst? Wie sehen ihn Mitarbeiter, Kollegen, Familienangehörige? In der Einzelarbeit mit einem Klienten kann dies durch zirkuläre Fragen oder durch die Technik »Tauschen und Doppeln« erkundet werden.

> **Ich und Über-Ich – Persönlichkeit und Idealselbst:** Manche Klienten haben große Vorbilder und würden gerne so sein wie sie. Wer sind die Vorbilder des Klienten? Manche Klienten möchten auch dem Ideal entsprechen, das ihre Eltern sich für sie wünschten. Welchem inneren Bild hängt ein Klient an? Manchmal liegt ein tiefer Graben zwischen der Persönlichkeitsstruktur des Klienten und den Eigenschaften, die das große Vorbild oder das Wunschbild der Eltern haben. Dies führt zu wiederkehrenden Verwirrungen und Frustrationen.
>
> **Ich und Du – Persönlichkeiten in der Interaktion:** Warum können beispielsweise zwei »Alphapersonen« schlecht miteinander arbeiten? Vielleicht weil beide Macht ausüben möchten? Warum verstehen die Mitarbeiter manche Anweisung nicht oder arbeiten »nur nach Vorschrift«? Vielleicht haben sie andere Motive, Metaprogramme oder Lebensausrichtungen als die Führungsperson? – Es ist sehr erhellend, wenn ein Klient seine Interaktionen vor dem Hintergrund der unterschiedlichen Persönlichkeitsmerkmale betrachtet, die die beteiligten Personen aufweisen: Wie interagieren die verschiedensten Lebensmotive oder Persönlichkeitstypen, die Menschen haben?
>
> *Dauer: etwa 30 Minuten.*

Ich kenne viele Kollegen, die gerne mit Tests arbeiten und berichten, dass ihre Klienten davon sehr profitieren. Ich selbst schätze den Wert solcher Tests im Coaching nicht besonders hoch ein. Sie können aber ein guter Einstieg ins Coaching sein und liefern hier und da wertvolle Hilfestellungen, wenn der Klient sein Verhalten oder die Interaktion mit anderen Menschen anhand eines Modells nachvollziehen kann.

> **Literaturtipps**
>
> *Rüdiger Hossiep und Oliver Mühlhaus:* Personalauswahl und -entwicklung mit Persönlichkeitstests. Göttingen: Hogrefe, 2. Auflage 2015. Eine knappe Einführung in mehrere Persönlichkeitstests. Sehr gut für einen ersten Überblick unterschiedlicher Tests. Das Buch geht jedoch nicht in die Tiefe.
>
> *Steven Reiss:* Wer bin ich und was will ich wirklich? München: Redline 2009. Die Beispiele im Buch sind amerikanisch und für Europäer gelegentlich schlecht nachvollziehbar. Ansonsten ist es eine spannende und lebendig geschriebene Einführung in das Reiss Profile™, vom Entwickler selbst.
>
> *Jens Asendorpf:* Psychologie der Persönlichkeit. Heidelberg: Springer, 5. Auflage 2012. Ein umfassendes akademisches Lehr- und Arbeitsbuch zur Persönlichkeitspsychologie. Es geht nicht vertiefend auf Tests ein, sondern auf den Unterschied zur Alltagspsychologie, auf Paradigmen, Persönlichkeitsbereiche, Persönlichkeitsentwicklung, Geschlechtsunterschiede, Umwelteinflüsse und Ähnliches. Es ist übersichtlich gestaltet und auch für interessierte Laien geeignet.

Charisma und Würde

In der jüdisch-christlichen Tradition sind Charismen Gaben, die ein Mensch ohne sein Zutun geschenkt bekommt; also ohne sie durch gute Taten erst verdienen zu müssen. Es sind Güter, Fähigkeiten, Möglichkeiten, die von Gott aus Wohlwollen verschenkt werden. Im Verständnis von Paulus waren Gaben vorwiegend Charaktermerkmale. Da das Neue Testament in griechischer Sprache verfasst worden ist und die Gnadengabe dort in den griechischen Begriff »Charis« (vgl. auch die Chariten, Göttinnen der Anmut) gekleidet wurde, vermischte sich die Gabe mit der Vorstellung der Anmut.

Im heutigen Alltagsverständnis wird unter Charisma meist »besondere Ausstrahlungskraft, bemerkenswerte oder bewundernswerte Persönlichkeit« verstanden. In dieser Interpretation von Charisma verhält es sich wie in folgender Szene: In einem Raum stehen viele Personen und unterhalten sich. Plötzlich betritt eine charismatische Person den Raum. Alle Blicke richten sich auf sie …

Das ist eine Vorstellung, die manchen Führungspersonen sehr gefällt. Es ist die Sicht von Alphapersonen, von jenen mit einem ausgeprägten »Machtmotiv« (im bereits genannten Reiss Profile). Daran ist nichts Verwerfliches. Denn Menschen mit diesen Eigenschaften wollen führen. Führungspersonen, die überhaupt nicht auffallen, die nicht charismatisch im »auffallenden Sinne« sind, müssen auf andere Weise überzeugen. Die Wirklichkeit in deutschen Unternehmen sieht manchmal so aus, dass nicht die Klügsten, Weisesten oder Fähigsten führen, sondern Personen, die sich gut in Szene setzen können. Auch dies ist nicht verwerflich, denn Führungspersonen müssen inszenieren können. Es darf jedoch nicht so weit gehen, dass der Schein (heute sagt man eher Image dazu) allein bestimmend ist.

Was in unserer Kultur und in der Subkultur der Wirtschaft charismatisch wirkt, kann in anderen Zeiten, Kulturen oder Subkulturen befremdlich wirken.

Charisma ist jedoch nicht nur anmutiges Blendwerk. Lassen Sie uns zum genannten Beispiel zurückkehren: Eine charismatische Person betritt den Raum und sogleich haften alle Blicke auf ihr. Doch wie lange hält das an? Von Blendern wenden sich früher oder später die meisten Blicke wieder ab, da ihre Wirkung mit der Zeit verblasst oder die Person aufgeblasen und wichtigtuerisch wirkt. Es gibt aber auch jene charismatischen Personen, deren Ausstrahlung »nachhaltig« ist: Sie verdienen sich Bewunderung, werden geachtet, gemocht, respektiert.

Nun fragen manche Klienten im Coaching, wie sie das ebenfalls erreichen können. Hier darf man als Coach den Ball ruhig flachhalten, denn jeder Mensch hat sein spezielles Set an Gaben geschenkt bekommen. Es ist gut, eigene Gaben zu entdecken, zu erforschen, auszubauen und zu würdigen. Genauso frustrierend kann es jedoch sein, sich nach »Gaben« zu sehnen, die nicht dem eigenen Naturell entsprechen.

Könnten wir Charismen trainieren?

Manche »Gaben« lassen sich erwerben oder entwickeln. In diesem Falle ist uns nicht die Gabe geschenkt, sondern die Freiheit, bestimmte Fähigkeiten auszubilden oder sie unberücksichtigt zu lassen. Solche Fähigkeiten sind beispielsweise Wissen, Kenntnisse, Körperhaltung, Gesprächstechniken, Kleiderwahl, Stimme, Blick, Umgangsformen, innere Leitbilder und Ähnliches. Hier sind Veränderungen durchaus möglich, wenn man die Freiheit zur Selbstentwicklung nutzt!

Intervention: Charisma szenisch erforschen

Über Verhaltensweisen und Grundhaltungen, die mit Charisma häufig in Verbindung gebracht werden, kann man lange reden und diskutieren. Was jedoch zählt, ist allein, ob ein Klient auf der Grundlage einer Haltung auch entsprechend handelt. Das kann am besten erforscht oder verändert werden, wenn ein Mensch handelt. Daher werden in der folgenden Intervention einzelne Sätze oder Fragen, die dies ermöglichen, nicht nur gedanklich, sondern auch szenisch und sinnlich konkret erarbeitet.

Darüber hinaus wird jede Antwort auf die später folgenden Fragen auch zirkulär untersucht: »Wenn wir Ihren Mitarbeiter X (oder Ihre Ehefrau oder Ihren Chef) fragen würden, wie würden diese Personen es einschätzen?«

Der Coach sollte auf Inkongruenzen hinweisen. Denn manchmal macht sich ein Klient – unwissentlich – etwas vor und schaut sich in einem allzu glänzenden Spiegel an (oder in einem zu trüben).

Durch folgende Anweisungen können Sie die Antworten auf einige der Fragen sinnlich und szenisch konkretisieren: »Wie genau stehen Sie dann? Wie blicken Sie? Was sagen Sie dann? Mit welcher Stimme? Wer hört zu? Wer blickt Sie dann wie an? Wie gehen Sie in diesem Augenblick? Was genau tun, denken, machen Sie innerlich und was wird äußerlich sichtbar? Wer entdeckt es zuerst, und woran? Bitte beschreiben Sie eine konkrete Szene, in der dies der Fall war. Lassen Sie uns diese Szene kurz auf die Bühne bringen, indem Sie sie in verschiedenen Rollen spielen.« Stehen Sie mit Ihrem Klienten auf und lassen Sie es sich zeigen, machen Sie es außerdem nach, indem Sie sich vom Klienten als Regisseur wie ein Schauspieler einweisen lassen. Auf diese Weise wird dem Klienten noch deutlicher, wie er in bestimmten Situationen blickt, steht, atmet, sich bewegt, spricht ...

Die Fragen sind:

Exzellenz: Was können Sie gut? Worin sind Sie exzellent?

Fähigkeiten: Welche Fähigkeiten möchten Sie neu erwerben, um auch hierin exzellent zu werden?

Durchschnitt und Routine: Was können Sie einigermaßen gut?

> **Neigung:** Was sind Ihre Neigungen? Was macht Ihnen Freude?
>
> **Ziel und Leitwerte:** Worauf zielt Ihr Leben? Was sind Ihre Leitwerte?
>
> **Interaktionen:** Was geben Sie anderen Menschen an Aufmerksamkeit, Anerkennung und Anregung? Geben Sie mehr als Sie nehmen?
>
> **Integration der Schatten:** Kennen Sie Ihre Schatten, Ihre Projektionen und Abgründe? Haben Sie diese mithilfe professioneller Unterstützung in Ihre Gesamtpersönlichkeit integriert?
>
> **Training:** Haben Sie Ihren »Job« speziell trainiert und sich darin professionell verfeinert?
>
> **Leidenschaft:** Wie leidenschaftlich leben und arbeiten Sie?
>
> **Balance:** Sind Ihr Privat- und Berufsleben in guter Balance? Sind Sie in beidem ein Vorbild für andere?
>
> **Körper und Psyche:** Ernähren Sie sich gesund? Haben Sie Über- oder Untergewicht? Pflegen Sie den Körper gut? Schlafen Sie ausreichend? Benötigen Sie Genuss- und Rauschmittel, um ausgeglichen zu sein? Gibt es Inseln der Ruhe?
>
> **Macht und Verantwortung:** Sind Sie stark daran interessiert, Verantwortung zu übernehmen und im guten Sinne Macht auszuüben? Verbinden Sie dies mit Fürsorglichkeit für Ihre Mitarbeiter?
>
> **Präsenz:** Sind Sie in dem, was Sie tun, meist präsent, körperlich und mental sehr »bei der Sache« und bei den Menschen?
>
> **Brücken:** Schaffen Sie Brücken des Vertrauens, durch Ehrlichkeit, Verlässlichkeit, Anerkennung, Lob, Aufmerksamkeit, Anregung, Vorbildlichkeit, Liebenswürdigkeit …?
>
> **Rückmeldungen:** Fragen Sie andere Menschen um Rat und lassen Sie sich regelmäßig (auch ungeliebte) ehrliche Rückmeldungen geben?
>
> **Werte:** Handeln Sie auf der Grundlage von Werten, die andere nachvollziehen und schätzen können?
>
> **Schein oder Sein:** Sind Sie wirklich so oder spielen Sie mit Ihrer Außenwirkung?
>
> **Bilder:** Welche inneren Bilder leiten Sie?
>
> **Gedanken:** Welche Gedanken leiten Sie?
>
> **Emotionen:** Welche Emotionen leiten Sie?
>
> **Innere und äußere Haltung:** Gehen Sie innerlich und körperlich aufrecht, aufrichtig und mutig durch das Leben? Worauf oder wohin blicken Sie?
>
> *Dauer: Wenn szenisch gearbeitet wird, können mehrere Stunden erforderlich sein. Ein erster rein kognitiver Duchgang beansprucht nur etwa 40 Minuten.*

Einzelne Fragen, Antworten oder szenischen Erkundungen werden dem Klienten besonders nahe gehen. Sie sind möglicherweise mit wichtigen biografischen Ereignissen oder in der Kindheit erworbenen Verhaltensweisen oder dergleichen verbunden. Meist muss hier zunächst eine Klärung ermöglicht werden. Wenn dies geschehen ist, können einzelne Punkte gezielt angegangen und bearbeitet werden, wenn der Klient dies wünscht. Die in der Intervention genannten ersten fünf Punkte könnten folgendermaßen weiter bearbeitet werden: Genau definieren, worin der Klient exzellent ist, und diese Bereiche mehr in den Vordergrund stellen und sie verstärkt nutzen. Einzelne, bisher nicht entwickelte Fähigkeiten gezielt trainieren. Tätigkeiten oder Kompetenzen, die der Klient nur einigermaßen beherrscht näher untersuchen: Lohnt sich ein verstärktes Engagement in diesen Bereichen überhaupt? Verstärkt Ziele und Optionen nutzen, die den Neigungen des Klienten entsprechen und ihm Freude bereiten. Die Leitwerte und das Lebensziel deutlicher in den Blick nehmen und darauf achten, dass dies in der Lebensgestaltung tatsächlich Berücksichtigung findet.

Darüber hinaus lohnt es sich für jede Führungsperson, wenn sie ihre Körperhaltung, ihren Blick und ihre Atem-, Stimm- und Sprechtechnik von Einschränkungen befreit. Doch das würde ich nicht Charismatraining nennen. Es sind lediglich Möglichkeiten, um sich freier, spontaner und kreativer im selbst gestalteten Leben zu bewegen.

Wie stehen Charisma und Würde zueinander?

Mir scheint, dass unter dem Begriff »Charisma« zunehmend die Vorstellung von »Hochachtung« oder »Bewunderung« oder gar »Eindruck machen« verstanden wird. Hochachtung empfinden wir in der Regel vor Menschen mit Reichtum, Macht, Einfluss oder großem Können. Wir können sie auch bewundern. Wollten wir Charisma so verstehen, dann lässt es sich zum Teil trainieren oder erringen. Wenn wir Charisma – der Wortherkunft gemäß – als eine moderne Form der Anmut verstehen, dann lässt sich ebenfalls manches üben und verbessern.

Das Pendant zur Anmut ist die Würde. Unsere Sprache verwischt den Unterschied, wenn wir von Würdenträgern oder Hochwürden sprechen, da hiermit eher Amts- und Rollenträger gemeint sind. Die unveräußerliche und jedem Menschen gegebene Würde und Achtung erwirbt ein Mensch nicht und muss sie auch nicht ausstrahlen. Die Aufgabe jedes Einzelnen liegt eher darin zu erkennen, dass er selbst und seine Mitmenschen Träger von Würde sind. Wer diese Würde in sich selbst verleugnet und wer seine Mitarbeiter nicht als ebenbürtige Adressaten und Träger von Würde wahrnimmt und ihnen Achtung schenkt, vergibt einen Teil seines Menschseins.

Je mehr ein Mensch seine Würde in sich und in anderen entdeckt und zur Grundlage seines Handelns macht, desto deutlicher wird der Unterschied zu Anmut. Eine Person, die Würde ausstrahlt, verhält sich auch in schweren Zeiten tugendhaft und bewahrt tiefe Geistesfreiheit, obwohl man ihr angesichts eines schweren Schicksals möglicherweise ihre Betroffenheit und ihre inneren Kämpfe anmerkt. Ist es möglicherweise diese Würde, die viele in sich suchen, wenn sie ihr »Charisma« aufpolieren möchten?

Literaturtipps

Martina Schmidt-Tanger: Charisma-Coaching. Paderborn: Junfermann 2009. Dieses Buch fokussiert eine Erhöhung des Selbstwerts, des Selbstwerterlebens und der Präsenz im Einsatz für selbst gesetzte Ziele; durch eine veränderte innere Haltung und durch veränderte Interaktionen. Dieser gute Ansatz wird hier »Charisma-Coaching« genannt. Dieses Etikett könnte auch gegen »Selbstwert- und Präsenz-Coaching« ausgetauscht werden.

Wilfried Härle: Würde – Groß vom Menschen denken. München: Diederichs 2010. Der Autor ist emeritierter Professor für systematische Theologie. In dem kurzen und nachdenklich machenden Buch verbindet er theologische, philosophische und dichterische Fragen.

Josef Pieper: Über die Tugenden – Klugheit, Gerechtigkeit, Tapferkeit – Maß. München: Kösel 2008. Im Vorwort lobt Johannes Rau das Buch. Der Autor lässt den verstaubt geglaubten Tugendbegriff wieder lebendig werden. Ohne erhobenen Zeigefinger regt er zu tiefem Nachdenken an. Ich sehe die Begriffe Charisma, Würde und Tugend in einem sehr engen Zusammenhang. Daher ist dieses Buch hier genannt.

Dale Carnegie: Wie man Freunde gewinnt. Die Kunst, beliebt und einflussreich zu werden. Frankfurt am Main: Fischer, 8. Auflage 2011. Der Klassiker seit mehreren Jahrzehnten: einfache Tipps im Umgang mit seinen Mitmenschen.

Epikur: Von der Lust zu Leben. Köln: Anaconda, 2014. Ein kleines Büchlein aus der Antike, das eher ein bescheidenes, glückliches Leben nahelegt – in Übereinstimmung mit sich selbst, statt auf Außenwirkung, Ruhm und Erfolg zu setzen.

Resilienz

Während meiner ärztlichen Ausbildung in der Psychotherapie arbeitete ich unter anderem in einer Spezialklinik für traumatisierte Frauen und Männer. Die meisten von ihnen erlebten über viele Jahre hinweg fürchterliche sexuelle und seelische Gewalt; meist im Kindesalter, manchmal bis ins Erwachsenenalter hinein. Durch Einzel- und Gruppenpsychodrama, Imaginationsarbeit, Gestaltungs- und Körpertherapie und anderen Methoden versuchten wir zu helfen. Ein Teil der Patienten jedoch hatte keine Gewalterfahrungen: Manchmal waren es »ausgebrannte« Manager oder Menschen mit Depressionen und psychosomatischen Leiden.

Ich hatte zuvor aus Büchern gelernt, dass die Schwere einer Traumatisierung oder eines Leidens selten vorherbestimmt, wie gut oder schlecht ein Mensch mit den erlittenen Verletzungen oder Leiden »klarkommt«.

Genau das erlebte ich: Es gab Patienten, die grauenhafte Erlebnisse recht gut »weggesteckt« hatten, und andere, die durch »leichtere« Verletzungen so schwer erschüttert waren, dass sie kaum mehr lebensfähig waren. Damals nannten wir die Kompetenz, erschütternde Erfahrungen einigermaßen verarbeiten oder bewältigen zu können, »Coping«. Patienten mit guten »Copingstrategien« können Traumatisierungen besser verarbeiten.

Verwandt ist der Begriff der »Resilienz«. Hiermit wurde ursprünglich die Fähigkeit von Kindern bezeichnet, trotz widriger Umstände gut zu gedeihen und ein emotional und sozial ausgeglichenes Leben führen zu können. Sie galten als resilient.

In der Wirtschaft und im Coaching fanden die Begriffe »Coping« und »Resilienz« lange Zeit keine Aufnahme. Hier sprach man eher von »Stressmanagementfähigkeiten«. Die zugrunde liegenden Fragen bei all diesen Worten und Konzepten sind ähnlich: Wie schaffen es Menschen, leistungsfähig, lebensfähig, manchmal sogar ausgeglichen oder glücklich zu sein – obwohl sie starken Stress (oder gar schlimme Traumatisierungen) erlitten haben oder noch erleiden? Was unterscheidet diese Menschen von jenen, die an denselben äußeren Belastungen zerbrechen?

Wenn es auf diese Fragen Antworten gibt, ergeben sich weitere Fragen: Können wir die Strategien, die Kompetenzen oder Fähigkeiten der »besseren« Stressbewältigung der resilienten Individuen kopieren, erlernen oder anderen Menschen vermitteln? Können wir Bedingungen fördern, die Individuen darin stärken, ihre natürlichen Fähigkeiten zur Resilienz auszubauen?

Durch die systemische Familientherapie wurde das Interesse am Resilienzbegriff in den letzten Jahren auch in der Coaching- und Beratungsszene geweckt, und zunehmend taucht das Wort nun auch in den Fachmagazinen für Managementseminare, Wirtschaft und Weiterbildung auf. Auch in diesem Kontext wird gefragt, wie ein Mensch trotz widriger Umstände gedeihen kann. Wobei nicht mehr ausschließlich das Aufwachsen des Kindes gemeint ist, sondern auch die berufliche und persönliche Entwicklung. Doch es gibt nun auch Fragen nach Mobbingresilienz, Stressresilienz und dergleichen.

> **Resilienz**
>
> In einer Studie zu Coping, Verletzbarkeit und Resilienz verwendete meines Wissens L. B. Murphy 1974 erstmals den Begriff der Resilienz, wie wir ihn heute verstehen. Forscher konzentrierten sich zunächst auf die Entwicklung von Kindern und untersuchten äußere, genetische und mentale Variablen, um festzustellen, warum einige Kinder besonders widerstandsfähig gegenüber Krisen und schwierigen Bedingungen sind.
> Zunehmend weitete sich die Forschung auf Erwachsene, Paare und Systeme aus. 2005 machten Rosemarie Welter-Enderlin und Kollegen den Begriff in Europa bekannt: Sie veranstalteten in Zürich einen internationalen Kongress zum Thema. Im Kongressprogramm wurde der Begriff so definiert: »Unter Resilienz wird die Fähigkeit des Menschen verstanden, Krisen im Lebenszyklus unter Rückgriff auf persönliche und sozial vermittelte Ressourcen zu meistern und als Anlass für Entwicklung zu nutzen. Mit dem Konzept der Resilienz verwandt sind Konzepte wie Salutogenese, Coping und Autopoiese. All diese Konzepte fügen der Orientierung an Defiziten eine alternative Sichtweise bei.«
> Eine wichtige Frage der Resilienzforschung lautet: Wie kann ein Mensch trotz widriger Umstände gedeihen?

Worin liegt der Unterschied der Ressourcenorientierung zum Resilienzkonzept im Coaching?

Viele Coaches und Therapeuten verstehen sich als lösungs- und ressourcenorientierte Prozessberater: Sie arbeiten doch sowieso schon mit Ressourcen. Wofür bedarf es dann noch eines weiteren Fachbegriffs? Es gibt sicher den nahe liegenden Grund, dass unsere Neugier geweckt wird, wenn neue Begriffe und angeblich neue Konzepte auftauchen. Das brauchen wir von Zeit zu Zeit. Doch es gibt auch paradigmatische Gründe, sich mit dem Konzept der Resilienz auseinanderzusetzen. Ein wichtiger, grundlegender Unterschied ist, dass die Ressourcenorientierung sich auf das Handeln des Coachs bezieht: Wenn ein Klient mit Problemen, Nöten und Inkompetenzen zur Beratung kommt, hat der Coach die Vorstellung, dass eine Ressourcenorientierung hilfreich ist. Daher lenkt er den Fokus zunehmend auf Stärken, Kompetenzen, Hilfreiches, Schönes, auf eine positive Zukunft ... In diesem Konzept steht also zunächst der Coach im Mittelpunkt. Im Konzept der Resilienz ist dies andersherum. Es bezieht sich ganz ausdrücklich nicht auf den Coach oder den Therapeuten, sondern auf Menschen in ihrer natürlichen Umgebung, die aus eigenen Kräften und ohne Zutun sogenannter Experten und professioneller Helfer widrigen Umständen etwas entgegenzusetzen in der Lage sind und daraus in einem guten Sinne erwachsen.

Sehr eindrücklich belegt eine Studie diese Fähigkeit, ohne professionelle Helfer widrige Umstände zu meistern, die über 40 Jahre hinweg auf der Insel Kauai durchgeführt wurde. Der gesamte Geburtsjahrgang von 1955 wurde über diese Zeit hinweg unter unterschiedlichsten Fragestellungen regelmäßig untersucht. Dabei stellte sich heraus, dass diejenigen, die in dieser Zeit aufgrund von Problemen formale Psychotherapie (Redekuren oder medikamentöse Therapie) in Anspruch genommen hatten, hiervon nicht oder kaum profitiert hatten und angaben, dass ihnen die Unterstützung durch Freunde, Ehepartner, Arbeitskollegen und Ähnliches weit mehr geholfen habe. Sie schätzen den Wert der professionellen Helfer sehr gering ein, den der Laienhelfer jedoch sehr hoch. Sicher ist dies zunächst nur eine subjektive Einschätzung.

Es gibt noch einen zweiten paradigmatischen Unterschied zwischen Lösungs- und Ressourcenorientierung sowie Resilienz. Das Resilienzkonzept geht davon aus, dass Abgründe, Probleme, Ängste und Ähnliches unbedingt ihren Platz in einer umfassenden Beratung benötigen, denn dies können Funken sein, an denen sich die Widerstandsfähigkeit und der Wachstumswille eines Individuums entzündet haben. In diesen biografischen Abgründen liegt für resiliente Menschen nicht nur Schmerz, Angst, Lähmung oder Traurigkeit – sondern auch eine Quelle oder Inspiration zur Entwicklung. Diese Abgründe verleihen resilienten Menschen eine besondere Tiefe oder gar Würde. Daher empfehlen Resilienzforscher den professionellen Helfern, die Augen vor den Abgründen ihrer Klienten oder Patienten nicht zu verschließen und sie stattdessen zu würdigen und angemessen zu ergründen, bevor der Blick in die Zukunft, zum Schönen und zum Starken gelenkt wird.

Nun möchte ich Ihnen noch einen dritten paradigmatischen Unterschied zwischen Lösungs- beziehungsweise Ressourcenorientierung und dem Resilienzkonzept vorstellen: Vielerorts wird die lösungsorientierte Beratung auch Kurzzeitberatung genannt. Seit den 1970er-Jahren ist uns allen die Vorstellung vom »Hier und Jetzt« bekannt. In der Therapie und in der Wirtschaft muss es seitdem auch immer schneller gehen. Resilienz dagegen nimmt bewusst eine Langzeitperspektive in den Blick. Denn die Fähigkeit, an einer Krise zu gedeihen, zeigt sich oft nicht in den ersten Stunden, Tagen, Monaten oder Jahren. Hier sind oft Kräfte am Werk, die mit einem Blick auf das »Hier und Jetzt« oder ein »Schnell-schnell« nicht erfassbar sind. Ob ein Mensch einer Krise widersteht und daran wächst, zeigt sich manchmal erst sehr viel später. Dies ist wie bei einem Fluss, der – obwohl er ruhig und scheinbar träge fließt – langsam seinem Lauf folgt und sich geoklimatischen Veränderungen auch langfristig anpassen kann, indem er seinen Lauf verändert. Dieser »lange Atem«, um wieder ein Menschenbild zu gebrauchen, ist im Resilienzgedanken enthalten.

Was sind die Quellen der Resilienz?

Die Kräfte, die einen Menschen widerstands- und gedeihfähig zugleich machen, liegen zum einen in der eigenen Geschichte, in der Familie, in frühen Beziehungserfahrungen, im Freundeskreis, der Nachbarschaft, in religiösen Gemeinschaften, in Vereinen und Gruppen, in der Arbeitswelt, der Schule … Es sind Kräfte, die durch Begegnung und Interaktion geweckt werden und sich in einem Selbstbild niederschlagen, das von Bildern, Gedanken, inneren Worten und Emotionen erfüllt ist, das die Fähigkeit verleiht, auch in großen Stürmen die innere Würde und Entfaltungsmöglichkeit zu bewahren oder sogar zu stärken.

Zum anderen liegen die Quellen der Resilienz auch in den natürlichen Gaben jedes Menschen, seinen Genen. Es gilt als sicher, dass die Verbindung von Umwelt (Interaktionen) und Anlagen die Resilienzfähigkeit formen. Es ist noch nicht erforscht, wie groß hierbei welcher Anteil ist.

Resilienz ist nicht trainierbar, doch manche stärkende Idee aus dem Copingkonzept lässt sich wohl darauf übertragen. Daher folgt nun eine Intervention, die vielleicht besser »Copingstrategien erkunden« heißen sollte.

Intervention: Quellen der Resilienz

Helfen Sie Ihrem Klienten, mögliche Kräfte und Quellen ausfindig zu machen, die seine Widerstandsfähigkeit stärken könnten. Dies kann beispielsweise durch die folgenden Fragen geschehen:

- Auf welche Weise haben Sie Liebe und Unterstützung in Ihrer Familie oder in Ihrer Kindheit erfahren? Welche Personen haben Sie damals besonders gestärkt, getröstet, mit Hoffnung oder Inspiration erfüllt?
- Welche Ihnen nahe stehenden Menschen (oder auch Tiere) trösten, ermutigen, beflügeln … Sie heutzutage?
- Gibt es Gruppen, Vereine, soziale Netzwerke, in denen Sie – nicht nur als Träger einer Rolle, sondern von Mensch zu Mensch – Halt und Unterstützung erfahren?
- Auf welchen sinngebenden Säulen ruht Ihr Leben? Welche Ziele, Werte, praktischen Aufgaben geben Ihnen Mut und sind Ihr Motor?
- Was sind Ihre höchsten Werte, die Sie stützen und schützen?
- Auf welche Weise sind Sie von transzendenten Vorstellungen, von Spiritualität oder Religiosität getragen?
- Welche inneren Leitsätze, Zitate, Bilder, Vorstellungen, Gefühle oder dergleichen motivieren Sie?
- Welche Lenbenskrisen haben Sie bereits erlebt? Wie haben Sie diese überwunden, ertragen, überstanden oder verarbeitet? Was hat Sie dabei gestützt? Welche Menschen, Vorstellungen oder Handlungen haben Sie in dieser Zeit bewahrt? Was ist aus diesen Krisen entstanden? Welcher Lebenswandel hat sich daraus ergeben?

Dauer: etwa 90 bis 120 Minuten.

Nach der Intervention kann der Klient entscheiden, welchen Fragen oder Gedanken er weiter nachgehen möchte. Diese können Sie psychodramatisch, imaginativ oder dialogisch mit dem Klienten bearbeiten. Oft entdecken Klienten, dass sie stützende oder tragende Säulen des Lebens lange Zeit vernachlässigt haben, und nehmen sich nach der Intervention vor, diese wieder zu pflegen: beispielsweise Freundschaften, liebevolle Beziehung in der Partnerschaft, die Beziehung zu Gott, Spaziergänge in der Natur …

Literaturtipp

Rosmarie Welter-Enderlin und Bruno Hildenbrand (Hrsg.): Resilienz – Gedeihen trotz widriger Umstände. Heidelberg: Carl Auer, 5. Auflage 2012. Welter-Enderlin ist 2010 verstorben. Ihr Einfluss auf die systemische Familientherapie in Europa war sehr groß. Das Buch vereint Beiträge zahlreicher bekannter Resilienzforscher und -praktiker. Viele Konzepte und Ideen lassen sich auf das Coaching übertragen.

Sylvia Kéré Wellensiek: Handbuch Resilienztraining. Widerstandskraft und Flexibilität für Unternehmen und Mitarbeiter. Weinheim und Basel: Beltz, 2. Auflage 2017. Dieses Handbuch setzt an verschiedenen Ebenen in Unternehmen und Organisationen an: Es bietet Hintergrundwissen, Übungen und Praxisbeispiele zur Stärkung der Widerstandskraft und der Flexibilität von einzelnen Mitarbeitern, Teams und ganzen Organisationen.

Sylvia Kéré Wellensiek: Fels in der Brandung statt Hamster im Rad. Zehn praktische Schritte zu persönlicher Resilienz. Weinheim und Basel: Beltz, 2. Auflage 2016. Mit diesem Leitfaden kann die Resilienz gezielt trainiert werden.

Sylvia Kéré Wellensiek: Fels in der Brandung statt Hamster im Rad. Zehn praktische Schritte zu persönlicher Resilienz. DVD, Laufzeit 50 Minuten. Weinheim und Basel: Beltz 2014. Die DVD zum Buch: Die zehn Übungen zum persönlichen Resilienztraining werden »hautnah« erlebbar.

Sylvia Kéré Wellensiek: Resilienztraining für Führende. So stärken Sie Ihre Widerstandskraft und die Ihrer Mitarbeiter. Weinheim und Basel: Beltz, 2. Auflage 2017. Sylvia Kéré Wellensiek stellt hier die zehn Trainingsschritte speziell für Führungskräfte vor.

Sylvia Kéré Wellensiek: 75 Bildkarten Resilienztraining. Weinheim und Basel: Beltz 2015. Die Bildkarten enthalten fünf der HBT-Kompasse, versinnbildlichen in Fotos zehn wesentliche Übungen zur Resilienzstärkung und zeigen 60 verschiedene Resilienzkompetenzen. Im Booklet wird der Einsatz der Bildkarten erläutert.

Sylvia Kéré Wellensiek/Joachim Galuska: Resilienz – Kompetenz der Zukunft. Balance halten zwischen Leistung und Gesundheit. Weinheim und Basel: Beltz 2014. Die beiden Resilienzexperten liefern einen praktischen Überblick über die aktuelle Resilienzforschung.

Salutogenese

Der lateinische Begriff »salus« heißt Gesundheit, das Wort »Genese« ist griechischen Ursprungs (»genesis«) und bedeutet Ursprung, Geburt oder Entstehung. In der Salutogenese geht es nicht darum festzustellen, wie Krankheit entsteht (Pathogenese) und wie Krankheit behandelt wird (Therapie). Stattdessen beschäftigt sich die Salutogenese mit der Frage, wie Gesundheit entsteht und wie sie erhalten und gefördert wird. Das Konzept wurde vom israelisch-amerikanischen Medizinsoziologen Aaron Antonovsky (1923–1994) entwickelt.

Er sah den »Sense of Coherence« (SOC), einen Sinn für Kohärenz, ein Kohärenzgefühl, als die wesentliche Voraussetzung dafür an, dass Gesundheit entsteht. Unter diesem Kohärenzgefühl verstand er ungefähr Folgendes:

Kohärenzgefühl

Kohärenz bedeutet das tiefe Vertrauen darauf, dass
- die Eindrücke und Wahrnehmungen aus dem eigenen Inneren und der Außenwelt vorhersehbar und erklärbar sind: »Ich verstehe meine Gedanken, Emotionen und Bilder; ich verstehe die Prozesse in der Außenwelt so weit, dass ich sie einordnen, vorhersehen und erklären kann.«
- man Ressourcen, Fähigkeiten, Kompetenzen hat oder entwickeln kann, um mit den Anforderungen, die durch die inneren oder äußeren Wahrnehmungen entstehen, angemessen umgehen zu können: »Ich kann auf die Vorgänge in mir und um mich herum angemessen Einfluss nehmen.«
- diese Anforderungen und Herausforderungen aus dem eigenen Inneren oder der Außenwelt einen Sinn haben und dass es sich lohnt, sich mit ihnen auseinanderzusetzen: »Das Engagement und die Kraft, die ich aufbringe, sind der Mühe wert, denn die Anforderungen sind sinnhaft.«

Diese wichtigen Gedanken sind indirekt bereits in den lösungs- und ressourcenorientierten Ansatz des Coachings eingeflossen. Andere Ansätze des Coachings haben sie ebenfalls integriert. Der Coach fragt in problematischen Situationen selten: »Warum?« Das wäre die Frage nach der Entstehungsgeschichte eines Problems, nach seiner Genese.

Natürlich ist es bedeutsam, ein Problem zu würdigen und auch danach zu fragen, welche Erklärungsversuche der Klient bisher hatte, um sein »Problem« begreifen zu können. Möglicherweise fragt der Klient: »Warum *habe* ich das Problem? Warum *bin* ich ein Mobbingopfer?« Hieraus würde ein Coach nach und nach entwickeln: »Was möchten Sie denn stattdessen sein oder haben, was sind Ihre Ziele, Ihre Alternativen, in welchen Bereichen möchten Sie aktiv werden? Wie genau möchten Sie das machen, was werden Sie dafür nutzen, was können Sie davon jetzt schon sehr gut, was macht Sie – im positiven Sinne – noch aus, worauf können Sie zurückgreifen, was stützt Sie, was trägt und beflügelt Sie, wer sind Sie noch …?«

Diese Reihe von Fragen (oder ähnliche Fragen) können Sie einsetzen, wenn ein Klient einen »Sturm« durchlebt hat. Doch Vorsicht: Wenn es sich um ein schweres Trauma handelte, sollte es nicht nochmals aktiviert und innerlich belebt werden. Im Business-Coaching sollte es um die »Stürme« aus dem Berufsalltag gehen!

Intervention: Stürmen besser widerstehen

Bitte stellen Sie dem Klienten sinngemäß die hier aufgeführten Fragen, damit er schrittweise anhand der Salutogeneseprinzipien erarbeiten kann, wie er mit Krisen umgeht.

Sinnlich-konkrete Beschreibung: »Können Sie mir bitte beschreiben, was geschehen ist?« (Die äußeren Ereignisse zunächst ohne Interpretation, Wertung oder Bezug auf das innere Erleben sinnlich-konkret beschreiben.)

Vorhersehbarkeit: »Gab es Anzeichen, die Ihnen heute vielleicht klar sind, die schon im Voraus darauf hinweisen, dass sich die Situation so entwickeln könnte?«

Inneres Erleben: »Was genau haben Sie dabei gefühlt, was gedacht? Welche Veränderungen haben Sie an Ihrem Körper wahrgenommen?«

Verstehbarkeit: »Wie ordnen Sie die Entwicklung der Situation und Ihre innere Reaktion ein? Wie verstehen Sie das für sich?«

Sinnhaftigkeit: »War das alles die Mühe, den Ärger, … wert? War es gut oder sinnvoll, sich dieser Herausforderung auf diese Weise zu stellen?«

Ressourcen: »Was hat Sie befähigt, diese Situation einigermaßen (oder gut) durchzustehen? Welche Fähigkeiten haben Sie dazu eingesetzt?«

Bisherige Lernschritte: Haben Sie sich nach diesem »Sturm« vorgenommen, zukünftig solchen Situationen aus dem Weg zu gehen oder anders mit Ihnen umzugehen? Welche Konsequenzen haben Sie daraus gezogen?«

Hypothetische Lernschritte: »Können Sie sich vorstellen, dass man auch ganz anders mit der Situation umgehen könnte? Kennen Sie Menschen, die anders damit umgehen?«

Veränderungsziel: »Wie möchten Sie zukünftig mit ähnlichen Situationen umgehen? Welche Fähigkeiten möchten Sie dazu ausbauen, welche neu erwerben, welche Handlungsweisen vorher erproben, … ?«

Dauer: etwa 60 bis 90 Minuten.

Im Anschluss an die Intervention kann der Klient identifizieren, welche Aspekte er näher untersuchen oder verändern möchte.

Beispiel
Der 29-jährige Klient war Meister und Schichtführer einer größeren Fertigungsanlage in der Automobilbranche. Regelmäßig geriet er heftig mit dem Leiter seines Bereichs aneinander und stellte diesen wütend wegen Nichtigkeiten zur Rede. Hin und wieder stritt er in ähnlicher Weise mit dem kaufmännischen Leiter. Daraufhin wurde ihm ein Coaching »verordnet«.

Vier Jahre zuvor war er an Hodenkrebs erkrankt, hatte die »gesamte Prozedur« aus Operationen und Chemotherapie jedoch – wie er sagte – gut überstanden und könne nun wieder einigermaßen seinen Mann stehen (das »einigermaßen« nahm ich als Anlass, auf die Erkrankung und ihre Folgen später noch einmal einzugehen). Nach seiner Heilung trat er in das Unternehmen ein. Als wir im Zusammenhang mit der Hodenkrebserkrankung einige Themen aus der auf Seite 291 aufgeführten Fragensammlung besprachen, wurde ihm plötzlich klar, dass er die Konflikte mit seinen Vorgesetzten vorhersagen könnte. Auf diese Idee sei er vorher nicht gekommen. Dies wollte ich mit ihm eigentlich erst später psychodramatisch erarbeiten, war aber froh über diese glückliche Transferleistung des Klienten. Er beobachtete in den folgenden zwei Wochen, an welchen äußeren und inneren Signalen er wahrnehmen konnte, dass sich ein Konflikt oder Wutausbruch anbahnt. Sowohl die Vorhersehbarkeit als auch die innere Verstehbarkeit fielen ihm leicht.

Andere Schritte aus dem genannten Salutogenesekonzept nutzten wir nicht. Stattdessen konzentrierten wir uns zunächst auf realistische Verhaltensalternativen. Nach wenigen Wochen gelang es ihm, seine Trigger für Wutausbrüche zu erkennen und alternative Verhaltensweisen zu nutzen. Der Auftrag des Unternehmens wäre damit erfüllt gewesen. Der Klient wollte jedoch weiter untersuchen, was ihn überhaupt dazu antrieb, dass er den Vorgesetzten »die Eier abreißen« wollte.

Dieses Beispiel zeigt, dass Interventionen in der Praxis meist nicht von vorne bis hinten durchgespult werden (müssen). Oft ist es so, dass einzelne Elemente oder Fragen verschiedener »Instrumente« hier und da zum Einsatz kommen. Dieses sowohl geplante als auch intuitive und kreative Anwenden unterschiedlichster Taktiken und Techniken erscheint Anfängern zunächst verwirrend. Dann ist es gut, sich zunächst an einzelne Instrumente zu halten und erst nach und nach mit der Freiheit zu spielen.

Literaturtipp
Theodor Dierk Petzold: Gesundheit ist ansteckend. Praxisbuch Salutogenese. München: Irisiana 2014. Das Buch geht auf Medizin, Psychotherapie, Burnout-Prophylaxe und anderes ein.

Burnout

Das Modewort »Burnout« umschreibt einen Zustand geistiger Erschöpfung, der als Folge einer dauerhaften Überlastung oder Fehlbelastung eintritt.

> **Einige klassische Merkmale des Burnout-Syndroms**
>
> Chronischer Stress kann zu folgenden Symptomen führen, deren Gesamtheit als Burnout-Syndrom bezeichnet wird:
>
> - Emotionale und körperliche Erschöpfung: Verlangsamung, Hoffnungslosigkeit, Müdigkeit, Mattigkeit, Orientierungslosigkeit, Ausgebranntsein. In der Folge treten auch körperliche Beschwerden und Erkrankungen auf.
> - Leistungsreduktion: Verlorenes Gefühl der Selbstwirksamkeit, Ineffektivität, Präsentismus (anwesend sein – aber doch nicht da) oder häufiges Fehlen bei der Arbeit, das Gefühl des Versagens, Verlust von Vertrauen, Unfähigkeit, eigene Ressourcen wahrzunehmen und zu nutzen.
> - Verlust des Selbstwerts: Gleichgültige und distanzierte Haltung gegenüber der Arbeit, abwertende Einstellung, Gereiztheit, Zynismus gegenüber Mitarbeitern, Kunden, Führungspersonen, Groll.

Auf chronischen Stress reagieren manche Menschen nicht mit einem Burnout, sondern mit einer depressiven Reaktion, mit psychosomatischen Erkrankungen oder mit Erkrankungen, die sich ausschließlich körperlich darstellen, obwohl sie – in diesem Falle – ebenfalls in einem Zusammenspiel von Psyche, Organsystem und Körper auftreten: Bluthochdruck, Herzrhythmusstörungen, chronische Magenschleimhautentzündung. Dauerstress kann unterschiedliche Antworten finden: In Form eines Burnout-Syndroms (»nur« psychische Auswirkung), einer psychosomatischen Reaktion oder als rein körperliche Erkrankung. Es sind unterschiedliche Erscheinungsformen, Ausdrucksweisen oder Antworten eines Menschen auf die dauerhafte Fehl- oder Überlastung.

Jeder Mensch nimmt Belastungen anders wahr; daher ist nicht jede große Dauerleistung eine Überlastung oder Stress für jeden Menschen. Außerdem hat jeder Mensch die Fähigkeit, Änderungen vorzunehmen, wenn frühe Anzeichen von Fehlbelastung oder Überlastung auftreten.

Eigentlich dürfte es das Burnout-Syndrom in einer freien Welt nicht geben, denn jedermann könnte seine Aufgaben im Leben angemessen wählen und sich hierfür angemessen einsetzen. Außerdem dürfte doch jeder seine persönlichen Stressoren (Energieräuber) kennen und sie auf kluge Weise regulieren. Dies alles würde zu einer weisen Passung zwischen Individuum und »Job« führen.

Eine gute Passung herzustellen ist einerseits Aufgabe der Selbstführung und Selbstfürsorge; andererseits gehört es zur Verantwortung einer Führungsperson, die Mitarbeiter vor einem krank machenden Ausbrennen zu bewahren.

Manche Führungspersonen erkennen diese Zusammenhänge nicht und fördern durch ihr Verhalten das Ausbrennen von Mitarbeitern: beispielsweise dadurch, dass sie ihnen immer wieder – auch in Belanglosigkeiten – in Arbeitsabläufe »reinreden« und den Mitarbeitern dadurch die Regulationsmöglichkeit nehmen, individuelle »stressfreie Wege« für die Aufgabenerledigung zu wählen. Auf diese Weise wird Mitarbeitern die Freiheit genommen, die Arbeitsaufgabe gemäß ihrer Persönlichkeitsstruktur, ihrer Kompetenz und ihres Urteilsvermögens individuell auszuführen. Dies ist nur ein Beispiel dafür, wie eine Überregulation durch eine Führungsperson zu Dauerstress bei Mitarbeitern führen kann. Den umgekehrten Fall gibt es ebenfalls: Wenn Mitarbeiter mit geringer Initiative und Kreativität hohe Leistungen erbringen müssen, hierzu aber ungenügend angeleitet und angeregt werden.

Viele Führungspersonen werden von ihren Vorgesetzten für kurzfristige Erfolge oder für den erfolgreichen und zügigen Abschluss definierter Projekte gelobt (oder befördert). Dies kann dazu führen, dass sie das »Ausbrennen« ihrer »Soldaten« in Kauf nehmen, um von oben positiv beurteilt zu werden. In einem solchen Falle hätte sich in diesem System eine zynische Funktionslogik entwickelt, die auch dazu führt, dass Mitarbeiter nicht mehr als Menschen mit Würde wahrgenommen werden, sondern nur noch als Leistungserbringer (»Bauern« eines Schachspiels oder »einfache Soldaten« auf dem Schlachtfeld).

Es gibt auch Führungspersonen, die jede Art von Stressreduktion für ihre Mitarbeiter als »Kuschelkurs« missverstehen oder als Einladung dazu, faul zu sein oder Minderleistungen zu erbringen: »Ich gehe hart mit mir selbst um, daher erwarte ich von meinen Mitarbeitern ebenfalls Bestleistungen!«

In den Kapiteln »Führung«, »Werte« sowie »Organisationskultur« sind wir bereits auf Fragen eingegangen, mit denen ein Coach einer Führungskraft helfen kann, diese Zusammenhänge zu reflektieren, um eine ethisch vertretbare Position zu beziehen. Dies ist die Voraussetzung, um bewusst, frei und werteorientiert – und nicht zynisch, gebunden oder getrieben zu führen.

Lassen Sie uns nun einzelne Faktoren untersuchen, mit denen eine Führungsperson, egal ob in der Selbst- oder Mitarbeiterführung, die Entwicklung eines Burnout-Syndroms möglicherweise verhindern (und umgekehrt auch fördern) kann.

Wenn wir hier die Rolle der Führungsperson in den Blick nehmen, soll das selbstverständlich nicht bedeuten, dass betroffene Mitarbeiter oder ihre Kollegen keine Verantwortung in der Prävention eines Burnouts haben!

Intervention: Burnout-Stellschrauben erkunden

Ermöglicht die Führungsperson sich und ihren Mitarbeitern ein Arbeiten, Leisten, Leben, das frei ist von Burnout? Die folgenden Fragen helfen dabei, eine Antwort hierauf zu finden, denn die Führungsperson kann darauf Einfluss nehmen, inwieweit ein Mitarbeiter die folgenden Fragen bejahen kann. Somit ist jede Führungsperson eine Schlüsselfigur in der Prävention von Burnout.

Die folgenden Fragen sollten für jeden Mitarbeiter einzeln gestellt werden.
- Passt die Tätigkeit zu den Neigungen und Fähigkeiten des Mitarbeiters?
- Stimmen das Arbeitsumfeld, der Arbeitsort, die Arbeitszeiten für diesen Mitarbeiter?
- Entspricht die Arbeitsbelastung (Umfang, Grad der Verantwortung …) diesem Mitarbeiter?
- Erlebt der Mitarbeiter seine Tätigkeit als relevant, als wichtig, als bedeutsam?
- Versteht der Mitarbeiter, wofür seine Tätigkeit wichtig ist, wie sie im »großen Ganzen« eingeordnet ist?
- Kann der Mitarbeiter die Tätigkeit seiner Motivstruktur oder seiner persönlichen Eigenart entsprechend ausführen?
- Ist es dem Mitarbeiter möglich, sich in der Arbeit zu verwirklichen und weiterzuentwickeln?
- Kann der Mitarbeiter in seiner Arbeit auf eine Weise Verantwortung übernehmen, die ihm gut tut?
- Ist der Mitarbeiter auf seine Tätigkeit stolz?
- Erhält der Mitarbeiter ausreichende Belohnungen, Lob, Anerkennung und Wertschätzung für seine Tätigkeit?
- Wird der Mitarbeiter angemessen angeleitet (nicht zu schwach, nicht zu stark)?
- Kommt die Tätigkeit dem Bedürfnis nach Gemeinschaft, Kontakt, Gemeinsinn, Zusammengehörigkeit, Teamgeist entgegen, das der Mitarbeiter hat? Fühlt er sich im Arbeitsteam getragen und zugehörig?
- Kann der Mitarbeiter seine anderen Rollen und Aufgaben im Leben noch genügend wahrnehmen und sie von der Welt der Arbeit abgrenzen? Ermöglicht die Arbeit ein Leben in Balance?
- Erfährt der Mitarbeiter Respekt und Gerechtigkeit? Wird er von allen fair behandelt?
- Entsprechen die publizierten und die tatsächlichen Werte des Teams, der Abteilung, des Unternehmens den Werten des Mitarbeiters? Oder arbeitet er im Widerspruch zu seinen tieferen Überzeugungen?
- Hat der Mitarbeiter im Unternehmen oder außerhalb Energiequellen, die ihn wieder mit Kraft versorgen? Wird ihm der Zugang hierzu ermöglicht oder versperrt?

Wenn der Klient – die Führungsperson – erkennt, dass einzelne Fragen von Mitarbeitern nicht beantwortet werden können oder verneint werden, steht er vor der Frage, wie er für seine Mitarbeiter bessere Voraussetzungen schaffen kann, die sie vor Burnout schützen. Hierbei geht es nicht nur um mögliche Maßnahmen, sondern auch um die Frage, ob die Führungsperson dies überhaupt will, darf, kann. Es geht auch um ihr Menschenbild: Trägt sie Mitverantwortung für das Wohl der Mitarbeiter oder sind die Mitarbeiter ausschließlich selbst für ihr Wohl verantwortlich? Nach dieser Intervention geht es also darum, Werte, Optionen und Maßnahmen näher in den Blick zu nehmen.

Dauer: etwa 60 Minuten.

Viele der genannten Punkte können dazu beitragen, ein Umfeld zu schaffen, in dem Mitarbeiter gerne arbeiten, Vertrauen schöpfen, Selbstwert und Selbstwirksamkeit erfahren. Neben der Reflexion und Veränderung »äußerer Stellschrauben«, die auch auf das innere Erleben zurückwirken, kann das Coaching selbstverständlich auch an den »inneren Schrauben« arbeiten: An Glaubenssätzen, Wertungen, Interpretationen. Von Burnout betroffene Mitarbeiter können Entspannungstechniken und Methoden erlernen, die zu mehr Gelassenheit führen. Das wiederum kann zu Veränderungen im Äußeren führen. Beide Wege gehören zusammen.

Neben diesen wesentlichen Fragen kann es auch darum gehen, kleine Dauerstressoren der Mitarbeiter ausfindig zu machen und sie auszuschalten und zu reduzieren.

Intervention: Dauerstressoren reduzieren

Um auch kleinere Dauerstressoren reduzieren zu können, müssen diese zunächst identifiziert werden. Wenn mögliche Auslöser für Dauerstress gefunden wurden, muss die Führungskraft überlegen, ob sie an diesen Stellschrauben so drehen will, dass die Fülle der kleinen »Nerver« reduziert wird.

Zunächst kann die Führungskraft bei ihren Mitarbeitern eine Umfrage durchführen: »Was ›nervt‹ und belastet Sie bei der Arbeit am meisten? Was muss reduziert oder verändert werden?«

Mögliche Antworten der Mitarbeiter könnten sein: E-Mail-Flut (besonders Cc-E-Mails, die einen nur indirekt betreffen, bei denen aber erwartet wird, dass man ihren Inhalt kennt und berücksichtigt), ineffektive Meetings, Misstrauen und Konkurrenz, fehlender Zugang zu wesentlichen Informationen und anderes mehr.

In einem nächsten Schritt kann die Führungskraft dann überlegen, ob einzelne dieser Dauerstressoren reduziert werden können (ist das erlaubt, welche Auswirkungen hat das im Unternehmen?) und auf welche Weise das durchgeführt werden kann. Die kommunikativen, systemischen und praktischen Fragen, die hiermit im Zusammenhang stehen, kann die Führungskraft mit einem Coach reflektieren. Neben der Reduktion von Dauerstressoren besteht auch die Möglichkeit, die Widerstandsfähigkeit der Mitarbeiter zu erhöhen, indem Sie angeleitet werden und die Erlaubnis erhalten, sich in bestimmten Fällen abzugrenzen, zurückzuziehen, sich zu entspannen und Ähnliches.

In dieser Intervention geht es also im Wesentlichen darum, dass der Klient als Führungskraft ein komplexes Projekt reflektiert, mit dem er Stressoren in seinem Verantwortungsgereich reduzieren und auch die Widerstandsfähigkeit gegen Stressoren bei seinen Mitarbeitern erhöhen kann. Besonders technik- oder zahlenorientierte Führungspersonen brauchen hierbei Unterstützung in der Reflexion der interaktionellen, systemischen oder emotionalen Auswirkungen einer solchen Maßnahme: Wen muss man einbinden, wie soll es kommuniziert werden, wer wird Einwände haben, wer wird es befürworten, wem wird es Angst machen …?

Dauer: Schrittweise Reflexionsgespräche von etwa 10 bis 20 Minuten, verteilt über mehrere Coachingsitzungen.

Wenn Führungspersonen einzelne Ideen aus diesem Kapitel aufgreifen und für kleine Veränderungen in ihrem Verantwortungsbereich nutzen, erhöht sich möglicherweise die Arbeitszufriedenheit, sinkt der Krankenstand oder die Produktivität und Kreativität erhöht sich sogar.

Mittlerweile ist es so, dass viele Coachings sehr von den Themen Life-Balance und drohendem Burnout bestimmt werden, auch dann, wenn die offiziellen Coachinganlässe manchmal andere Themen im Blick haben, wie »Optimierung der Führungs- und Kommunikationskompetenz im Rahmen des beruflichen Aufstiegs«.

> **Literaturtipps**
>
> *Christian Stock:* Burnout. München: Haufe, 2. Auflage 2015. Ein Buch aus der Reihe »Taschenguide«, das schnellen Überblick verschafft.
>
> *Matthias Burisch:* Das Burnout-Syndrom: Theorie der inneren Erschöpfung. Heidelberg: Springer, 5. Auflage 2013. Das Buch ist kein Ratgeber, sondern ein kompetentes Fachbuch für Wissenschaftler und akademische Praktiker, die tiefer in das Thema einsteigen möchten.
>
> *Hans Kernen und Gerda Meier:* Achtung Burnout! Leistungsfähig und gesund durch Ressourcenmanagement. Bern: Haupt, 3. Auflage 2014. Das Buch kann auch als Grundlage für Trainings, Workshops oder Einzelschulungen genutzt werden. Es verdichtet Konzepte aus der Arbeits- und Gesundheitspsychologie.
>
> *Björn Migge:* Sinnorientiertes Coaching. Weinheim und Basel: Beltz 2016. Viktor Frankl ging davon aus, dass Burnout meist eine tiefe Sinnfrustration ist und nicht nur »zu viel« Arbeit oder »zu wenig« Erholung. Positive Veränderung bedarf daher der Sinnarbeit. Vergleichen Sie dazu auch das nächste Kapitel.

Kapitel 5
Sinn im Business-Coaching

Sinnperspektiven in der Arbeitswelt

»Es kommt nicht nur darauf an, was wir äußerlich in der Welt leisten, sondern was wir menschlich geben, in allen Lagen.«
Albert Schweitzer

Dieser Text ist ein Auszug aus meinem Buch »Sinnorientiertes Coaching« (2016, 335 ff.). Wir finden das Thema so wichtig, dass wir es auch Leserinnen und Lesern aus dem Bereich Business-Coaching in dieser Form zugänglich machen möchten.

Viele junge Menschen möchten heute nicht nur Geld verdienen und Karriere machen, sondern das Leben genießen und Zeit haben. Einige wollen trotz allem Familien gründen (viele in den Großstädten aber immer noch nicht). Und immer mehr junge Menschen möchten in Unternehmen arbeiten, deren Werte sie teilen und die eine menschenfreundliche Führungskultur haben. Arbeit soll heute »Sinn machen« und nicht nur Geld einbringen.

In Unternehmen, Verwaltungen, Krankenhäusern, Schulen und dergleichen bin ich vielen Führungspersonen begegnet, die diese Wünsche der kommenden Generation ernst nehmen, sie sogar als wichtigen Kulturwandel begrüßen.

> **Arbeit soll etwas bringen**
> – aber nicht nur Geld, sondern auch Freizeit, Lebensgenuss, Freiheit, Möglichkeiten. Doch vor allem: Sie soll Sinn machen und wertvoll sein. Sie soll Werte verwirklichen.

Das ist manchmal durchaus schwer, denn unsere Volkswirtschaft und die globale Vernetzung setzen immer mehr auf Effizienz und Effektivität, also auf eine Messlatte, in der Menschlichkeit eigentlich nicht erforderlich ist, wenn man kurzfristig denkt. Um qualifizierte und motivierte Mitarbeiter zu bekommen, zu entwickeln und zu behalten kann allerdings kein Unternehmen auf eine humane Ausrichtung verzichten. Ob gewollt oder gemusst: Die Arbeitswelt steht heute in der Spannung zwischen wertschöpfender (Geld einbringender) und wachstumsorientierter (immer mehr) Ausrichtung auf der einen Seite und der Frage, wie darin den Menschen als Mitarbeitern und Konsumenten gleichzeitig wirklicher (nicht vorgegaukelter) Sinn ermöglicht werden kann und wie Werte und Ethik darin tatsächlich gelebt werden und nicht nur Erwähnung finden in Marketingbroschüren.

Hinzu kommt die Tendenz moderner globalisierter Wirtschaft, die Erde zu zerstören. Das geschieht für uns Menschen unmerklich langsam (in geologischer Zeit rasend schnell) und da die meisten nur winzigste Mitschuld tragen, wird das Ausmaß der Gesamttat verleugnet.

Das Wasser, in dem wir schwimmen

> *»Zwei junge Fische schwimmen des Wegs und treffen zufällig einen älteren Fisch, der in die Gegenrichtung unterwegs ist. Er nickt ihnen zu und sagt: ›Morgen, Jungs. Wie ist das Wasser?‹ Die zwei jungen Fische schwimmen eine Weile weiter und schließlich wirft der eine dem anderen einen Blick zu und sagt: ›Was zum Teufel ist Wasser?‹«*
> David Foster Wallace (2012, Einleitungszitat zu Beginn seiner Rede)

Arbeit ist etwas für Erwachsene. Als ich ein Kind war, konnte ich stundenlang durch die Wälder um mein Heimatdorf Hollenstedt streifen und ging darin ganz auf. Oder ich habe mit Inbrunst gebastelt und war darin ganz versunken. Die Schule, später die Bundeswehr, das Studium und Ähnliches haben mich dann erwachsen gemacht: reif für die Welt der Arbeit. Das ist wie ein Initiationsritus, durch den man langsam in eine neue Welt geführt wird. Sie umgibt uns dann und die meisten von uns hinterfragen nicht mehr das große Ganze, in dem alles eingebettet ist. Manchmal sind wir irritiert, wenn verrückte Menschen oder fremde Kulturen völlig anders funktionieren. Doch in der Welt der Globalisierung, die schon über 300 Jahre besonders durch den Westen vorbereitet wurde, nähern sich die Fremden unseren Vorgaben an: In der Wirtschaft dreht sich alles um Geld. Dieser Grund, den wir kaum mehr hinterfragen und den wir kaum mehr bewusst wahrnehmen, ist das Wasser, in dem wir schwimmen.

Der amerikanische Schriftsteller David Foster Wallace (1962–2008), der sein kurzes Leben lang mit Alkohol und Depressionen kämpfte, dadurch aber auch Tiefe und Demut kosten lernte wie kaum jemand der »gesunden« Menschen, durfte vor Absolventen des Kenyon College 2005 eine Rede halten, die den Initiationsritus der Studenten abschließen sollte. In seiner Rede spricht er nicht von Erfolg, Konsumismus und dem Fetisch des Geldes, der beinahe jede Form des Denkbaren und Undenkbaren regiert. Stattdessen spricht er von Offenheit, vom Nachdenken, von Mitmenschlichkeit, von Werten. Seine Rede »This is Water« ist ein Manifest des Humanismus und im amerikanischen Existenzialismus verwurzelt.

Über Führung wird und wurde schon viel geschrieben. Es hat etwas mit Selbstführung zu tun, wenn man es ernst nimmt und nicht mit Techniken des Delegierens, der Kontrolle oder Ähnlichem. Wenn wir uns selbst führen, dann müssen wir sicher zuerst wissen, wer wir sind. Das erfährt man nicht durch lächerliche, oberflächliche Test, die einem aufzeigen, was für ein »Typ« man ist. Sich selbst kennenzulernen bedeutet im Sinne Frankls, sich als Person kennenzulernen, sein Gewissen in großer Tiefe zu prüfen und es als herzlichen Wegweiser im Leben ernst zu nehmen. Im Sinne Jungs würde es heißen, dass man einen Prozess der Individuation durchläuft und sein wahres Selbst leben kann.

Mal ehrlich: Was leben die meisten heutigen Führungspersonen? Ist es das Gewissen (Herz, Person im Sinne Frankls) oder ist es das Selbst (im Sinne Jungs)? Viel zu oft habe ich die Erfahrung gemacht, dass es eher Ideen sind, die in einer bestimmten Weise um die Fetische Geld oder Macht kreisen. Als Mitarbeiter von Unternehmen sind die meisten Menschen deren Zielen und Werten verpflichtet und nicht ihrem Gewissen. Das nennt man praktische Anpassung an die Gepflogenheiten oder pragmatischen Realismus. Wer verantwortet momentan wirklich die Folgen unserer globalisierten Wirtschaft und ihrer unethischen Auswüchse: die millionenfachen Tode, die Zerstörung der natürlichen Ressourcen, des Lebendigen weltweit? Wir sind alle in dieses System mit seiner großen suggestiven Macht eingebunden und belügen uns jeden Tag viele Male, wenn wir das nicht sehen möchten.

Genau auf diese Art der Herdenmentalität zielte Friedrich Nietzsches wütende Kritik an bestehenden Gesellschaftsformen. Er nahm dabei auch die Kirche sehr in den Fokus. Was passiert, wenn jemand das »System« plötzlich mit anderen Augen sieht, statt systemimmanent erfolgreich mitzuschwimmen? Dann wird man auch heute noch ausgestoßen (wie am Beispiel der Kirche Eugen Drewermann, Hans Küng und viele andere). In der Wirtschaft sind nestbeschmutzende Gedanken, ob im Kleinen oder im Großen, ziemlich unbeliebt. Wer so denkt, gilt als sozialromantisch, extrem links oder wird als gänzlich verrückt eingestuft.

Ich komme gleich noch darauf zurück, was dies mit guter Führung zu tun hat. Doch zuvor möchte ich Ihnen noch einen Kritiker der modernen globalisierten Industrie-, Konsum- und Geldgesellschaft vorstellen, den Sie aus einem anderen Zusammenhang sicher kennen: Mohandas Karamchand Gandhi (1869–1948), die große Seele (Mahatma) Indiens, starb arm wie ein Bettelmönch. Er legte keinen Wert auf Reichtum. Gandhi war nicht nur ein extrem erfolgreicher Sozialreformer und Freiheitskämpfer für sein indisches Volk gegen den britischen Imperialismus, sondern durch seine Grundprinzipien auch ein Kritiker westlicher Vorstellungen von Freiheit und Wirtschaft.

Er kannte die Freiheitsideen von John Stuart Mill (1806–1873), meinte jedoch, dass das Prinzip der Freiheit den Menschen niemals ein sinn- und wertvolles Leben schenken würde. Denn es gibt immer wieder Menschen, die Freiheit nutzen werden, um sie in rücksichtslose Gier und Machtstreben zu verwandeln, um darauf Konzerne und Hierarchien aufzubauen, die durch ihr Wirken Gewalt auf andere Menschen ausüben und sie ausbeuten. Auch Ausbeutung in jeder Form ist für ihn Gewalt. Diese Verhältnisse stellen sich heute nicht anders dar: Ein großer Teil des westlichen Wohlstandes basiert auf der willentlichen Ausbeutung ärmerer Menschen der Welt, wobei auch in Kauf genommen wird, dass hierdurch sehr viele erkranken und sterben.

Gandhis Denken enthält viele interessante Parallelen zur Kritik an der Kultur und Wirtschaft des »weißen Mannes«, wie sie der Lakota-Medizinmann John Fire Lame Deer (1903–1976) formulierte. Er beobachtete, dass die weißen Menschen in einer Welt des Geldes leben und die kleinen grünen Scheine zu einem Symbol erhoben haben, das sie vom wahrhaftigen Leben abschneidet. Doch die Weißen leben und sterben sogar noch mit Gedanken an dieses Symbol, ohne begriffen zu haben, was sie sich damit angetan haben. Für die Lakota müssen Symbole auf Lebendiges verweisen und sie trennen dabei nicht das biologisch Lebendige von der sogenannten unbelebten Natur. Denn alles Lebendige ist in einem Wechselfluss und bedingt sich gegenseitig. Natürliche Symbole sind Sinnverweise des Lebendigen. Kleine grüne Scheine (Dollarscheine) sind Symbole, die vom Lebendigen trennen.

Wenn die Freiheit, so Gandhi, sich selbst in der Geschichte der Menschheit immer pervertiert, indem daraus Ausbeutung und Tod entstehen, dann müsse es andere höchste Werte geben. Für ihn waren das unter anderem die Wahrhaftigkeit des Herzens (Swadharma) und die prinzipielle Gewaltlosigkeit (Satyagraha) als Kraft der Güte, die sich in Wahrheit und Liebe zu allen Menschen zeigen. Die Wahrhaftigkeit des Herzens ist so etwas Ähnliches wie die Werteverwirklichung aus dem Gewissen (dem Herzen) bei Frankl: Jeder Mensch hat seine Aufgabe im Leben und die Fähigkeit zu Mitgefühl und einem tieferen Wertverständnis. Wer wirklich darauf hört und sich nicht verfremden lässt, wer sich nicht verführen und instrumentalisieren lässt von einem System, der handelt wahrhaftig.

Swadharma und Satyagraha

Wahrhaftigkeit (Swadharma) ist das, was tief aus deinem Herzen entspringt. Es ist dein wahres Wesen. Das ist Handlung, zu der du nicht von außen angestiftet oder verführt wirst, sondern die deine Herzenspflicht im Leben ist. Ihr zu entsprechen bedeutet sinnvoll zu leben.

Gewaltlosigkeit als Ausdruck der Güte (Satyagraha), in der sich die Liebe zu allem Lebendigen zeigt und die durch Wahrhaftigkeit hervorgerufen wird.

Das Prinzip Gewaltlosigkeit, so Gandhi, ist das zweite Grundprinzip für sinnerfülltes menschliches Leben. Darunter verstand er mehr als situativen Gewaltverzicht (Ahimsa) oder Gewaltverzicht aus Gründen der Reinheit im Widergeburtskreislauf mit den Folgen allen Handelns (Karma). Stattdessen meinte er eine prinzipielle Qualität von gewaltfreiem Mitgefühl und von Liebe, die sich auf jeden Menschen und die Natur erstrecken. Sie entsteht als Verwirklichung eines Handels, das der Wahrhaftigkeit entspringt.

Den Anstoß zu diesem Denken lieferten Gandhi die Worte der Bhagavad-Gita, in denen die spirituellen Yogaprinzipien der Wahrhaftigkeit, Verantwortungsfolgen jedes Handelns und der liebenden Hingabe in einem Dialog entfalten werden, der wiederum in einen großen Epos eingebunden ist (von dem die Bhagavad-Gita nur ein winziger Teil ist). Andere Menschen auszubeuten, so Gandhi, ist Gewalt. Mittelbar oder unmittelbar zuzulassen, dass das eigene Handeln zu Leid oder sogar Tod von nahen oder fernen anderen führt, ist Gewalt.

Mich erschrecken die Gedanken Gandhis und seine radikale Kompromisslosigkeit, weil sie mir vor Augen führen, wie ich in ein weltumspannendes System eingebunden bin, indem ich Gewalt zulasse. Wäre ich wahrhaftig in seinem Sinne, denn ich ahne, dass er Recht hat, dann müsste ich mein Leben eigentlich viel weitreichender dem gewaltlosen Kampf gegen diese Fehler des Systems widmen.

Für uns westliche Menschen sind dagegen die Gedanken des 14. Dalai Lama etwas beruhigender (aber nur auf den ersten Blick). Er ist kein radikaler Kritiker der Moderne, wie Gandhi oder Lame Deer, sondern sucht einen Kompromiss zwischen den Errungenschaften der Moderne, die er mit eigener naturwissenschaftlicher Ausbildung auch sehr schätzt. Er ist Bewunderer der Neurowissenschaft, der Naturwissenschaft und Technik. Gleichzeitig weist er immer wieder darauf hin, wie notwendig die Menschheit nach Wegen suchen muss, diese Errungenschaften so einzusetzen, dass sie anderen kein Leid zufügen und dass ihre Möglichkeiten dafür eingesetzt werden, Ungerechtigkeit, Krieg, Armut und dergleichen zu überwinden.

Jetzt verbinde ich diese Gedanken zu Führungsprinzipien, wie sie in einer vorwiegend an Gewinn und Wachstum orientierten Wirtschaft nicht gern gehört werden, denn – da bin ich mir sicher – es könnte herauskommen, dass Geld dann nicht mehr die Führungsrolle spielt:

Selbstführung und Führung anderer

Selbstführung: Wer sein Leben in den Dienst einer Aufgabe stellt, die aus seinem Herzen kommt, wird von seinem Herzen geführt.

Führung anderer: Wer seine Kraft daran setzt, anderen dazu zu verhelfen, dass sie ein Leben verwirklichen können, dass ihrem Herzen entspricht und dass die Welt wahrhaftiger und friedfertiger macht, der führt andere.

Literaturtipps

Eugen Drewermann: Das Richtige im Leben tun. Wie wir unseren Weg finden. Ostfildern: Patmos 2013.

Richard Erdoes: Lame Deer, Seeker of Visions. New York: Simon & Schuster 1994.

Christian Felber: Die innere Stimme. Wie Spiritualität, Freiheit und Gemeinwohl zusammenhängen. Oberursel: Publik-Forum 2015.

Christian Felber: Die Gemeinwohl-Ökonomie. München: Deuticke 2013.

Dalai Lama: Rückkehr zur Menschlichkeit: Neue Werte für eine globalisierte Welt. Köln: Bastei Lübbe 2013.

Frederic Laloux: Reinventing Organizations. A Guide to Creating Organizations Inspired by the Next Stage in Human Consciousness. Massachusetts: Nelson Parker 2014.

Ranchor Prime und Guido von Arx: Bhagavad-Gita. Liebe, Wahrheit, Karma und Yoga im Licht zeitloser Weisheit. Freiburg: Hans-Nietsch 2015.

David Foster Wallace: Das hier ist Wasser/This is Water. Köln: Kiepenheuer & Witsch 2012.

Führung die Sinn macht

> *»Suchet das Beste in der Stadt und gebt euer Bestes für sie, obwohl ich es zugelassen habe, dass ihr dorthin entführt wurdet. Und betet für die Fremden, die euch entführt haben, denn wenn es ihrer Stadt gut geht, dann wird es auch euch wohl ergehen.«*
> Frei nach Jeremia, 29,7

Der Bielefelder Soziologe Walter Böckmann (1923–2014), ein Logotherapeut, der mit Viktor Frankl persönlich gut bekannt war, hat Frankls Ideen für die Welt der Wirtschaft adaptiert. Er prägte unter anderem die Idee: »Wer Leistung fordert, muss Sinn bieten!« Das liest man oft umformuliert auch so: »Wer führen will, muss Sinn bieten!«

Böckmann sieht im Sinn ein Grundmuster des Lebens. Es ist die wesentliche Vorausbedingung für das dauerhafte Streben der Menschen. Bei vielen ist dieses Grundmuster überdeckt durch Angst, Neid, Machtstreben, Starrsinn und Ähnlichem. Böckmann setzt den Begriff des Sinns in seinen Büchern auch in Bezug zur physikalisch-chemischen und biologischen Evolution und zur modernen Systemtheorie. Er sieht den wesentlichen Motor der Weiterentwicklung im Sinn als Grundmuster. Für unser Anliegen ist wichtig, dass er mit Frankl konsequent die Begriffe von Sinn und Zweck unterscheidet.

Zwecke können Mittel zur Sinnschaffung sein: Das Erledigen arbeitsteiliger Aufgaben in Unternehmen erfüllt einen Zweck. Erst in der Beziehung zu übergeordneten Systemen (Markt) und in Bezug auf Werte (das Gute) erkennen wir, ob die Erledigung dieser Zweckaufgaben auch einen tieferen Sinn verwirklicht. Für Böckmann ist der Zweck das Mittel zum Sinn. In den meisten Unternehmungen aber wird nicht nach dem Sinn gefragt, sondern die Denkprozesse richten sich fast ausschließlich auf Zwecke: mehr Geld, Wachstum, strategische Vorteile, … Der Zweck fragt danach, wie etwas gemacht wird, um ein Ziel zu erreichen, das keinen tieferen Sinn haben muss. Der Zweck kann aber auch Mittel zum Sinn sein, wenn er auf etwas Gutes ausgerichtet ist, das den Zweck übersteigt.

> Nach Böckmann wendet sich eine zweckhafte Tätigkeit (der Zweck) einer Aufgabe zu, die um des Erfolgs Willen gut erledigt werden muss. Sinn wiederum gibt einer Tätigkeit eine tiefere Bedeutung, indem eine Verknüpfung mit Werten der Mitmenschlichkeit (was Tiere oder die Welt einschließt) stattfindet und die Tätigkeit dadurch über Eigennutz, Gier, Machtstreben und dergleichen hinausweist. Zweck und Sinn können – wo Werte verwirklicht werden – Hand in Hand gehen. Unter dem Diktat der Wachstumsökonomie werden jedoch meist nur Zwecke verwirklicht – ohne Sinn.

Führung ist Sinnstiftung: Leiten und Anleiten, Befehlen und Anweisen sind nach Böckmann auf Zwecke gerichtet. Richtig verstandene Führung hingegen gibt Bedeutung und vermittelt Werte. Sie ist auf den Sinn hin ausgerichtet und bedient sich lediglich der Zwecke als Mittel.

> Leitung ist die Steuerung von zweckdienlichen Abläufen. Führung ist die Motivation zu verantwortungsvoller werte- und sinnstiftender Handlung.

Auf sehr anschauliche Weise hat Anna Maria Pircher-Friedrich in ihrem Buch »Mit Sinn zum nachhaltigen Erfolg« (2011) die Ideen Frankls, Längles sowie Böckmanns weiterentwickelt und in Diagramme, Tabellen und Übersichten für Führungspersonen übersetzt. Beispielhaft möchte ich hier eine veränderte Tabelle aus ihrem Buch (S. 196) wiedergeben, um Ihnen einen Eindruck ihrer Arbeit zu geben. In der Tabelle führt die Verwirklichung von existenziellem Sinn zu einem erfüllten Leben, die Verwirklichung von Scheinsinn führt in Verzweiflung, Burnout, Boreout, Depression und Ähnlichem.

Existenzieller Sinn	**Scheinsinn**
Erfüllung	**Entleerung**
Handeln und Erleben werden als *Wert* empfunden	sich zum Handeln *gedrängt* fühlen; Missachtung der Erlebniswerte
Leben und arbeiten ist:	**Leben und arbeiten ist:**
schöpferisch, Hingabe	erschöpfend, Hergabe
gestalterisch	wird gestaltet
erlebnisreich	erlebnisarm
persönlich	sachlich
frei	gezwungen
verantwortlich	verpflichtend
Erfüllung (trotz Müdigkeit)	**Entleerung (trotz Entspannung)**

(Tabelle modifiziert nach Anna Maria Pircher-Friedrich 2011)

Das Prinzip der Transzendenz in der Logotherapie und Existenzanalyse sollte in der Führung ebenfalls Anwendung finden. Sie erinnern sich: Wenn wir etwas tun, dann soll es über uns hinaus wirken. Das kann bedeuten, dass es die Welt ein bisschen friedvoller macht. Es kann aber auch bedeuten, dass es innerhalb Ihres Verantwortungskreises dazu führt, dass die Menschen sich besser verstanden und akzeptiert fühlen. Nicht, weil Sie ihnen das als Trick vorgaukeln, sondern weil Sie Schritt für Schritt daran arbeiten, dass es wirklich so ist.

Aber: Man kann nur Menschen führen und motivieren, die dazu bereit sind. Der beste Führungsgrundsatz versagt, wenn er auf Mitarbeitende trifft, die keine Freude an ihrer Arbeit entwickeln möchten. Es gibt drei Richtungen, in die Sie Ihre Aufmerksamkeit lenken können, um wertschätzend zu führen.

Drei Prinzipien der Führungskommunikation

- **Entwickeln Sie Interesse an Ihren Mitarbeitenden** und zeigen Sie das auch: Sprechen Sie regelmäßig jeden (!) in Ihrem Team direkt und persönlich an. Kennen Sie Hobbys, die Namen der Kinder, der Lebenspartner, der Haustiere – und knüpfen Sie an vorherige Gespräche an.
- **Nehmen Sie Leistungen wahr** und verschenken Sie immer wieder echtes Lob und Anerkennung für normale und gute Arbeit. Es ist wichtig, auch die alltägliche Arbeit aller Mitarbeitenden immer wieder zu würdigen und Anerkennung zu geben – nicht nur Spitzenleistungen.
- **Helfen Sie Ihren Mitarbeitenden praktisch und individuell:** Was braucht jeder Einzelne, um die Arbeit leichter, mit mehr Freude und besser auszuführen? Ein neues PC-Programm, eine andere Lampe, eine Blume im Büro, Musik, besseres Werkzeug, mehr (oder weniger) direkte Anweisung, …? Denken Sie auch nach vorn: Braucht Ihr Teammitglied Anregungen zur Verbesserung, Hinweise, Tipps, eine Fortbildung, …? Sparen Sie heute nicht mit Hilfe und geben Sie Anregungen zur Verbesserung für morgen.

Beachten Sie dabei: Interesse soll keineswegs in Geschwätzigkeit münden, Lob soll keine Lobhudelei werden, Anregung kein übermäßiges Bevormunden. Es geht um eine Haltung und wirkliches Interesse, nicht um eine aufgesetzte Sozialtechnik. Dazu müssen zuerst Sie selbst »echt« werden. Mitarbeitende, die Ihr echtes Interesse wahrnehmen, Ihr echtes Lob erfahren sowie Unterstützung und Anregung im Alltag der Arbeit erhalten, fühlen sich wertgeschätzt und sind gern bereit, sich für das Unternehmen einzusetzen.

Die folgenden Abschnitte bis Seite 318 sind ein Auszug aus dem Verbundstudium »Personal- und Business-Coach«, das ich für das Institut für Lernsysteme GmbH (www.ils.de) verfasst habe (Studieneinheit 20, Kapitel 2.1–2.5). Das Studium verbindet einen Fernlehrgang mit Praxisseminaren. Das ILS genehmigte freundlicherweise die Veröffentlichung.

Führung als ethische Verantwortung

Erfolgreiche Mitarbeiterführung, Mitarbeiterbindung und Kundenloyalität können durch zahlreiche Faktoren beeinflusst werden. Neben Preisen (oder Löhnen), der Produktqualität und anderen Einflussgrößen zählt die Orientierung an Werten und die Vermittlung von Sinn zu den Einflussgrößen, die eine Führungsperson selbst bestimmen und vorleben kann. Entscheidend ist hierfür ein gelebtes Wertesystem, das den Nutzen der Mitarbeiter und Kunden in den Mittelpunkt rückt. Einzelne Elemente, die in einem solchen gelebten Wertesystem vorgefunden werden könnten sind beispielsweise:

- gegenseitiger Respekt und Anerkennen der Menschenwürde (nicht nur der hierarchischen Rolle)
- Lebensqualität und -zufriedenheit durch die Zusammenarbeit
- Sinn und Sinnmöglichkeiten

- Kommunikation, die an den Bedürfnissen der Kunden orientiert ist
- Anerkennung und Wertschätzung
- gegenseitiges Vertrauen
- innere Zustimmung (Authentizität)
- ganzheitliche Kompetenz
- leidenschaftliche Professionalität aus Menschlichkeit heraus
- Wachstum im Sinne der Steigerung des Selbstwerts, der Kompetenzen und der persönlichen Entfaltung

In einem sinnorientierten Coaching kann es nicht darum gehen, dass ein Coach als Lehrmeister auftritt und einer Führungsperson beizubringen versucht, welche Werte in der Wirtschaft oder im Privaten das Leben steuern sollten. Es wird – »nebenbei« oder in einzelnen Gesprächssequenzen – eher darum gehen, dass der Führungsperson die Gelegenheit geboten wird, über die eigenen Motive und Ziele und die dahinter liegenden Werte zu reflektieren. In diesem Sinn dient Werte- und Sinncoaching der Führungsperson dazu, ihre Handlungen bewusster zu reflektieren, und gibt dadurch innovative Impulse.

Coaching sollten niemals im Dienste einer spezifischen Ideologie stehen. Es soll keineswegs der Eindruck entstehen, dass durch gesellschaftskritische Überlegungen, eine Abkehr vom Kapitalismus empfohlen wird. Die Prinzipien oder Leitideen einer ethisch verantworteten Marktwirtschaft sind sehr erfolgreich (gemessen an Wohlstand und Konsum in einigen Teilen der Welt). Nur: Die Prinzipien oder Werte der freien Marktwirtschaft sollten nicht auf das »ganze Leben« übertragen werden. Hier kann Coaching unterscheiden helfen: Wo fehlt eine ethisch oder sozial verortete Kontrolle in der Mikro- und Makroökonomie und in den globalen Wirtschaftsprozessen? Wo werden Werte der Wirtschaft unkritisch ins private Leben getragen? Wo stehen Werte der Wirtschaft (oder des Konsumismus) über den Menschenwerten und dem Gemeinwohl? Dass solche Überlegungen notwendig sind, zeigen – selbst für relativ uninformierte »Normalverbraucher« – beispielsweise wiederkehrende große Börsen- und Bankenskandale.

Die Klienten im Business-Coaching sind in der Regel Führungspersonen. Sie sind die Menschen, die (häufig jedoch nur im Kleinen) darüber entscheiden, ob wirtschaftliche Entscheidungen ethisch und sozial verantwortbar sind. Oft genug sind sie hier in Entscheidungszwickmühlen. Denn erschwerend kommt hinzu, dass sie einerseits ein Werteset als »Privatpersonen« haben und andererseits nach einem Werteset arbeiten sollen, dass ihnen in ihrer Berufsrolle vorgegeben ist. Daraus können sich vielfältige Dilemmata ergeben.

Uns begegnen jedoch auch Klienten, die darüber schlicht noch nicht nachgedacht haben, oder Klienten, die die Unternehmens- und Wirtschaftswerte vollends verinnerlicht haben oder nicht mehr hinterfragen mögen. Sie leben die gleichen Werte im Privaten. Es liegt nicht an uns, darüber zu entscheiden, ob die spezifischen Werte eines Unternehmens gut, böse, sinnvoll oder unsinnig sind. Doch jedes Mal, wenn eine Person scheinbar in ihrer Rolle gänzlich aufzugehen scheint (deformation professionelle), ist die Frage erlaubt: Wer sind Sie jenseits Ihrer Rolle? Wer wären Sie, wenn Sie – warum auch immer – morgen aus diesem Unternehmen ausscheiden müssten und auch in anderen Unternehmen nicht mehr die gleiche Rolle ausüben könnten?

Das Arbeitsleben als Sinnprojekt

> »Wer nur nach Zweckmäßigkeit handelt, wird immerzu Unzufriedenheit erregen.«
> Konfuzius (vermutlich 551–479 v.Chr.)

Frankls Überlegungen, dass eine oder sogar *die* Hauptmotivation des Menschen die Suche nach Sinn ist, gingen in das Denken der systemischen Therapie- und Beratungsrichtungen ebenso ein wie in die humanistischen Therapie- und Beratungsverfahren. Er stellte noch 1970 – vielleicht mit Blick auf die zurückliegenden Weltkriege und die Bedrohung durch Atomwaffen verfeindeter Machtblöcke – fest, dass es eine »kopernikanische Wendung im Denken und Verhalten« geben müsse, wenn die Menschheit überleben wolle. Eine ähnliche Ansicht vertrat Albert Einstein, als er sagte: »Eine neue Art des Denkens ist notwendig, wenn die Menschheit überleben will.«

Frankl und seine Schülerinnen und Schüler erkannten, dass sich die Arbeitswelt dem allgemeinen gesellschaftlichen Trend der Beschleunigung und des Wachstums angepasst hatte und durch eine zunehmende Spaß- oder Erlebnisorientierung verändert wurde. So ist das Leben zum Erlebnisprojekt geworden und die Orientierung an immer neuen Erlebnissen, aufregenden Momenten und Konsum wird als Suche nach Lebensglück oder sogar Sinn verstanden. Zur Erlebnisgesellschaft gehört auch das sogenannte Trendsurfen: Man beobachtet an anderen, was gerade »in« ist.

Wo Sinn- und Wertelosigkeit herrschen, fehlt es an Vorbildern, an Visionen, an Leitwerten, an Loyalität. Dies kann bei Mitarbeitern zu Vereinsamung und Erkrankung führen. Manche Mitarbeiter und auch Führungspersonen versuchen dies durch egozentrisches, lineares oder einseitiges Denken zu kompensieren. Eine Kultur des Habenwollens und Nehmens entsteht, in dem andere Menschen lediglich Mittel zum eigenen Fortkommen in der Hierarchie sind oder die Eigeninteressen fördern sollen. Dienen und Geben haben hierin keinen Wert. Dieses Phänomen wird aktuell in der Forschung als Derailment (engl. Entgleisung) diskutiert: Viele hochrangige Führungspersonen mit dieser Form von selbstsüchtigem Verhalten scheitern letztlich in ihrer Führungsrolle, weil sie das Vertrauen ihrer Mitarbeiter verlieren und nicht mehr nach Austausch, Resonanz und Feedback suchen und sich so von den Menschen um sie herum entkoppeln. Oft führt dies zu langfristig schlechten wirtschaftlichen Ergebnissen. Diese gescheiterten Führungspersonen werden nach einigen Monaten oder wenigen Jahren mit einer hohen Abfindung entlassen und übernehmen dann in der Regel eine noch besser bezahlte Führungsposition im nächsten Unternehmen. Eine kluge Personalauswahl durch vorhergehende Persönlichkeitsdiagnostik findet in der Regel nicht statt, weil diese von Eliten in Unternehmen für hohe Führungspersonen meist abgelehnt wird.

Doch es gibt viele Führungspersonen in unterschiedlichen Hierarchieebenen, die sehr wohl an gelingenden Begegnungen sowie an Sinn- und Wertstiftung interessiert sind. Im Coaching dieser Personen fokussieren wir oft auf die Softfacts: Wie können wir einzelnen Führungspersonen dabei behilflich sein, für sich und für ihre Unternehmen eine Brücke zu schlagen: zwischen einer sinn- und werteorientierten Selbst- und Mitarbeiterführung einerseits und der erforderlichen ökonomischen Effizienz und Effektivität andererseits? Ein Beispiel:

Dreiklang von Würde, Natürlichkeit, Erfolg
Bitten Sie Ihren Klienten, anstehende Entscheidungen so abzuwägen, dass folgende Pole berücksichtigt werden:
- die Würde aller Menschen (die eigene, die der Mitarbeiter im Unternehmen und die Würde fernste Betroffener)
- der Erhalt und die Schönheit der Natur (im eigenen Land und global)
- die nachhaltige Wertsteigerung des Unternehmens

Bereits durch diese drei Aspekte, die sicher in viele Einzelüberlegungen zerfallen, kann Ihr Klient die Wertentscheidungen seines Handelns überprüfen.

Sie sind gefragt

Bitte diskutieren Sie kontrovers folgende zwei Behauptungen:
- Seilschaften autoritärer Egomanen und karrieristischer Aufsteiger bestimmen weitgehend die Entwicklung globaler Wirtschaftsprozesse.
- Immer mehr Studenten und junge Menschen sind nicht mehr in erster Linie an persönlichem Erfolg und an Karriere interessiert, sondern am Sinn der Arbeit.

Das Gute macht Sinn

Sinnvoll ist: »*Was eine überragende Chance hat, Gutes zu bewirken; was das Wohl aller Beteiligten mit betrachtet; was frei von selbstsüchtigen Motivationen ist; was im Hier und Jetzt äußerst konkret ist; was nicht überfordert und unterfordert; was mit erfahrenen Mitmenschen konsensfähig ist; was einem die Kraft, es zu wollen, zufließen lässt.*«
Elisabeth Lukas

Frankl ging davon aus, dass niemand einen Erfolg erzielen kann. Das leitete er aus seinen Beobachtungen ab, aber auch aus den beiden Silben des Wortes Erfolg selbst: Er – folg. Er stellt fest, das Wort weise darauf hin, dass sich etwas ereignet hat, aus dem heraus dann etwas folgt. Nach seiner Meinung bedarf es für einen nachhaltigen Erfolg vier Faktoren:

- **Werte:** Werte als sinnstiftender Weg
- **Können:** Fähigkeiten und Kompetenzen, um den Weg zu gehen
- **Wille:** Willen zum sinnvollen Erfolg
- **Aktion:** Handlungen, in denen sich der Wille manifestiert

Aus diesen vier Faktoren resultieren Wirkungen und Ereignisse, die in Erfolg münden. In sehr verkürzter Form könnte dies heißen:

Frankls Erfolgsformel

Erfolge sind verwirklichte Werte.
Sinn bedeutet Verwirklichung der Werte.

Der Zusammenhang mit den Werten der »mitspielenden« Menschen wird sofort deutlich, wenn wir uns erinnern, dass Menschen darüber entscheiden, was ein Erfolg und was kein Erfolg ist. Mit den Führungspersonen, die zu Ihnen ins Coaching kommen, könnten Sie folgende sinnstiftenden Fragen erörtern. Die Fragen sollen nur Anregungen geben. Selbstverständlich müssen diese (wie immer!) für die jeweilige Person und den aktuellen Kontext umformuliert werden. Außerdem ist es wichtig, jede Frage mit einer gewissen Hartnäckigkeit anzugehen. Es reicht sicher nicht aus, wenn Ihre Klienten lediglich »Protokollantworten« geben!

Sinnfragen an Klienten

Erstens: Was ist Ihr persönlicher Beitrag zum Erfolg des Unternehmens?

Einige konkrete Beispielfragen dazu:
- Welcher Teil des Unternehmenserfolgs liegt tatsächlich in Ihrer Hand?
- Wie bemühen Sie sich bisher, den Teil zu vergrößern, mit dem Sie am Erfolg mitwirken können?
- Suchen Sie nach »Erfolg« (Lob, Prestige, Vergütung) oder suchen Sie danach, Ihr Bestes zu geben?
- Welche Einflussfaktoren auf dem Weg zum Unternehmenserfolg müssen Sie ganz besonders im Auge haben?
- Auf welche Weise trugen Sie bisher zum Unternehmenserfolg bei und wie könnten Sie dies noch besser tun?
- Welche Faktoren des Erfolgs liegen nicht in Ihrer Hand? Wie haben Sie bisher versucht, darauf Einfluss zu nehmen?

Zweitens: Wodurch mehrt sich Ihr persönliches Ansehen und das des Unternehmens?
- Haben Sie Ihren Mitarbeitern vermitteln können, dass sie an etwas wirklich Sinnvollem mitwirken?
- Entfacht die Vision des Unternehmens und Ihre Vision als Führungsperson Begeisterung, die zur inneren Bereitschaft führt, Bestleistungen zu erbringen?
- Denken Sie darüber nach, warum Ihre Hauptkunden Ihnen und Ihrem Unternehmen vertrauen sollten?
- Wie ermöglichen Sie selbst den Balanceakt zwischen einer materiellen Orientierung an Wertzuwachs (Bilanzen) und an einer Werteorientierung (Menschenwürde und anderes)?

- Gehen Einsparungen (materielle oder immaterielle) zulasten der Kunden oder Mitarbeiter?
- Geht es Ihnen um das Geldverdienen (oder Zuwachs an Macht) oder um andere Werte?

Drittens: Was fördert im Unternehmen Vertrauen und Sinn?
- Leben Sie selbst ein Wertesystem vor (als Führungsperson, Kollege, Privatperson), das eine Kultur des Vertrauens ermöglicht?
- Ist Ihr Unternehmen, sind Sie, sind Ihre Mitarbeiter häufig im Gespräch darüber, wie Sie noch besser auf die Wünsche und Erwartungen der Kunden eingehen können?
- Wann geben Sie wirklich Ihr Bestes (statt das »Erfolgsnotwendige«)?
- Denken Sie und Ihr Unternehmen darüber nach, welchen Wert und Nutzen Ihr Tun für die Allgemeinheit hat und welchen Dienst Sie damit der Allgemeinheit erfüllen?
- Können Ihre Mitarbeiter Leistungen erbringen, weil sie einen Sinn dahinter sehen?
- Wo schaffen Sie persönlich für Ihre Mitarbeiter weitere Sinnmöglichkeiten?
- Welche Werte sind bei Ihren Mitarbeitern gefragt?
- Und welche bei den Kunden?
- Gehen Sie und Ihre Mitarbeiter auf die Anregungen, Wünsche und Beschwerden der Kunden ein? Tun Sie dies proaktiv, indem Sie im Voraus überlegen, wie Sie Beschwerden verhindern können?

Viertens: Welche Erwartungen haben Ihre Stakeholder?
Schließlich kann der Klient zusammen mit dem Coach eine Tabelle ähnlich der folgenden anlegen, indem er die Erwartungen der Stakeholder zu den einzelnen Kategorien einträgt, die er meint zu kennen oder vermutet.

Stakeholder	Mögliche Erwartungen: Welche Erwartungen kennen oder vermuten Sie hier?
Gott, das Heilige, die höchste Idee (sofern das für Sie relevant erscheint)	
Planet Erde, Natur, Flora, Fauna	
Gesellschaft	
Partner in strategischen Netzwerken	
Lieferanten	
Mitarbeiter	
Sie selbst	
Ihr tragendes privates Umfeld (Familie, Freunde und so weiter)	
Kunden	

Durch die Beantwortung der genannten Sinnfragen erweitern viele Klienten ihren Blick und nehmen ihre Arbeit als die Stiftung einer sinnorientierten Wertegemeinschaft wahr, in der Leidenschaft für Bestleistungen, Vertrauen, Würde, Wertschätzung die Leitwerte sind, aus denen heraus sich erst die materielle Wertschöpfung ergibt.

Viele dieser Fragen tauchen hier und da im Coaching auf. Ich vereinbare jedoch mit vielen Klienten separate Sinncoachingblöcke, in denen wir zwei bis drei Stunden die genannten Fragestellungen intensiv besprechen. Meine Erfahrung zeigt, dass sich daraus immer sehr nachhaltige Einsichten für die Klienten ergeben, die sie meist sofort in ihrem Führungs- und ihrem Kommunikationsverhalten mit Vorgesetzten und Kollegen umsetzen können.

Sie sind gefragt

Bitte nehmen Sie sich ausreichend Zeit und beantworten Sie die formulierten Sinnfragen der vier Kategorien für sich selbst. Wenn Sie in einer Diskussionsgruppe arbeiten, machen Sie dies gemeinsam und seien Sie sich dabei kritische und aufmerksame Zuhörer und Fragesteller.

Menschenbilder beeinflussen die Führung

> »Wer mit falschen Landkarten ins Gebirge zieht, wird sich verirren.«
> Franz Moser, emeritierter Professor für technische Chemie, Philosoph, Bewusstseinsforscher

Das Menschenbild beeinflusst die Wahrnehmung und Interpretation von Erlebnissen stark. Jedes Menschenbild ist mit Werten und Vorstellungen im Hinblick auf Sinn verbunden. In vielen Führungsmodellen der Wirtschaft tauchen Menschenbilder bewusst oder implizit in Erscheinung. In der Wirtschaft überwiegen oft Nützlichkeitserwägungen, denen gegenüber »echter Humanität« und ethischen Anforderungen der Vorzug gegeben wird.

Entwicklung von Menschenbildern in der Führung

Das Bild der Mitarbeiter in der Führung Anfang des 20. Jahrhunderts
- Mitarbeiter wollen geführt werden.
- Mitarbeiter sind faul, weshalb sie klare Führung und Kontrolle benötigen.
- Mitarbeiter lehnen Verantwortung ab, weil sie diese überfordert.
- Mitarbeiter arbeiten nur für Geld (Lebensunterhalt und Konsumwünsche).
- Mitarbeiter kommen aus Gesellschaftsschichten, die einen Aufstieg in verantwortliche Führungspositionen unwahrscheinlich machen.

Das Bild der Mitarbeiter in der Führung um 1970
- Mitarbeiter können an der Arbeit Freude empfinden.
- Arbeit, Spiel und Liebe sind gleichermaßen natürlich.

- Mitarbeiter können Verantwortung übernehmen und sich selbst kontrollieren.
- Mitarbeiter suchen nach Anerkennung, Zugehörigkeit und Sicherheit
- Mitarbeiter lassen sich gut durch Vertrauen führen.

Das Bild der Mitarbeiter in der Führung seit 1980
- Mitarbeiter streben vorwiegend nach Sinn, Werten und Relevanz ihres Tuns.
- Mitarbeiter benötigen Vertrauen, um langfristig produktiv zu sein.
- Mitarbeiter wollen Zielrichtung und Abläufe verstehen und innerhalb ihres Verantwortungsbereiches beeinflussen können.
- Mitarbeiter sind nicht durch einfache Eigenschaften oder Motive charakterisierbar, da menschliche Strebungen und Beziehungen komplex und systemisch verflechtet sind.

(Idee modifiziert von: Matthiesen, Kai H.: Kritik des Menschenbildes in der Betriebswirtschaftslehre. Bern: Paul Haupt 1995)

Wie können diese hypothetischen Entwürfe von Motiven oder Strebungen der Mitarbeiter im Coaching sinnvoll eingesetzt werden? Bedenken Sie bitte, dass diese Zusammenstellung der Sätze und Kategorien recht willkürlich ist. Sie können aber dabei helfen, die Klienten zur Reflexion ihres Führungsverhaltens und ihrer Mitarbeiterkommunikation anzuregen. Ein mögliches Vorgehen hierzu:

Mitarbeiterbild und Führungsfolgen

Sie können Ihren Klienten fragen: Bei welchem Ihrer Mitarbeiter trifft der Satz ... zu?
- Wie kommen Sie zu dieser Einschätzung? Bitte nennen Sie konkrete Verhaltensbeispiele, aus denen Sie diese Einschätzung ableiten.
- Was stellt diese Einschätzung für Sie, für den Mitarbeiter und für Ihr Unternehmen sicher? Welche positiven Konsequenzen ergeben sich daraus?
- Was verhindert diese Einschätzung für Sie, für Ihren Mitarbeiter und für das Unternehmen? Welche Optionen werden hierdurch behindert?
- Wann konnten Sie eine (oder mehrere) der Aussagen – obwohl Sie sie vielleicht richtig finden – nicht wirklich leben oder umsetzen?

In dieser Weise gehen Sie die Aussagen der Übersicht »Entwicklung des Führungsverständnisses« mit Ihrem Klienten durch, in der die drei »Menschenbilder« in kurzen Sätzen gespiegelt sind. Ihr Klient lernt dabei seine eigenen Glaubenssätze im Hinblick auf die Menschenbilder kennen, lernt Beobachtungen von Interpretationen zu trennen (Wie kommen wir – möglichst anhand konkreter Beispiele – zur jeweiligen spezifischen Einschätzung?) und er lernt die »Gewinne« und »Preise« seiner Einschätzungen kennen (Was wird dadurch möglich? Was ergibt sich daraus? Was wird dadurch verhindert oder erschwert?). Außerdem hat er die Möglichkeit, zu erkennen, welche Sätze er eigentlich richtig findet – sie aber nicht vorlebt.

Schritte zur erfüllenden Arbeit

»Wenn das Leben keine Vision hat, nach der man strebt, nach der man sich sehnt, die man verwirklichen möchte, dann gibt es auch keinen Grund, kein Motiv sich anzustrengen.«
Erich Fromm

Visionen fußen auf Wert und Sinn. Jedes Leitbild sollte in seinen Visionen die Werte und den Sinn enthalten, den das Unternehmen verwirklichen möchte. Ideal ist es, wenn der Slogan oder das Motto des Leitbilds all das zusammenfassen kann. Dazu drei Beispiele (leider kann ich die Quellen nicht mehr genau angeben):

- »Spuren der Liebe hinterlassen.« Albert Schweizer
- »Wir wollen unseren Gästen ihre schönste Zeit noch schöner machen.« Leitspruch eines Hotels
- »We are ladies and gentlemen serving ladies and gentlemen.« Leitspruch eines Hotels

In vielen Unternehmen gibt es keine Leitbilder, Leitmotive oder Slogans, in denen das vorgegeben wird, was gelebt wird und gelebt werden soll. Hier entscheiden die Führungskräfte – fast immer von oben nach unten (top down) – welche Werte handlungsleitend sind. Wenn dieser Prozess bewusst gestaltet werden soll, müssen sich Führungskräfte über ihre Werte Klarheit verschaffen. Oft müssen Sie ihre Werte erst noch bilden und schärfen, damit daraus wirkungsvolle Führungsinstrumente werden können.

Sie sind gefragt

Eine These zur Diskussion: Eine Führungskraft ohne klar erkennbare handlungsleitende Werte hat fast nie das Commitment der Mitarbeiter und trägt fast nie zu nachhaltigem Erfolg bei. Die besten Führungskräfte in den angesehensten Unternehmen sind von Werten gesteuert. Sie schaffen nachhaltige Erfolge, die dem Gemeinwohl dienen.

Uwe Böschemeyer, bekannter Logotherapeut und Berater, stellt in seinem Buch »Worauf es ankommt – Werte als Wegweiser« (2005) folgendes Führungsinstrument vor – das ich leicht modifiziert habe –, mithilfe dessen Einstellungen und Werte bei Führungskräften hinterfragt und gebildet werden können.

Wertefragen an die Führungsperson

Erster Schritt: Werte suchen
- Welche Einstellung haben Sie zu sich selbst?
- Welche Einstellung haben Sie zu Ihren Eltern?
- Welche Einstellung haben Sie zu Ihrer Kindheit und zur länger zurückliegenden Vergangenheit?
- Welche Einstellung haben Sie zu Ihrer bisherigen beruflichen Biografie?
- Welche Einstellung haben Sie zu Ihrem Privatleben?
- Welche Einstellung haben Sie zur Gesellschaft?
- Wie schätzen Sie die bisherige Entwicklung Ihres Unternehmens ein?
- Wie schätzen Sie die zukünftige Entwicklung Ihres Unternehmens ein?
- Welchen konkreten Beitrag haben Sie bisher zum Erfolg oder Nichterfolg Ihres Unternehmens beigetragen?
- Welche Einstellung haben Sie zum Dienen und zum Führen?
- Welche Einstellung haben Sie zu Initiative, zur Gewissenhaftigkeit, zur Stetigkeit (je der eigenen und der anderer)?
- Welche Einstellungen haben Sie zu den Produkten und Dienstleistungen Ihres Unternehmens?
- Welche Einstellungen haben Sie zu den Mitarbeitern des Unternehmens?
- Welche Einstellung haben Sie zu den Lieferanten des Unternehmens?
- Welche Einstellung haben Sie zu den Mitbewerbern?
- Welche Einstellung haben Sie zu den Kunden des Unternehmens?
- Was vermissen Sie persönlich in Ihrem Unternehmen?
- Welche Werte haben Sie persönlich noch nicht ausgelebt?
- Welche Ihrer Werte wurden im Unternehmen bisher noch nicht ausgelebt?
- An welchem Menschenbild orientieren Sie sich? An welchem möchten Sie sich zukünftig orientieren?
- Wie verhalten Sie sich gegenüber sich selbst und gegenüber anderen Menschen (Beispiele verschiedener normaler und extremer Begebenheiten)?
- Welche Menschen waren Ihnen bisher förderlich? Welche standen Ihnen bisher im Weg? Auf dem Weg wohin?

Zusatzaufgabe zum ersten Schritt: Erstellen Sie eine zweispaltige Tabelle. In der linken Spalte stehen einzelne Schlagwörter wie beispielsweise Kundenorientierung, Kommunikationskultur, Führungsstil, Teamarbeit, Netzwerke, Geisteshaltung, Service, Reklamation, Produkte, Marke, Funktionalität, Verfügbarkeit, Qualität, Preis. In der rechten Spalte ergänzen Sie, welche Werte, Wünsche, Vorstellungen Sie mit diesen Schlagwörtern verbinden: Welche Werte möchten Sie für Ihr Unternehmen in Bezug auf diese Schlagwörter verwirklichen?

Zweiter Schritt: Mangel an Werten
- Welcher Wert oder welche Werte fehlen Ihnen?
- Welche konkreten Folgen hat dieser Mangel für Sie, das Unternehmen, die Gesellschaft, die globale Gemeinschaft?
- Was bedeutet Ihnen der Wert, der Ihnen fehlt?
- Wie haben Sie sich bisher für diesen Wert in Ihrem Unternehmen eingesetzt?

Dritter Schritt: Werte erspüren und imaginieren
- Fühlen Sie sich in den oder die fehlenden Werte des zweiten Schritts hinein.
- Wie berühren Sie diese Werte (innerlich, seelisch, körperlich)?

- Welche Auswirkungen hätten diese Werte, wenn sie verwirklicht würden, auf Ihr Leben, Ihren Körper und auf andere?

Vierter Schritt: Werte entscheiden
- Welche Ihrer Werte stehen in Konflikt miteinander, wenn es um Ihre persönlichen Ziele geht?
- Welche Werte, nach denen Sie leben, stehen im persönlich-beruflichen Berührungsfeld in Konflikt miteinander?
- Nach welchen Werten möchten Sie wirklich leben?
- Was brauchen Sie, damit Sie Ihre Werte tatsächlich leben und vorleben können?
- Was brauchen Ihre Mitarbeiter, damit sie Ihre Werte verstehen, kennen und gern(!) im Unternehmen leben.

Fünfter Schritt: Verwirklichung von Werten
- Bewerten und fördern Sie Ihre Mitarbeiter auf der Grundlage Ihres (neuen oder bewussteren) Wertesystems?
- Leben Sie Ihre Werte tatsächlich vor?
- Reflektieren Sie Ihre Werte in Gesprächen mit Mitarbeitern?
- Kennen Ihre Mitarbeiter Ihre Werte?
- Akzeptieren und folgen Ihre Mitarbeiter Ihren Werten gern?
- Werden Ihre Werte überall im Unternehmen gelebt und verwirklicht?
- Trennen Sie sich von Mitarbeitern, die Ihr Wertesystem nicht leben können oder wollen?

(nach Böschemeyer 2005, S. 50 ff.)

Viele Führungspersonen wünschen sich, dass sie sinn- und wertorientiert arbeiten und führen. Oft hatten Sie aber noch nicht ausreichend Zeit, sich hierüber Gedanken zu machen. Das merkt man daran, dass Sie in Wertefragen stereotype oder klischeehafte Antworten geben, von denen sie denken, dass diese sozial erwünscht seien oder in etwa das Denken der »Firmenphilosophie« oder ihrer Vorgesetzten trifft. Wenn diese Führungspersonen jedoch selbst in hoher Verantwortung stehen, können sie sich immer schlechter an einer Fahne orientieren, die in einem wechselhaften Wind gerade über ihnen weht. Daher ist es wichtig – und wird im Coaching meist sehr dankbar und begeistert angenommen –, wenn anhand des konkreten Coachingthemas auch an den Werten gearbeitet wird, die davon berührt sind. Viele Klienten, die bisher an Karriere (Prestige, Macht, Einfluss oder Geld) interessiert waren, erkennen dabei, dass sie bisher nur aus Unachtsamkeit und Gedankenlosigkeit zu wenig auf Werte geachtet hatten. Denn dieses Thema hatte in ihrer Ausbildung oder in ihrem Studium zu wenig Raum.

Meine persönliche Erfahrung ist daher: Keine Führungsperson ist ohne Werte – stattdessen sind viele sehr daran interessiert ein gutes Wertefundament für sich zu erarbeiten! Ein Coach kann dafür ein hervorragender Sparringspartner sein.

> **Sie sind gefragt**
>
> - Stellen Sie sich einige Mitarbeiter vor und überlegen Sie für jeden Einzelnen: Wie, wann, wie oft, … zeigen Sie ihm Interesse auf eine Weise, die positiv vom Mitarbeiter wahrgenommen wird? Wie, wann, weshalb, … loben Sie diesen Mitarbeiter? Wie, wann, wodurch, … geben Sie dem Mitarbeiter Anregungen, Hilfestellungen, Vorgaben und Ähnliches, die seine Arbeit unterstützen?
> - Stellen Sie diese Überlegung für alle Mitarbeiter in Ihrem Verantwortungskreis an.
> - Danach überlegen Sie auch, auf welche Weise Sie in dieser Hinsicht auf Ihre Führungspersonen einwirken? Denn auch Chefs verdienen alle diese drei Zugänge. Geht das auch ohne kriecherische Unterwürfigkeit oder »Einschleimen«?

Literaturtipps

Werner Berschneider: Sinnzentrierte Unternehmensführung. Leinfelden-Echterdingen: Orthaus 2003.

Walter Böckmann: Wer Leistung fordert, muss Sinn bieten, Düsseldorf 1984. In: Kurz/Sedlak (Hrsg.): Kompendium der Logotherapie und Existenzanalyse, S. 588, 589, 609. Tübingen: Lebenskunst, 2. Auflage 2013.

Uwe Böschemeyer: Worauf es ankommt. Werte als Wegweiser. München: Piper 2005.

Anna Maria Pircher-Friedrich: Mit Sinn zum nachhaltigen Erfolg – Anleitung zur werte- und wertorientierten Führung. Berlin: Erich Schmidt, 3. Auflage 2011.

Otto Zsok: Sinn-Orientierte Führungslehre nach Walter Böckmann. Sankt Ottilien: EOS 2013.

Björn Migge: Sinnorientiertes Coaching. Weinheim und Basel: Beltz 2016. In diesem Buch wird das Sinnthema aus philosophischer und psychologischer Perspektive auf das Coaching angewandt; auch auf das Führungs-Coaching und die Selbstführung.

Führung und Werte

> Sinn des Lebens? »*Jeden Tag aufs Neue die Möglichkeit zu haben ganz in der Gegenwart zu leben und in der Gewissheit, ein unverzichtbarer Teil eines großen Ganzen zu sein.*«
> Thomas Sachtleben (65), selbstständig

Werteorientierung ist keine neue Erfindung der letzten Jahre. Darüber wurde bereits früher schon nachgedacht. Werte sind in den Augen vieler Menschen nichts anderes als Vorstellungen, Erwartungen, Eigenschaften, Ideale und Ähnliches, die ein wertender Mensch gut oder wünschenswert findet (oder abscheulich und schlecht). Aus diesen Werten können sich soziale Normen oder gar Gesetze entwickeln, so eine Auffassung.

Frühere Generationen sprachen in ähnlichen Zusammenhängen von Idealen und hatten oft die Vorstellung, dass Werte als Idee im metaphysischen Raum angelegt seien, beispielsweise als Haltung Gottes oder als das Gute, das jenseits des Menschlichen existiert. Von dort strahlen diese Werte quasi in unsere Menschenwelt hinab und sind hier spürbar. Dies war auch die Ansicht Viktor Frankls.

Der ursprünglich ökonomische Begriff des Wertes ist als neues Wort für »Ideale« noch relativ jung. Wenn heute von Werten in der Führung oder der Wirtschaft gesprochen wird, sind damit in der Regel Überzeugungen und Vorstellungen verbunden, die über das Vergrößern realer oder virtueller Geldberge, Marktanteile, Macht, kurzfristiges Gewinnstreben, einseitig ökonomisches Denken und dergleichen hinausgehen. Aktuelle Werteüberlegungen versuchen einen tieferen Sinn, eine neue Gerechtigkeit gegenüber den Mitmenschen und der Welt in den Blick zu nehmen. Dabei geht es stets um Kompromissbildungen. Denn einerseits ist das »neue Gute« vielen höchsten Führungspersonen wichtig, doch andererseits gibt es eine innere Funktionslogik der Wirtschaft, die auf andere Messgrößen fokussiert. Hinzu kommt, dass die Menschen, die lenkend oder konsumierend in das System Wirtschaft eingebunden sind, sehr auf die kurzfristige Befriedigung ihrer Bedürfnisse ausgerichtet sind. Diese Menschen, von denen hier die Rede ist, sind letztlich wir alle.

Die Frage nach Werten, aber auch nach Wünschen, Prinzipien, Leitideen, die dem Handeln ihre Orientierung geben, wird seit etwa 1990 komplizierter. Die neue digital aufgewachsene Generation surft durch alle weltweiten Ideologien, Leitideen, Muster. Sie kann sich ihre »Werte« aus einem immer breiter werdenden Fluss von Ideen, Meinungen und Ansichten zusammenstellen. Welche Leitwerte geben in diesem Strom noch Orientierung und sind verbindlich? Welche Leitwerte möchten zukünftige oder jetzige Führungspersonen in ihrem Verantwortungsbereich verwirklichen?

In der Wertearbeit im sinnorientierten Coaching kann es nicht darum gehen, dass ein Coach bessere Werte kennt und sie einem Klienten »beibringt«. Vielmehr soll der Klient sich bewusst machen, welche Glaubenssätze, inneren Bilder, Visionen, Vorstellungen ihn antreiben und in seiner Führungsrolle leiten. Diese inneren Leitprozesse kristallisieren sich zu dem, was wir »Werte« nennen.

Sie sind gefragt

Die folgende Aufgabe ist für Führungspersonen konzipiert, daher taucht der Begriff »Mitarbeiter« häufiger auf. Formulieren Sie die Werte gern so um, dass Sie für Ihre Belange zutreffen, wenn Sie auf einen anderen Kontext zielen möchten. Zunächst können die Einzelaussagen vom Klienten zu den folgenden sechs Kernwerten (es gibt natürlich auch andere) auf einer Skala von 1 bis 10 bewertet werden. Eine 1 bedeutet, dass der Satz in der Zeile fast nicht zutrifft, 10 bedeutet, dass er vollkommen zutrifft. Dann werden die Fragen gestellt.

Respekt

Ich achte die Personen, mit denen ich zusammenarbeite. Ich respektiere ihre Besonderheit und Verschiedenheit.	1	2	3	4	5	6	7	8	9	10
Ich achte und respektiere die Leistungen und Kompetenzen meiner Mitarbeiter, Vorgesetzen und Geschäftspartner.	1	2	3	4	5	6	7	8	9	10
Meine Art des Denkens ist nur eine Möglichkeit, die Welt zu sehen. Ich respektiere und achte andere Denkweisen und sehe sie als gleichberechtigt an.	1	2	3	4	5	6	7	8	9	10
In meinem Gegenüber sehe ich einen würdevollen Menschen, nicht nur seine Rolle im Unternehmen.	1	2	3	4	5	6	7	8	9	10
Mit Mitarbeitern, Geschäftspartnern und Kunden rede ich in einer Sprache, die sie verstehen können.	1	2	3	4	5	6	7	8	9	10

Nachhaltigkeit

Ich bringe ökonomische, soziale und ökologische Gesichtspunkte in Einklang. Jeder dieser Aspekte wird in der Gesamtheit meiner Entscheidungen berücksichtigt.	1	2	3	4	5	6	7	8	9	10
Ich denke langfristig und sehe mein Handeln vor der Verantwortung, die ich zukünftigen Generationen gegenüber habe.	1	2	3	4	5	6	7	8	9	10

Nachhaltigkeit										
Ich orientiere mich nicht nur an den Erwartungen der Shareholder, sondern auch an den Erwartungen der Stakeholder: Kunden, Familie, Region, Mitarbeiter, Lieferanten, Partner, Gesellschaft, Fauna, Flora, Natur, das höchste Gut, Gott, …	1	2	3	4	5	6	7	8	9	10
Ich denke langfristig an die Gewinne des Unternehmens. Mein Blick ist nicht auf kurzfristige Quartalsgewinne oder Gewinne »in meiner Amtszeit« gerichtet.	1	2	3	4	5	6	7	8	9	10
Mein Leben ist ein Sinnprojekt und nicht nur ein Spaß- und Erlebnisprojekt.	1	2	3	4	5	6	7	8	9	10
Integrität										
Ich kann guten Gewissens in den Spiegel schauen, denn ich bin mir selbst und anderen gegenüber ehrlich und aufrichtig. Ich handle offen und erkennbar für andere. Ich spiele keine »krummen Spielchen« mit mir und den anderen.	1	2	3	4	5	6	7	8	9	10
Ich kenne und respektiere die Gesetze und Normen meines Landes und auch das internationale Recht. Meine Handlungen suchen keine Lücken zwischen dem Text dieser Gesetze, sondern stehen im Einklang mit dem gewollten Sinn.	1	2	3	4	5	6	7	8	9	10
Ich kenne meine Werte, Prinzipien und Selbstverpflichtungen. Ich habe sie in Gedanken und Gefühlen bedacht und bewusst gewählt.	1	2	3	4	5	6	7	8	9	10
Ich lebe in innerer Zustimmung zu meinen Werten und Handlungen.	1	2	3	4	5	6	7	8	9	10

Vertrauen										
Ich verhalte mich so, dass sich andere Menschen in meiner Gegenwart sicher und respektiert fühlen. Ich achte ihre Würde und verhalte mich so, dass ihr Selbstwertgefühl gestärkt wird.	1	2	3	4	5	6	7	8	9	10
Ich gewähre anderen Menschen den Raum, den sie für ihre Selbstentfaltung benötigen.	1	2	3	4	5	6	7	8	9	10
In meinem Verhalten bin ich für meine Mitarbeiter im guten Sinne vorhersagbar. Niemand muss befürchten, dass durch mich etwas unvorhersehbar Verletzendes geschieht.	1	2	3	4	5	6	7	8	9	10
Ich hinterlasse Spuren der Liebe (oder von …).	1	2	3	4	5	6	7	8	9	10
Verantwortung										
Ich trete für meine Prinzipien, für meine Entscheidungen und meine Mitarbeiter ein. Meine Verantwortung schiebe ich nicht auf fremde Schultern.	1	2	3	4	5	6	7	8	9	10
Ich kenne meine eigennützigen Wünsche nach Macht oder Anerkennung. Ich bin bereit, dies hinter die langfristigen Interessen des Unternehmens und hinter die Verantwortung zu stellen, die ich gegenüber meinen Mitarbeitern habe.	1	2	3	4	5	6	7	8	9	10
Meine Werte und mein Verhalten verantworte ich nicht nur vor den Menschen und mir, sondern auch vor … (hier kann »das Höchste« eingesetzt werden, das der Klient denken oder erahnen kann oder an das er glaubt).	1	2	3	4	5	6	7	8	9	10

Verantwortung										
In diesem Höchsten (hier den Begriff des Klienten einfügen) finde ich die Quelle und das Modell für meine Werte.	1	2	3	4	5	6	7	8	9	10

Freiheit										
Ich habe den Mut und die Freiheit, Neues zuzulassen; bei mir und bei meinen Mitarbeitern.	1	2	3	4	5	6	7	8	9	10
Ich lebe aus Leidenschaft heraus, die sich auch in meinen Werten und Begegnungen auszeichnet.	1	2	3	4	5	6	7	8	9	10
Ich mache selbst Fehler, denn ich bin nicht perfekt und lerne aus Fehlern und Versuchen. Daher kann ich Fehler meiner Mitarbeiter gelassen aufnehmen und helfe ihnen respektvoll, dass sie daraus Neues lernen können.	1	2	3	4	5	6	7	8	9	10
Ich habe Ideen, Mut und Kraft, Entscheidungen zu treffen, die ich für erforderlich halte.	1	2	3	4	5	6	7	8	9	10
Ich denke und handle kreativ.	1	2	3	4	5	6	7	8	9	10

Lassen Sie Ihren Klienten weitere Werte formulieren, die ihn »anziehen«, und konstruieren Sie gemeinsam mit ihm zu diesen Werten Leitsätze. Bitte bedenken Sie zu jedem Wert auch seine Übertreibung und seine negative Kehrseite. Beispielsweise kann Leistungsbereitschaft entarten in falsch verstandene Opferbereitschaft oder in Arbeitssucht und einen Burnout. Eine Führungsperson, die es mit sich selbst auf eine solche Weise übertreibt, würde ihre Mitarbeiter überfordern.

Weitere Werte										
	1	2	3	4	5	6	7	8	9	10
	1	2	3	4	5	6	7	8	9	10
	1	2	3	4	5	6	7	8	9	10
	1	2	3	4	5	6	7	8	9	10

Die Führungskraft sollte zudem durch die Hilfe des Coaches überprüfen, ob ihre Werte innerhalb des Unternehmens akzeptiert werden und dort Unterstützung finden. Dabei helfen die folgenden Fragen.

Fragen und Arbeitsschritte

- Wie wichtig sind diese Werte »eigentlich«?
- Wie sehr beeinflussen sie tatsächlich sein Denken und sein Führungshandeln?
- In weiteren Arbeitsschritten können die biografischen Quellen, Glaubenssätze und Ähnliches erarbeitet werden.
- Außerdem können neue Leitsätze innerhalb solcher Kernwerte formuliert oder die gemachten Vorschläge umformuliert werden.
- Alle Werte und Leitsätze sollten auf ihre Praxistauglichkeit und ihre Auswirkungen in verschiedenen Lebensbereichen hin überprüft werden.

Sie und Ihre Klienten werden feststellen, dass sich die genannten Werte gut »anhören« und man ihnen gern beipflichtet. Die Frage für den Klienten wird sein: Wenn Sie diese Werte an sich gut finden, was hindert Sie daran, sich an ihnen zu orientieren, sie wirklich wahr werden zu lassen? Was müssen Sie tun, um diesen (oder anderen guten) Werten gerecht zu werden? Auf welche Weise können Sie diese Werte in Ihrem Denken und Handeln verwirklichen?

In der Regel werden Werte von oben eingeführt und vorgelebt (top down). Es ist jedoch möglich, Werte in einem team- oder unternehmensübergreifenden Prozess zu »gebären« und zu pflegen. Die Werte, die wir konstruieren, haben sehr viel mit der persönlichen Erwartung ans Leben zu tun. In den Werten spiegelt sich das persönliche Welt- und Menschenbild wider.

Zu Beginn des Industriezeitalters gingen Führungspersonen davon aus, dass Mitarbeiter geführt werden wollen und dass sie eine Abneigung gegen Arbeit haben. Um 1970 entstand erneut die Idee, dass Arbeit etwas Natürliches sei, ähnlich dem Spielen: Mitarbeiter können sogar Freude an der Arbeit gewinnen.

Das aktuelle Menschenbild geht davon aus, dass Mitarbeiter vorwiegend nach Sinn und Vertrauen streben und dass sie aktiv in Entscheidungen einbezogen werden möchten. Zur Wertearbeit im Coaching gehört daher die Frage nach dem Bild, das sich ein Klient von der Welt und den Menschen macht (s. Migge 2016, S. 350 ff.). Ein großer Teil davon entsteht im Laufe der persönlichen Biografie. Doch vieles entstammt den aktuellen kulturellen Mustern. (Mehr zu »Frankls Wertelehre« finden Sie im Buch »Sinnorientiertes Coaching«, S. 320 ff.)

Literaturtipps

Anna Maria Pircher-Friedrich: Mit Sinn zum nachhaltigen Erfolg. Anleitung zur werte- und wertorientierten Führung. Berlin: Erich Schmidt, 2. Auflage 2011.

Ralph Schlieper-Damrich und andere (Hrsg.): Wertecoaching. Bonn: managerSeminare, 2. Auflage 2011.

Björn Migge: Sinnorientiertes Coaching. Weinheim und Basel: Beltz 2016.

Sein oder Leisten? Ontological Coaching

Dieser Text ist ein gekürzter, leicht veränderter Auszug aus meinem Buch »Sinnorientiertes Coaching« (2016, S. 188 ff.). In Südamerika und Australien ist das Ontological Coaching vorherrschend. Wir möchten diesen Ansatz daher allen Lesern aus dem Bereich Business-Coaching in dieser Form zugänglich machen.

Dieses Kapitel zum Ontological Coaching ist in Kooperation mit dem chilenischen Coach Andreas Liedtke entstanden, der mir einen ganzen Tag über diesen Ansatz berichtete und mit mir diskutierte.

Welche Coachingmethode ist in Ihren Augen am »ganzheitlichsten«? Das deutsche Coaching fragt nach Problemen, nach Zielen, nach Maßnahmen und soll Erfolg ermöglichen und Leistung verbessern. Das Ontologische Coaching aus Chile fragt nicht danach, sondern nur: Wer willst du denn sein, wirklich *sein*?

Das Wort »Ontologie« kennen wir als die philosophische oder philosophisch-theologische Lehre vom Sein. Als 1973 in Chile das Allende-Regime durch den Putsch des Militärs gestürzt wurde, flüchteten viele Intellektuelle aus politischen Gründen aus dem Land. Unter diesen Dissidenten waren unter anderem die Begründer des Ontological Coachings Fernando Flores (philosophischer Theoretiker), Rafael Echeverria (er machte diese Coachingmethode durch ein Buch bekannt), Julio Olalla (er gründete eine große Coachingschule, die diesen Ansatz lehrt). Ein weiterer chilenischer Dissident, Humberto Maturana (*1928), lieferte mit seinem biologisch-konstruktivistischen Ansatz wesentliche Impulse für das Ontological Coaching, aber auch für das Neurolinguistische Programmieren (NLP) sowie systemisch-konstruktivistische Ansätze.

> **Entwickler des Ontological Coachings und deren »Titel«, die ihnen von Anwendern des Verfahrens oft gegeben werden**
>
> - Fernando Flores (*1943) – The Brain
> - Rafael Echeverria (*ca. 1943) – The Author
> - Julio Olalla (*1945) – The Teacher

Diese drei Begründer des Ansatzes diskutieren darüber, wer der eigentliche Erfinder ist oder wem hierfür die größte Ehre gebührt (und der daraus sich entwickelnde Verdienst). Weltweit ist der Einfluss von Julio Olalla (Aussprache: Chulio Olaja) am deutlichsten, der ein Lehrinstitut gegründet hat. In Deutschland konnte sich die Coachingmethode wegen der hier vorherrschenden Vielfalt der Angebote und Überschneidungen mit systemischen Ansätzen noch nicht durchsetzen.

Wurzeln des Ontological Coachings (OC): Abweichend von vielen bekannten Coachingansätzen liegen die Wurzeln des OC nicht in der Psychologie oder der Managementlehre, sondern eher in der phänomenologischen und existenziellen Philosophie, der Sprachphilosophie sowie der Biologie, der Kognition und ihrer Anwendung in einem breiten pädagogischen und andragogischen (erwachsenenbildenden, persönlichkeitsfördernden) Kontext.

Die Begründer des OC berufen sich hierbei unter anderem auf folgende Denker.

Die Gedanken dieser Denker flossen in das OC ein
- Martin Heidegger: phänomenologisch-analytischer Ansatz
- Hans-Georg Gadamer: hermeneutischer Ansatz
- Humberto Maturana: konstruktivistisch-biologischer Ansatz
- Ludwig Wittgenstein: sprachphilosophische Gedanken
- John Searle: Ideen aus der Philosophie des Geistes
- John Langshaw Austin: Elemente der Sprechakttheorie
- Maurice Merleau-Ponty: Körperlichkeit und Phänomenologie
- John Dewey: praktische Philosophie

Der Philosoph Fernando Flores verband wesentliche Inhalte und Aussagen dieser geistigen Strömungen zu einer Anthropologie und Ontologie (Lehre vom Menschen und vom Sein), Rafael Echeverria schrieb auf Grundlage dieser Ideen das Buch »Ontologia del Lenguaje« (Ontologie der Sprache), das in Südamerika sehr oft zitiert wird und selbst in Managementstudiengängen neuerdings zur Standardliteratur gehört. Es ist ein recht theoretisches und schwer verständliches Buch.

Grundgedanken des Ontological Coachings

In den folgenden Kernaussagen des Ontological Coachings (OC) werden Sie erkennen, dass einige Ideen in der existenziellen Beratung und andere im deutschen Coaching beispielsweise aus dem Neurolinguistischen Programmieren (NLP) oder der systemischen Sichtweise bekannt sind. Die Verbindung im OC ist jedoch originell und insbesondere die starke Betonung der Körperlichkeit findet in Deutschland erst neuerdings Berücksichtigung.

Kernaussagen des Ontological Coachings
- Menschen operieren nicht in einer objektiven Welt. Sie sind immer interpretierende Wesen, also subjektive Beobachter, die durch ihre Wertungen ihre je eigene Welt strukturell determinieren (schaffen, ableiten). (Heidegger, Maturana)
- Jeder Mensch ist ein Beobachter, der durch seine Wahrnehmungsweise, seine Interpretationsfolien, seine Emotionen und durch Sprache und Denken eine ganz eigene Sicht auf die Welt erschafft. Wenn dieser Mensch seine Wahrnehmungsweise ändert, also auf andere Weise »beobachtet«, verändert sich auch seine Weltkonstruktion. Diese alternative Neukonstruktion ist der Kern des OC. (Konstruktivismus, Maturana)

- Menschen orientieren sich in der Welt, indem sie auf das fokussieren, was sie etwas angeht, was ihnen bedeutungsvoll erscheint, was ihrer Interessenssphäre entspricht. Hierdurch bewegen sie sich suchend und wertend immer wieder nur in »ihrer« Welt. (Heidegger, Maturana)
- Menschliches Sein ist immer interaktiv auf die Begegnung mit Phänomenen oder Menschen bezogen. (Heidegger, Maturana)
- Das menschliche Denken, insbesondere seine wörtliche Ausgestaltung, schafft persönliche oder gesellschaftliche Wirklichkeitskonstruktionen, die unabhängig von den Phänomenen sind, auf die sie sich beziehen. (Heidegger, Wittgenstein, Austin, Searle)
- Die Wirklichkeitskonstruktionen und Denkoperationen sind mit (erlernten) somatischen Phänomenen und Emotionen gekoppelt. (Merleau-Ponty)

Anthropologie des Coachings

In der Zusammenschau vieler Kernaussagen, wie sie eben genannt wurden, gehen die Begründer des OC davon aus, dass Coaching sich immer auf das gesamte Sein des Menschen konzentrieren sollte und nicht auf vordergründig formulierte Ziele. Denn Ziele sind ebenfalls nur geschaffene Wirklichkeitskonstrukte. Kern des Ontological Coachings ist daher immer die »Art des Seins« (Way of Being) eines Klienten und nicht sein »Ziel«.

Um der Vielgestaltigkeit des Menschen hierbei gerecht zu werden, schlagen die Begründer des OC vor, den Menschen zumindest aus drei Perspektiven wahrzunehmen: Körperlichkeit, Emotionen, Sprache (und Denken). Diese drei Bereiche oder Domänen (sie werden im OC »Domains« genannt) stehen in einer unlösbaren gegenseitigen Beeinflussung. Alles, was Menschen widerfährt, findet Ausdruck in diesen Bereichen. Das dynamische Zusammenspiel der drei Bereiche schafft die Fähigkeit zur interpretierenden Wahrnehmung und zu zielgerichtetem Verhalten. Mittels dieser drei Bereiche können Menschen in Bezug treten zur Welt und sich dort engagieren, in Feldern und auf eine Weise, die ihre individuellen Interessen oder Anliegen betrifft. Auch jedes neue Lernen geschieht durch die Kanäle von Körper, Emotionen und Sprache (sprachliches Denken).

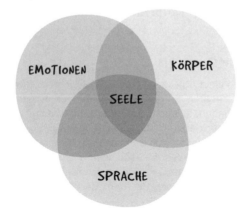

Menschenbild im Ontological Coaching mit drei Domänen

Die wesentliche Arbeit eines Ontological Coach besteht darin, einem Klienten deutlich zu machen, dass er seine Wirklichkeit aktiv gestaltet und durch seine Wahrnehmungen, Wertungen, Sprachlichkeit, Emotionen und seinen Körper unentwegt Probleme oder Lösungen produziert. Es handelt sich also um einen konstruktivistischen Ansatz mit einem existenzialistischen Gebot, die Verantwortung für das eigene Sein zu ergreifen.

Ein weiterer wesentlicher Schritt im OC ist es, Klienten dabei zu begleiten, ihre Gedanken, Körperlichkeit, Emotionen und Handlungen zu verändern. Das kann nicht durch das bloße Antrainieren geänderter Verhaltensweisen geschehen, sondern sollte seinen Ausgang im Betrachter oder Beobachter nehmen (der individuellen Art der Wahrnehmung des Klienten, seinem »Way of Being«). Neu zu lernen bedeutet daher die bisherige Interpretation der Welt (Wirklichkeitsdeutung) zu dekonstruieren (Gedankenkonstrukte aufzulösen und dann neu zu konstruieren). Dadurch lernt der Klient, neue Sichtweisen, neue Wahrnehmungen, neue Wertungen, Emotionen und Handlungen auszuprobieren, die bisher für ihn entweder nicht denkbar waren, die unerreichbar erschienen, verboten waren oder ihm »einfach nicht einfielen«.

Ziele des Ontological Coachings

Ein Coach, der diesen Ansatz nutzt, muss zunächst seine eigene Weise des Seins in den Bereichen der Körperlichkeit, der Sprache und der Emotionen kennengelernt und die Fähigkeit erworben haben, seine eigene Begrenztheit immer wieder zu erfahren, aber auch Wandlungs- und Lernmöglichkeiten zu erkennen. Denn nicht nur gute Fragen oder Techniken sollen den Klienten helfen, sondern in erster Linie das authentische Beispiel seines Coachs, der durch sein Denken, Atmen, seine Körperhaltung und vieles andere mehr Anregungen zu neuem Lernen gibt. Die Klienten sollen befähigt werden, auf eine neue Weise wahrzunehmen, zu denken, zu handeln und sich zu verkörpern (Gang, Atmung, Haltung und so weiter), die sie allein nicht erreicht hätten. Ontologische Coaches verstehen sich dabei unbedingt als gleichberechtigte Lernpartner und nicht als Experten in den Angelegenheiten des Klienten.

Was ontologische Coaches ihren Klienten ermöglichen möchten

- Innerhalb der Coachingbeziehung sollen Vertrauen und Authentizität eine wirkliche Begegnung ermöglichen, die Lernchancen eröffnet.
- Die Fähigkeit, Emotionen wahrzunehmen und auszudrücken, soll erhöht werden.
- Das Selbstvertrauen und der Selbstwert sollen stabilisiert oder ausgebaut werden.
- Die Fähigkeit des Metadenkens soll gesteigert werden: sich zurücklehnen können, um den Gesamtzusammenhang klarer wahrzunehmen.
- Die Resilienz soll gesteigert werden, in dem bisher verletzende Phänomene distanziert und getrennt von ihrer bisherigen emotionalen und sprachlichen Wertung gesehen werden können.
- Jedes Phänomen (Ereignis) soll aus verschiedenen Perspektiven und mit verschiedenen Wertungen betrachtet werden können, um deutlich zu machen, dass der Zu-

sammenhang von Phänomen und Wertung immer gewählt werden kann – aber nie vorgegeben ist.
- Die Fähigkeit soll gesteigert werden, eigene Bedürfnisse und Sichtweisen klar auszudrücken und auch vertreten zu können. Hierfür ist es zunächst wichtig, zu erkennen, was die eigenen Bedürfnisse und Werte sind.
- Die Organisation des praktischen Lebens soll verbessert werden: Wo kann delegiert werden? Was ist wirklich wichtig? Was ist wirklich eilig? …
- Von einem Modus des Reagierens und Leidens soll ein Modus der strategischen Selbstplanung und der engagierten Lebensbejahung ermöglicht werden (Gestalter statt Opfer).

Die unterschiedlichen Domänen

Im Ontological Coaching werden die Domains (Bereiche, Domänen) der Sprache, der Emotionen und des Körpers unterschieden. Es gibt viele weitere. Im Folgenden gehe ich auf die Sprache etwas ausführlicher ein und stelle die Domänen der Emotionen und des Körpers nur sehr knapp dar.

Domäne der Sprache: Im OC gibt es nur wenige »Tools«, die von Klienten als Tools erkennbar sind. Stattdessen werden eher Fragen gestellt, die Klienten in ihrem jeweiligen Coachinganliegen schnell zu wesentlichen Sprachkonstrukten, Selbstbildern, Selbst- und Fremderwartungen sowie Werten bringen. Einige Beispielfragen, die ein Ontological Coach stellt, sind:

- Was ist Ihnen wichtig, an dem, was Sie da tun?
- Was fehlt Ihnen (zum Beispiel im Team, im Unternehmen, der Beziehung zum Vorgesetzten, …)?
- Was ist Ihr innerer Auftrag, was wollen Sie beitragen (What is your stake in this job)?
- Worauf wird dort nicht geachtet, was Ihnen aber sehr bedeutsam ist?
- Wie sehen/interpretieren Sie diese Angelegenheit?

Diese Fragen zielen natürlich nicht auf Antworten aus dem inneren »Hochglanzprospekt«, der sozial geachtete oder zu erwartende korrekte Phrasen bereithält. Nur in einer authentischen, vertrauensvollen Begegnung zwischen Klient und Coach sind ehrliche Antworten auf diese einfachen Fragen möglich.

Jeder Beobachter sieht etwas anderes: Jede Verschmelzung von Phänomen und Urteil wird dem Klienten bewusst gemacht. Es wird gefragt: Was war in den Äußerungen eine Wiedergabe »objektiver« Geschehnisse? Was war die individuelle Wertung und Interpretation dieser Geschehnisse? Wie haben oder hätten andere Beobachter der Geschehnisse darüber gewertet? Wie hätten sie das eingeschätzt? Welche weiteren Wertungsmöglichkeiten gibt es noch? Was ergibt sich aus den verschiedenen Möglichkeiten, über das Phänomen (das Geschehen) so oder so zu denken?

Die Klienten sollen lernen, die automatische Verschmelzung von Phänomen und Urteil nach und nach aufzulösen, und sie sollen erkennen, dass ihre Freiheit darin liegt, neue Urteile zu fällen, die ihnen erlauben, anders zu fühlen, anders zu denken, zu interagieren, …

Auch die Sprachphilosophie und Sprechakttheorie von John Searle (*1932) und John Langshaw Austin (1911–1960) kommen hier ganz praktisch zur Anwendung. Im verdichteten linguistischen Konzept dieser Denker werden Denk- oder Sprechakte in folgende Elemente zerlegt:

Denk- und Sprechakte (distinciónes, Unterscheidungen)
- **Assertions – Behauptungen, Tatsachenbehauptungen:** Das Wort will sich der Welt anpassen.
- **Declarations – Erklärungen, Begründungen:** Die Welt soll sich dem Wort anpassen. Sehr einfache Erklärungen in diesem Konzept sind Aussagen wie: Nein, Ja, keine Ahnung, danke, Entschuldigung, …
- **Assessments – Bewertungen, Einschätzungen, Beurteilungen:** Sie sind eine Sonderform von »Erklärungen«. Julio Olalla sieht in Urteilen unter anderem »Fenster zur Seele des Menschen, der urteilt«. Denn Urteile beziehen sich immer auf das, was uns besonders angeht oder antreibt. Die meisten Menschen sind insbesondere durch bisher nicht ausreichend reflektierte Ängste oder Selbstbegrenzungen angetrieben.
- **Requests – Bitten:** Ein Sprechakt, in dem ich von einem anderen Menschen etwas wünsche oder fordere, wobei dieser jedoch die Freiheit zum »Nein« hat (ansonsten wäre es ein Befehl).
- **Offers – Angebote:** Hier wird einem anderen Menschen ein Vorschlag gemacht.
- **Promises – Versprechen:** Zwei Menschen verabreden etwas. Dies ist die Basis des gesellschaftlichen Zusammenlebens. Ohne Versprechungen und deren Akzeptanz kann eine Gesellschaft nicht existieren. Versprechen sind die Basis des Vertrauens.

Was zunächst etwas theoretisch anmutet, kann ganz praktische Konsequenzen haben. Dazu ein Beispiel:

Es wurde nie versprochen
Wenn einer 50-jährigen Führungskraft eines Unternehmens ohne ersichtliche Vorwarnung gekündigt wird, ist er möglicherweise zunächst verwirrt und wütend. Viele Klienten mit einer solchen Geschichte nehmen eine starke innere Vorwurfshaltung ein. Sie werten (Bewertung) die Kündigung als ein Unrecht, weil sie implizit davon ausgingen, dass ihnen die weitere Betriebszugehörigkeit versprochen wurde.
Wenn sie jedoch im Coaching explizit gefragt werden: »Hat Ihnen das jemand versprochen (verbindlich zugesagt) oder haben Sie es nur erhofft?«, läuft die weitere Arbeit im Coaching vielleicht darauf hinaus, dass die Klienten den Groll gegen den bisherigen Arbeitgeber ablegen können und stattdessen »nur« noch mit der Verunsicherung über die weitere Zukunft konfrontiert sind. Das ist nicht unerheblich, denn Groll richtet sich rückwärts und Zukunftssorge nach vorn.

Indem ontologische Coaches immer wieder auf solche kleinen Sprechakt- und Denkbesonderheiten hinweisen, führen sie ihre Klienten schrittweise zu mehr Selbstverantwortlichkeit (Ablegen von Schuldzuweisungen).

> *»Gott, gib mir die Gelassenheit, Dinge hinzunehmen, die ich nicht ändern kann, den Mut, Dinge zu ändern, die ich ändern kann, und die Weisheit, das eine vom anderen zu unterscheiden.«*
> Epiktet, Stoiker, römischer Sklave

Dieses Zitat, das *Epiktet* (50–138) zugeschrieben wird, kommt im OC ebenfalls sehr häufig zum Einsatz, insbesondere in der Konfrontation mit neuen Situationen und Lernchancen. Bleiben wir beim eben genannten Beispiel: Wenn der Klient auf seinem Groll wegen der Entlassung besteht, fehlt es ihm an Gelassenheit etwas hinzunehmen, dass nicht mehr änderbar ist – oder es fehlt ihm an Mut oder Kraft, tatkräftig etwas zu unternehmen, um die Kündigung rückgängig zu machen. Die ersten Fragen in diesem Dilemma könnte lauten: »Was willst du denn? Willst du akzeptieren, willst du etwas ändern (wenn ja: was?) oder willst du weiter grollen und jammern? Wofür entscheidest du dich? Welche Wahloption ergreifst du?« Natürlich darf nicht jeder Klient in genau diesem provokativen verkürzten Wortlaut gefragt werden. Im OC kommt für diese Frage oft folgende kleine Tabelle am Flipchart zum Einsatz:

Epiktet-Tabelle	Mein Urteil: Die Situation kann nicht verändert werden	Mein Urteil: Die Situation kann geändert werden
Akzeptieren	innerer Friede tritt ein	Aktion, Handlung, Mut ist erforderlich
Auflehnung, Ablehnung	Widerstand, Groll, Wut, Rache, …	Resignation, deprimierte Haltung, …

Zunächst fragt der Coach den Klienten, ob er die Situation für änderbar hält (ob sein Urteil lautet: Die Situation kann verändert werden) oder nicht (dann ist sein Urteil: Die Situation kann nicht geändert werden). Hieraus folgt die Frage nach der Akzeptanz oder Ablehnung der so beurteilten Situation (des Umstands).

Wenn ein Klient beispielsweise bisher dachte, eine Änderung ist nicht möglich, er jedoch dagegen innerlich aufbegehrt und dies nicht akzeptiert, wandelt sich seine Energie in Widerstand, Groll und Wut, mit all ihren sozialen, psychischen, seelischen und körperlichen Folgen. Akzeptiert ein Klient jedoch die selbst geurteilte Unveränderbarkeit, kann er mit dem neuen Umstand in innerem Frieden leben.

Ist ein Klient jedoch bisher davon ausgegangen, dass eine Änderung zwar möglich sei, er aber keinen Willen und keinen Mut zur Veränderung hat oder sich gegen die Veränderungsmöglichkeit auflehnt, wird diese Kombination von Wertungen in eine Resignation und ein Jammern übergehen.

Anders sieht es aus, wenn ein Klient die Veränderbarkeit der Situation akzeptiert und seinen Willen sowie Ressourcen zur Veränderbarkeit einsetzt. Dann kann er mutige und sinnvolle Aktionen entfalten. Er kann aber auch bewusst auf eine Änderung verzichten, um hierdurch höhere oder andere Werte zu verwirklichen.

In jedem Falle muss sicher auch gefragt werden, ob die Entscheidungen (die Wertungen, Urteile, Selbstkonstruktionen) und die Früchte, die hieraus entstehen weise sind und sich mit der Realität (anderer Beobachter) decken. Wenn das Denken hier nicht weiter weiß, dann gewiss der Körper oder die Emotionen.

Umgang mit verletzenden Urteilen anderer Menschen: Wir treffen immer wieder auf Wertungen, die andere auf uns werfen. Zum einen öffnen sie damit natürlich ein Fenster zu ihrer Seele und zeigen uns, wie es in ihnen aussieht. Denn ihre Projektion hat eine Quelle in ihrer Seele. Zum anderen stehen wir vor der Frage, wie wir mit sprachlicher Gewalt umgehen, die andere uns anbieten. Olalla schlägt vor, sich beim verurteilenden Gesprächspartner zu bedanken. Das könnte beispielsweise in folgender Weise geschehen: »Danke, dass du (Sie) mir sagst, wie du über mich denkst. Das ist dein Urteil über mich. Es ist aber nicht die Wahrheit, sondern nur das, was du meinst. Es kann stimmen oder auch nicht. Du wirst deine Gründe dafür haben, so urteilen zu wollen. Andere würden zu ganz anderen Urteilen kommen. Ich lasse deine Wertung daher bei dir – dort, wo sie hingehört. Doch ich danke dir.« (Original: »Escucho lo que me dices, puedo ver que esos son tus juicios, que pueden ser fundados o infundados … y me gustaría que lo conversáramos en otra oportunidad. Muchas gracias.«)

Domäne des Körpers: Jedes Coachinganliegen und jeder Coachingschritt werden auch körperlich nachvollzogen: Wie verändert sich die Körperposition, die Atmung, die Tonalität? Ist der körperliche Ausdruck kongruent mit den Worten und Gedanken?

In kleinen Trainings- und Erfahrungssequenzen wird der Klient immer wieder eingeladen seine Gedanken in kurzen Erklärungen, Urteilen oder Behauptungen zu äußern und dabei auf seine Stimme, Atmung und Haltung zu achten. Mit diesen Ausdrucksmöglichkeiten wird gelernt und experimentiert, beispielsweise, mit der Haltung der Entschlossenheit (leicht nach vorn geneigt), der Flexibilität (nach oben offen), der Stabilität (nach unten fest), der Offenheit. Alle Körperdispositionen werden »im Zentrum« (im Inneren, dem körperlich-seelischen Schwerpunkt) erspürt und für das Bewusstsein erlebbar gemacht.

So gibt es beispielsweise Menschen, die feste Urteile darüber gefällt haben, wodurch und wie ihnen im Leben Probleme entstehen. Diese Klienten können in der ontologischen Körperarbeit lernen, ihr Zentrum zu finden und erfahren dabei die körperliche Verankerung ihrer Vorannahmen und ihren Bezug zum Zentrum. Wir haben es zum Glück noch nicht gelernt, mit dem Körper zu lügen und so erleben Klienten körperlich, dass manche ihrer Vorannahmen oder Mutmaßungen über das Leben nicht mit ihrem Zentrum übereinstimmen. Ein ontologischer Coach achtet daher auf die Körpersprache seines Klienten und zeigt ihm, wie dieser seinen Körper nutzen kann, um zu tiefen und verändernden Lernerfahrungen zu kommen.

Auch kleinere Übungen der Körperarbeit kommen zu Einsatz.

Wofür wird der Mensch im Spiegel gebraucht?

So kann ein ontologischer Coach dem Klienten einen Spiegel geben und ihn bitten, sich darin intensiv anzuschauen: »Beobachten Sie den Menschen im Spiegel sehr genau. Welche Rolle soll er im Anliegen einnehmen? Wofür wird er dort wirklich gebraucht? Was tut der Situation, den Menschen dort und Ihnen selbst wirklich gut? Beobachten Sie genau Ihr Gesicht und lassen Sie sich Zeit dabei …« Mit dem Spiegel fragen wir auch: »Welches Angebot, welche Offerte bist du in deiner Firma, in der Familie oder bei Freunden?« Sinngemäß könnte man das auch so ausdrücken: »Was ist dort deine dir gemäße Möglichkeit und Aufgabe, die deinem wirklichen Wesen (deinem Zentrum, deinen Werten, deinem Potenzial zum Guten) entspricht?«

Eine weitere typische Übung kann beispielsweise genutzt werden, wenn der Klient viel Last oder Verantwortung auf den Schultern trägt und sein Körper dadurch gekrümmt ist. Dann kann gefragt werden: »Wie schlimm ist die Angelegenheit denn wirklich?« Der Klient sagt dann vielleicht (er »deklariert«): »Diese Angelegenheit ist eigentlich nicht so schlimm, in der Zukunft werde ich die Dinge nicht (immer) so übertrieben schlimm einschätzen.« Nun bittet der Coach um Erlaubnis, seinen Zeigefinger auf der Kopf des Klienten zu legen, und fordert ihn auf, den Finger mit dem Kopf nach oben zu schieben, soweit es geht, bis der Klient ganz gerade steht. Nun, mit dieser neuen Körperhaltung bittet der Coach den Klienten seine Deklaration zu wiederholen und fragt, wie sich die Aussage mit der neuen Körperhaltung anfühlt.

Wie schon dargelegt, wird im Gegensatz zu einigen Coachingansätzen in Europa im OC viel mit dem Körper gearbeitet.

Domäne von Stimmung und Emotion: Stimmungen oder Gestimmtheit (moods) sind im OC eine persistierende subtile Grundbefindlichkeit, die sowohl die Wahrnehmung als auch das Denken in ihrer Richtung, ihrem Tempo und ihrer Tiefe beeinflussen. Emotionen hingegen sind kürzere Gefühlswallungen, die in der Folge von Phänomenen auftreten. Sowohl die emotionale Grundbefindlichkeit als auch die Emotionen interagieren mit der Welt und den anderen Bereichen (Domänen, domains). Der ontologische Coach achtet in der Sprache und der Körperlichkeit seines Klienten auf dessen Grundbefindlichkeit und seine Emotionen. Ähnlich wie in der modernen emotionsfokussierten Psychotherapie Leslie S. Greenbergs (*1954) gibt es im OC die Idee, dass sich manche Emotionen über tiefere oder existenziellere Emotionen legen. (Ausführlich gehe ich darauf in meinem Buch »Schema-Coaching« 2013, im Kapitel »Emotionen im Coaching«, S. 186–224, ein.)

So kann bei einem Klienten, dessen Ehe zerbrochen ist, beispielsweise zunächst die Wut im Vordergrund stehen. Im vertrauensvollen Gespräch jedoch kann der Klient vielleicht erkennen, dass hinter dieser Wut eigentlich die Angst vor dem Alleinsein steht oder die existenzielle Angst der Isolation oder eine Sinnfrustration und Sinnleere, die sich auftut. Dann kann er sich dieser Emotion der Angst zuwenden. Im Gespräch fließen nach einiger Zeit vielleicht Tränen, und der Klient erkennt, dass unter der Angst oder mit ihr verknüpft eine tiefe Traurigkeit und Trauer liegen, die der Klient erst in diesem Moment erspürt. Wenn nur mit den oberflächlichen Emotionen gearbeitet wird, kann sich unser Way of Being nicht in seiner Ganzheit entfalten. Ein solches Coaching wäre oberflächlich. Der ontologische Coach fragt in der Distinktion der Emotionen (zum Beispiel bei Traurigkeit aufgrund eines Verlusts in der Vergangenheit, bei Wut infolge einer Ungerechtigkeit, bei Angst vor einem möglichen Verlust in der Zukunft, …), nicht, wovor der Klient Angst (im Beispiel Angst) haben könnte, sondern stattdessen: welche Verluste nach Meinung des Klienten auftreten könnten.

Hinweis: In meinem Buch »Sinnorientiertes Coaching« (2016) ist der Beitrag zum Ontological Coaching etwas länger. Unter anderem gibt es dort einen kurzen Abschnitt zu »Die Feinde des Lernens« (S. 199 f.).

Dieses Kapitel ist in Zusammenarbeit mit Andreas Liedtke entstanden. Zu seiner Person: Er ist Executive Coach in Santiago de Chile, wurde in Hamburg-Eppendorf geboren. Mit fünf Jahren wanderte er mit seinen Eltern nach Chile aus. Nach Schule und Studium in Chile arbeitete er unter anderem in Deutschland bei Beiersdorf und Wella im Marketing. Später gründete er in Santiago de Chile die »Liedtke Consulting Group«, die in ganz Südamerika Trainings und Executive Coaching durchführt und eine Business-Coaching-Akademie betreibt. Er wurde von Julio Olalla im Ontological Coaching ausgebildet. Kontakt: www.LCG.cl

---

Literaturtipps

Alan Sieler: Coaching to the Human Soul, Volume I–III. Newfield Corp. 2007. 1250 Seiten Umfang, gut lesbar, viele Modelle, Fragen und Ähnliches. Zu beziehen bei Newfield Inc. in Australien: www.newfieldinstitute.com.au.

Björn Migge: Sinnorientiertes Coaching. Weinheim und Basel: Beltz 2016. Das Thema des Seins (Way of Beeing und Sinn) – auch unter der Perspektive des Ontological Coachings – ist in dieses Buch integriert. Allerdings nicht »verschult« dargestellt als eine Methode, sondern in großer Breite als eine unter vielen Perspektiven.

Anhang

Ausblick

Liebe Leserin, lieber Leser,

nun haben Sie einen guten und kritischen Blick auf die Coachingszene und auf die Prozessgestaltung und Sie haben eine große Zahl an Interventionen für die Praxis kennengelernt. Darunter sind »übliche« verbale Interventionsverfahren, aber auch »ungewöhnliche«, wie imaginative oder handlungsorientierte Methoden.

> **Das haben Sie in diesem Buch gelernt:**
>
> Coaching als Beratungsform einzuordnen und zu verstehen.
>
> Coachingprozesse zu strukturieren.
>
> Eine professionelle Haltung im Coaching zu erwerben.
>
> Kommunikation im Coaching zu steuern.
>
> Interventionen kritisch zu reflektieren.
>
> Moderne Themen der Selbstführung einzusetzen.
>
> Praxis folgender Interventionsverfahren:
> - Kognitive Verfahren (ABC und Weiteres)
> - Imaginative Verfahren (Hypno-Coaching und Weiteres)
> - Handlungsorientierte Verfahren (Psychodrama, Aufstellung und Weiteres)
> - Lösungsorientierte Verfahren (Lösungstalk, Lösungsvision und Weiteres)
> - Sinnorientierte Perspektiven und Ontological Coaching

Damit können Sie nun »mitreden« und auch schon vieles in der Praxis anwenden.

Ich freue mich, wenn Sie das Buch dazu angeregt hat weiterzulernen, noch mehr zu lesen und das Gelesene praktisch zu vertiefen. Doch nicht jeder möchte Coach werden. Viele Personen, die an Coaching interessiert sind, haben bereits eine ähnliche Fortbildung unter anderem Namen absolviert oder wünschen lediglich einen Überblick oder Einblick in die Thematik.

Ich freue mich daher, wenn Sie einige Anregungen aus diesem Buch in Ihrem Alltag nutzen können und wenn es – auf welche Weise auch immer – eine kleine Bereicherung für Sie sein wird. Mehr soll ein Buch nicht sein.

Mit den besten Wünschen!

Björn Migge

Literaturverzeichnis

Die hier aufgeführten Bücher wurden in diesem Handbuch erwähnt oder verwendet. Literaturempfehlungen zu Einzelthemen finden Sie jeweils am Ende der einzelnen Kapitel oder in Form kurzer Verweise im Text – meist versehen mit kurzen Kommentaren.

Adam, K.-U.: Therapeutisches Arbeiten mit Träumen. Heidelberg: Springer, 2. Auflage 2005.
Ameln, F. von/Kramer, J. (Hrsg.): Psychodrama. Grundlagen. Heidelberg: Springer, 3. Auflage 2014.
Ameln, F. von/Kramer, J. (Hrsg.): Organisationen in Bewegung bringen. Heidelberg: Springer 2007.
Asendorpf, J.: Psychologie der Persönlichkeit. Heidelberg: Springer, 4. Auflage 2007.
Auhagen, A. E. (Hrsg.): Positive Psychologie – Anleitung zum »besseren« Leben. Weinheim und Basel: Beltz, 2. Auflage 2008.
Bamberger, G. G.: Lösungsorientierte Beratung. Weinheim und Basel: Beltz, 5. Auflage 2015.
Benaguid, G./Schramm, S.: Hypnotherapie. Paderborn: Junfermann 2016.
Berschneider, W.: Sinnzentrierte Unternehmensführung. Leinfelden-Echterdingen: Orthaus 2003.
Blickhan, D.: Positive Psychologie: Ein Handbuch für die Praxis. Paderborn: Junfermann 2015.
Böckmann, W.: Wer Leistung fordert, muss Sinn bieten. Düsseldorf 1984. In: Kurz/Sedlak (Hrsg.): Kompendium der Logotherapie und Existenzanalyse, S. 588, 589, 609. Tübingen: Lebenskunst, 2. Auflage 2013.
Böning, U./Kegel, C.: Ergebnisse der Coaching-Forschung. Aktuelle Studien – ausgewertet für die Coaching-Praxis. Heidelberg: Springer 2016.
Böschemeyer, U.: Worauf es ankommt. Werte als Wegweiser. München: Piper 2005
Bongartz, W./Bongartz, B.: Hypnosetherapie. Göttingen: Hogrefe, 2. Auflage 2000.
Branden, N.: Die 6 Säulen des Selbstwertgefühls. München: Piper, 10. Auflage 2010.
Bucher, A. A.: Psychologie der Spiritualität. Ein Handbuch. Weinheim und Basel: Beltz 2007.
Bucher, A. A.: Psychologie des Glücks. Ein Handbuch. Weinheim: Beltz 2009.
Buer, F./Schmidt-Lellek, Chr. (Hrsg.): Life-Coaching. Über Sinn, Glück und Verantwortung in der Arbeit. Göttingen: Vandenhoeck & Ruprecht 2008.
Buer, F./Schmidt-Lellek, Chr. (Hrsg.): Life-Coaching in der Praxis. Göttingen: Vandenhoeck & Ruprecht 2011.
Burisch, M.: Das Burnout-Syndrom: Theorie der inneren Erschöpfung. Heidelberg: Springer, 4. Auflage 2010.
Dalai Lama: Rückkehr zur Menschlichkeit: Neue Werte für eine globalisierte Welt. Köln: Bastei Lübbe 2013.
Drewermann, E.: Das Richtige im Leben tun. Wie wir unseren Weg finden. Düsseldorf: Patmos 2013.
Edding C./Schattenhofer, K.: Handbuch Alles über Gruppen: Theorie, Anwendung, Praxis. Weinheim und Basel: Beltz, 2. Auflage 2015.
Erdoes, R.: Lame Deer, Seeker of Visions. New York: Simon & Schuster 1994.
Felber, Chr.: Die innere Stimme. Wie Spiritualität, Freiheit und Gemeinwohl zusammenhängen. Oberursel: Publik-Forum 2015.
Felber, Chr.: Die Gemeinwohl-Ökonomie. München: Deuticke 2013.
Fahrenberg, J.: Annahmen über den Menschen., Kröning: Asanger, 2. Auflage 2008.

Grabisch, J./Krüger, C.: Einfach führen. Wie sich Personalarbeit in den Alltag integrieren lässt. Frankfurt am Main: Campus 2005.
Grom, B.: Religionspsychologie. München: Kösel 2007.
Haberleitner, E./Deistler, E.: Führen, Fördern, Coachen: So entwickeln Sie die Potenziale Ihrer Mitarbeiter. München: Piper, 4. Auflage 2009
Härle, W.: Würde – Groß vom Menschen denken. München: Diederichs 2010.
Hofbauer, H./Kauer A.: Einstieg in die Führungsrolle: Praxisbuch für die ersten 100 Tage. München: Hanser, 5. Auflage 2014.
Hossiep, R./Mühlhaus, O.: Personalauswahl und -entwicklung mit Persönlichkeitstests. Göttingen: Hogrefe 2005.
Hüther, G.: Die Macht der inneren Bilder: Wie Visionen das Gehirn, den Menschen und die Welt verändern. Göttingen: Vandenhoeck & Ruprecht, 8. Auflage 2014
Kast V.: Imagination. Zugänge zu inneren Ressourcen finden. Düsseldorf: Patmos 2012.
Kernen, H./Meier, G.: Achtung Burnout! Leistungsfähig und gesund durch Ressourcenmanagement. Bern: Haupt 2008.
König, G.: Inszenario® – Handbuch für praktische Anwendungen. Begreifbar visualisieren, stimmig kommunizieren mit dem Aufstellungs-Figurenset. Sigmaringen: Selbstverlag (koenigscoaching.de) 2001.
Königswieser, R./Hillebrand, M.: Einführung in die systemische Organisationsberatung. Carl-Auer: Heidelberg, 6. Auflage 2011.
Krobath, H.: Werte – Ein Streifzug durch Philosophie und Wissenschaft. Mit einem Vorwort von Hans Albert. Würzburg: Königshausen und Neumann 2009.
Kriz, J.: Grundkonzepte der Psychotherapie. Weinheim und Basel: Beltz, 7. Auflage 2014.
Laloux, F.: Reinventing Organizations. A Guide to Creating Organizations Inspired by the Next Stage in Human Consciousness. Massachusetts: Nelson Parker 2014
Leuner, H./Wilke, E.: Katathym-imaginative Psychotherapie (KiP). Stuttgart: Thieme, 7. Auflage 2011.
Looss, W.: Unter vier Augen: Coaching für Manager. Bergisch-Gladbach: EHP, korrigierte Neuausgabe 2008.
Mahlmann, R.: Sprachbilder, Metaphern & Co.: Einsatz bildlicher Sprache im Coaching. Basel und Weinheim: Beltz 2010.
Mahlmann, R.: Führungsstile gezielt einsetzen. Weinheim und Basel: Beltz 2011.
Matthiesen, Kai H.: Kritik des Menschenbildes in der Betriebswirtschaftslehre. Bern: Paul Haupt 1995
Migge, B.: Lehrgang Personal- und Business-Coach. Hamburg: Institut für Lernsysteme (ils.de), Neuauflage 2017.
Migge, B.: Lehrgang Psychotherapie. Hamburg: Institut für Lernsysteme (ils.de), Neuauflage 2017.
Migge, B.: Sinnorientiertes Coaching. Weinheim und Basel: Beltz 2016.
Migge, B.: Handbuch Coaching und Beratung. Weinheim und Basel: Beltz, 3. Auflage 2014.
Migge, B.: Schema-Coaching. Weinheim und Basel: Beltz 2013.
Migge, B.: Hypnotherapie-Lehrseminar. MP3-CD mit Trancetexten. Nördlingen: Jordan-CD-Verlag 2006.
Möller, H.: Beratung in einer ratlosen Arbeitswelt. Göttingen: Vandenhoeck & Ruprecht 2010.
Nevis, E. C.: Organisationsberatung. Bergisch-Gladbach: EPH, 4. Auflage 2005.
Neuberger, O.: Führen und Führen lassen. Stuttgart: UTB (Lucius & Lucius), 6. Auflage 2002.
Patzelt, P.-Chr.: Mensch, Manager! Was Führungskräfte wissen sollten. Düsseldorf: Schöne Plaik 2005.
Patzelt, P.-Chr.: Praxisbuch Business Coaching. Düsseldorf: Schöne Plaik 2011.
Peter, B.: Einführung in die Hypnotherapie. Heidelberg: Carl Auer, 2. Auflage 2009.
Petzold, T. D.: Gesundheit ist ansteckend. Praxisbuch Salutogenese. München: Irisiana 2014
Pieper, J.: Über die Tugenden – Klugheit, Gerechtigkeit, Tapferkeit, Maß. München: Kösel 2008.

Pircher-Friedrich, A. M.: Mit Sinn zum nachhaltigen Erfolg – Anleitung zur werte- und wertorientierten Führung. Berlin: Erich Schmidt, 3. Auflage 2011.
Prime, R./Arx, G. von: Bhagavad-Gita. Liebe, Wahrheit, Karma und Yoga im Licht zeitloser Weisheit. Freiburg: Hans-Nietsch 2015.
Rauen, Chr.: Coaching – Praxis der Personalpsychologie. Göttingen: Hogrefe, 3. Auflage 2014.
Rauen, Chr. (Hrsg.): Handbuch Coaching. Göttingen: Hogrefe, 3. Auflage 2005.
Rauen, Chr. (Hrsg.): Coaching-Tools 1. Bonn: managerSeminare, 6. Auflage 2008.
Reineck, U./Sambeth, U./Winklhofer, A.: Handbuch Führungskompetenzen trainieren. Weinheim und Basel: Beltz 2009.
Reiss, S.: Wer bin ich und was will ich wirklich? München: Redline 2009.
Revensdorf, D./Burkhard, P. (Hrsg.): Hypnose in der Psychotherapie, Psychosomatik und Medizin. Heidelberg: Springer, 2. Auflage 2008.
Roth, W.: C. G. Jung verstehen. Grundlagen der Analytischen Psychologie. Düsseldorf: Patmos, 3. Auflage 2013.
Schaller, R.: Stellen Sie sich vor, Sie sind … Das Ein-Personen-Rollenspiel in Beratung, Coaching und Therapie. Göttingen: Hogrefe 2016.
Schaller, R.: Das große Rollenspielbuch. Weinheim und Basel: Beltz, 2. Auflage 2006.
Schein, E. H.: Organisationskultur. Bergisch Gladbach: EHK, 3. Auflage 2010.
Schellbach, O.: Mein Erfolgssystem – Positive Lebensführung in Theorie und Praxis, Oscar-Schellbach-Verlag, 11. Auflage 1952 (antiquarisch erhältlich).
Schmidt-Tanger, M.: Charisma-Coaching. Paderborn: Junfermann 2009.
Schreyögg, A. (Hrsg.): Die Professionalisierung von Coaching. Ein Lesebuch für den Coach. Heidelberg: Springer 2015.
Schreyögg, A.: Coaching – Eine Einführung in Praxis und Ausbildung. Frankfurt am Main: Campus, 6. Auflage 2003.
Schreyögg, A.: Coaching für die neu ernannte Führungskraft. Wiesbaden: VS-Verlag, 2. Auflage 2010.
Schreyögg, A./Schmidt-Lellek, Chr. (Hrsg.): Die Professionalisierung von Coaching. Heidelberg: Springer 2015.
Sieler, Alan: Coaching to the Human Soul, Volume I–III. Newfield Corp. 2007. Zu beziehen bei Newfield Inc. in Australien: www.newfieldinstitute.com.au.
Stadler, Chr./Spitzer-Prochazka, S./Kern, E./Kess, B.: Act creative! Effektive Tools für Beratung, Coaching, Psychotherapie und Supervision. Stuttgart: Klett-Cotta 2016.
Stahl, E.: Dynamik in Gruppen: Handbuch der Gruppenleitung. Weinheim und Basel: Beltz, 3. Auflage 2012.
Stavemann, H. H. (Hrsg.): KVT-Praxis. Weinheim und Basel: Beltz, 2. Auflage 2008.
Stock, Chr.: Burnout. München: Haufe 2010.
Utsch, M.: Religiöse Fragen in der Psychotherapie – Psychologische Zugänge zu Religiosität und Spiritualität. Stuttgart: Kohlhammer 2005.
Utsch, M./Bonelli, R. M./Pfeifer, S.: Psychotherapie und Spiritualität: Mit existenziellen Konflikten und Transzendenzfragen professionell umgehen. Heidelberg: Springer 2014.
Varga von Kibéd, M./Sparrer, I.: Ganz im Gegenteil. Tetralemmaarbeit und andere Grundformen Systemischer Strukturaufstellungen. Heidelberg: Carl-Auer, 9. Auflage 2016.
Wallace, D. F.: Das hier ist Wasser/This is Water. Köln: Kiepenheuer & Witsch 2012.
Wegener, R./Loebbert, M./Fritze, A. (Hrsg.): Coaching-Praxisfelder. Forschung und Dialog. Heidelberg: Springer, 2. Auflage 2016.
Wegener, R./Loebbert, M./Fritze, A. (Hrsg.): Coaching und Gesellschaft. Forschung und Praxis im Dialog. Heidelberg: Springer 2016.
Wellensiek, S. K.: Handbuch Resilienztraining. Widerstandskraft und Flexibilität für Unternehmen und Mitarbeiter. Weinheim und Basel: Beltz, 2. Auflage 2017.

Wellensiek, S. K.: Resilienztraining für Führende. So stärken Sie Ihre Widerstandskraft und die Ihrer Mitarbeiter. Weinheim und Basel: Beltz, 2. Auflage 2017.
Wellensiek, S. K.: Fels in der Brandung statt Hamster im Rad. Zehn praktische Schritte zu persönlicher Resilienz. Weinheim und Basel: Beltz, 2. Auflage 2016.
Wellensiek, S. K.: 75 Bildkarten Resilienztraining. Weinheim und Basel: Beltz 2015.
Wellensiek, S. K.: Fels in der Brandung statt Hamster im Rad. Zehn praktische Schritte zu persönlicher Resilienz. DVD, Laufzeit 50 Minuten. Weinheim und Basel: Beltz 2014.
Wellensiek, S. K./Galuska, J.: Resilienz – Kompetenz der Zukunft. Balance halten zwischen Leistung und Gesundheit. Weinheim und Basel: Beltz 2014.
Welter-Enderlin, R./Hildenbrand, B. (Hrsg.): Resilienz – Gedeihen trotz widriger Umstände. Heidelberg: Carl-Auer, 3. Auflage 2010.
Winiarski, R.: KVT in Beratung und Kurztherapie. Mit Online-Materialien. Weinheim und Basel: Beltz 2012.
Yalom, I.: Existenzielle Psychotherapie. Köln: EPH, 5. Auflage 2010.
Zsok, O.: Sinn-Orientierte Führungslehre nach Walter Böckmann. Sankt Ottilien: EOS 2013.

Stichwortverzeichnis

A

ABC-Modell 130–132, 134
Ablaufschema 63
Abwehr 98
Affektbrücke 138
Aktionsmethoden 186
Aktion, spontane 229
Aktionssoziometrie 212
Aktive Imagination 146–147, 149–150
Alltagswahrheiten 159
Arbeitszufriedenheit 265
Atom, kulturelles 266
Atom, soziales 196, 230
Aufstellungen, psychodramatische 188–189
Aufstellungen, sozialpsychologische 191
Aufstellungsarbeit, systemische 190
Aufstellungsmethoden 185, 191, 199
Aufstellungsvarianten 208
Aufstellung, verdeckte 229
Ausgangsbild 219
Ausgangssituation klären 77, 79–80
Ausnahmen 116

B

Bachlauf 139
Barnum-Effekt 101–102
Beobachtungsprotokolle 121
Beratung, lösungsorientierte 107
Beratungsanlässe 39
Bhagavad-Gita 303
Bild, erstes 219
Briefe schreiben 125
Burnout 15, 293, 295
Business-Coaching 13

C

Charisma 280–281, 283

Coachausbildung 43
Coachfortbildung 43
Coachfortbildung, Qualitätsmerkmale 44
Coachinganlässe 38–41
Coaching definition 10
Coachingeffekte 42
Coaching, lösungsorientiertes 108
Coachingmythen 37
Coachingvertrag 76
Coachingziele 41
Coping 118, 285–286, 288

D

Danken 264
Definition des Coachings 10
Dehypnotisierung 148
Discovery Insights Präferenz-Profil 276
DISG-Profil 276
Disidentifikation 194
Dissoziation 153
Doppel 205
Doppeln 200, 202–203, 205–206
Dreiecksvereinbarung 73

E

Early-Learning-Set 162, 170
Ebene, intersubjektive 104
Ebene, Mandats- 104
3-Ebenen-Modell 52
Ebene, paradigmatische 104
Ebene, strategische 104
Ebene, taktische 104
Einrollen 222
Eins-zu-eins-Arbeit 207
Eins-zu-eins-Coaching 203
Eins-zu-eins-System-Aufstellung 225–226
Emotionsbrücke 138

Epiktet-Tabelle 332
Erfolg 310
Erstkontakt, telefonischer 78
Ethik 47
Ethikkodex 50
Evaluation 93–94
Evidenz 101
Expertenberatung 12
Extroversion 151

F

Fachsprache 24
Fachterminologie 24
Familienunternehmen 58
Feldkompetenz 33
Formate 24
Fragebögen 93
Fragen, zirkuläre 114
Freiheit 260
Freiheitsgrade 215–216
Führung 234
Führungscoaching 54
Führungserfahrung 34
Führungskommunikation 307
Führungskräfte, Lernfragen 248
Führungskräfte, neu ernannte 248
Führungsstile 234, 237–239
Führung, transformationale 240
Funktionspendel 66

G

Gedankenatom 136
Gedankenfabrik 138
Gedankenfluss 141
Gemälde 178
Generationenwechsel 58
Gewaltlosigkeit 303
Glaube 269
Glaubenssätze 126
Glaubenssatz, gesungener 224
Gleichzeitigkeit 160
Glück 263–265
Gruppenpsychodrama 206–207

Gunas 214

H

Händeklatschen 229
Handeln, paradox 121
Hausaufgaben 91
Herrmann Brain Dominance Instrument 276
Hilfs-Ich 209, 215, 217–219
Hypnose 144, 183
Hypnose, klassische 182
Hypnotherapie 152, 154

I

Ich-bin-Sätze 127
Imagination, aktive 146–147, 149–150
Imaginationsverfahren 144
Implizieren 158
Integrität 260
Interventionen 85–86
Interventionsebenen 104
Interventionsplanung 85, 88
Interview ohne Antwort 123
Intervision 95
Introversion 151

K

Karma 303
Kausalketten 129–130
Klärungsfragen 127
Kohärenz 290
Kohärenzgefühl 290
Kollusion 98, 218
Kompetenz 15, 35
Komplimente, wahre 111
Konstruktivismus 116
Kreativität 198
Kulturcoaching 54–55

L

Landkartensoziometrie 210
Lebenserfahrung 35
Lebensmotive 275
Lebensspur 175

Loben 112
Lösungen, hypothetische 117
Lösungsevaluation 110
Lösungsraum 231
Lösungs-Talk 116
Lösungsverschreibung 110
Lösungsweg 88

M
Mandatsebene 104
Matching 69
Menschenbild 313
Mental 136
Mentale 134, 136
Mentalisierung 201
Metaperspektive 118
Metaphern 69, 180
Metaplankartenaufstellung 89
Metaprogramme 126
Methoden 24
Milton-Standardtrance 169
Mirroring 108
Mitarbeiterführung 235
Monodrama 203
Myers-Briggs-Typindikator 276

N
Nachfrage 38
Nachhaltigkeit 259
Neurolinguistisches Programmieren 108

O
Objektbeziehungstheorie 198
Ontological Coaching 326
Ontological Coaching, Kernaussagen 327
Organisationskultur 52, 56

P
Pacing 109
Panorama 223–224
Paraphrasieren 113
persolog-Persönlichkeitsprofil 276
Person 193

Personal-Coaching 13
Persönlichkeit 274
Playback 216
Position, assoziierte 222
Position, dissoziierte 222
Praxistransfer 90–91
presession change 111
Problemberatung 39
Problemkompetenz 115
Problemraum 231
Profession 19
Professionalisierung 19
Projektion 98
Protagonist 219
Prozessberatung 12
Prozessgestaltung 64
Prozessschritte 62
Psychodrama 187–189
Psychodrama, dyadisches 203
Psychologie, analytische 147
Psychologie, positive 253
Psychotherapie 14
Psychotherapie, katathym-imaginative (KiP) 138, 146
Psychotherapie, lösungsorientierte 106

Q
Qualitätssicherung 93, 95
Qualitätsverbesserung 95

R
Ratgeber, innerer 172
Rational-Emotive-Therapie (RET) 132
Reframing 117, 126
Regression 175
Reiss Profile 275
Religiosität 268, 270
Repräsentant 219
Resilienz 285–288
Respekt 259
Ressourcenorientierung 286
Retraumatisierung 150
Rolle 247, 266

Rollen ablegen 193
Rollen analysieren 193
Rollenfeedback 223
␣Rolleninterview 204

S
Salutogenese 290–291, 292
Schattenmanager 66
Schritte, kleine 116
Selbsterfahrung 29
Selbstführung 234–235
Seniorität 35
Sharing 189, 223
Sinn 300
Sinnsuche 309
Skalieren 119–120, 231
Skalierungssoziometrie 211
SMART-Modell 84
Soziales Atom 196
Soziogramm der Erwartungen 195
Soziometrie 210–213
Spiegel-Ich 222
Spiegeln 200
Spiritualität 268–270
Spirit-Walk 271
Spontaneität 198
Sprechakte 331
Stellvertreter 162, 165, 219
Strategie 103
Strategien, mentale 81
Stress 285, 296
Stressoren 296
Supervision 95
Symboldrama 146
Synchronisation 108
System 194

T
Taktik 103
Tauschen 200
Tauschen und Doppeln 200–203, 206
Themengeber 219
Therapie, kognitiv-emotionale 127

Therapie, systemische 106
Time-Line-Arbeit 175, 223
Tools 24
Trance 152–153, 155, 158, 164, 180
Trancedeutung 156
Trance, Deutungsebenen 157
Trance, fraktionierte 164
Trancesprache 157
Trancestruktur 155
Trancetexte 167
Transzendenz 306
Triple-A-Methode 244, 245
Truismen 159
Tugend 241

U
Übertragung 98
Unbewusstes 143
Unternehmensfusionen 57
Unternehmenskultur 52
Utilisation 162

V
Veränderungen verordnen 121
Veränderungen wahrnehmen 121
Verantwortung 260
Verfahren 24
Verhaltenstherapie 126
Verhaltenstherapie, kognitive 126
Verordnen von Veränderungen 121
Vertrag, psychologischer 74
Vertrauen 260
Vorhersagen 123
Vorsichtsmaßnahmen 207

W
Wahlsoziometrie 214
Wahrhaftigkeit 303
Warum-Frage 128
Weiterbildung 96
Werte 241, 258, 261–262
Wortschatz, positiver 254
Würde 280, 283

Z

Zeitstrahl 223
Zeitstrahltechnik 223
Zielberatung 39
Zielbildung 82
Ziele 82
Zielgruppen 40
Zufriedenheit 265
Zusammenfassungen 113
Zwischenbilanz 250

Personenverzeichnis

Adler, Alfred 192
Allport, Gordon Willard 268
Antonovsky, Aaron 290
Assagioli, Roberto 136, 194, 274
Aurobindo, Sri 145
Austin, John Langshaw 327

Berger, Peter L. 268
Böckmann, Walter 305
Bongartz, Bärbel 181
Bongartz, Walter 181
Böschemeyer, Uwe 315
Buber, Martin 192
Buer, Ferdinand 24
Burns, James M. 240
Burrack, Marén 225

Cyrani, Monika 257, 272

Dalai Lama 304
Dewey, John 327
Dilts, Robert 135

Echeverria, Rafael 326
Ellis, Albert 132
Epiktet 332
Erickson, Milton 145, 168

Flores, Fernando 326, 327
Fonagy, Peter 201
Frankl, Viktor 121, 302, 309–310
Fromm, Erich 315

Gabrisch, Jochen 244
Gadamer, Hans-Georg 327
Gandhi, Mahatma 303
Greenberg, Leslie S. 334

Heidegger, Martin 327
Hellinger, Bert 190
Heß, Tatjana 96
Hinz, Alfred 225

James, Tad 175, 223
Jung, Carl Gustav 147–151, 302

Krüger, Claudia 244

Lame Deer 302
Leuner, Hanscarl 138, 146
Lewin, Kurt 191, 192
Liedtke, Andreas 326
Lombardo, Michael 242
Looss, Wolfgang 17
Lukas, Elisabeth 310

Maturana, Humberto 326–327
McCall, Morgan 242
Merleau-Ponty, Maurice 327
Middendorf, Jörg 36
Mill, John Stuart 302
Moreno, Jakob Levy 188, 191–192, 195, 200, 208, 266
Murphy, L. B. 286

Olalla, Julio 326

Peter, Burkhard 178
Pircher-Friedrich, Anna Maria 306

Rauen, Christopher 22, 36, 63, 96
Roth, Wolfgang L. 96

Satir, Virginia 190
Schein, Edgar H. 52

Schmidt, Gunther 107, 148
Schmidt-Tanger, Martina 36
Schreyögg, Astrid 38
Searle, John 327
Shazer, Steve de 106, 117
Sparrer, Insa 192
Steinhübel, Andreas 63

Target, Mary 201

Varga von Kibéd, Matthias 134, 192

Wallace, David Foster 301
Welter-Enderlin, Rosemarie 107, 286
Wittgenstein, Ludwig 327
Wolff, Ulrike 67

BELTZ WEITERBILDUNG

Björn Migge/Rudi Fränkle
75 Bildkarten Sinnorientiertes Coaching
2016, 75 Karten mit 32-seitigem Booklet in hochwertiger Klappkassette.
ISBN 978-3-407-36576-7

Die »75 Bildkarten Sinnorientiertes Coaching« lassen sich hervorragend im Coaching und in der Beratung einsetzen, wenn es um Sinnfragen geht. Sie sind die praktische Ergänzung zu Björn Migges Grundlagenwerk: »Sinnorientiertes Coaching«.
Die großformatigen Fotos und die im Booklet beschriebenen Tools und Methoden unterstützen Coaches und Berater, die ihre Klienten bei der Sinnsuche unterstützen wollen.

Björn Migge
Sinnorientiertes Coaching
2016. 395 Seiten. Gebunden.
ISBN 978-3-407-36575-0

Immer mehr Menschen suchen nach sinngebenden Alternativen und Lebensentwürfen. Viele kommen damit ins Coaching oder in die Beratung.
Björn Migge hat in diesem Buch Grundpositionen aus der Logotheraphie, der Existenzphilosophie und der existenziellen Beratung zusammengetragen: Er zeigt, wie sich die Haltungen, Fragen und Bilder verschiedener philosophischer Ansätze in die Beratungsformate des Coachings sowie der psychologischen Beratung übertragen lassen. Immer wieder lädt er die Leser zum Mitdenken und Diskutieren ein. Daher eignet sich das Buch auch hervorragend zum Selbststudium.

www.beltz.de

»Ein Jahrzehntebuch.« *Börsenblatt*

Seit fast einem Jahrzehnt gibt Björn Migge mit diesem Handbuch einen einzigartigen Überblick über wichtige Praxismodelle, Methoden und Zusammenhänge im Coaching und in der Beratung. Der breite theoretische Grundstock wird durch Übungen und umfangreiche Falldarstellungen in den Downloadmaterialien vertieft.

In der vollständig überarbeiteten und stark erweiterten Neuauflage sind zu den bewährten Inhalten zahlreiche neue Kapitel hinzugekommen:
- Ausbildung zum Coach
- Kernkompetenzen eines Coachs
- Sinnorientiertes Coaching und Logotherapie
- Schema-Coaching und viele andere neue Texte

»Für alle, die sich für Coaching, Beratung und Therapie interessieren, ein spannendes und hilfreiches Handbuch. Für Ausbildungsleiter im Coaching und in der Beratung ein Muss.« *Training aktuell*

»Alle Achtung: dieses Buch erfüllt alles, was man sich von einem Lehrwerk erwarten kann.« www.zeitzuleben.de

»Auch erfahrene BeraterInnen, Coaches, PsychotherapeutInnen und SeelsorgerInnen bekommen sicherlich den einen oder anderen Gedankenstoß für die eigene Beratungspraxis durch das Buch.« *MWonline*

Björn Migge
Handbuch Coaching und Beratung
Wirkungsvolle Modelle, kommentierte Falldarstellungen, zahlreiche Übungen
3. Auflage 2014. 737 Seiten. Gebunden.
ISBN 978-3-407-36539-2

www.beltz.de

Widerstandskraft und Flexibilität stärken

Sylvia Kéré Wellensiek
Handbuch Resilienz-Training
2017. 398 Seiten. Gebunden.
ISBN 978-3-407-36644-3

Die Fähigkeit zu Belastbarkeit und innerer Stärke wird in der Psychologie als Resilienz beschrieben. Resiliente Menschen können auf Anforderungen wechselnder Situationen flexibel reagieren. Im wirtschaftlichen Kontext geht die Definition des Begriffs »Resilienz« über die individuelle Fähigkeit hinaus und umfasst auch die Anpassungsfähigkeit von Organisationen an Veränderungen.

Dieses Handbuch liefert beides: Resilienz-Training für Mitarbeiter und für Unternehmen.

Sylvia Kéré Wellensiek führt die Leser gekonnt durch profundes Hintergrundwissen, viele Praxisbeispiele und zahlreiche Übungen in die komplexe Thematik ein.

- Klar strukturierte Trainingsstufen für persönliche und organisationale Resilienz
- Gezielte Burnout-Prävention
- Mit Beiträgen von Erik Händeler, Susanne Leithoff, Dr. Rudolf Kast und Reinhard Feichter

»Die richtige Dosis Theorie verbindet Autorin Sylvia Kéré Wellensiek in ihrem ›Handbuch Resilienz-Training‹ mit der nötigen Portion Praxis – ein lesenswertes Buch, besonders wegen der vielen Trainingsbeispiele, die sie nennt.« *Berliner Zeitung*

»Dieser ganzheitliche Ansatz setzt sich den ›aktiven Brandschutz der Seele‹ zum Ziel. Der Weg dahin mag unbequem sein, denn man muss nach innen gehen, um dem Außen begegnen zu können. Es gibt viele Bücher, die zeigen wollen, wie das gelingen kann. Dies ist eines der guten.« *Harvard Business Manager*

Beltz Verlag · Weinheim und Basel · Weitere Infos: www.beltz.de